(P. Batantrin)

G

Réserve
G. 2958

ESSAI
HISTORIQUE, POLITIQUE ET MORAL,

SUR LES

RÉVOLUTIONS

ANCIENNES ET MODERNES,

CONSIDÉRÉES

DANS LEURS RAPPORTS

AVEC

La Révolution Françoise.

DÉDIÉ À TOUS LES PARTIS.

Experti invicem sumus ego ac fortuna.——TACITE.

VOL. I.

À LONDRES:

Se trouve chez J. DEBOFFE, Gerrard-street; J. DE BRETT, Piccadilly; Mme. LOWES, Pall-Mall; A. DULAU & Co. Wardour-street; BOOSEY, Broad-street; & J. F. FAUCHE, à *Hambourg*.

M,DCC,XVII.

AVIS

SUR

CETTE EDITION.

ON s'appercevra aisément que ce n'est pas un seul volume que l'on donne ici au Public, mais deux volumes brochés ensemble. L'intérêt de l'auteur eût été de les diviser, l'intersection naturelle se trouvant entre la première & la seconde partie ; ces deux tomes separés auroient alors coûté une demi-guinée ; réunis, ils ne reviendront qu'à huit shillings. Malgré le bas prix auquel on livre cet ouvrage, on a soigné autant qu'il a été possible cette première édition ; la seconde qui se fait à Paris est exactement la même, excepté qu'on a changé quelque chose dans la division des parties, pour éviter les contre-façons de l'édition de Londres. On trouvera à la fin une table générale des matières & la liste des auteurs & des éditions citées dans le cours de l'ouvrage. Au reste il auroit fallu des cartes à l'Essai Historique, mais mes moyens ne vont pas jusques-là.

NOTICE.

Lorsque je quittai la France j'étois jeune : quatre ans de malheur m'ont vieilli. Depuis quatre ans retiré à la campagne, sans un ami à consulter, sans personne qui pût m'entendre, le jour travaillant pour vivre, la nuit écrivant ce que le chagrin & la pensée me dictoient, je suis parvenu à crayonner cet Essai. Je n'en ignore pas les défauts : si le *moi* y revient souvent, c'est que cet ouvrage a d'abord été entrepris pour *moi*, & pour *moi* seul. On y voit presque partout un malheureux qui cause avec lui-même ; dont l'esprit erre de sujets en sujets, de souvenirs en souvenirs ; qui n'a point l'intention de faire un livre, mais tient une espèce de journal régulier de ses excursions mentales, un régistre de ses sentimens, de ses idées. Le *moi* se fait remarquer chez tous les auteurs, qui persécutés des hommes ont passé leur vie loin d'eux. Les solitaires vivent de leur cœur, comme ces sortes d'animaux qui, faute d'alimens extérieurs, se nourrissent de leur propre substance.

Hors quelques articles, que j'ai insérés selon les circonstances, j'ai laissé cet *Essai*, avec la brièveté des chapîtres & la variété des notes, tel qu'il est originairement sorti de dessous ma plume, sans chercher à y mettre plus de régularité. Il m'a semblé que le désordre apparent qui y règne, en montrant tout l'intérieur d'un homme (chose qu'on voit si rarement) n'étoit peut-être pas sans une espèce de charme. Je ne sais cependant si on peut dire, que cet ouvrage manque de méthode.

Ce premier volume, ou plutôt, ces deux premiers volumes contiennent les révolutions de la Grèce, & forment en eux-mêmes

mêmes un Tout, absolument indépendant des parties qui suivront. L'empressement avec lequel on a bien voulu demander cet ouvrage, me flatte moins qu'il ne m'effraie : ce qu'on commence par exalter sans raison, on finit souvent par le déprécier sans justice. D'ailleurs ma santé, dérangée par de longs voyages, beaucoup de soucis, de veilles, & d'études, est si déplorable, que je crains de ne pouvoir remplir immédiatement la promesse que j'ai faite, concernant les autres volumes de l'*Essai Historique*.

Que ce livre m'attire beaucoup d'ennemis, j'en suis convaincu. Si je l'avois cru dangereux, je l'eusse supprimé ; je le crois utile, je le publie. Renonçant à tous les Partis, je ne me suis attaché qu'à celui de la vérité : L'ai-je trouvée ? je n'ai pas l'orgueil de le prétendre. Tout ce que j'ai pu faire a été de marcher en tremblant, de me tenir sans cesse en garde contre moi-même, de ne jamais énoncer une opinion, sans avoir auparavant descendu dans mon propre sein, pour y decouvrir le sentiment qui me l'avoit dictée. J'ai tâché d'opposer philosophie à philosophie, raison à raison, principe à principe : ou plutôt je n'ai rien fait de tout cela, j'ai seulement exposé les doutes d'un honnête homme.

N'ayant aucune cabale pour moi, aucune coterie qui me porte, aucun moyen d'argent ou d'intrigues pour faire circuler ou prôner mon livre, je dois m'attendre à rencontrer tous les obstacles des préjugés & des opinions. Je ne mendie d'éloges, ni cours après des lecteurs. Si l'ouvrage vaut quelque chose, il sera connu assez tôt : s'il est mauvais, il restera dans l'oubli avec tant d'autres.

Une circonstance particulière m'oblige de toucher ici un article, dont autrement il m'auroit peu convenu de parler. Quelques étrangers ayant, sur le prospectus, jugé trop favorablement de l'*Essai Historique*, m'ont fait l'honneur de me le demander à traduire. L'homme de lettres Allemand qui veut bien embellir mon ouvrage de son style, ne m'a rien objecté

parti-

particulièrement ; mais la dame Angloise qui traduit l'Essai Historique, m'a critiqué avec autant de grace que de politesse. Elle me mandoit, par exemple, qu'elle ne pourroit jamais *se résoudre à traduire le passage qui se rapporte à M. de la Fayette*. Je fus étonné : je m'apperçus alors combien il est difficile d'entendre parfaitement tous les tours d'une langue qui n'est pas la nôtre. Cette dame avoit pris au sens littéral ces mots, *La Fayette est un scélérat !* Aucun François ne se méprendra à la vraie signification de cette phrase, mais puisque cette dame a pu s'y tromper, il est possible que d'autres étrangers tombent dans la même erreur. J'invite donc ceux d'entr'eux qui parcourront cet Essai, à faire attention au passage indiqué ; ils verront sans doute aisément, que l'expression est bien loin de dire en effet, ce qu'elle semble dire à la lettre. J'ose me flatter d'avoir mis assez de mesure dans cet écrit, pour qu'on ne m'accuse pas d'insulter grossièrement un homme, qui n'est pas un grand génie sans doute, mais qu'on doit respecter, par cela seul qu'il est malheureux.

ERRATA.

Dans l'Errata suivant on n'a relevé que les principales erreurs. Malheureusement la ponctuation est trop généralement fausse, pour qu'on puisse la corriger ici : on la laisse au jugement du lecteur.

Pag.	Lig.	Fautes.	Corrections.
2	7	à tout	pour tout
11	11	sujettion	sujétion
12	14	ressemblence	ressemblance
17	15	Joseph	Josephe
24	16	renver	renver-
ib	5	effleurant	effleurant
34	11	Amphictions	Amphictyons

Même erreur dans les dérivés page 34 & suivante.

38	16	dégradation	gradation
40	14	ses	ces
44	9	suffit à	suffit pour
46	5	peut-être	peut être
53	11	ranime	raniment
60	4	comptant pour au	comptant, au
70	6	cette	cet
72	17	subsistera	substituera
84	29	dire l'anarchie	dire, l'anarchie—
89	13	rirent	rire
96	12	offrent	offre
97	7	donne plus	donne d'autant plus
100	4	ces	ses
102	1	vermeilles	vermeil
120	1	m'envoie	m'envoient
id.	8	dispenses	dispensent
131	16	foisles	foibles
142	13	l'ençoit	lançoit
148	9	ils n'en existent	il n'en existe
152	12	ceux-ci	que ceux-ci
160	7	légions	régions
185	16	venter	vanter
188	10	id.	id.
213	11	prenoit en peu aussi	prenoit presqu'aussi
256	18	de la nature	où la nature
266	4	de la Thrace	de Thrace
ib.	10	choses	chose
281	4	différentes	différens
282	5	époque	période
id.	6	s'étoit élevée	s'éleva
284	2	les états	les divers états
ib.	21	se réduisoient	se réduisoit
ib.	ib.	généralement : à la foi —d'un	généralement à la foi dans
291	7	héro	héros
id.	9	armée	armé
315	15	contoient	comptoient
345	1	perdue	perdu

Pag.	Lig.	Fautes.		Corrections.
348	14	l'aîle gauche	-	l'aîle droite
360	17	Boédomion	-	Boédromion
364	16	Xerxès	-	Artaxerxès
414	19	jeste	-	geste
460	24	de sa dignité	-	sa dignité
473	16	entort	-	entoure
ib.	18	d'ablâtre	-	d'albâtre
475	2	où le tenoit	-	où on le tenoit
492	16	1749	-	1649
515	3	un mortelle	-	immortelle
520	25	qu'on admit	-	qu'on n'admit
ib.	21	maternelle	-	maternel
560	7	Catina	-	Catinat
568	3	errés	-	erré
571	18	les zéphirs-se réfugièrent		zéphire - se réfugia
574	14	Licurgue	-	Lycurgue
575	3	tyrans, qui les gouverneroit		tyrans qui les gouverneroient
582	8	le Christianisme		la loi évangélique
586	9	ses	-	ces
id.	id.	séculier		seculier
588	5	parvenus	-	parvenu
589	7	nus	-	nue
593	2	Albe	-	Alve
626	21	oriculaire		auriculaire
630	16	nues	-	nue
631	13	jestes	-	gestes
632	22	presbitère		presbytère
636	6	résolut		résolu
643	24	éminence		excellence

ERRATA GREC, LATIN, &c.

Pag.	Lig.	Fautes.		Corrections.
55	16	servitudem,	-	servitutem
100	24	nimium sua	-	nimium, sua
475	28	vetrem	-	ventrem
264	17	taglia	-	tagliasse
ib.	22	furono	-	e furono

Il s'est glissé quelques fautes dans les *Accens* & les *Esprits* du Grec ainsi que dans les *Colons* & les *Périodes*, mais comme les citations sont pour la plûpart tirées de la prose & du dialecte Ionique (Hérodote) qui n'admet point de contractions; que les anciens Grecs ne connoissoient pas les accens; que d'ailleurs il n'y a que la présence ou l'absence de la *Diastole* qui puisse jetter dans de grandes erreurs, j'ai négligé les corrections. Au reste, il m'a semblé que dans quelques impressions nouvelles, on s'étoit permis de changer le premier *Gamma* du double *gg* en un *Nu*, parce que dans ce cas, il en prend le son; si ce n'est pas une faute d'impression, je ne puis souscrire à un pareil usage : contentons-nous de mutiler notre orthographe sans corriger la langue d'Homère & de Demosthènes : j'ai donc écrit xγελον αγγελον & non pas ανγελον.

ESSAI
HISTORIQUE, POLITIQUE ET MORAL, &c.

LIVRE PREMIER.
PREMIÈRE PARTIE.
Révolutions Anciennes.

INTRODUCTION.

QUI suis-je ? & que viens-je annoncer de nouveau aux hommes ? On peut parler des choses passées ; mais quiconque n'est pas spectateur désintéressé des événemens actuels doit se taire. Et où trouver un tel spectateur en Europe ? Tous les individus, depuis le paysan jusqu'au monarque, ont été enveloppés dans cette étonnante tragédie. Non seulement, dira-t-on, vous n'êtes pas spectateur ; mais vous êtes acteur, & acteur souffrant, Français malheureux, qui avez vu disparoître votre fortune & vos amis dans le gouffre de la révolution ; enfin vous êtes un émigré. A ce mot je vois les gens sages, & tous ceux dont les opinions sont modérées ou républicaines, jetter là le volume sans chercher à en savoir davantage. Lecteurs, un moment. Je ne vous demande que de parcourir quelques lignes de plus. Sans doute je ne serai pas intelligible à tout le monde ; mais quiconque m'entendra poursuivra la lecture de cet Essai. Quant à ceux qui ne m'entendront pas, ils feront mieux de fermer le livre ; ce n'est pas pour eux que j'écris.

Celui qui dit dans son cœur : je veux être utile à mes semblables, doit commencer par se juger soi-même. Il faut qu'il étudie ses passions, les préjugés & les intérêts qui peuvent le diriger sans qu'il s'en apperçoive. Si malgré tout cela il se sent assez de force pour dire la vérité ; qu'il la dise. Mais s'il se sent foible ; qu'il se taise. Si celui qui écrit sur les affaires présentes, ne peut être lû également au Directoire & aux conseils des rois, il a fait un livre inutile. S'il a du talent, il a fait pis : il a fait un livre pernicieux. Le mal, le grand mal, c'est que nous ne sommes point de notre siècle. Chaque âge est un fleuve, qui nous entraîne selon le penchant des destinées, quand nous nous y abandonnons. Mais il me semble que nous sommes tous hors de son cours. Les uns (les républicains)

républicains) l'ont traversé avec impétuosité, & se sont élancés sur le bord opposé. Les autres sont demeurés de ce côté-ci, sans vouloir s'embarquer. Les deux partis crient & s'insultent, selon qu'ils sont sur l'une ou sur l'autre rive. Ainsi les premiers nous transportent loin de nous dans des perfections imaginaires, en nous faisant devancer notre âge ; les seconds nous retiennent en arrière; refusent de s'éclairer & veulent rester les hommes du quatorzième siècle, dans l'année 1796.

L'impartialité de ce langage, doit me reconcilier ceux qui de la prévention contre l'auteur, auroient pû passer au dégoût de l'ouvrage. Je dirai plus : si celui qui, né avec une passion ardente pour les sciences, y a consacré les veilles de la jeunesse ; si celui qui, dévoré de la soif de connoître, s'est arraché aux jouissances de la fortune; pour aller au-delà des mers contempler le plus grand spectacle qui puisse s'offrir à l'œil du philosophe, méditer sur l'homme libre de la nature & sur l'homme libre de la société, placés l'un près de l'autre sur le même sol ; enfin, si celui qui dans la pratique journalière de l'adversité, a appris de bonne heure à évaluer les préjugés de la vie ; si un tel homme, dis-je, mérite quelque confiance, lecteurs, vous le trouvez en moi.

La position où je me trouve est d'ailleurs favorable à la vérité. Attaqué d'une maladie qui me laisse peu d'espoir, je vois les objets d'un œil tranquille. L'air calme de la tombe se fait sentir au voyageur qui n'en est plus qu'à quelques journées. Sans désirs & sans crainte, je ne nourris plus les chimères du bonheur, & les hommes ne sauroient me faire plus de mal que je n'en éprouve. " Le malheur,"(1) dit l'auteur des *Etudes de la Nature*, " le malheur ressemble à la montagne noire de Bember, aux extrémités du royaume brûlant de Lahor; tant que vous la montez, vous ne voyez devant vous que de stériles rochers; mais quand vous êtes au sommet, vous appercevez le ciel sur votre tête & le royaume de Cachemire à vos pieds."*

---

(1) *Ch. Ind.*

* Je crains d'avoir altéré quelque chose dans cette belle comparaison. J'en préviendrai ici, une fois pour toutes; n'ayant rien sauvé de la révolution (excepté un petit nombre de notes) sans bibliothéque & sans ressources; je n'ai eu pour m'aider dans l'obscurité de ma retraite, qu'une mémoire assez heureuse autrefois, mais aujourd'hui presque usée par le chagrin. On verra à la conclusion de cet Essai, les difficultés innombrables qu'il m'a fallu surmonter. J'ai été souvent sur le point d'abandonner l'ouvrage, & de livrer le tout aux flammes. Cependant je puis assurer les lecteurs que les inexactitudes qui ont pû se glisser dans mes citations sont de peu de conséquence; & que, partout où le sujet l'a absolument exigé, j'ai suspendu

mon

Le lecteur pardonnera aisément cette digression qui ne sert après tout ici que de préface & sans laquelle, plein de cette malheureuse défiance qui nous met en garde contre les opinions de l'auteur, il lui eut été impossible de continuer avec intérêt la lecture de cet ouvrage. Mais si j'ai pris tant de soin de lui applanir l'entrée de la carrière, il doit à son tour me faire quelque sacrifice. O vous tous qui me lisez, dépouillez un moment vos passions en parcourant cet écrit sur les plus grandes questions qui puissent, dans ce moment de crise, occuper les hommes. Méditez attentivement le sujet avec moi. Si vous sentez quelquefois votre sang s'allumer, fermez le livre ; attendez que votre cœur batte à son aise avant de recommencer votre lecture. En recompense je ne me flatte pas de vous apporter du génie, mais un cœur aussi dégagé de préjugés qu'un cœur d'homme puisse l'être. Comme

---

mon travail jusqu'à que je ne me fûsse procuré les livres originaux. En cela j'ai trouvé de grands secours chez des gentilshommes Anglois, qui m'ont ouvert leurs bibliothéques avec une générosité qui fait honneur à leur philosophie. J'ai été particulièrement redevable au Révérend B. S., homme d'autant d'esprit, que d'humanité, & auquel j'aime à rendre ici l'hommage public de ma reconnoissance.

vous,

vous, si mon sang s'échauffe, je le laisserai se calmer, avant de reprendre la plume. Je causerai toujours simplement avec vous. Je raisonnerai toujours d'après des principes. Je puis me tromper sans doute ; mais si je ne suis pas toujours juste, je serai toujours de bonne foi. Ne vous hâtez pas de mépriser l'ouvrage d'un inconnu, qui n'écrit que pour être utile. Enfin, si par des souvenirs trop tendres, je laissois dans le cours de cet écrit tomber une larme involontaire; songez qu'on doit passer quelque chose à un infortuné laissé sans amis sur la terre, & dites : pardonnons-lui en faveur du courage qu'il a eu d'écouter la voix de la vérité; malgré les préjugés, si excusables, du malheur.

Exposition.

I. Quelles sont les révolutions arrivées autrefois dans les gouvernemens des hommes; quel étoit alors l'état de la société ; & quelle a été l'influence de ces révolutions sur l'âge où elles éclatèrent & les siècles qui les suivirent ?

II. Parmi ces révolutions en est-il quelques-unes qui par l'esprit, les mœurs & les lumières des tems, puissent se comparer à la révolution actuelle de France?

III.

III. Quelles sont les causes primitives de cette dernière révolution, & celles qui en ont opéré le développement soudain ?

IV. Quel est maintenant le gouvernement de France ? est-il fondé sur de vrais principes, & peut-il subsister ?

V. S'il subsiste, quel en sera l'effet sur les nations & autres gouvernemens de l'Europe ?

VI. S'il est détruit, quelles en seront les conséquences pour les peuples contemporains & pour la postérité ?

Telles sont les questions que je me propose d'examiner. Quoiqu'on ait beaucoup écrit sur la révolution Françoise, chaque faction se contentant de décrier sa rivale, le sujet est aussi neuf que s'il n'eût jamais été traité.

Républicains, Constitutionnels, Monarchistes, Girondistes, Royalistes, Emigrés, enfin politiques de toutes les sectes,* de ces questions

---

* Je serai souvent obligé pour me faire entendre, d'employer les divers noms de partis de notre révolution. J'avertis que ces noms ne signifieront sous ma plume, que des appellations nécessaires à l'intelligence de mon sujet, & non une injure personnelle. Je ne suis l'écrivain d'aucune secte ; & je conçois fort bien qu'il peut exister de très-honnêtes gens, avec des notions des

choses

bien ou mal entendues, dépend votre bonheur ou votre malheur à venir. Il n'est point d'homme qui ne forme des projets de gloire, de fortune, de plaisir ou de repos ; & nul cependant, dans ce moment de crise, ne peut se dire : je ferai telle chose demain, s'il n'a prévu quel sera ce demain. Il est passé, le tems des félicités individuelles. Les petites ambitions, les étroits intérêts d'un homme s'anéantissent devant l'ambition générale des nations & l'intérêt du genre humain. Envain vous espérez échapper aux calamités de votre siècle par des mœurs solitaires & l'obscurité de votre vie ; l'ami est maintenant arraché à l'ami, & la retraite du sage retentit de la chûte des trônes. Nul ne peut se promettre un moment de paix. Nous navigeons sur une côte inconnue, au milieu des ténèbres & de la tempête. Chacun a donc un intérêt personnel à considérer ces questions avec moi ; parce que son existence y est attachée. C'est une carte qu'il faut étudier dans le péril pour reconnoître en pilote sage le point d'où l'on part, le lieu où l'on est, & celui où l'on va : afin qu'en cas de naufrage

---

choses différentes des miennes. Peut-être la vraie sagesse consiste-t-elle à être, non pas sans principes, mais sans opinions déterminées.

on se sauve sur quelqu'île où la tempête ne puisse nous atteindre. Cette île là est une conscience sans reproche.

Vûe de mon Ouvrage.

Le défaut de méthode se fait ordinairement sentir dans les ouvrages politiques, bien qu'il n'y ait point de sujet qui demandât plus d'ordre & de clarté. Je tâcherai de donner une idée distincte de cet Essai, en disant un mot de ma manière.

1°. J'examinerai les causes éloignées & immédiates de chaque révolution.

2°. Leurs parties historiques & politiques.

3°. L'état des mœurs & des sciences de ce peuple en particulier, & du genre humain en général, au moment de cette révolution.

4°. Les causes qui en étendirent, ou en bornèrent l'influence.

5°. Enfin, tenant toujours en vue l'objet principal du tableau ; je ferai incessamment remarquer, les rapports ou les différences entre la révolution alors décrite, & la révolution Françoise de nos jours. De sorte que celle-ci servira de foyer commun, où viendront converger tous les traits épars de la morale, de l'histoire & de la politique.

LIV. I.
I. PART.
Rév. Anc.

Cette intéressante peinture occupera la majeure partie des quatre premiers livres, & servira de réponse à la première question.

L'examen de la troisième & celui de la seconde (déjà à moitié résolue) rempliront la troisième partie du quatrième livre.

Le cinquième livre, écrit en dialogue, sera consacré aux recherches sur la quatrième question.

Quelques sujets détachés se trouveront dans la première partie du livre sixième ; & la seconde du même livre, contiendra les probabilités sur les deux dernières questions.

Ainsi l'ouvrage entier sera composé de six livres : les uns de deux, les autres de trois parties ; formant en totalité quinze parties, subdivisées en chapitres.

De cette esquisse générale, passons maintenant aux divisions particulières ; & fixons d'abord la valeur que je donne au mot *révolution* ; puisque ce mot reviendra sans cesse dans le cours de cet ouvrage.

Par le mot révolution je n'entendrai donc dans la suite, qu'une conversion totale du gouvernement d'un peuple ; soit du monarchique au républicain, ou du républicain au monarchique. Ainsi, tout Etat qui tombe par des armes étrangères, tout changement de dynastie, toute guerre civile qui n'a pas produit des altérations

rations remarquables dans une société, tout mouvement partiel d'une nation momentanément insurgée, ne sont point pour moi des révolutions. En effet, si l'esprit des peuples ne change, qu'importe qu'ils se soient agités quelques instans dans leurs misères & que leur nom, ou celui de leur maître, ait changé ?

Considérées sous ce point de vûe, je ne reconnoîtrai que cinq révolutions dans toute l'antiquité; & sept dans l'Europe moderne. Les cinq révolutions anciennes seront: l'établissement des républiques en Grèce; leur sujettion sous Philippe & Alexandre, avec les conquêtes de ce héros; la chûte des rois à Rome; la subversion du gouvernement populaire par les Césars; enfin le renversement de leur empire par les Barbares.*

---

* L'irruption des Barbares dans l'empire, n'est pas proprement une révolution dans le sens que j'ai donné à ce mot. On en peut dire autant des guerres sous le roi Jean, & de la Ligue sous Henri III. dont j'ai cependant fait des révolutions. Quant aux Barbares, il est aisé d'appercevoir que, formant le point de contact où s'unit l'histoire des Anciens & des Modernes, il m'étoit indispensable d'en parler. Quant aux deux autres époques; les troubles de la France dans ces temps-là sont trop fameux, offrent des caractères trop grands & des analogies trop frappantes, pour ne pas les avoir considérés comme de véritables révolutions.

La république de Florence, celle de la Suisse, les troubles sous le roi Jean, la Ligue sous Henri IV., l'union des Provinces Belgiques, les malheurs de l'Angleterre durant le règne de Charles Ier, & l'érection des Etats-Unis de l'Amérique en nation libre, formeront le sujet des sept révolutions modernes.

Au reste, je crayonnerai rapidement la partie de cet ouvrage consacrée à l'histoire ancienne ; réservant les grands détails, lorsque je parlerai des nations actuelles de l'Europe. Le génie des Grecs & des Romains diffère tellement du génie des peuples d'aujourd'hui, qu'on y trouve à peine quelques traits de ressemblence. J'aurois pu m'étendre sur les révolutions de Thèbes, d'Argos & de Mycènes ; les annales de la Suède & de la Pologne, celles des villes Impériales, les insurrections de quelques cités d'Espagne & du royaume de Naples, me présentoient les matériaux suffisans, pour multiplier les volumes. Mais, en portant un œil attentif sur l'histoire, j'ai vu ; qu'une multitude de rapports qui m'avoient d'abord frappé, se réduisoient, après un mûr examen, à quelques faits isolés, totalement étrangers dans leurs causes & dans leurs effets à ceux de la révolution Françoise. En m'arrêtant

rêtant incessamment à chaque petite ville de la Grèce & de l'Allemagne, j'aurois tombé dans un cercle de répétitions, aussi ennuyeuses que peu utiles. Je n'ai donc saisi que les grands traits; ceux qui offrent des leçons à suivre, ou des exemples à imiter. Je n'ai pas prétendu écrire un roman, dans lequel, pliant de force les événemens à mon système; je n'eusse laissé après moi qu'un de ces monumens déplorables, où nos neveux contempleront avec un serrement de cœur, l'esprit qui anima leurs pères; & béniront le ciel de ne les avoir pas fait naître dans ces jours de calamité. Je me suis proposé une fin plus noble, en écrivant ces pages. Je l'avouerai; l'espoir d'être utile aux hommes a exalté mon ame & conduit ma plume. Que si le plus grand sujet, est celui dont on peut faire sortir le plus grand nombre de vérités naturelles; que si fixant en outre la somme des vérités historiques, ce sujet mene à la solution du problême de l'homme; fut-il jamais d'objet plus digne de la philosophie que le plan qu'on s'est tracé dans cet ouvrage? Malheureusement l'exécution en est confiée à des mains trop inhabiles. J'ai fait par mon titre d'Essai, l'aveu public de ma foiblesse. Ce sera assez de gloire pour moi d'avoir montré la route à de plus beaux génies.

CHA-

CHAPITRE I.

Première Question—Ancienneté des Hommes.

LIV. I.
I. PART.
Rév. Anc.

" QUELLES sont les révolutions arrivées " autrefois dans le gouvernement des hommes ; " quel étoit alors l'état de la société ; & quelle " a été l'influence de ces révolutions sur l'âge " où elles éclatèrent & les siècles qui les sui- " virent ?"

Le seul énoncé de cette question suffit pour en démontrer l'importance. Le vaste sujet qu'elle embrasse, remplira la majeure partie de cet ouvrage ; & servant de clef à nos derniers problêmes, en fera naître une foule de vérités inconnues. Le flambeau des révolutions passées à la main, nous entrerons hardiment dans la nuit des révolutions futures. Nous saisirons l'homme d'autrefois malgré ses déguisemens, & nous forcerons le Protée à nous dévoiler l'homme à venir. Ici s'ouvre une perspective immense ; ici j'ose me flatter de conduire le lecteur par un sentier encore tout inculte de la

philo-

philosophie ; où je lui promets des découvertes & de nouvelles vues des hommes. Du tableau des troubles de l'antiquité passant à celui des nations modernes, je remonterai par une série de malheurs, depuis les premiers âges du monde jusqu'à notre siècle. L'histoire des peuples est une échelle de misère, dont les révolutions forment les différens degrés.

SI l'on considere que depuis le jour mémorable où Christophe Colomb aborda sur les rives Américaines ; pas une des hordes qui vaguent dans les forêts du Nouveau Monde, n'a fait un pas vers la civilisation : que cependant ces peuples étoient déjà loin de l'état de nature* à l'époque où on les a trouvés ; on ne pourra s'empêcher de convenir ; que la forme la plus grossière de gouvernement, n'ait dû coûter à l'homme des siècles de barbarie.

Qu'appercevons nous donc au moment où l'histoire s'ouvre ? De grandes nations déjà sur leur déclin, des mœurs corrompues, un luxe

LIV. I.
I. PART.
Rév. Anc.

Août 1492.

---

* Une observation importante à faire sur la lenteur avec laquelle les Américains se civilisent : c'est que la nature leur a refusé les troupeaux, ces premiers législateurs des hommes. Il est même très-remarquable qu'on a trouvé ces sauvages policés, là précisément où il y avoit une espèce d'animal domestique.

effroya-

effroyable, des sciences abstraites (1) telles que l'astronomie, l'écriture & la métaphysique des langues, arts dont l'achevement semble demander la durée d'un monde ! Si on ajoute à cela les traditions des peuples : les Pasteurs de l'antique Egypte, paissant leurs gazelles dans les villes abandonnées & sur les monumens en ruines d'une nation inconnue, jadis florissante dans ces déserts ; (2) * cette même Egypte comptant

---

(1) *Herod. l. 1. & 2. Diod. l. 1. 2.*

(2) *Voy. aux Sources du Nil par J. Bruce. Tom.* 3. *l.* 2. *ch.* 2. *pag.* 117, *&c.*

* En admettant avec Bruce que les Pasteurs remplacèrent les anciens peuples de l'Egypte; je rejette le reste de son système qui fait sortir les Pasteurs de l'Ethiopie. Il vous dit que les descendans de Cush, petit-fils de Noé, peuplèrent ces contrées *alors désertes* : & quelques pages après il ajoute que, les Cushites trouvèrent auprès d'eux une nation puissante, les Pasteurs. Outre que les anciens historiens paroissent faire entendre que les Pasteurs entrèrent en Egypte par l'isthme de Suez, Bruce a ignoré un passage d'Eusebe qui dit " Æthiopes ab Indo flumine consurgentes juxta Egyptum consederunt," & il fixe leur arrivée au règne d'Amenophis, avant la dix-neuvième dynastie & vers le tems de la fondation de Sparte; environ 1500 ans avant l'ere vulgaire. Ainsi les pasteurs auroient été les habitans primitifs de l'Ethiopie. D'ailleurs, selon Usserius, Sesostris étoit fils d'Amenophis. Celui-ci avoit règné glorieusement; & Sesostris, loin d'avoir à arracher son royaume des mains des Pasteurs victorieux, entreprit la

conquête

plus de cinq mille ans *, depuis la fin de l'âge bucolique & l'érection de la monarchie, sous son premier roi Mènes, jusqu'à Alexandre ; la Chine fondant son histoire sur un calcul d'éclipses qui remonte jusqu'au déluge (1) **, au-delà duquel ses annales se perdent dans des siècles innombrables ; l'Inde enfin, offrant le phénomène d'une langue primitive, source de

___

conquête du monde, si nous en croyons Diodore de Sicile. Il faut donc placer le règne des Pasteurs, dans une antiquité bien plus reculée que ne fait le voyageur Bruce; & rejetter l'opinion, très-invraisemblable, que ces peuples venoient originairement de l'Ethiopie. Manethon dans sa seizième dynastie les appelle expressément φοινικες ξενοι, Phéniciens étrangers. Au reste, Joseph rapporte que, Tethmosis contraignit ceux-ci par un traité d'abandonner son empire ; ce qui en feroit remonter l'époque vers l'an 2889 de la Période Julienne. Mais ceci ne doit s'entendre que des derniers Pasteurs. Il est certain que ces peuples ravagèrent plusieurs fois l'Egypte. *Manetho apud Joseph. et Afric. Herod. l. 2. cap. 100. Diod. l. 1. pag. 48, etc. Euseb. Chron. lib. 1. pag. 13.*

* Suivant le calcul modéré de Manethon. Si on admettoit le règne des Dieux & des Demi-Dieux, il faudroit compter plus de 20 mille ans. *Diod. l. 1. pag. 41.*

(1) *Du Halde, Hist. de la Chin. tom. 2. pag. 2.*

** La première éclipse a été observée 2155 A. C.

toutes celles de l'Orient; langue qui n'est plus entendue que des Bramins(1) ; * & qui fut jadis parlée d'un grand peuple, dont le nom même a disparu de la terre : il est certain que, le premier coup-d'œil qu'on jette sur l'histoire des hommes, suffiroit pour nous convaincre que notre courte chronologie en remplit à peine la dernière feuille ; si les monumens de la nature ne démontroient cette vérité, au-delà de toute contradiction (2) **.

---

(1) *Hist. of Ind. from the Earliest. Acc. Robertson. Appendix to his Disquis.*

* La langue Hanscrit, ou Sacrée, vient enfin d'être révélée au monde. Nous possédons déjà la traduction de plusieurs poëmes, écrits dans cet idiôme. La puissance & la philosophie des Anglois aux Indes; ont fait à la république des lettres ce présent inestimable. *Voyez les auteurs cités ci-dessus à la note* (1).

(2) *Buffon, Th. de la Ter.*

** J'avois recueilli moi-même un grand nombre d'observations, botaniques & minéralogiques, sur l'antiquité de la terre. J'ai compté sur des montagnes, d'une hauteur médiocre, qui courent du Sud-Est au Nord-Ouest, par le 42e degré de latitude septentrionale en Amérique; jusqu'à 13 générations de chênes, évidemment successives sur le même sol. On m'a montré en Allemagne une pierre calcaire seconde, formée des débris d'une pierre calcaire première : ce qui nous jette dans une immensité de siècles.

Monsieur

La destruction & le renouvellement d'une partie du genre humain, est une autre conjecture également fondée. Les corps marins transportés au sommet des montagnes, ou enfouis dans les entrailles de la terre; les lits de pierres calcaires; les couches parallèles & horisontales des sols (1); se réunissent avec les traditions des Juifs (2), des Indiens (3), des Chinois (4), des

---

Monsieur M., célébre minéralogiste de Paris, m'avoit assuré avoir trouvé auparavant, cette même pierre dans les environs de Mont-Martre. A Gracioza, l'une des Açores, j'ai ramassé des laves si antiques; qu'elles étoient revêtues d'une croûte de mousse pétrifiée, de plus d'un demi-pouce d'épaisseur. Enfin, à l'île St. Pierre, sur la côte désolée qui regarde l'île de Terre-Neuve; dont elle est séparée par une mer bruyante & dangereuse, toujours couverte d'épais brouillards; j'ai examiné, un rocher formé de couches alternatives de lichen rouge, qui avoit acquis la dureté du granite. Le manuscrit de ces voyages, dont on trouvera quelques extraits dans l'ouvrage que je donne ici au public, a péri, avec le reste de ma fortune, dans la *révolution.*

(1) *Buffon. Th. de la Ter. Hist. des Hom. tom.* 1. *Carl. Lett. sur l'Am.*

(2) *Genes.*

(3) *Hist. of Ind. from the Earliest, etc.*

(4) *Du Hald. Hist. de la Ch. tom.* 2.

Egyptiens(1)*, des Celtes(2), des Negres(3)** de l'Afrique & des Sauvages (4)*** même du

---

(1) *Lucian de deâ Syriâ.*
* Lucien rapporte l'histoire de la Colombe de Noé.
(2) *Edda. Mithol. Keyzl. Ant. Sept. c. 2. Sched. de diis Germ.*
(3) *Koben's Acc. of the C. of Good Hope. Sparrm. Voy. among the Hott. v. 1. ch. 5.*
** Ce dernier auteur raconte que les Hottentots ont une si grande horreur de la pluie, qu'il est impossible de leur faire convenir qu'elle soit quelquefois nécessaire. Le voyageur Suedois, attribue la cause de cette singularité à des opinions religieuses : il est plus naturel de croire que, cette antipathie tient à un sentiment confus des malheurs, occasionnés par le déluge. Il est vrai que cette tradition a pu-être portée en Afrique ; soit par les Mahometans qui y pénétrèrent dans le huitième siècle ; (*voyez Geogr. Nubiens. Trad. de l'Arab. & Léo. Descrip. de l'Af.*) ou long-tems auparavant par les Carthaginois ; dont quelques voyageurs modernes ont retrouvé des monumens, jusques sur les bords du Senégal & du Tigre. Cependant si les Carthaginois ont suivi les opinions de leurs ancêtres, les Phœniciens, ils ne croyoient pas au déluge.
(4) *Laf. Mœ. des Sauv. art. relig.*
*** Le docteur Robertson, dans son excellente histoire de l'Amérique, (*tom. 11. l. 4. p. 25. &c.*) adopte le système des premières émigrations à ce continent, par le Nord-Est de l'Asie & le Nord-Ouest de l'Europe. D'après les voyages de Cook, & ceux encore plus récens des autres navigateurs, il paroît maintenant prouvé, que l'Amérique méridionale a pu recevoir ses habitans des îles de la mer du Sud : de même que ces dernieres reçurent les leurs des

côtes

Canada, pour prouver la submersion du globe.*

côtes de l'Inde, qui en sont les plus voisines. Cette chaîne d'îles enchantées, semble être jettée comme un pont sur l'Océan, entre les deux mondes, pour inviter les hommes à parcourir leurs domaines. Les rapports de langage & de religion entre les anciens Péruviens, les insulaires des Sandwich d'Othaïti, &c. & les Malais, donnent quelque solidité à cette conjecture. Il est alors plus que probable, que la tradition du déluge se répandit en Amérique, avec les peuples de l'Inde, de la Tartarie & de la Norvège.

Voyez les tables comparées des langues, à la fin des voyages de Cook, & les extraits d'un dernier voyage à la recherche de M. de la Peyrouse. Journal de M. Poltier. N°. 64.—65.

* Il ne faut pas au reste, se dissimuler une grande objection historique. Sanchoniathon, le Phœnicien, contemporain de Semiramis, ne dit pas un seul mot du déluge. Il n'y a peut-être pas de monument plus curieux dans toute la littérature, que les passages de cet auteur, échappés aux ravages du tems dans les écrits de Porphyre & d'Eusèbe. Non seulement on doit s'étonner du profond silence de ces fragmens, sur les deux fameuses traditions du déluge & de la chûte de l'homme; ainsi que de l'explication que ces mêmes fragmens nous donnent de l'origine du culte chez les Grecs : mais d'y trouver le plus ancien historien du monde athée par principes, c'est sans doute une circonstance de la nature la plus extraordinaire. Ces précieuses reliques de l'antiquité n'étant gueres connues que des savans, les lecteurs me sauront peut-être gré de les leur produire ici.

" La source de l'univers, dit Sanchoniathon, étoit un air sombre & agité ; un cahos infini & sans forme. Cet air

Posons donc pour base de l'histoire ces deux vérités : l'antiquité des hommes, & leur renouvellement, après la destruction presque totale de la race humaine.

---

air devint amoureux de ses propres principes, & il en sortit une substance mixte, appellé Πόθ☉, ou le désir."

" Cette substance mixte, fut la matrice générale des choses : mais l'air ignoroit ce qu'il avoit produit. Avec celle-ci, il engendra Môt (une vase fermentée) & de cet embrion, germèrent toutes les plantes & le système de l'univers."

L'auteur Phœnicien raconte ensuite que le soleil, la lune, les étoiles sont des animaux intelligens, qui se formèrent dans Môt, ou le limon ; & que la lumière ayant produit les tonnerres, les animaux éveillés au bruit de la foudre, s'enfuirent dans les forêts, ou se précipitèrent dans les eaux. Ici Sanchoniathon cite les écrits de Taautus dont il a tiré sa cosmogonie ; & il fait Taautus même, inventeur des lettres : ainsi, on peut imaginer une plus grande antiquité. L'historien passe à la génération des hommes, & dit :

" Du vent Colpias & de sa femme Baau, furent engendrés deux mortels (mâle & femelle) appellés Protogonus & Æon. De ce premier couple naquirent Genus & Genea ; qui, dans une grande sécheresse, étendirent leurs mains vers le soleil, s'écriant : Beelsamin, en Phœnicien, Seigneur du ciel ; en Grec, Ζευς." De là, l'origine du grand nom de la Divinité chez les Grecs. L'historien se moque de ceux-ci pour n'avoir pas entendu l'expression Phœnicienne.

Sancho-

Mais en ne commençant l'histoire qu'à l'époque très-incertaine du déluge, vous êtes loin d'avoir vaincu toutes les difficultés. Sanchoniathon ne vous apprend d'abord que la fondation

---

Sanchoniathon rapporte ainsi douze générations : Protogonus, Genus, Phos, Libanus, Memrumus, Agreus, Chrysor, Technites, Agrus, Amynus, Misor, Taautus, donnant aux uns l'invention de l'agriculture; aux autres celle des arts méchaniques, &c.; montrant comment les divisions géographiques, prirent leurs noms de ceux de ces premiers hommes : telle que de Libanus, le Liban ; & enfin la source de la plûpart des divinités des Grecs, qui déifièrent ces mortels par ignorance.

On remarque qu'à la dixième génération (Amynius), qui correspond à Noé dans la Genese, Sanchoniathon passe immédiatement à Misor, sans qu'il paroisse même se douter du mémorable évènement qui dut avoir lieu alors. " D'Agrus, dit-il, naquit Amynus, qui enseigna aux hommes à bâtir des villes, d'Amynus, Misor le juste, &c."

Concluons cette note par une remarque importante. On place Sanchoniathon (Porphyre) vers le tems de Semiramis. Or la Reine Assyrienne règnoit environ 2190 ans avant notre ere. Selon l'opinion commune, la première colonie Egyptienne, qui émigra aux côtes de la Grèce; n'y parvint que dans l'année 1856 de la même chronologie: & le système religieux n'y prit des formes permanentes, que sous la législation de Cecrops, un peu plus de trois siècles après. Cependant l'auteur Phœnicien relève les méprises des Grecs sur les Dieux, en parlant des premiers comme d'une nation déjà ancienne. Il y a plus : il nous apprend qu'Athena, fille de Cronus, règna en Attique à

des villes & des Etats. Cronus, fils du roi Ouranus, saisit son père auprès d'une fontaine ; le fait cruellement mutiler ; entreprend de longs voyages, dispense à son gré les empires : donnant à sa fille Athena, l'Attique, & au dieu Taautus, l'Egypte(1). Herodote & Diodore vous introduisent ensuite dans le pays des merveilles. Ce sont des villes de vingt lieues de circuit, élevées comme par enchantement ; (2) des jardins suspendus dans les airs ; (3) des lacs entiers creusés de la main des hommes. (4) L'Orient se présente soudainement à nous, dans toute sa corruption & dans toute sa gloire. Déjà trois puissantes monarchies, se sont assises sur les ruines les unes des autres ;*

---

une époque qu'il est difficile de déterminer, & qui renverseroit le système entier de notre chronologie. Je laisse à penser au lecteur ce qu'il faut croire maintenant de l'histoire & de l'origine moderne des Grecs; sans parler que Diodore dans Eusèbe, Herodote, Apollodore, Pausanias, confirment le récit de l'auteur Phœnicien par plusieurs passages. Au reste, si l'on suppose que Sanchoniathon vivoit deux ou trois siècles après Moïse, comme quelques savans le prétendent, on pallie toutes les difficultés.

Sanch. Apud Eus. Præpar. Evang. lib. 1. chap. 10.

(1) *Sanchon. ibid.*
(2) *Diod. lib. 2. pag. 95*
(3) *Ibid. pag. 98. 99.*
(4) *Herod. l. 1. c. 185.*

* Les Assyriens, les Mèdes & les Perses.

partout des conquêtes démesurées, désastreuses aux vaincus, inutiles ou funestes aux vainqueurs. (1) En Perse une nation avilie (2) & des Satrapes exaltés ;(3) en Egypte un peuple ignorant & superstitieux, (4) des prêtres savans & despotiques.(5) Dans ce monde où le palais du Sardanapale, s'élève auprès de la hute de l'esclave; où le temple de la Divinité ne rassemble que des misérables, sous ses dômes de porphyre; dans ce cahos de luxe & d'indigence; de souffrances & de voluptés; de fanatisme & de lumières ; d'oppression & de servitude ; laissons dormir inconnus les crimes des tyrans & les malheurs des esclaves. Un rayon émané de l'Egypte, après avoir lutté quelque tems contre les ténèbres de la Grèce; couvrit enfin de splendeur ces régions prédestinées. Les hordes errantes qu'Inachus, Cecrops, Cadmus avoient d'abord réunies, dépouillèrent peu-à-peu leurs mœurs sauvages & se formant, à différentes époques, en républiques, nous appellent maintenant à la *première révolution*.

―――――――――――――――――

(1) *Diod. lib.* 2. *pag.* 90, *&c. Joseph. Ant. lib.* 10, *&c.*
(2) *Plut. in Apophthegm. Senec. lib.* 3. *c.* 12. *de Benef.*
(3) *Plat. l.* 3. *de Leg. pag.* 697. *Xen. Cyrop. lib.* 4. *Senec. lib.* 5. *de ira. c.* 20.
(4) *Cic. lib.* 1. *de nat. deor. Herod. lib.* 1. *c.* 65. *Diod. lib.* 1. *pag.* 74, *&c. Juven. Satir.* 15.
(5) *Diod. lib.* 1. *pag.* 88. *Plut. de Isid. & Osir.*

CHAPITRE II.

Première Révolution. Les Républiques Grecques. Si le Contrat Social des Publicistes est la Convention primitive des Gouvernemens.

LIV. I.
I. PART.
Rév. Anc.

LES républiques de la Grèce, considérés comme les premiers gouvernemens populaires parmi les hommes,* offrent un objet bien intéressant à la philosophie. Si les causes de leur établissement nous avoient été transmises par l'histoire, nous eussions pû obtenir la solution de ce fameux problême en politique; savoir: quelle est la convention originale de la société?

Jean Jacques prononce & rapporte l'acte ainsi : " Chacun de nous met en commun sa personne & toute sa puissance sous la suprême direction de la volonté générale ; & nous recevons en corps chaque membre, comme partie indivisible du tout."(1)

---

* Ceci n'est pas d'une exactitude rigoureuse. La république des Juifs commence à la sortie de ce peuple d'Egypte, l'an 1491 avant notre Ere, & Tyr fut fondée l'an 1252 de la même chronologie. *Genes. Joseph. Antiq. lib.* 8. *cap.* 2.

(1) *Contrat. Soc. liv.* 1. *ch.* 6.

Pour

Pour faire un tel raisonnement ne faut-il pas supposer une société déjà préexistante? Sera-ce le sauvage, vagabond dans ses déserts, à qui le *mien* & le *tien* sont inconnus, qui passera tout à coup de la liberté naturelle à la liberté civile? sorte de liberté purement abstraite; & qui suppose de nécessité, toutes les idées antérieures de propriété, de justice conventionnelle, de force comparée du tout à la partie, &c. Il se trouve donc un état civil intermédiaire, entre l'état de nature & celui dont parle J. J. Le contrat qu'il suppose n'est donc pas l'original.

Mais quel est, dira-t-on, ce contrat primitif? C'est ici la grande difficulté.

Que si on reçoit, pour un moment celui de Rousseau comme authentique; du moins est-il certain que ce pacte fondamental, remonte au-delà des sociétés, dont nous nous formions quelque idée; puisque pas une des hordes sauvages, qu'on a rencontrées sur le globe, n'existoit sous un gouvernement populaire. Or, de ces deux choses l'une:

Ou il faut admettre avec Platon;(1) que le gouvernement monarchique, établi sur l'image d'une famille, est le seul qui soit naturel;

---

(1) *Plat. lib.* 3 *de leg. p.* 680.

que conséquemment le contrat social ne peut-être que d'une date subséquente :

Ou que, s'il est original :

Les peuples presqu'aussitôt fatigués de leur souveraineté, s'en sont déchargés sur un citoyen courageux ou sage.

D'ici cette immense question :

Comment du gouvernement primitif, en le supposant monarchique, les hommes sont-ils parvenu à concevoir le phénomène d'une liberté, autre que celle de la nature ?

Ou si l'on veut dire que la constitution primitive ait été républicaine :

Par quels degrés l'esprit humain, après des siècles d'observation ; après l'expérience des maux qui résultent de tout gouvernement, a-t-il retrouvé la constitution naturelle, depuis si long-tems mise en oubli ?

J'invite les lecteurs à méditer ce grand sujet. Le traiter ici, seroit faire un ouvrage sur un ouvrage, & je n'écris que des essais. Dans les causes du renversement de la monarchie en Grèce, peu de choses conduisent à l'éclaircissement de ces vérités.

CHAPITRE III.

L'Age de la Monarchie en Grèce.

ON ne peut jetter les yeux sur les premiers tems de la Grèce sans frémir. Si l'Age d'Or coula dans l'Argolide, sous les Pasteurs Inachus & Phoronée; si Cecrops donna des loix pures à l'Attique; si Cadmus introduisit les lettres dans la Béotie; ces jours de bonheur fuirent avec tant de rapidité, qu'ils ont passé pour un songe, chez la postérité malheureuse.

Les Muses ont souvent fait retentir la scène de noms tragiques des Agamemnon, des Œdipe & des Thésée.(1) Qui de nous ne s'est attendri aux chefs-d'œuvre des Crebillon & des Racine? à la peinture de ces fameux malheurs de rois, nous versions des larmes jadis, comme à des fables: témoins de la catastrophe de Louis XVI & de sa famille; nous pourrons maintenant y pleurer comme à des vérités.

---

(1) *Eschyle, Sophocle, Euripide.*

Des massacres, (1) des enlèvemens, (2) des incendies; (3) des peuples entiers forcés à l'émigration, (4) par leur misère; d'autres se levant en masse pour envahir leurs voisins; (5) des rois sans autorité, (6) des grands factieux, (7) des nations babares; (8) tel est le tableau que nous présente la Grèce monarchie. Tout-à-coup, sans qu'on en voie de raisons apparentes, des républiques se forment de toutes parts. D'où vient cette transition soudaine? Est-ce l'opinion qui, comme un torrent, renverse subitement le trône? Sont-ce des tyrans qui ont mérité leur sort à force de crimes? Non. Ici on abolit la royauté par estime pour cette royauté même. Nul homme, disent les Athéniens, n'étant digne de succéder à Codrus: (9)* là c'est un prince héritier de la couronne, qui établit lui-même la constitution populaire (10).

---

(1) *Plut. in Thes.*
(2) *Hom. Iliad.*
(3) *Ibid. lib.* 9.
(4) *Herod. lib.* 1. *cap.* 145. *Strab. lib.* 13 .*pag.* 582. *Pausan. lib.* 7. *cap.* 2. *pag.* 524.
(5) *Pausan. lib.* 2. *cap.* 13. *Thucyd. l.* 1. *pag.* 2.
(6) *Plut. in Thes. Diod. lib.* 4. *pag.* 266.
(7) *Pausan. lib. cap.* 2. *pag.* 7
(8) *Ælian. Var. Hist. lib.* 3. *cap.* 38.
(9) *Meurs de Regib. Athen. lib.* 3. *cap.* 11.
* Ils reconnurent pour roi, Jupiter.
(10) *Plut. in Lyc.*

Cette

Cette révolution singulière, différente dans ses principes de toutes celles que nous connoissons, a été l'écueil de la plûpart des écrivans qui ont voulu en rechercher les causes. Mably, efleurant rapidement le sujet, se jette aussitôt dans les constitutions républicaines ; (1) sans nous apprendre le secret qui fit trouver ces constitutions. Tâchons, malgré l'obscurité de l'histoire, de faire quelques découvertes dans ce champ nouveau de politique.

―――――――――――

(1) *Observat. sur l'Hist. de la Grèce. pag.* 1—20.

CHAPITRE IV.

Causes de la Subversion du Gouvernement Royal chez les Grecs. Elles diffèrent totalement de celles de la Révolution Françoise.

LIV. I.
I. PART.
Rév. Anc.
A. J. C.
1184.
à
1070.

LA première raison qu'on entrevoit de la chûte de la monarchie en Grèce, se tire des révolutions qui désolèrent si long-tems ce beau pays. Depuis la prise de Troie, jusqu'à l'extinction de la royauté à Athènes, & même long-tems après, un bouleversement général changea la face de la contrée. Dans ce cahos de choses nouvelles, l'ordre des successions au trône fut violé ; (1) les rois perdirent peu-à-peu leur puissance, & les peuples l'idée d'un gouvernement légal. Toutes les humeurs du corps politique, allumées par la fièvre des révolutions, se trouvoient à ce plus haut point d'énergie, d'où sortent les formes premières & les grandes pensées : le moindre choc dans l'état,

―――――――――――――――――――――

(1) *Pausan. lib.* 2. *cap.* 13. *&* 18, *Vell. Paterc. lib.* 1. *cap.* 2.

étoit

étoit alors plus que suffisant pour renverser de frêles monarchies, qui pouvoient à peine porter ce nom.

Nous trouvons dans l'esprit des riches une autre cause non moins frappante de la subversion du gouvernement royal en Grèce. Ceux-ci profitant de la confusion générale pour usurper l'autorité, semoient les factions autour des trônes où ils aspiroient.(1) C'est un trait commun à toutes les révolutions dans le sens républicain, qu'elles ont rarement commencé par le peuple. Ce sont toujours les nobles qui, en proportion de leur force & de leurs richesses ont attaqué les premiers la puissance souveraine : soit que le cœur humain s'ouvre plus aisément à l'envie dans les grands que dans les petits ; ou qu'il soit plus corrompu dans la première classe que dans la dernière ; ou que le partage du pouvoir ne serve qu'à en irriter la soif ; soit enfin, que le sort se plaise à aveugler les victimes qu'il a une fois marquées. Qu'arrive-t-il lorsque l'ambition des grands est parvenue à renverser le trône ? Que le peuple opprimé par ses nouveaux maîtres, se repent bientôt d'avoir assis une multitude de tyrans à la place d'un roi légitime. Sans égards au prétendu patrio-

---

(1) *Diod. lib.* 4. *Pausan. lib.* 9. *c.* 5.

tisme dont ces hommes s'étoient couverts, il finit par chasser la faction honteuse ; & l'Etat, selon sa position morale, se change en république ou retourne à la monarchie.

Une troisième source de la constitution populaire chez les Grecs, mérite surtout d'être connue ; parce qu'elle découle essentiellement de la politique, & qu'elle n'a pas encore, du moins que je sache, été découverte par les publicistes ; je veux dire: l'accroissement du pouvoir des Amphictions. Cette assemblée fédérative, instituée par le troisième roi d'Athènes,* étendit peu-à-peu son autorité sur toute la Grèce.(1) Or, par le principe, il ne peut y avoir deux souverains dans un Etat. Une monarchie n'est plus, là où il y a une convention souveraine en unité. Que si l'on dit que le conseil Amphictionique n'avoit que le droit de proposition, & ressembloit dans ses rapports, aux Diètes d'Allemagne ; c'est faute d'avoir remarqué: que,

---

* On ignore le tems précis de l'institution de cette assemblée, & l'on varie également sur le nom de son auteur : les uns, tel que Pausanias, le nommant Amphiction ; les autres, tel que Strabon, Acrisius. En suivant l'opinion commune, l'époque en remontroit vers le 15ème siècle avant notre ere.

(1) *Æschin. de fals. leg.*

Ce n'étoient pas les envoyés des princes qui composoient l'assemblée, mais les députés des peuples; (1)

Qu'une telle convention étoit propre à faire naître aux nations qu'elle représentoit, l'idée des formes républicaines ;

Enfin, que les Amphictions, favorisés de l'opinion publique, devoient, tôt ou tard, par cet ambitieux esprit de corps, naturel à toute société particulière, s'arroger des droits hors de leur institution ; & que conséquemment les monarchies devoient aussi cesser tôt ou tard.*

Mais la grande & générale raison de l'établissement des républiques en Grèce, est qu'en effet, ces républiques ne furent jamais de vraies monarchies ; je m'expliquerai par la suite sur cet important sujet.**

Telles furent les causes éloignées & immédiates, qui contribuèrent au développement de

---

(1) *Æschin. de fals. leg. Strab. pag.* 413.

* Dans les jugemens que le corps Amphictionique prononçoit contre tel ou tel peuple, il avoit le droit d'armer toute la Grèce au soutien de son décret & de séparer le peuple condamné, de la communion du temple. Comment une foible monarchie auroit-elle pu résister à ce colosse de puissance populaire, secondé du fanatisme religieux. *Diod. lib.* 16. *Plut. in Themist.*

** A la révolution de Brutus.

cette grande révolution. Mais puisque l'histoire nous a laissé ignorer, par quelle étonnante suite d'idées, les hommes, vivant de tous tems sous des monarchies, trouvèrent les principes républicains ; disons : que, quelques oppressions réelles ; beaucoup d'imaginaires ; la lassitude des choses anciennes & l'amour des nouvelles ; des chances & des hazards, par qui tout arrive ; enfin cette nécessité qu'on appelle la force des choses, produisirent les républiques ; sans qu'on sut d'abord distinctement ce que c'étoit : & l'effet ayant dans la suite fait analyser la cause, les philosophes se hâtèrent d'écrire des principes.

Au reste, il seroit superflu de faire remarquer aux lecteurs, que les sources d'où coula la révolution républicaine en Grèce, n'ont rien, ou presque rien de commun, avec celles de la dernière révolution en France. Nous allons passer maintenant aux conséquences de la première. Je ne m'attacherai, comme tous les autres écrivains, qu'à l'histoire de Sparte & d'Athènes. Les annales des autres petites villes sont trop peu connues pour intéresser.

CHAPITRE V.

Effet de la Révolution Républicaine sur la Grèce. Athènes, depuis Codrus jusqu'à Solon, comparée au Nouvel Etat de la France.

CETTE révolution fut bien loin de donner le bonheur à la Grèce. La preuve que le principe n'étoit pas trouvé, c'est que toutes les petites républiques se virent immédiatement plongées dans l'anarchie, après l'extinction de la royauté. Sparte seule, qui fut assez heureuse pour posséder dans le même homme le révolutionnaire & le législateur, jouit tout-à-coup du fruit de sa nouvelle constitution. Partout ailleurs, les riches, sous le nom captieux de magistrats, s'emparèrent de l'autorité souveraine qu'ils avoient anéantie; (1) & les pauvres languirent dans les factions & la misère. (2)

Depuis le dévouement de Codrus à Athènes jusqu'au siècle de Solon; l'histoire est presque muette sur l'état de cette république. Nous

___

(1) *Arist. de Rep. t.* 2. *lib.* 2. *cap.* 12.
(2) *Plut. in Solon.*

savons seulement que l'archontat à vie, que les citoyens substituèrent d'abord à la royauté, fut dans la suite réduit à dix ans; & qu'ils finirent par le diviser entre neuf magistrats annuels.(1)

Ainsi les Athéniens s'habituèrent par degrés au gouvernement populaire. Ils passèrent lentement de la monarchie à la république. Le statut nouveau étoit toujours formé en partie du statut antique. Par ce moyen on évitoit ces transitions brusques, si dangereuses dans les Etats ; & les mœurs avoient le tems de sympathiser avec la politique. Mais il en résulta aussi que les loix ne furent jamais très-pures; & que le plan de la constitution offrit un mélange continuel de vérités & d'erreurs : comme ces tableaux, où le peintre a passé par une dégradation insensible des ténèbres à la clarté ; chaque nuance s'y succède doucement, mais elle se compose sans cesse de l'ombre qui la précéde, & de la lumière qui la suit.

Cependant cette mobilité de principes devoit produire de grands maux. Les Athéniens, semblables aux François sous tant de rapports, en changeant incessamment l'œconomie du gouvernement, comme ces derniers l'ont fait de nos

---

(1) *Meurs de Archont. lib.* 1. *cap.* 1. *&c.*

jours,

jours, vivoient dans un état perpétuel de troubles : (1) car dans toute révolution ; il se trouve toujours de chauds partisans des institutions nouvelles ; & des hommes attachés aux antiques loix de la patrie, par les souvenirs d'une vie passée sous leurs auspices.

Comme en France encore, l'antipathie des pauvres & des riches étoit à son comble.(2) A Dieu ne plaise que je veuille fermer les oreilles à la voix du nécessiteux. Je sais m'attendrir sur le malheur des autres : mais dans ce siècle de philantropie, nous avons trop déclamé contre la fortune. Les pauvres, dans les Etats, sont infiniment plus dangereux que les riches ; & souvent ils valent moins qu'eux.

Le besoin d'une constitution déterminée, se faisoit sentir de plus en plus. Dracon, philosophe inexorable, fut choisi pour donner des loix à l'humanité. Cet homme méconnut le cœur de ses semblables ; il prit les passions pour des crimes, & punissant également du dernier supplice & le foible & le vicieux, (3) il sembla prononcer un arrêt de mort contre le genre humain.

---

(1) *Herod. lib.* 1. *cap.* 59. *Plut. in Solon.*
(2) *Id.*
(3) *Id. pag.* 87.

Ces loix de sang, telles que les décrets funèbres de Robespierre, favorisèrent les insurrections. Cylon, profitant des troubles de sa patrie, voulut s'emparer de la souveraineté. On l'assiège aussitôt dans la citadelle, d'où il parvient à s'échapper. Ses partisans réfugiés dans le temple de Minerve, en sortent sous promesse de la vie ; & on les sacrifie aussitôt sur l'autel des Eumenides.(1) La France n'est pas la première république qui ait eu des loix sauvages & de barbares citoyens.

Ce régime de terreur passe ; mais il ne reste à la place que relâchement & foiblesse. Les Athéniens, comme les François, abhorrèrent ses atrocités ; & comme eux aussi, ils se contentèrent de verser des pleurs stériles. Cependant le peuple, effrayé de son crime, s'imaginoit voir les vengeances de Minerve suspendues sur sa tête. Les Dieux, secondant le cri de l'humanité, remplissoient les consciences de troubles : & tel qui n'eut été qu'un impitoyable anthropophage dans la France incrédule, fut touché de repentir à Athènes. Tant la religion est nécessaire aux hommes !

Pour appaiser ces tourmens de l'ame, plus insupportables que ceux du corps, on eut re-

___

(1) *Thucyd. lib.* 1. *cap.* 126. *Plut. in Sol.*

cours à un sage, nommé Epiménide.(1) Si celui-ci ne ferma pas les plaies réelles de l'Etat, il fit plus encore, en guérissant les maux imaginaires. Il bâtit des temples aux Dieux; leur offrit des sacrifices, (2) & versa le baume de la religion dans le secret des cœurs. Il ne traitoit point de superstition ce qui tend à diminuer le nombre de nos misères ; il savoit que la statue populaire, que le pénate obscur qui console le malheureux, est plus utile à l'humanité que le livre du philosophe, qui ne sauroit essuyer une larme.

Mais ces remèdes en engourdissant un moment les maux de l'Etat, ne furent pas assez puissans pour les dissiper. Peu après le départ d'Epiménide, les factions se rallumèrent. Enfin les partis fatigués, résolurent de se jetter dans les bras d'un seul homme. Heureusement pour la république, cet homme étoit Solon.(3)

Je n'entrerai point dans le détail des institutions de ce législateur célèbre, non plus que dans celui des loix de Licurgue : de trop grands

---

(1) *Plat. de Leg. lib.* 1. *t.* 2.
(2) *Strab. lib.* 10. *pag.* 479.
(3) *Plut. in Solon.*

maîtres en ont parlé. Je dirai seulement ce qui tend au but de mon ouvrage. Pour ne pas couper le sujet, nous allons continuer l'histoire d'Athènes jusqu'au bannissement des Pisistratides : nous reviendrons ensuite à Lacédémone.

CHAPITRE VI.

Quelques Réflexions sur la Législation de Solon. Comparaisons. Différences.

LES gouvernemens mixtes sont vraisemblablement les meilleurs ; parce que l'homme de la société est lui-même un être complexe : & à la multitude de ses passions, il faut donner une multitude d'entraves. Sparte, Carthage, Rome & l'Angleterre, ont été, par cette raison, regardées comme des modèles en politique. Quant à Athènes nous remarquerons ici ; qu'elle a réellement possédé ce que la France prétend avoir de nos jours : la constitution la plus démocratique, qui ait jamais existé chez aucun peuple. Au mot démocratie on se figure une nation, assemblée en corps, délibérant sur ses loix ? non. Cela signifie maintenant ; deux Conseils, un Directoire, & des citoyens à qui l'on permet de rester chez eux, jusqu'à la première requisition.

Le législateur Athénien & les réformateurs Français, se trouvoient à peu-près placés entre les mêmes dangers, au commencement de leurs ouvrages.

LIV. I.
I. PART.
Rév. Anc.
A. J. C.
594.
Olympiade
46.

ouvrages. Une foule de voix demandoient la répartition égale des fortunes. Pour éviter le naufrage de la chose publique, Solon fut forcé de commettre une injustice. Il remit les dettes, & refusa le partage des terres.(1) Les assemblées nationales de France ont pensé différemment : elles ont garanti la créance à l'usurier, & divisé les biens des riches. Cela seul suffit à caractériser la différence des deux siècles.

Dans les institutions morales nous trouvons les mêmes contrastes. Des femmes pures parurent indispensables à Athènes pour donner des citoyens vertueux à l'Etat :(2) & le divorce n'étoit permis qu'à des conditions rigoureuses.(3) La France républicaine a cru que la Messaline, qui va, offrant sa lubricité d'époux en époux, n'en sera pas moins une excellente mère.

Qu'il soit chassé des tribunaux, de l'assemblée générale, du sacerdoce, disoit la loi à Athènes ; qu'il soit rigoureusement puni, celui qui, noté d'infamie par la dépravation de ses mœurs, ose remplir les fonctions saintes de législateur ou de juge ;(4) que le magistrat qui

---

(1) *Plut. in Solon. pag.* 87.
(2) *Id. pag.* 90. 91.
(3) *Pet. in Leg. Attic.*
(4) *Æsch. in Tim.*

se montre en état d'ivresse aux yeux du peuple soit à l'instant mis à mort.(1)*

Ces décrets-là, sans doute, n'étoient pas faits pour la France. Que fut devenue, sous un pareil arrêt, toute l'assemblée constituante dans la nuit du 4 Août 1789?

Ceci mène à une triste réflexion. Fanatiques admirateurs de l'antiquité, les Français semblent en avoir emprunté les vices, & presque jamais les vertus. En naturalisant chez eux les dévastations & les assassinats de Rome & d'Athènes, sans en atteindre la grandeur; ils ont imité ces tyrans, qui pour embellir leur patrie, y faisoient transporter les ruines & les tombeaux de la Grèce.

Au reste, nous entrons ici sur un sol consacré, où chaque pouce de terrein nous offrira un nouveau sujet d'étonnement. Peut-être même pourrois-je déjà beaucoup dire; mais il n'est pas encore tems. Lecteurs, je le répète; veillez, je vous en supplie plus que jamais sur vos préjugés. C'est au moment où

---

(1) *Laert. in Sol.*

* Apparemment que le parti de Drouet, en s'insurgeant contre le directoire, se rappelle cette autre loi de Solon; par laquelle il étoit permis de tuer le magistrat, qui conservoit sa place après la destruction de la démocratie.

un coin du rideau commence à se lever, que l'on est le plus sensible : surtout si ce que nous appercevons n'est pas dans le sens de nos idées. On m'a souvent reproché de voir les objets différemment des autres : cela peut-être. Mais si on se hâte de me juger, sans me laisser le tems de me développer à ma manière ; si on se blesse de certaines choses, avant de connoître la place que ces choses occupent dans l'harmonie général des parties ; j'ai fini pour ces gens-là. Je n'ai ni l'envie, ni le talent, de tout penser & de tout dire à la fois.

Je reviens.

CHAPITRE VII.

Origine des Noms de Factions la Montagne & la Plaine.

SOLON voulut couronner ses travaux par un sacrifice. Voyant que sa présence faisoit naître des troubles à Athènes, il résolut de s'en bannir par un exil volontaire. Il s'arracha donc pour dix ans(1) au séjour si doux de la patrie; après avoir fait promettre à ses concitoyens, qu'ils vivroient en paix jusqu'à son retour. On s'apperçut bientôt qu'on n'ajourne point les passions des hommes.

Depuis long-tems, l'Etat nourrissoit dans son sein trois factions, qui ne cessoient de le déchirer. Quelquefois réunies par intérêts, ou tranquilles par lassitude, elles sembloient s'éteindre un moment; mais bientôt elles éclatoient avec une nouvelle furie.

La première, appellée le parti de la Montagne, étoit composée, ainsi que le fameux parti du même nom en France, des citoyens les plus

---

(1) *Plut. in Solon.*

pauvres de la république, qui vouloient une pure démocratie.(1) Par l'établissement d'un sénat,(2) & l'admission exclusive des riches aux charges de la magistrature,(3) Solon avoit opposé un digue puissante à la fougue populaire; & la Montagne trompée dans ses espérances, n'attendoit que l'occasion favorable de s'insurger contre les dernières institutions. C'étoient les Jacobins d'Athènes.

Le second parti, connu sous le nom de la Plaine, réunissoit les riches possesseurs de terres; qui, trouvant que le législateur avoit trop étendu le pouvoir du petit peuple, demandoient la constitution oligarchique, plus favorable à leurs intérêts.(4) C'étoient les Aristocrates.

Enfin, sous un troisième parti, distingué par l'appellation de la Côte, se rangeoient tous les négocians de l'Attique. Ceux-ci, également effrayés de la licence des pauvres & de la tyrannie des grands, inclinoient à un gouvernement mixte, propre à réprimer l'une & l'autre:(5) ils jouoient le rôle des Modérés.

---

(1) *Herod. lib.* 1. *cap.* 59. *Plut. in Solon.*
(2) *Id. pag.* 88.
(3) *Arist. de Rep. lib.* 2. *cap.* 12. *pag.* 336.
(4) *Plut. in Solon, pag.* 85.
(5) *Id. ibid.*

Athènes se trouvoit ainsi, à-peu-près, dans la même position que la France républicaine : nul ne goûtoit la nouvelle constitution ; tous en demandoient un autre ; & chacun vouloit celle-ci d'après ses vues particulières. On voit encore ici la source d'où les François ont tiré les noms de partis qui les divisent. Comme si mes malheureux compatriotes, n'avoient déjà pas trop de leurs haines nationales, sans aller remuer les cendres des factions étrangères, parmi les ruines des Etats qu'elles ont dévorés ?

LIV. I.
I. PART.
Rév. Anc.
A. J. C.
594
à
584.
Ol. 46.—49

CHAPITRE VIII.

Portraits des Chefs.

DES mêmes causes, les mêmes effets. Il devoit s'élever alors des tyrans à Athènes, comme il s'en est élevé de nos jours à Paris. Mais autant le siècle de Solon surpasse le nôtre en morale, autant les factieux de l'Attique, furent supérieurs en talens à ceux de la France.

A la tête des Montagnards, on distinguoit Pisistrate ;(1) brave, (2) éloquent, (3) généreux,(4) d'une figure aimable(5) & d'un esprit cultivé ;(6) il n'avoit de Robespierre que la dissimulation profonde ;(7) & de l'infâme d'Orléans, que les richesses(8) & la naissance illus-

---

(1) *Plut. in Solon.*
(2) *Herod. lib.* 1. *cap.* 59.
(3) *Plut. in Solon.*
(4) *Id.*
(5) *Athen. lib.* 12. *c.* 8.
(6) *Cicer. de Orat. lib.* 3. *cap.* 34.
(7) *Plut. in Solon.*
(8) *Herod. lib.* 1. *cap.* 59.

tre.(1) Il prit la route que ce dernier conspirateur a tâché de suivre après lui. Il fit retentir le mot égalité(2) aux oreilles du peuple ; & tandis que la liberté respiroit sur ses lèvres, il cachoit la tyrannie au fond de son cœur.

Lycurgue avoit la confiance de la Plaine.(3) Nous ne savons presque rien de lui. C'étoit apparemment un de ces intrigans obscurs, que le tourbillon révolutionnaire jette quelquefois au plus haut point du système, sans qu'ils sachent eux-mêmes comment ils y sont parvenus. Les aristocrates d'Athènes, ne furent pas plus heureux dans le choix & le génie de leurs chefs, que les aristocrates de France.

Il semble qu'il y ait des hommes, qui renaissent à des siècles d'intervalles pour jouer, chez différens peuples & sous différens noms, les mêmes rôles, dans les mêmes circonstances. Megaclès & Tallien en offrent un exemple extraordinaire. Tous deux redevables à un mariage opulent de la considération attachée à la fortune ;(4)* tous deux placés à la tête

---

(1) *Herod. lib. 5. c.* 65.
(2) *Plut. in Solon.*
(3) *Id.*
(4) *Hrod. lib. 6. cap.* 125—131. *Tous les pap. pub. sur les aff. de Fr.*

* Megaclès étoit riche, mais sa fortune fut considérablement augmentée par son mariage avec la fille de Clisthène, tyran de Sicyone.

du parti modéré,(1) dans leurs nations respectives; ils se font tous deux remarquer par la versalité de leurs principes & la ressemblance de leurs destinées. Flottant, ainsi que le Révolutionnaire François, au gré d'une humeur capricieuse, l'Athénien fut d'abord subjugué par le génie de Pisistrate;(2) parvint ensuite à renverser le tyran;(3) s'en repentit bientôt après; rappella les Montagnards; (4) se brouilla de nouveau avec eux; fut chassé d'Athènes; reparut encore(5) & finit par s'éclipser tout-à-coup dans l'histoire : sort commun des hommes sans caractère : ils luttent un moment contre l'oubli qui les submerge; & soudain s'engloutissent tout vivans dans leur nullité.

Tel étoit l'état des factions à Athènes, lorsque Solon, après dix ans d'absence, revint dans sa malheureuse patrie.

---

(1) *Plut. in Solon. Pap. pub., &c.*
(2) *Plut. in Solon.* pag. 96.
(3) *Herod. lib.* 1. *cap.* 64.
(4) *Id. Ib.*
(5) *Herod. lib.* 1. *cap.* 64.

CHAPITRE IX.

Pisistrate.

APRES avoir erré sur le globe l'homme, par un instinct touchant, aime à revenir mourir aux lieux qui l'ont vu naître ; & à s'asseoir un moment au bord de sa tombe, sous les mêmes arbres qui ombragèrent son berceau. La vûe de ces objets, changés sans doute, qui lui rappellent à la fois, les jours heureux de son innocence ; les malheurs dont ils furent suivis ; les vicissitudes & la rapidité de la vie ranime, dans son cœur ce mélange de tendresse & de mélancolie, qu'on nomme, l'amour de son pays.

Quelle doit être sa tristesse profonde, s'il a quitté sa patrie florissante, & qu'il la retrouve déserte, ou livrée aux convulsions politiques ! Ceux qui vivent au milieu des factions, vieillissant pour ainsi dire avec elles, s'apperçoivent à peine de la différence du passé au présent : mais le voyageur qui retourne aux champs paternels, bouleversés pendant son absence, est tout-à-coup frappé des changemens qui l'environnent ; ses yeux parcourent amèrement

l'enclos

l'enclos désolé : de même qu'en revoyant un ami malheureux après de longues années, on remarque avec douleur sur son visage les ravages du chagrin & du tems. Telles furent sans doute les sensations du Sage Athénien, lorsqu'après les premières joies du retour, il vint à jetter les regards sur sa patrie.

Il ne vit autour de lui qu'un cahos d'anarchie & de misère. Ce n'étoient que troubles, divisions, opinions diverses. Les citoyens sembloient transformés en autant de conspirateurs. Pas deux têtes qui pensâssent de même ; pas deux bras qui eussent agi de concert. Chaque homme étoit lui tout seul une faction : & quoique tous s'harmoniâssent de haine contre la dernière constitution, tous se divisoient d'amour sur le mode d'un régime nouveau.(1)

Dans cette extrêmité, Solon cherchoit un honnête homme, qui en sacrifiant ses intérêts, put rendre le calme à la république. Il s'imagina le trouver à la tête du parti populaire : mais s'il se laissa tromper un moment par les dehors patriotiques de Pisistrate, il ne fut pas longtems dans l'erreur. Il sentit que, de deux motifs d'une action humaine, il faut s'efforcer de croire à la bonne & agir comme si on n'y cro-

---

(1) *Plut. in Solon.*

yoit pas. Le Sage, qui connoissoit les cœurs, sut bientôt ce qu'il devoit penser d'un homme riche & de haute naissance, attaché à la cause du peuple. Malheureusement il le sut trop tard.

Sur le point de dénoncer la conspiration, il n'attendoit plus que de nouvelles lumières; lorsque Pisistrate se présente tout-à-coup sur la place publique, couvert de blessures qu'il s'étoit adroitement faites.(1) Le peuple ému, s'assemble en tumulte. Solon veut envain faire entendre sa voix.(2) On insulte le vieillard; on frémit de rage ; on décréte par acclamation une garde formidable à cette illustre victime de la démocratie, que les nobles avoient voulu faire assassiner.(3) O homines ad servitudem paratos ! Nous avons vû un tyran de la convention employer la même machine.

Quiconque a une legère teinture de politique, n'a pas besoin qu'on lui apprenne la conséquence de ce décret. Une démocratie n'existe plus là où il y a une force militaire en activité dans l'intérieur de l'Etat. Que penserons-nous donc des cohortes du directoire ? Pisistrate

---

(1) *Herod. lib.* 1. *cap.* 59—64.
(2) *Plut. in Solon.*
(3) *Justin. lib.* 2. *cap.* 8.

s'empara

LIV. I.
I. PART.
Rév. Anc.
A. J. C.
576.
Ol. 51.

s'empara peu après de la citadelle ; (1) & ayant désarmé les citoyens, comme la convention les sections de Paris, il régna sur Athènes avec toutes les vertus, hors celles du républicain.

(1) *Plut. in Solon.*

CHAPITRE X.

Règne & Mort de Pisistrate.

LA victoire s'attachera au parti populaire, toutes les fois qu'il sera dirigé par un homme de génie : parce que cette faction possède au-dessus des autres, l'énergie brutale d'une multitude pour laquelle la vertu n'a point de charmes, ni le crime de remords.

Après tout, le succès ne fait pas le bonheur : Pisistrate en est un exemple. Chassé de l'Attique par Mégaclès réuni à Lycurgue, il y fut bientôt rappellé par ce même Mégaclès ; qui, changeant une troisième fois de parti, se vit à son tour obligé de prendre la fuite. Deux fois les orages qui grondent autour des tyrans, renversèrent Pisistrate de son trône ; & deux fois le peuple l'y replaça de sa main.(1) La fin de sa carrière fut plus heureuse. Il termina tranquillement ses jours à Athènes ; laissant à ses deux fils, Hipparque & Hippias, la couronne qu'il avoit usurpée.(2)

---

(1) *Herod. lib.* 1. *cap.* 64. *Arist. lib.* 5. *de rep. c.* 12.
(2) *Id. ibid.*

Au reste ces différentes factions avoient tour à tour, selon les chances de la fortune, rempli la terre de l'étranger d'Athéniens fugitifs. A la mort de Pisistrate, les Modérés & les Aristocrates se trouvoient émigrés dans plusieurs villes de la Grèce :(1) là, nous allons bientôt les voir remplir avec succès le même rôle, que de nos jours, les Constitutionnels & les Aristocrates de France, ont joué si malheureusement en Europe.

---

(1) *Herodot.* lib. 5. c. 62—96.

CHAPITRE XI.

Hipparque & Hippias. Assassinat du premier. Rapports.

HIPPIAS & Hipparque montèrent sur le trône, aux applaudissemens de la multitude. Sages dans leur gouvernement(1) & faciles dans leurs mœurs(2), ils avoient ces vertus obscures, que l'envie pardohne; & ces vices aimables, qui échappent à la haine. Peut-être eussent-ils transmis le sceptre à leur postérité; peut-être un seul anneau changé dans la chaîne des peuples, auroit-il altéré la face du monde ancien & moderne; si la fatalité qui règle les empires, n'avoit décidé autrement de l'ordre des choses.

Hipparque insulté par Harmodius, jeune Athénien plein de courage, voulut s'en venger par un affront public qu'il fit offrir à la sœur de ce dernier.(3) Harmodius, la rage dans

---

(1) *Thucyd. lib.* 6. *cap.* 54.
(2) *Athen. lib.* 12. *cap.* 8.
(3) *Thucyd. lib.* 6. *cap.* 56.

le cœur, résolut, avec Aristogiton son ami, d'arracher le jour aux tyrans de sa patrie.(1) Il ne s'en ouvrit qu'à quelques personnes fidèles ; comptant pour au moment de l'entreprise, sur les principes des uns, les passions des autres ; ou du moins sur ce plaisir secret qu'éprouvent les hommes, à voir souffrir ceux qu'ils ont cru heureux. Par amour de l'humanité, il faut se donner de garde de remarquer, que le vice & la vertu conduisent souvent aux mêmes résultats.

Le jour de l'exécution étant fixé à la fête des Panathénées, les assassins se rendirent au lieu désigné. Hipparque tomba sous leurs coups, mais son frère leur échappa. Heureux cependant s'il eût partagé la même destinée ! Aristogiton présenté à la torture, accusa faussement les plus chers amis d'Hippias,(2) qui les livra sur le champ aux bourreaux. L'amitié offrit ce sacrifice, aussi ingénieux que terrible, aux mânes d'Harmodius massacré par les gardes du tyran.

Depuis ce moment, Hippias désabusé du pouvoir des bienfaits sur les hommes, ne vou-

---

(1) Id. Ibid. Plat. in Hipparch. tpag. 229.
(2) Senec. de Ird. lib. 2. cap. 23.

lut plus devoir sa sûreté, qu'à sa barbarie.(1) Athènes se remplit de proscriptions : les tourmens les plus cruels furent mis en usage ; & les femmes, comme de nos jours, s'y distinguèrent par leur constance héroïque.(2) Les citoyens poursuivis par la mort, se hâtèrent de quitter en foule une patrie dévouée ; mais plus heureux que les Emigrés François, ils emportèrent avec eux leurs richesses(3) & conséquemment leur vertu. C'est ainsi que nous avons vû en France les massacres se multiplier ; & de nouvelles troupes des fugitifs joindre leurs infortunés compatriotes sur des terres étrangères, lorsqu'après le prétendu assassinat d'un des satellites de Robespierre, le monstre se crut obligé de redoubler de furie.

---

(1) *Thucyd. lib.* 6. *cap.* 59.
(2) *Id. Plin. lib.* 7. *cap.* 23.
(3) *Herodot. lib.* 5.

CHAPITRE XII.

Guerre des Emigrés. Fin de la Révolution Républicaine en Grèce.

LIV. I.
I. PART.
Rév. Anc.
A. J. C.
514.
Ol. 66.

CEPENDANT les bannis sollicitoient au dehors les Puissances voisines de les rétablir dans leurs propriétés. Ils firent parler l'intérêt de la religion(1) & celui d'un peuple qu'ils représentoient opprimé par des tyrans. Les Lacédémoniens prirent enfin les armes en leur faveur. (2) D'abord repoussés par les Athéniens, un hazard leur donna ensuite la victoire ; les enfans d'Hippias étant tombés entre leurs mains, celui-ci, père avant que d'être roi, consentit pour les racheter à abdiquer sa puissance & à quitter en cinq jours l'Attique. Cette chûte-là tire des larmes : on est fâché de voir un tyran finir par un trait dont bien peu d'honnêtes gens seroient capables.

510.
67.

On peut fixer à la retraite d'Hippias l'époque des beaux jours de la Grèce, & la fin

―――――――――――――――――――

(1) *Herod. lib.* 5.
(2) *Id. ib.*

de

de la révolution républicaine : car quoiqu'il s'élevât encore quelques factieux à Athènes,(1) de même qu'après une longue tempête il se forme encore des écumes sur la mer, ils s'évanouirent bientôt dans le calme. N'oublions pas cependant que les Lacédémoniens, qui en s'armant pour les Emigrés n'avoient eu d'autre vûe que de s'emparer de l'Attique, voyant leurs espérances déçues, voulurent rétablir sur le trône celui qu'ils en avoient chassé. (2) Tant ces grands mots de justice générale & de philanthropie, veulent dire peu de chose ! La soif de la liberté & celle de la tyrannie ont été mêlées ensemble dans le cœur de l'homme par la main de la nature : indépendance pour soi seul, esclavage pour tous les autres, est la devise du genre humain.

La ré-installation du tyran d'Athènes, proposée par les Spartiates au conseil Amphictyonique, en fut rejettée avec indignation. Le malheureux Hippias se retira alors à la cour du Satrape Artapherne ; où bientôt en attirant les armes du grand roi contre sa patrie, il ne fit que consolider la république qu'il prétendoit renverser.

LIV. I.
I. PART.
Rev. Anc.
A. J. C.
510.
Ol. 67.

_____

(1) *Herod. lib. 5. cap.* 66.
(2) *Id.*

C'est

C'est un des premiers princes qui, descendu du rang des monarques à l'humble condition de particulier, traîna de contrée en contrée ses malheurs à charge à la terre ; ayant partout à dévorer l'insolence, ou la pitié des hommes.

Ici finit, comme je l'ai remarqué plus haut, la révolution populaire en Grèce. Mais avant de passer aux caractères généraux & à l'influence de cette révolution sur les autres nations, il est nécessaire de revenir à Sparte.

CHAPITRE XIII.

Sparte.—Les Jacobins.

SPARTE se présente comme un phenomène au milieu du monde politique. Là nous trouvons la cause du gouvernement républicain, non dans les choses, mais dans le plus grand génie qui ait existé. La force intellectuelle d'un seul homme enfanta ces nouvelles institutions, d'où est sorti un autre univers. Il n'entre pas dans mon plan de répéter ici ce que mille Publicistes ont écrit de Lacédémone : Voici seulement quelques réflexions qui se lient à mon sujet.

Le bouleversement total que les François, & surtout les Jacobins, ont voulu opérer dans les mœurs de leur nation, en assassinant les propriétaires, transportant les fortunes, changeant les costumes, les usages & le Dieu même, n'a été qu'une imitation de ce que Lycurgue fit dans sa patrie. Mais ce qui fut

LIV. I.
I. PART.
Rév. Anc.
A. J. C.
845.

possible chez un petit peuple, encore tout près de la nature, & qu'on peut comparer à une pauvre & nombreuse famille, l'étoit-il dans un antique royaume de vingt-cinq millions d'habitans ? Dira-t-on que le législateur Grec transforma des hommes plongés dans le vice en des citoyens vertueux ; & qu'on eût pu réussir également en France ? Certes, les deux cas sont loin d'être les mêmes. Les Lacédémoniens avoient l'immoralité d'une nation qui existe sans formes civiles; immoralité qu'il faut plutôt appeller un désordre qu'une véritable corruption : une telle société, lorsqu'elle vient à se ranger sous une constitution, se métamorphose soudainement ; parce qu'elle a toute la force primitive, toute la rudesse vigoureuse d'une matière, qui n'a pas encore été mise sur le métier. Les François avoient l'incurable corruption des loix ; ils étoient légalement immoraux, comme tous les anciens peuples, soumis depuis long-tems à un gouvernement régulier. Alors la trame est usée ; & lorsque vous venez à tendre la toile, elle se déchire de toutes parts.

Il y a plus, les grands changemens que Lycurgue opéra à Lacédémone, furent plutôt dans les réglemens moraux & civils, que dans les

les choses politiques. Il institua les répas publics & les leschès; (1)* bannit l'or & les sciences;(2) ordonna les réquisitions d'hommes & de propriétés;(3) fit le partage des terres; établit la communauté des enfans(4), & presque

LIV. I.
I. PART.
Rév. Anc.
A. J. C.
845.

(1) *Plut. in Lyc. Pausan. lib.* 3. *cap.* 14. *pag.* 240.
* Cette institution, unique dans l'antiquité (si l'on en excepte cette société d'Athènes, à laquelle Philippe envoyoit de l'or pour l'encourager dans son insouciance des affaires de la patrie), est l'origine de nos clubs modernes. Les réquisitions forcées, d'esclaves, de chevaux, &c., sont aussi de Lycurgue. Il semble que cet homme extraordinaire n'ait rien ignoré de ce qui peut toucher les hommes; qu'il ait embrassé à la fois tous les genres d'institutions les plus capables d'agir sur le cœur humain, d'élever leur génie, de développer les facultés de leurs ames, & de lâcher ou de tendre le ressort des passions. Plus on étudie les loix de Lycurgue, plus on est convaincu que depuis lui, on a rien trouvé de nouveau en Politique. Lycurgue & Newton ont été deux divinités dans l'espèce humaine. Par l'affreuse imitation des Jacobins, on va voir comment la vertu peut se tourner en vice dans des vases impurs : tant il est vrai encore que chaque âge, chaque nation a ses institutions qui lui sont propres, & que la constitution la plus sublime chez un peuple, pourroit être exécrable chez un autre. Au reste, les leschès avoient toutes les qualités des clubs; on s'y assembloit expressément pour y parler de politique.

(2) *Plut. in Lyc. Isocr. Panath. t.* 2.
(3) *Xenoph. de Rep. Laced. pag.* 681.
(4) *Plut. ibid.*

celle des femmes : (1) les Jacobins, le suivant pas à pas dans ces réformes violentes, prétendirent à leur tour anéantir le commerce; extirper les lettres;* avoir des gymnases,** des philities,*** des clubs ; ils voulurent forcer la vierge, ou la jeune épouse, à recevoir, malgré elle, un époux ;**** ils mirent surtout

---

(1) *Plut. ibid.*

* Le lecteur doit se rappeller les projets de Marat & de Robespierre, &c. qui se trouvent dans tous les papiers & les brochures du tems. Sans doute il sait ces faits tout aussi bien que moi, sans que je sois obligé de citer une foule de journaux & de feuilles publiques. Quant à ceux qui ne connoissent pas la révolution, tant pis ou tant mieux pour eux, mais qu'ils ne me lisent pas.

** Les Ecoles républicaines.

*** Les repas publics de Sparte.

**** Ceci est bien connu par les décrets proposés dans la convention, pour obliger les femmes des Emigrés, ou les jeunes filles au-dessus d'un certain âge, d'épouser ce qu'on appelloit des *citoyens*. Je raconterai à ce sujet ce que je tiens d'un témoin oculaire, dont je n'ai aucune raison de soupçonner la véracité. Dans le moment le plus violent de la persécution de Robespierre ; lorsque les sœurs ou les épouses des Emigrés étoient jettées dans des cachos, en attendant la mort; on leur envoyoit des brigands, soldats dans l'armée intérieure, qui leur disoient : Citoyennes, nous sommes fâchés de vous l'apprendre, votre sort est décidé : demain la guillotine ———— Mais il y a un moyen de vous sauver;

épousez

en usage les requisitions, & se préparoient à promulguer les loix agraires.

Ici finit la ressemblance. Le Sage Lacédémonien laissa à ses compatriotes leurs dieux, leurs rois & leurs assemblées du peuple,(1) qu'ils possédoient, de tems immémorial, avec le reste de la Grèce ; il ne fit pas vibrer toutes les cordes du cœur humain, en brisant à la fois imprudemment tous les préjugés ; il sut respecter ce qui étoit respectable ; il se donna de garde d'entreprendre son ouvrage au milieu des troubles des guerres, qui engendrent toutes les sortes d'immoralités. Il eut à surmonter de grandes difficultés, sans doute : il fut même obligé d'employer une espèce de violence(2); mais il n'égorgea point les citoyens, pour les convaincre de l'efficacité des loix nouvelles ; il chérissoit ceux-là même, qui poussoient la

LIV. I.
I. PART.
Rév. Anc.
A. J. C.
845.

épousez-nous, &c. & ils les accabloient des propos les plus grossiers. Si on considère que ces exécrables monstres étoient peut-être les hommes, qui avoient assassiné les frères & les maris de ces Infortunées ; l'atrocité & l'immoralité d'insulter des femmes couchées sur la terre, sans pain, sans vêtemens & plongées dans toutes les douleurs de l'ame & du corps ; on ne pourra s'empêcher de frémir à la pensée des crimes, dont l'espèce humaine est capable.

(1) *Plut. in Lyc.*
(2) *Id. ibid.*

haine

haine de ses innovations jusqu'à le frapper.(1) C'est peut-être ici un des plus curieux, de même qu'un des plus grands sujets commémorés dans les annales des nations. Qu'y a-t-il en effet de plus intéressant, que de retrouver dans ce passage le plan original de cette étonnant édifice, sur lequel les Jacobins ont calqué la fatale copie, qu'ils viennent de nous en donner : il mérite bien la peine qu'on s'y arrête, pour en méditer les leçons. J'opposerai dans les chapitres suivans, le tableau des réformations des Jacobins, à celui de ces réformations de Lycurgue qui ont servies de modèle aux premières, & que j'ai brièvement exposées ci-dessus. Sans cette comparaison, il seroit impossible de se former une idée juste des rapports & des différences des deux systêmes, considérés dans le génie, les tems, les lieux & les circonstances : ce sera alors au lecteur à prononcer sur les causes qui consolidèrent la révolution à Sparte ; & sur celles qui pourront l'établir, ou la renverser en France. Celui qui lit l'histoire ressemble à un homme voyageant dans le désert, à travers ces bois fabuleux de l'antiquité, qui prédisoient l'avenir.

---

(1) *Plut. in Lyc.*

CHAPITRE XIV,

Suite.

QUOIQUE les Jacobins se soient indubitablement proposé Lycurgue pour modèle, ils sont cependant partis d'un principe totalement opposé. La grande base de leur doctrine était le fameux systême de perfection,*

LIV. I.
I. PART.
Rév. Anc.
A. J. C.
845.
De notre ere.
1792.

---

* Ce systême, (plus ou moins reçu par le reste des Révolutionnaires, mais qui appartient particulièment aux Jacobins), sur lequel toute notre révolution est suspendue, n'est presque point connu du public. Les Initiés à ce grand mystère en dérobent religieusement la connoissance aux Prophanes. J'espère être le premier écrivain sur les affaires présentes, qui aura démasqué l'idole. Je tiens le secret de la bouche même du célèbre Chamfort, qui le laissa échapper devant moi, un matin que j'étois allé le voir. Ce systême de perfection a obtenu un grand crédit en Angleterre, parmi les membres de la *Société Correspondante*. MM. T. & H. paroissent en avoir adopté les principes, de même que l'auteur du *Géneral Justice*, livre (quelque soit d'ailleurs la différence entre mes opinions & celles de l'auteur) qui annonce des vues peu communes en politique. On trouvera tout ce qui a rapport à cet interressant sujet, dans la seconde partie du cinquième livre de cet Essai.

que

que je développerai dans la suite ; savoir : que les hommes parviendront un jour à une pureté inconnue de gouvernement & de mœurs.

Le premier pas à faire vers le systême, étoit l'établissement d'une république. Les Jacobins à qui on ne peut refuser l'affreuse louange d'avoir été conséquens dans leurs principes, avoient apperçu avec génie, que le vice radical existoit dans les mœurs ; & que dans l'état actuel de la nation Françoise, l'inégalité des fortunes, les différences d'opinion, les sentimens religieux, & mille autres obstacles, il étoit absurde de songer à une démocratie sans une révolution complette du côté de la morale. Où trouver le talisman pour faire disparoître tant d'insurmontables difficultés ? A Sparte. Quelles mœurs subsistera-t-on aux anciennes ? Celles que Lycurgue mit à la place des antiques désordres de sa patrie. Le plan étoit donc tracé depuis long-tems, & il ne restoit plus aux Jacobins qu'à le suivre. Mais comment l'exécuter ? Au moment de la promulgation de ses loix nouvelles, la Laconie étoit dans une paix profonde. Il étoit aisé à Lycurgue, moitié de gré, moitié de force, de faire consentir les propriétaires d'un petit pays, au partage des terres & à l'égalité des rangs ; il étoit aisé d'ordonner des armées en

masse

masse & des réquisitions forcées pour des guerres à venir, quand tout étoit tranquille autour de soi ; il étoit aisé de transformer une monarchie en un gouvernement populaire, chez une nation qui possédoit déjà les principes de ce dernier. Quelle différence de tems, de circonstances, entre l'époque de la réforme lacédémonienne, & celle où les Jacobins prétendoient l'introduire chez eux ! Attaquée par l'Europe entière, déchirée par des guerres civiles, agitée de mille factions, ses places frontières, ou prises, ou assiégées ; sans soldats, sans finances, hors un papier discrédité, qui tomboit de jour en jour, le découragement dans tous les états, & la famine presqu'assurée ; telle étoit la France, tel le tableau qu'elle présentoit, à l'instant même qu'on méditoit de la livrer à une révolution générale. Il falloit remédier à cette complication de maux ; il falloit établir à la fois par un miracle la république de Lycurgue, chez un vieux peuple, nourri sous une monarchie, immense dans sa population & corrompu dans ses mœurs ; & sauver un grand pays sans armées, amolli dans la paix & expirant dans les convulsions politiques, de l'invasion de 500 mille hommes des meilleures troupes de l'Europe.

Ces forcenés seuls pouvoient en imaginer les moyens &, ce qui est encore plus incroyable, parvenir, en partie, à les exécuter. Moyens exécrables, sans doute, mais il faut l'avouer, d'une conception gigantesque. Ces esprits raréfiés au feu de l'enthousiasme républicain, & pour ainsi dire réduits, par leurs scrutins épuratoires,* à la quintessence du crime, déployèrent à la fois une énergie dont il n'y a jamais eu d'exemple ; & des forfaits, que tous ceux de l'histoire mis ensemble, pourroient à peine égaler.

Ils virent que pour obtenir le résultat qu'ils se proposoient, les systêmes reçus de justice, les axiômes communs d'humanité, tout le cercle des principes adoptés par Lycurgue ne pouvoit être utile ; & qu'il falloit parvenir au même but, par un chemin différent. Attendre que la mort vînt saisir les grands propriétaires, ou que ceux-ci consentissent à se dépouiller ; que les années déracinâssent le fanatisme & vinssent changer les costumes & les mœurs ; que des recrues ordinaires fussent

---

* On sait que les Jacobins expulsoient à certaines époques périodiques, tous ceux de leurs membres soupçonnés de modérantisme, ou d'humanité ; & on appelloit cela un scrutin épuratoire.

envoyées

envoyées aux armées ; attendre tout cela, leur parut douteux & trop long : & comme si l'établissement de la république & la défense de la France, prise séparément, eût été trop peu pour leur génie, ils résolurent de tenter les deux à la fois.

Les gardes nationales étant achetées ; des agens placés à leurs postes dans tous les coins de la république ; le mot communiqué aux sociétés affiliées ; les monstres se bouchant les oreilles, ou s'arrachant pour ainsi dire les entrailles de peur d'être attendris, donnèrent l'affreux signal, qui devoit rappeller Sparte de ses ruines. Il retentit dans la France comme la trompette de l'Ange exterminateur : les monumens des fils des hommes s'écroulèrent & les tombes s'ouvrirent.

CHAPITRE XV.

Suite.

Au même instant, mille guillotines sanglantes s'élèvent à la fois dans toutes les cités & dans tous les villages de la France. Au bruit du canon & des tambours, le citoyen est réveillé en sursaut au milieu de la nuit & reçoit l'ordre de partir pour l'armée. Frappé comme de la foudre, il ne sait s'il veille; il hésite; il regarde autour de lui: il apperçoit les têtes pâles & les troncs hideux des malheureux, qui n'avoient peut-être refusé de marcher à la première sommation, que pour dire un dernier adieu à leur famille! Que fera-t-il? où sont les chefs auxquels il puisse se réunir pour éviter la réquisition*? Chacun pris séparément

---

* J'ai déjà dit que l'idée des réquisitions vient de Sparte. Tous les citoyens étoient obligés de servir depuis l'âge de 20 ans jusqu'à 60. Dans les cas d'urgence, les rois, ou les Ephores, pouvoient mettre les chevaux, les esclaves, les chariots, &c. en réquisition. *Voy. Plut. & Xenophon.*

se voit privé de toute défense. D'un côté la mort assurée ; de l'autre des troupes de volonraires, qui, fuyant la famine, la persécution & l'intolérance de l'intérieur, vont chercher dans les armées, ivres de vin, de chansons* & de jeunesse, du pain & la liberté. Ce citoyen la guillotine sous les yeux, & ne trouvant qu'un seul asyle, part le désespoir dans le cœur. Bientôt rendu aux frontières, la nécessité de défendre sa vie, le courage naturel au François, l'inconstance & l'enthousiasme dont son caractère est susceptible, la paie considérable, la nourriture abondante, le tumulte, les dangers de la vie militaire, les femmes, le vin, & sa gaieté native, lui font oublier qu'il a été conduit là malgré lui : il devient un héros. Ainsi la persécution d'un côté & les récompenses de l'autre, créent par enchantement des armées. Car une fois les premiers exemples faits & les réquisitions obéies ; les hommes, par une pente imitative naturelle à leur cœur, s'empressent, quelques soient leurs opinions, de marcher sur les traces des autres.

---

* Les hymnes de Tyrtée à Sparte ; ceux des Lebrun & des Chénier en France.

Voilà

Voilà bien les rudimens d'une force militaire; mais il falloit l'organiser. Un comité, dont on a dit que les talens ne pouvoient être surpassés que par les crimes, s'occupe à lier ces corps déjoints. Et ne croyez pas que les tactiques anciennes des Césars & des Turennes soient recherchées : non. Tout doit être nouveau dans ce monde d'une ordonnance nouvelle. Il ne s'agit plus de sauver la vie d'un homme & de ne livrer bataille, que quand la perte peut être au moins réciproque. l'art se réduit à un calcul de masse, de vîtesse & de tems. Les armées se précipitent en nombre double ou triple, pour les masses ; les soldats & l'artillerie voyagent en poste de Nice à Lille, quant aux vîtesses : & les tems, sont toujours uns & généraux, dans les attaques. On perdra dix mille hommes pour prendre ce bourg; on sera obligé de l'attaquer vingt fois * & vingt jours de suite ; mais on le prendra. Quand le sang des hommes est compté pour rien, il est aisé de faire des conquêtes. Les déserteurs & les espions ne sont pas sûrs ? C'est au milieu des airs que les

---

* A Sparte lorsqu'un premier combat avoit été désavantageux, le général étoit obligé d'en livrer un autre. *Xenophon. Hist. de Grèce.*

ingénieurs

ingénieurs vont étudier les parties foibles des armées, & assurer la victoire en dépit du secret & du génie. Le télégraphe fait voler les ordres ; la terre céde son salpêtre & la France vomit ses innombrables légions.

CHAPITRE XVI.

Suite.

TANDISQUE les armées se composent, les prisons se remplissent de tous les propriétaires de la France. Ici, on les noie par milliers;* là, on ouvre les portes des cachots pleins de victimes, & l'on y décharge du canon à mitraille.† Le coutelas des guillotines tombe jour & nuit. Ces machines de destruction sont trop lentes au gré des bourreaux; des artistes de mort en inventent qui peuvent trancher plusieurs têtes d'un seul coup.‡ Les places publiques inondées de sang deviennent impraticables; il faut changer le lieu des exécutions : envain d'immenses carrières ont été ouvertes pour recevoir les cadavres; elles sont comblées; on demande à en creuser de nouvelles. (1) Vieillards de 80 ans, jeunes filles de 16, pères & mères, sœurs

---

* A Nantes. *Voy. le procès de Carrier.*
† A Lyon.
‡ A Arras.
(1) *Voy. les messages à la convent.*

& frères, enfans, maris, épouses meurent couverts du sang les uns des autres. Ainsi les Jacobins atteignent à la fois quatre fins principales, vers l'établissement de leur république : ils détruisent l'inégalité des rangs ; nivellent les fortunes ; relèvent les finances par la confiscation des biens des condamnés, & s'attachent l'armée en la berçant de l'espoir de posséder un jour ces propriétés.

Cependant le peuple, qui n'est plus entretenu que de conspirations, d'invasion, de trahisons ; effrayé de ses amis mêmes & se croyant sur une mine toujours prête à sauter, tombe dans une terreur stupide. Les Jacobins l'avoient prévu. Alors on lui demande son pain, & il le donne ; son vêtement, & il s'en dépouille ; sa vie, & il la livre sans regret.* Il voit au même moment se fermer tous ses temples ; ses ministres sacrifiés & son ancien culte banni sous peine de mort. † On lui apprend qu'il n'y a point de vengeance céleste, ‡ mais une guillotine ; tandis que par un jargon contradictoire & inexplicable, on lui dit d'adorer les vertus, pour lesquelles on institue des fêtes, où

---

* Réquisitions de Sparte.
† Pour y substituer le culte de la Grèce.
‡ L'athéisme de la convention est bien connu.

de jeunes filles, vêtues de blanc & couronnées de roses entretiennent sa curiosité imbécille, en chantant des hymnes en l'honneur des dieux.* Ce malheureux peuple confondu, ne sait plus où il est, ni s'il existe. Envain il se cherche dans ses antiques usages, & il ne se retrouve plus. Il voit dans un costume bizarre, † une nation étrangère errer sur ses places publiques. S'il demande ses jours de fêtes ou de devoirs accoutumés, d'autres appellations frappent son oreille. Le jour de repos a disparu. Il compte au moins que le retour fixe de l'année, ramenera l'état naturel des choses & apportera quelques soulagemens à ses maux : espérances déçues ! comme s'il étoit condamné pour jamais à ce nouvel ordre de misère, des mois ignorés semblent lui dire, que la révolution s'étend jusqu'au cours des astres & dans cette terre de prodiges, il

---

* Imitées de Lacédémone & de toute la Grèce. A Sparte on plaçoit la statue de la Mort à côté de celle du Sommeil ; ce qui a pu inspirer aux Jacobins l'idée de l'inscription qu'ils vouloient graver sur les tombeaux ; *la mort est l'éternel sommeil. Pausan. lib. 3. cap. 18.*

† Le bonnet des hommes & la presque nudité des femmes, sont encore originairement de Sparte, quoique j'en donnerai d'autres exemples. *Mœurs. Miscell. Lacon. lib. 1. cap. 17.*

craint

craint de s'égarer au milieu des rues de la capitale, dont il ne reconnoît plus les noms ! *

En même tems que tous ces changemens dérangent la tête du peuple, les notions les plus étranges viennent bouleverser son cœur. La fidélité dans le secret, la constance dans l'amitié, l'amour de ses enfans, le respect pour la religion, toutes les choses que depuis son enfance il souloit tenir bonnes & vertueuses, ne sont, lui dit-on, que de vains noms, dont les tyrans se servent pour enchaîner leurs esclaves. Un républicain ne doit avoir ni amour, ni fidélité, ni respect que pour la patrie. † Résolus d'altérer la nation jusque dans sa source, les Jacobins, sachant que l'éducation fait les hommes, obligent les citoyens à envoyer leurs enfans à des écoles militaires, où on va les abreuver de fiel & de haine contre tous les autres gouvernemens. Là, préparés par les jeux de Lacédémone à la conquête du monde, ‡ on leur apprend

---

* Les changemens des noms des rues, des mois, &c. sont trop connus pour avoir besoin de notes.

† Ici évidemment toute la morale de Lycurgue pervertie & pliée à leur vue. *Voy. Plut. in Lycur.*

‡ Les gymnases. On sait que le caractère dominant de Sparte étoit la haine des autres peuples & l'esprit d'ambition. Où fixerez-vous vos frontières, disoit-on à Agélisas ? Au bout de nos piques, répondoit-il. Les François diront : A la pointe de nos bayonnettes.

à se dépouiller des plus doux sentimens de la nature pour des vertus de tigres, qui ne leur nourrissent que des cœurs d'airain.

Tel étoit balotté entre les mains puissantes de cette faction ce peuple infortuné, transporté tout-à-coup dans un autre univers, étonné des cris des victimes & des acclamations de la victoire retentissant de toutes les frontières ; lorsque Dieu laissant tomber un regard sur la France, fit rentrer ces monstres dans le néant.*

---

* J'ai vu rire de la minutie avec laquelle les François ont essayé de changer leur costume, leurs manières, leur langage ; mais le dessein est vaste & médité. Ceux qui savent l'influence qu'ont sur les hommes des mots en apparence frivoles, lorsqu'ils nous rappellent d'anciennes mœurs, des plaisirs ou des peines, sentiront la profondeur du projet.

Que si par ailleurs on considère, que ce sont les Jacobins qui ont donné à la France des armées nombreuses, braves & disciplinées ; que ce sont eux qui ont trouvé moyen de les payer, d'approvisionner un grand pays sans ressource & entouré d'ennemis ; que ce furent eux, qui créèrent une marine comme par miracle, & conservèrent par intrigue & argent la neutralité de quelques puissances ; que c'est sous leur règne, que les grandes découvertes en histoire naturelle se sont faites, & les grands généraux se sont formés ; qu'enfin, ils avoient donné de la vigueur à un corps épuisé, & organisé pour ainsi dire l'anarchie : il faut nécessairement convenir que ces monstres échappés de l'enfer, en avoient apporté tous les talens.

Je

Je n'ignore pas que depuis leur chûte le parti regnant s'est efforcé de les représenter comme ineptes & ignorans; les *Campagnes de Pichegru*, dernièrement publiées à Paris tendent à prouver qu'ils ne faisoient que détruire sans organiser. Ce livre par sa modération fait honneur à son auteur; mais je n'ai pas présenté des conjectures, j'ai rassemblé des faits. Au reste, on peut juger de la vigueur de ce parti, par les secousses qu'il donne encore au gouvernement. Les Jacobins sont évidemment la seule faction républicaine qui ait existé en France: toutes celles qui l'ont précédée ou suivie (excepté les Brissotins), ne l'ont point été.

Après tout je n'ai pas la folie d'avancer, que les Jacobins prétendissent ramener expressément le siècle de Lycurgue en France. La plupart ne surent même jamais qu'il eût existé un homme de ce nom. J'ai seulement voulu dire que les chefs de ce parti visoient à une réforme sévère, dont ils auroient sans doute après fait leur profit, & que Sparte leur en fournissoit un plan tout tracé. J'écris sans esprit de système. Je ne cherche point de ressemblance où il n'y en a point, ni ne donne à de certains rapports des événemens, plus d'importance qu'ils n'en méritent. La foule des leçons devant moi est trop grande, pour avoir besoin de recourir à des remarques frivoles. J'ai souvent regretté qu'un sujet si magnifique, ne soit pas tombé en des mains plus habiles que les miennes.

CHAPITRE XVII.

Fin du Sujet.

TELS furent les Jacobins. On a beaucoup parlé d'eux & peu de gens les ont connus. La plupart se jette dans les déclamations; publient les crimes de cette société, sans vous apprendre le principe général qui en dirigeoit les vues. Il consistoit ce principe dans le systême de perfection, vers lequel le premier pas à faire étoit la restauration des loix de Lycurgue. Nous avons trop donné aux passions & aux circonstances. Un trait distinctif de notre révolution, c'est qu'il faut admettre la voie spéculative & les doctrines abstraites pour infiniment dans ses causes. Elle a été produite en partie par des gens de lettres qui, plus habitans de Rome & d'Athènes que de leur pays, ont cherché à ramener dans l'Europe les mœurs antiques.* Par cette le-

---

* Que ceci soit dit sans prétendre insulter aux gens de lettres de France. La différence d'opinions ne m'empêchera jamais de respecter les talens. Quand il n'y auroit que

gère esquisse, j'ai essayé de donner un fil aux écrivains qui viendront après moi. Que de choses me resteroient encore à dire ! mais le que les rapports que j'ai entretenus autrefois avec plusieurs de ces hommes célèbres, c'en seroit assez pour me commander la décence. Je me souviendrai toujours avec reconnoissance, que quelques-uns d'entr'eux, qui jouissent à juste titre d'une grande réputation, tel que M. de la Harpe, ont bien voulu, en des jours plus heureux, encourager les foibles essais d'un jeune homme, qui n'avoit d'autre mérite qu'un peu de sensibilité. Le malheur rend injuste. Nous autres Emigrés avons tort de déprécier la littérature de France. Outre l'auteur que je viens de nommer, on y compte encore Bernardin de Saint-Pierre, Marmontel, Fontanes, Parny, le Brun, Ginguené, Flins, le Mière, Collin d'Harleville, &c. &c. J'avoue que ce n'est pas sans émotion que je rappelle ici ces noms, dont la plupart reportent à ma mémoire d'anciennes liaisons & des tems de bonheur qui ne reviendront plus. Je remarque avec plaisir, que MM. Fontanes, le Brun & plusieurs autres, semblent avoir redoublé de talens en proportion des maux qui affligent leurs compatriotes. On diroit que ce seroit le sort de la poësie, que de briller avec un nouvel éclat parmi les débris des empires ; comme ces espèces de fleurs, qui se plaisent à couvrir les ruines.

D'un autre côté les gens de lettres restés en France, ont mis trop d'aigreur dans leurs jugemens des gens de lettres Emigrés. Je n'ai pas le bonheur de connoître ceux-ci autant que les premier : mais MM. le Peltier, Rivarol, &c. occupent une place distinguée dans notre littérature.

MM.

tems, ma santé, ma manière, tout me précipite vers la fin de cet ouvrage.

Ainsi dès notre premier début dans la carrière, tout fourmille autour de nous de leçons & d'exemples. Déjà Athènes nous a montré nos factions dans le règne de Pisistrate & la catastrophe de ses fils ; Sparte vient de nous offrir dans ses loix des origines étonnantes. Plus nous avancerons dans ce vaste sujet, plus il deviendra intéressant. Nous avons vû l'établissement des gouvernemens populaires chez les Grecs ; nous allons parler maintenant du génie comparé de ces peuples & des François ; de l'état des lumières ; de l'influence de la révolution républicaine sur la Grèce, sur les nations étrangères : enfin de la position politique & morale des mêmes nations à cette époque.

MM. d'Ivernois & Mallet-du-Pan ne sont pas à la vérité François ; cependant comme ils écrivent dans cette langue, ainsi que le fit leur illustre compatriote J. J., les Emigrés peuvent s'honorer de leurs grands talens. La plupart des membres de l'assemblée constituante, les Lally, les Mounier, les Montlosier, ont écrit d'une manière qui fait autant d'honneur à leur esprit qu'à leur cœur. Je voudrois qu'on fût juste ; comment l'être avec des passions ?

CHAPITRE XVIII.

Caractère des Athéniens & des François.

QUELS peuples furent jamais plus aimables dans le monde ancien & moderne, que les nations brillantes de l'Attique & de la France ? L'étranger charmé à Paris & à Athènes, ne rencontre que des cœurs compâtissans & des bouches toujours prêtes à lui sourire. Les légers habitans de ces deux capitales du goût & des beaux arts, semblent formés pour couler leurs jours au sein des plaisirs. C'est là, qu'assis à des banquets, (1) vous les entendrez se lancer de fines railleries ; (2) rirent avec grace de leurs maîtres ; (3) parler à la fois, de politique & d'amour, de l'existence de Dieu & du succès de la comédie nouvelle, (4) & répandre profusément les bons mots & le sel

LIV. I.
I. PART.
Rév. Anc.
A. J. C.
509.
Ol. 67.

───────────────

(1) *Æschin. in Ctes. Volt. Contes & Mél.*
(2) *Plut. de Præcept. reip. Ger. Caract. de la Bruy.*
(3) *Id. in Pericl. Satyr. Mœnipp. Noëls de la Cour, &c.*
(4) *Plut. Conviv. Xenoph. ib. Plut. Sept. Sapient. Conviv. J. J. Confess. & Hél.*

attique, au bruit des chansons d'Anacréon & de Voltaire; au milieu des vins, des femmes & des fleurs. (1)

Mais où court tout ce peuple furieux ? d'où viennent ces cris de rage dans les uns & de désespoir dans les autres ? Quelles sont ces victimes égorgées sur l'autel des Euménides ? (2) Quel cœur ces monstres à la bouche teinte de sang ont-ils dévoré ? * .... Ce

---

(1) *Anacr. Od. Id. Volt. Corresp. Ger.*
(2) *Thucyd.*

* M. de Belzunce & plusieurs autres. J'ai vû moi-même un de ces cannibales assez proprement vêtu, ayant pendu à sa boutonnière un morceau du cœur de l'infortuné Flesselles. Deux traits que j'ai entendu citer à un témoin oculaire, méritent d'être connus pour effrayer les hommes. Ce citoyen passoit dans les rues de Paris, dans les journées du 2 & 3 Septembre ; il vit une petite fille pleurant auprès d'une chariot plein de corps, où celui de son père, qui venoit d'être massacré, avoit été jetté. Un monstre, portant l'uniforme national, qui escortoit cette digne pompe des factions, passe aussitôt sa bayonnette dans la poitrine de cette enfant ; &, pour me servir de l'expression énergique du narrateur, *la place aussi tranquillement qu'on auroit fait une botte de paille* sur la pile des morts, à côté de son père.

Le second trait, peut-être encore plus horrible, développe le caractère de ce peuple, à qui l'on prétend donner un gouvernement républicain. Le même citoyen rencontra d'autres tombereaux, je crois vers la porte St. Martin ;

n'est rien : ce sont ces Epicuriens que vous avez vûs danser à la fête ; (1) & qui, ce soir, assisteront tranquillement aux farces de Thespis,* ou aux ballets de l'opéra.

A la fois orateurs, peintres, architectes, sculpteurs, amateurs de l'existence,† pleins de

---

Martin ; une troupe de femmes étoient montées parmi ces lambeaux de chair, & *à cheval sur les cadavres des hommes* (je me sers encore des mots du rapporteur) cherchoient avec des rires affreux, à assouvir la plus monstrueuse des lubricités. Les réflexions ne serviroient de rien ici. Je dirai seulement que le témoin de cette exécrable dépravation de la nature humaine, est un ancien militaire, connu par ses lumières, son courage & son intégrité.

Hérodote raconte que les Grecs auxiliaires à la solde du roi d'Egypte contre Cambyse, ayant été trahis par leur général, qui déserta à l'ennemi, saisirent ses enfans, les égorgèrent, & en burent le sang à la vue des deux armées. Je dirai dans la suite les raisons pour lesquelles je semble m'appésantir sur ces détails.

(1) *Theophr. Charact. cap.* 15.

* Thespis est l'inventeur de la tragédie ; mais la grossièreté de ces premiers essais du drame, peut être justement qualifiée de farce.

† On sait l'attachement des Grecs à la vie. Homère n'a point craint de la faire regretter à Achille même. Avant la révolution je ne connoissois point de peuple qui mourut plus gaiement sur le champ de bataille que les François, ni de plus mauvaise grace dans leur lit. La cause en étoit dans leur religion.

douceur & d'humanité, (1) du commerce le plus enchanteur dans la vie ; (2) la nature a créé ces peuples pour sommeiller dans les délices de la société & de la paix. Tout à coup la trompette guerrière se fait entendre ; soudain toute cette nation de femmes lève la tête. Se précipitant du milieu de leurs jeux ; échappés aux voluptés & aux bras des courtisannes ; (3) voyez ces jeunes gens, sans tentes, sans lits, sans nourriture ; s'avancer en riant (4) contre ces innombrables armées de vieux soldats, & les chasser devant eux comme des troupeaux de brebis obéissantes. (5)*

---

(1) *Plut. in Pelop. Id. in Demost. Siècle de Louis XIV. Duclos. Cons. sur les mœurs.*

(2) *Plut. de Præcept. Reip. Ger. Lavater Physion. Smoll. Voy. en France.*

(3) *Herod. lib. 8. cap. 28. Volt. Henr. & Zaïre.*

(4) *Diod. lib. 11. Volt. ib. Mem. du Gen. du Mour.*

(5) *Herod. lib. 9. cap. 70. Mem. du Gen. du Mour. Camp. de Pichegru.*

* Léonidas prêt à attaquer les Perses aux Thermophyles disoit à ses soldats ; Nous souperons ce soir chez Pluton : & ils poussoient des cris de joie. Dans les dernières campagnes un soldat François étant en sentinelle perdue, a l'avant bras gauche emporté d'un coup de canon : il continue de charger sous son moignon criant aux Autrichiens, en prenant des cartouches dans sa giberne : *Citoyens, j'en ai encore.*

Voltaire

Les cours qui nous gouvernent sont pleines de gaîté & de pompe. (1) Qu'importe leurs vices ? Qu'ils dissipent leurs jours au milieu des orages, ceux-là qui aspirent à de plus hautes destinées ; pour nous chantons, (2) rions au-

LIV. I.
I. PART.
Rév. Anc.
A. J. C.
509.
Ol. 67.

Voltaire a peint admirablement ce caractère des François :

 C'est ici que l'on dort sans lit,
 Que l'on prend ses repas par terre.
 Je vois, & j'entends l'atmosphère
 Qui s'embrase & qui retentit
 De cent décharges de tonnerre :
 Et dans ces horreurs de la guerre ;
 Le François chante, boit & rit.
 Bellone va réduire en cendres
 Les courtines de Philipsbourg,
 Par quatre-vingt mille Alexandres,
 Payés à quatre sous par jour.
 Je les vois prodiguant leur vie,
 Chercher ces combats meurtriers,
 Couverts de fange & de lauriers ;
 Et plein d'honneur & de folie.
 . . . .
 O Nation brillante & vaine !
 Illustres foux ! Peuple charmant,
 Que la gloire à son char entraîne ;
 Il est beau d'affronter gaiement
 Le trépas & le Prince Eugène.
 . . . .

Le Prince Eugène étoit de moins dans cette guerre ici.
(1) *Athen. lib.* 12. *cap.* 8. *Louis XIV, sa Cour & le Régent.*
(2) *Anac. Od. Vie priv. de Louis XV & du Duc de Richelieu*

jourd'hui. Passagers inconnus, embarqués sur le fleuve du tems, glissons sans bruit dans la vie. La meilleure constitution n'est pas la plus libre, mais celle qui nous laisse de plus doux loisirs.....(1) O ciel ! pourquoi tous ces citoyens condamnés à la cigüe ou à la guillotine ? ces trônes déserts & ensanglantés ? (2) ces troupes de bannis, fuyant sur tous les chemins de la patrie ?—(3) Comment ! ne savez-vous pas que ce sont des tyrans qui vouloient retenir un peuple fier & indépendant dans la servitude ?

Inquiets & volages dans le bonheur, constans & invincibles dans l'adversité ; nés pour tous les arts ; civilisés jusqu'à l'excès durant le calme de l'Etat, grossiers & sauvages dans leurs troubles politiques ; flottans comme un vaisseau sans lest au gré de leurs passions impétueuses; à présent dans les cieux, le moment d'après dans l'abyme ; enthousiastes & du bien & du mal ; faisant le premier sans en exiger de reconnoîssance, le second sans en sentir

---

(1) Athen. lib. 4, Herod. lib. 1. cap. 62. Recueils de Poës. Romans, &c.
(2) Plat. in Hipparch. Herod. lib. 5. Conspirat. de L. P. d'Orléans & de M. Robesp.
(3) Herodot. ib.

de remords ; ne se rappellant ni de leurs crimes, ni de leurs vertus ; amans pusillanimes de la vie durant la paix, prodigues de leurs jours dans les batailles ; vains, railleurs, ambitieux, novateurs, méprisant tout ce qui n'est pas eux ; individuellement les plus aimables des hommes, en corps les plus détestables de tous ; charmans dans leur propre pays, insupportables chez l'Etranger ;* tour-à-tour plus

---

* Voyez tous les auteurs cités aux pages précédentes. Les seuls traits nouveaux que j'aie ajoutés ici, sont ceux qui commencent au mot *vains*, & finissent à l'étoile. Ce malheureux esprit de raillerie, & cette excellente opinion de nous-mêmes, qui nous font tourner les coutumes des autres nations en ridicule, en même tems que nous prétendons ramener tout à nos usages, ont été bien funestes aux Athéniens & aux François. Les premiers s'attirèrent par ce défaut, la haine de la Grèce, la guerre du Peloponèse & mille troubles ; & c'est ce qui a valu aux seconds la même haine du reste de l'Europe & les a fait chasser plus d'une fois de leurs conquêtes. Il est assez curieux de remarquer sur les anciennes médailles d'Athènes, ce caractère général de la nation imprimé sur le front des particuliers. On retrouve aussi le même trait parmi mes compatriotes. Il n'y a personne qui n'ait rencontré en France dans la société de ces hommes dont les yeux pétillent d'ironie; qui vous répondent à peine en souriant & affectent les airs de la plus haute supériorité. Combien ils doivent paroître haïssables au modeste étranger qu'ils insultent ainsi de leurs regards!

doux, plus innocens que la brebis qu'on égorge, & plus féroce que le tigre qui déchire les entrailles de sa victime : tels furent les Athéniens d'autrefois, & tels sont les François d'aujourd'hui.

regards ! Ce qu'il y a de déplorable c'est que ces mêmes hommes ne portent que trop souvent sur leur figure, la marque indélébile de la médiocrité. Ils seroient bien punis, s'ils se doutoient seulement de la pitié qu'ils vous font; ou s'ils pouvoient lire dans le fond de votre ame l'humiliant, *comme je te vois ! comme je te mesure !*

L'art de la physionomie offrent d'excellentes études, à qui voudroit s'y livrer. Notre siècle raisonneur a trop dédaigné cette source inépuisable d'instructions. Toute l'antiquité a cru à la vérité de cette science ; & Lavater l'a porté de nos jours à une perfection inconnue. La vérité est que la plupart des hommes la rejettent, parce qu'ils s'en trouveroient mal. Nous pourrions du moins porter son flambeau dans l'histoire. Je m'en suis servi souvent avec succès dans cette partie. Quelquefois aussi je me suis plû à descendre dans le cœur de mes contemporains. J'aime à aller m'asseoir, pour ces espèces d'observations, dans quelque coin obscur d'une promenade publique, d'où je considère furtivement les personnes qui passent autour de moi. Ici, sur un front à demi ridé, dans ces yeux couverts d'un nuage, sur cette bouche un peu entr'ouverte, je lis les chagrins cachés de cet homme qui essaie de sourire à la société; là, je vois sur la lèvre inférieure de cet autre, sur les deux rides descendantes des narines, le mépris & la connoissance des hommes,

Au reste loin de moi la pensée, de chercher à diffamer le caractère des François. Chaque peuple a son vice national & si mes compatriotes sont cruels, ils rachetent ce grand défaut par mille qualités estimables. Ils sont généreux, braves, pères indulgens, amis fidèles; je leur donne plus volontiers ces éloges, qu'ils m'ont plus persécuté.

---

hommes, percer à travers le masque de la politesse; un troisième me montre les restes d'une sensibilité native, étouffée à force d'avoir été déçue, & maintenant recouverte par une indifférence systématique. Dans la classe la plus basse du peuple on rencontre quelquefois des figures étonnantes. Il y a quelque tems qu'au bas de Hay-Market, vis-à-vis le caffé d'Orange, je m'arrêtai à écouter un de ces Allemands qui tournent des orgues à cylindre. Je n'eus pas plutôt jetté les yeux sur cet étranger, que je fus frappé de son air grand & énergique, en même tems que le vice se montroit de toutes parts sur sa physionomie. Il joua un air devant notre groupe, puis se détourna froidement, en nous jettant un regard du plus souverain mépris. Comme s'il nous avoit dit: je vous connois race d'hommes: vous me prenez pour votre dupe, je n'attendois rien de vous. Il est possible que ce malheureux fût né avec des qualités supérieures; jetté par la destinée dans un rang au-dessous de son génie, il peut avoir souffert de longues infortunes, être devenu vicieux par misère; & la même vigueur d'âme qui l'auroit conduit aux premières vertus, en a peut-être fait un scélérat.

LIV. I.
I. PART.
Rév. Anc.
A. J. C.
509.
Ol. 67.

Some mute inglorious Milton here may rest,
Some village Hampden, &c.

Où seroient les Pichegru, les Jourdan, les Buonaparte, sans la révolution ? Mais je crains d'en avoir trop dit.

CHAPITRE XIX.

De l'Etat des Lumières en Grèce au Moment de la Révolution Républicaine. Siècle de Lycurgue.

LORSQUE je parlerai des lumières dans cet Essai, je ne m'attacherai principalement qu'à la partie morale & politique. Ce qui regarde les arts n'est pas à proprement de mon sujet : cependant j'en toucherai quelque chose, selon l'influence qu'ils auront eu sur les hommes, dont j'écrirai alors l'histoire.

En commençant nos recherches au siècle de Lycurgue & les finissant à celui de Solon, nous voyons d'abord paroître Homère & Hésiode. Je n'entretiendrai point le lecteur de ces deux fameux poëtes. Qui n'a lû l'*Iliade* & l'*Odyssée* ? qui ne connoît *les Travaux* & *les Jours*, la *Théogonie*, le *Bouclier d'Hercule* ? Homère a donné Virgile à l'antique Italie, & le Tasse à la nouvelle, le Camoëns au Portugal, Ercilla à l'Espagne, Milton à l'Angleterre, Voltaire à la France, Klopstock à l'Allemagne : il n'a pas besoin de mes éloges.

LIV. I.
I. PART.
Rév. Anc.
A. J. C.
de
845
à
596.

de
900
à
800.

Pour nous le côté intéressant des poëmes de ce sublime génie, est leur action sur la liberté de la Grèce. Lycurgue les apporta à Sparte (1) & voulut que ces compatriotes y puisâssent cet enthousiasme guerrier qui met les peuples à l'abri de la servitude étrangère. Solon fit des loix expresses en faveur de ce même Homère (2) qui comme historien, ne s'offre pas sous des rapports moins précieux. Aux seuls Athéniens il donne le nom de peuple, aux Scythes l'appellation des plus justes des hommes (3) & souvent caractérise ainsi par un seul trait, la politique & la morale de l'antiquité.

Les ouvrages d'Hésiode sont pleins des plus excellentes maximes. Le Poëte ne voyoit pas les hommes sous des couleurs riantes. Il respire cette mélancolie antique qui semble être le partage des grands génies. On sait que Virgile a puisé dans les *Travaux* & *les Jours*, l'idée de ses *Géorgiques*. (4) C'est de la belle description de l'Age d'Or (5) qu'il a tiré ce morceau ravissant:

O fortunatos! nimium sua si bona norint,
Agricolas!

---

(1) *Plut. in Lyc.*
(2) *Laert. in Solon.*
(3) *Il. lib. IV.*
(4) *Georg. l. 2. v. 176.*
(5) *Hesiod. Oper. & Dies.*

L'in-

L'influence d'Hésiode sur son siècle dut être considérable, dans un tems où l'art d'écrire en prose étoit à peine connu. Ses poèsies tendoient à ramener les hommes à la nature; & la morale revêtue du charme des vers, a toujours un effet certain.

Thalès de Crète, poète & législateur, dont nous ne connoissons plus que le nom, fut le précurseur des loix à Lacédémone. (1) Il consentit par amitié pour Lycurgue à se rendre à Sparte & à préparer par la douceur de ses chants & la pureté de ses dogmes, les esprits à la révolution. Ces grands hommes savoient qu'il ne faut pas précipiter tout-à-coup les peuples dans les extrêmes, si l'on veut que les réformes soient durables. Il n'est point de révolution, là où elle n'est pas opérée dans le cœur. On peut détourner un moment par force le cours des idées ; mais si la source dont elles découlent, n'est changée, elles reprendront bientôt leur pente ordinaire.

Ainsi les philosophes de l'antiquité adoucissoient les traits de la sagesse, en lui prêtant les graces des Muses. Parmi les modernes, les Anglois ont eu l'honneur d'avoir appliqué

―――――――――――――

(1) *Strab. l.* 10. *p.* 482.

LIV. I.
I. PART.
Rév. Anc.
A. J. C.
de
900
à
800.

les premiers la poèsie à des sujets utiles aux hommes. Quant à nous, nous avons été préparés aux bonnes mœurs par la *Pucelle* & d'autres ouvrages que je n'ose nommer.

CHA-

CHAPITRE XX.

Siècles moyens.

LE siècle qui suivit immédiatement celui de Lycurgue fournit les noms de quelques législateurs : mais leurs écrits ne nous sont pas parvenus.

Dans l'âge subséquent, parut Tyrtée(1)* dont les chants firent triompher l'injustice ; Archiloque plein de crimes & de génie, qui donna le premier exemple, d'un homme qui ose publier l'histoire intérieure de sa conscience, à la face de l'univers ; (2) Hipponax, (3) exhalant le fiel & la haine. L'esprit des tems perce à chaque vers de ces poètes. La véhémence & l'enthousiasme dominent dans les passions

LIV. I.
I. PART.
Rev. Aug.
A. J. C.
de
800
à
700.

de
700
à
600.

---

(1) *Plut. in Agid. Horat. in Art. Poet.*

* Pour offrir sous un seul point de vue au lecteur le tableau des lumières & de l'esprit des tems, j'ai renvoyé au siècle de Solon, la citation des poètes nommés dans ce chapitre.

(2) *Quintil. lib. 10. cap. 1. Ælian. Var. Hist. lib. 10. cap. 13.*

(3) *Anthol. lib. 3. Horat. Epod. 6.*

qu'ils

qu'ils ont peintes. Ce fut le siècle de l'énergie, quoique ce ne fut pas celui de la plus grande liberté. La remarque n'est pas frivole : elle décèle cette fermentation qui devance & annonce le retour périodique des révolutions des peuples.

Dracon fleurissoit aussi à la même époque. Il avoit composé un ouvrage que J. J. nous a donné dans son sublime *Emile*. C'étoit un traité de l'éducation, (1) où, prenant l'homme à sa naissance, il le conduisoit à travers les misères de la vie jusqu'à son tombeau. Le destin des deux révolutions Grecque & Françoise fut d'être précédées à-peu-près par les mêmes écrits.

Epiménide chercha comme Fenelon à ramener les hommes au bonheur par l'amour & le respect des dieux. (2) Si je ne craignois de mêler les petites choses aux grandes, je dirois encore ; qu'il a payé son tribut à notre révolution, en fournissant à M. Flins le sujet de son ingénieuse comédie. (3)

Malheureusement nous n'avons ici que des différences. Quelle comparaison pourrions-nous découvrir entre les livres d'un âge moral & ceux

_____

(1) *Æchin. in Timarc. pag.* 261.
(2) *Strab. lib.* 10. *Laert. in Epim.*
(3) *Réveil d'Epimenide.*

des tems du Régent & de Louis XV ? C'est en vain que nous nous abusons : si, malgré Condorcet, & la troupe des philosophes modernes, nous jugeons du présent par le passé ; si un siècle renferme toujours l'histoire de celui qui le suit ; je sais ce qui nous attend.

CHAPITRE XXI.

Siècle de Solon.

LIV. I.
I. PART.
Rév. Anc.
A. J. C.
509.
Ol. 67.

C'EST ici l'époque d'une des plus grandes révolutions de l'esprit humain, de même qu'elle le fut d'un des plus grands changemens en politique. Toutes les semences des sciences, fermentées depuis long-tems dans la Grèce, y éclatèrent à la fois. Les lumières ne parvinrent pas, comme de nos jours, au zénith de leur gloire ; mais elles atteignirent cette hauteur médiocre, d'où elles éclairent les hommes, sans les éblouir. Ils y voient alors assez pour tenir le chemin de la liberté ; & non pas trop pour s'égarer, dans les routes inconnues des systêmes. Ils ont cette juste quantité de connoissances, qui nous montrent les principes ; sans avoir cet excès de savoir, qui nous porte à douter de leur vérité. La tragédie prit naissance sous Thespis ; (1) la comédie, sous Susarion ; (2) la

---

(1) *Hor. in Art. Poet.*
(2) *Aristot. de Poet. cap.* 4.

fable,

fable, sous Esope;(1) l'histoire, sous Cadmus;(2) l'astronomie, sous Talès;(3) la grammaire, sous Simonide.(4) L'architecture fut perfectionnée par Memnon, Antimachide; la sculpture, par une multitude de statuaires: mais surtout la philosophie & la politique prirent un essor inconnu. Une foule de publicistes & de législateurs parurent tout-à-coup dans la Grèce & donnèrent le signal d'une révolution générale. Ainsi les Locke, les Montesquieu, les J. J. Rousseau, en se levant en Europe, appellèrent les peuples modernes à la liberté.

Jettons d'abord un coup-d'œil sur les beaux arts.*

---

(1) *Phædr. lib.* 1.
(2) *Suid. in Cadm.*
(3) *Herod. lib.* 1. *cap.* 74.
(4) *Cicer. de Orat. lib.* 2. *cap.* 86.

* Je daterai désormais, jusqu'à la fin de cette révolution, du bannissement d'Hippias, Olympiade 67.

CHAPITRE XXII.

Poésie à Athènes. Anacréon, Voltaire. Simonide, Fontanes. Sapho, Parny. Alcée. Esope, Nivernois. Solon, les deux Rousseau.

LIV. I.
PART.
Rév. Anc.
A. J. C.
509.
Ol. 67.

PISISTRATE, en usurpant l'autorité souveraine, avoit senti que pour la conserver chez un peuple volage, il falloit l'amuser par des fêtes. On retient plus facilement les hommes avec des fleurs qu'avec des chaînes. Il remplit sa patrie des monumens du génie & des arts. (1) Ses fils, imitant son exemple, firent de leur cour le rendez-vous des beaux esprits de la Grèce. (2) La capitale de l'Attique retentissoit, comme celle de la France, du bruit des vers & des orgies. Ecoutons le chantre octogénaire de Téos, & le vieillard de Ferney, au milieu des cercles brillans de Paris & d'Athènes :

" Que m'importe les vains discours de la rhétorique ? Qu'ai-je besoin de tant de paroles inutiles ? Apprenez-

---

(1) *Meurs. in Pisistr. cap.* 9.
(2) *Plat. in Hipparc.*

moi plutôt à boire du jus vermeille de Bacchus ; à folâtrer avec l'amoureuse Venus, aux cheveux d'or. Garçon, couronne ma tête blanchie par les ans. Verse du vin pour assoupir mon âme. Bientôt tu me déposeras dans la tombe, & les morts n'ont plus de désirs." (1)

 Si vous voulez que j'aime encore,
 Rendez-moi l'âge des amours.
 Au crépuscule de mes jours,
 Rejoignez s'il se peut l'aurore.

 Des beaux lieux où le dieu du vin
 Avec l'amour tient son empire,
 Le tems, qui me prend par la main,
 M'avertit que je me retire.

 De son inflexible rigueur
 Tirons du moins quelque avantage :
 Qui n'a pas l'esprit de son âge,
 De son âge a tout le malheur.

. . . .

 Ainsi je deplorois la perte
 Des plaisirs de mes premiers ans ;

. . . .

 Lorsque du ciel daignant descendre,
 L'amitié vint à mon secours.
 Elle étoit peut-être aussi tendre,
 Mais moins belle que les amours.

 Touché de sa grace nouvelle,
 Et de sa lumière éclairé,
 Je la suivis : mais je pleurai
 De ne pouvoir plus suivre qu'elle. (2)

―――――――――――――

(1) *Anacr. Od.* XXXVI.
(2) *Volt. Mél. de Poësie. Stances sur la Vieillesse.*

Si ces deux petits chefs-d'œuvre du goût & des graces prouvent, que la bonne compagnie est partout une & la même ; & qu'on s'exprimoit à la cour d'Hipparque, comme à celle de Louis XV & de Louis XVI : ils montrent aussi : qu'un peuple, qui pense avec tant de délicatesse, s'éloigne à grands pas de la simplicité primitive ; &, par conséquent, approche des tems de révolutions.

Auprès d'Anacréon on voyoit briller Simonide, dont le cœur épanchoit sans cesse la plus douce philosophie : il excelloit à chanter les dieux. Mais lorsqu'il venoit à toucher sur sa lyre les notes plaintives de l'élégie ; la tristesse & la volupté de ses accens, (1) jettoient l'âme en un trouble inexprimable. Sa morale étoit vraie, quoiqu'elle tendît un peu à éteindre l'enthousiasme du grand. Il disoit que la vertu habite des rochers escarpés, où l'homme ne sauroit atteindre, sans être entraîné dans l'abîme;(2) qu'il n'y a point de perfection ; (3) qu'il faut plaindre, & non censurer nos foiblesses ; que nous ne vivons qu'un moment, mourons pour

---

(1) *Quintil. lib.* 10. *cap.* 1. *pag.* 631.
(2) *Plat. in Protag.*
(3) *Id. ib.*

toujours;

toujours ; & que ce moment appartient aux plaisirs. (1)*

Si quelque chose peut nous donner une idée de ce mélange ineffable de religion & de mélancolie, répandu dans les vers du poète de Céos, ce sont les fragmens qu'on va lire. M. de Fontanes peut être appellé, avec justice, le Simonide François. Tout mon regret est de ne pouvoir insérer le morceau dans son entier. Malheureusement, le plan de cet Essai ne le permet pas.

Le poème est intitulé *Jour des Morts* ; & retrace une fête de l'église Romaine, qui se célèbre le second jour de Novembre de chaque année.

Déjà du haut des cieux le cruel Sagittaire
Avoit tendu son arc & ravageoit la terre ;
Les côteaux, & les champs, & les prés défleuris,
N'offroient de toutes parts que de vastes débris ;
Novembre avoit compté sa première journée.
Seul alors, & témoin du déclin de l'année,
Heureux de mon repos, je vivois dans les champs.
Et quel poète épris de leurs tableaux touchans,

---

(1) *Stob. Serm.* 96.

* J'ai entre les mains quelques poésies de Simonide qui ne valent pas la peine d'être connues, ou n'ont aucun rapport à mon sujet. J'apprends dans l'instant, qu'une traduction Françoise de ce poète vient d'arriver en Angleterre. J'ignore ce qu'elle contient ni si le traducteur a trouvé de nouveaux fragmens.

Quel sensible mortel, des scènes de l'automne
N'a chéri quelquefois la beauté monotone ?
O ! comme avec plaisir, la rêveuse douleur,
Le soir, foule à pas lents ces vallons sans couleur,
Cherche les bois jaunis, & se plait au murmure
Du vent qui fait tomber leur dernière verdure !
Ce bruit sourd a pour moi je ne sais quel attrait ;
Tout à coup si j'entends s'agiter la forêt,
D'un ami qui n'est plus, la voix long-tems chérie,
Me semble murmurer dans la feuille flétrie.
Aussi, c'est dans ces tems où tout marche au cercueil,
Que la religion prend un habit de deuil ;
Elle en est plus auguste, & sa grandeur divine
Croît encore à l'aspect de ce monde en ruine.

Ici, se trouve la peinture du prêtre, pasteur vénérable, qui console le vieillard mourant & soulage le pauvre affligé. L'homme juste se rend ensuite au temple. Après un discours analogue à la cérémonie,

Il dit, & prépara l'auguste sacrifice.
Tantôt ses bras tendus montroient le ciel propice ;
Tantôt il adoroit humblement incliné.
O moment solemnel ! Ce peuple prosterné,
Ce temple dont la mousse a couvert les portiques,
Ses vieux murs, son jour sombre & ses vitraux gothiques,
Cette lampe d'airain qui, dans l'antiquité,
Symbole du soleil & de l'éternité,
Luit devant le Très-Haut, jour & nuit suspendue,
La majesté d'un Dieu parmi nous descendue,
Les pleurs, les vœux, l'encens qui montent vers l'autel,
Et de jeunes beautés qui sous l'œil maternel
Adoucissent encor, par leur voix innocente,
De la religion la pompe attendrissante ;

Cet orgue qui se tait, ce silence pieux,
L'invisible union de la terre & des cieux,
Tout enflamme, agrandit, émeut l'homme sensible ;
Il croit avoir franchi ce monde inaccessible
Où sur des harpes d'or l'immortel séraphin,
Aux pieds de Jéhova, chante l'hymne sans fin.
C'est alors que sans peine un Dieu se fait entendre ;
Il se cache au savant, se révèle au cœur tendre ;
Il doit moins se prouver qu'il ne doit se sentir. (1)

LIV. I.
I. PART.
Rév. Anc.
A. J. C.
509.
Ol. 67.

La foule, précédée de la croix, & mêlant ses chants sacrés au murmure lointain des tempêtes, marche vers l'asyle des morts. Là, la veuve pleure un époux, la jeune fille un amant, la mère un fils à la mamelle. Trois fois l'assemblée fait le tour des tombes ; trois fois l'eau lustrale est jettée. Alors le peuple saint se sépare ; les brouillards de l'automne s'entrouvent ; & le soleil reparoît dans les cieux.

Simonide eut une destinée à-peu-près semblable à celle des poètes François de nos jours. Il vit les deux régimes à Athènes : la monarchie sous les Pisistratides, & la république après leur expulsion. Témoin des victoires des Grecs sur les Perses, il les célébra dans des hymnes triomphales ; comblé des faveurs d'Hipparque, il l'avoit chanté ; & il loua sans mesure les assassins de ce prince. (2) Les monarques

---

(1) *Peltier. N°. XXI. vol. III. pag.* 273.
(2) *Ælian. Var. Hist. lib.* 8. *cap.* 2.

tombés doivent s'attendre à plus d'ingratitude que les autres hommes, parce qu'ils ont conféré plus de bienfaits.*

Cependant Anacréon & Simonide n'étoient pas les seuls poètes qui eussent acquis l'immortalité. Toute la Grèce répétoit alors les vers de cette Sapho, si célébre par ses vices & son génie. Il étoit encore donné à notre siècle de nous rappeller l'immoralité des goûts de la dixième muse. Je veux croire que ces mœurs ne se rencontroient pas parmi nous dans les

---

* Je déplorois un jour avec un bien bon ami, homme de toutes sortes de mérite, cette malheureuse flexibilité d'opinion qui a quelquefois obscurci les plus grandes qualités. Il me fit cette réflexion, qui prouve autant sa sensibilité, que l'excellence de sa raison. " Ceux qui s'occupent de littérature, me dit-il, sont jugés trop rigoureusement du reste de la société. Nés avec une âme plus tendre, ils doivent être plus vivement affectés. De là, le rapide changement de leurs idées, de leurs amours, de leurs haines ; si surtout l'objet nouveau a quelque apparence de grandeur. D'ailleurs la plupart sont pauvres, & *la première loi est de vivre.*" Encore une fois, j'ai professé mon respect pour les gens de lettres. Si j'avois eu l'intention de faire quelque application particulière (ce qui est bien loin de ma pensée), je n'eûs pas choisi l'article de M. de Fontanes, qui, dans les courts instans où j'ai eu le bonheur de le connoître, m'a paru avoir un caractère aussi pur que ses talens.

rangs élevés, où la calomnie qui s'attache au malheur s'est plû à les peindre. Sapho eut encore une influence plus directe sur son siècle, en inspirant aux Lesbiennes l'amour des lettres. (1) C'est ce qui fit naître les soupçons, que l'ode suivante n'est pas propre à dissiper.

A son Amie.

Heureux qui près de toi pour toi seule soupire ;
Qui jouit du plaisir de t'entendre parler :
Qui te voit quelquefois doucement lui sourire.
Les dieux, dans son bonheur, peuvent-ils l'égaler ?

Je sens de veine en veine une subtile flamme
Courir partout mon corps, si tôt que je te vois :
Et dans les doux transports où s'égare mon âme,
Je ne saurois trouver de langue, ni de voix.

Un nuage confus se répand sur ma vue,
Je n'entends plus, je tombe en de douces langueurs ;
Et pâle, sans haleine, interdite, éperdue,
Un frisson me saisit, je tremble, je me meurs. (2)

Opposons à ce fragment de la muse de Mytilène, un passage du seul poète élégiaque que la France ait encore produit.* Les mœurs

---

(1) *Suid. in Sappho.*
(2) *Déspr. Traduct. de Longin.*

* Je ne parle ni du Chevalier de Bertin, ni de M. le Brun, les élégies de ce dernier poète n'étant pas encore publiées lorsque je quittai la France. Je ne sais si elles l'ont été depuis.

des peuples se peignent souvent aussi bien dans des sonnets d'amour, que dans des livres de philosophie.

Délire.

Il est passé, ce moment des plaisirs
Dont la vîtesse a trompé mes désirs :
Il est passé ; ma jeune & tendre amie,
Ta jouissance a doublé mon bonheur.
Ouvres tes yeux noyés dans la langueur,
Et qu'un baiser te rappelle à la vie.

. . . .

Eléonore, amante fortunée,
Reste à jamais dans mes bras enchaînée.

. . . .

Pardonne tout, & ne refuse rien,
Eléonore, amour est mon complice.
Mon corps frissonne en s'approchant du tien.
Plus près encor, je sens avec délice
Ton sein brûlant palpiter sous le mien.
Ah ! laisse moi, dans mes transports avides,
Boire l'amour sur tes lèvres humides.
Oui, ton haleine a coulé dans mon cœur,
Des voluptés elle y porte la flamme ;
Objet charmant de ma tendre fureur,
Dans ce baiser reçois toute mon âme, (1)

Je laisse à décider au lecteur, qui, du Tibulle de la France, ou de l'amante de Phaon, a peint la passion avec plus d'yvresse. Les deux

---

(1) *Œuvres du Chev. de Parny*, tom. 1. Poès. Eroti. liv. 3, *pag.* 86.

poëtes semblent avoir fait couler dans leurs vers la flamme de ces soleils sous lesquels ils prirent naissance.*

Il eut été curieux de voir comment Alcée, chassé de Mytilène par une révolution, chantoit les malheurs de l'exil & de la tyrannie. (1) Malheureusement il ne nous reste rien de ce poëte.

Le fabuliste Esope fleurissoit aussi dans cet âge célèbre. Passant un jour à Athènes & trouvant les citoyens impatiens sous le joug de Pisistrate, il leur dit :

" Les grenouilles s'ennuyant de leur liberté, demandèrent un roi à Jupiter. Celui-ci se moqua de leur folle prière. Elles redoublèrent d'importunité, & le maître de l'Olympe se vit contraint de céder à leurs clameurs. Il leur jetta donc une poutre qui fit trembler tout le marais dans sa chûte. Les grenouilles, muettes de terreur, gardèrent d'abord un profond silence ; ensuite elles osèrent saluer le nouveau prince & s'approcher de lui toutes tremblantes. Bientôt elles passèrent de la crainte, à la plus indécente familiarité. Elles sautèrent sur le monarque ; insultant à son peu d'esprit & à sa vertu tranquille. Nouvelles demandes à Jupiter. Cette fois-ci il leur envoya une Cigogne, qui, se promenant dans ses domaines, se mit à croquer tous ceux de ses sujets qui se présentèrent. Alors ce furent les plaintes les plus lamentables. Le souverain des

---

* M. de Parny est né à l'île de Bourbon.
(1) *Horat. lib.* 2. *Od.* 13.

dieux

dieux refusa de les entendre : .... il voulut que les grenouilles gémissent sous un tyran, puisqu'elles n'avoient pu souffrir un bon roi." (1)

O comme toute la vérité de cette fable tombe sur le cœur d'un François ! comme c'est-là notre histoire !

Outre son immortel fabuliste, la France en compte un autre, qui a vu de près les malheurs de la révolution. M. de Nivernois n'a, ni la simplicité d'Esope, ni la naïveté de la Fontaine ; mais son style est plein de raison & d'élégance ; on y retrouve le vieillard & l'homme de bonne compagnie.

LE PAPILLON ET L'AMOUR,
Fable.

Le papillon se plaignoit à l'amour.
  Voyez, lui disoit-il un jour,
  Voyez quel caprice est le vôtre ?
  Si jamais le destin a fait
  Deux êtres vraîment l'un pour l'autre,
C'est vous & moi : le rapport est complet
Entre nous deux ; même allure est la nôtre,
  Convenez en de bonne foi.
  Qui devroit donc, si ce n'est moi,
Guider de votre char, la course vagabonde ?
  Mais vous prenez pour cet emploi
Le seul oiseau constant qui soit au monde.

---

(1) *Esop. Fab.* XIX.

Laissez le pigeon roucouler
Avec l'hymen, & daignez m'atteler
A votre char ; & qu'au gré du caprice,
On nous voie ensemble voler ;
Car ainsi le veut la justice.
Ami, répond l'amour, tu raisonnes fort bien ;
Je t'aime, &, je le sais, notre humeur se ressemble ;
Mais gardons-nous de nous montrer ensemble ;
Alors nous ne ferions plus rien.
Le vrai bonheur n'est que dans la constance ;
Et mes pigeons l'annoncent aux mortels :
Je les séduis par l'apparence ;
Si je ne les trompois, je n'aurois plus d'autels. (1)

Il est tems de donner au lecteur une rélique précieuse de littérature. Comme législateur, Solon * est connu du monde entier ; comme poète, il ne l'est que d'un petit nombre de gens de lettres. Il nous reste plusieurs fragmens de ses élégies. Je vais les traduire, ou les extraire, selon leur mérite, ou leur médiocrité.

" Illustres filles de Mnemosyne & de Jupiter Olympien ! Muses habitantes du mont Pierus ! écoutez ma prière.

---

(1) *Journ. de Pelt.* N°. LXXIII.

* J'aurois dû avertir plutôt que l'ordre des dates n'a pas été strictement suivi dans ce chapitre. La succession naturelle des poètes, étoit : Alcée, Sapho, Esope, Solon, Anacréon, Simonide. Des convenances de style m'ont obligé à faire ce léger changement, qui, au reste, doit être indifférent au lecteur.

Faites

"Faites que les dieux immortels m'envoie le bonheur; que je possède l'estime de l'honnête homme. Pour mes amis toujours aimable & enjoué, que pour mes ennemis mon caractère soit triste & sévère : qu'aux uns je paroisse respectable; aux autres, terrible."

" Un peu d'or satisferoit mes désirs; mais je ne voudrois pas qu'il fut le prix de l'injustice : tôt ou tard elle est punie. Les richesses que les dieux dispenses sont durables; celles que les hommes amassent . . . . . les suivent, pour ainsi dire, à regret; & se perdent bientôt dans les malheurs . . . . . Le triomphe du crime s'évanouit : Dieu est la fin de tout."

" Semblable au vent qui trouble, jusques dans les profondeurs de l'abyme, les vastes ondes de la mer; au vent, qui, après avoir ravagé les campagnes, s'élève tout-à-coup dans les cieux, séjour des immortels, & y fait renaître une sérénité inattendue : le soleil, dans sa mâle beauté, sourit amoureusement à la terre virginale, & les nuages brisés se dissipent : telle est la vengeance de Jupiter." ...

" Toi qui caches le crime dans ton cœur, ne crois pas demeurer toujours inconnu. Immédiat, ou suspendu, le châtiment marche à ta suite. Si la justice céleste ne peut t'atteindre, un jour viendra que, tes enfans innocens porteront la peine des forfaits de leur père coupable. Hélas! tous tant que nous sommes, vertueux ou méchans, notre propre opinion nous semble toujours la meilleure, jusqu'à ce qu'elle ne nous soit fatale. Alors nous nous plaignons des dieux, parce que nous avions nourri de folles espérances!

. . . , ...

Le poëte continue à peindre l'imbécillité humaine : le malade incurable croit guérir; le pauvre attend des richesses; les uns s'exposent sur les flots

flots; d'autres déchirent le sein de la terre, &c.

" La destinée dispense & les biens & les maux; nous ne pouvons nous soustraire à ce qu'elle nous réserve. Il y a du danger dans les meilleures actions . . . . . Souvent les projets du sage échouent, & ceux de l'insensé réussissent."

. . . .

Le passage suivant est extrêmement intéressant, en ce qu'il peint l'état moral d'Athènes, au moment de sa révolution.

" La ville de Minerve ne périra jamais par l'ordre des destinées: mais elle sera renversée par ses propres citoyens. Peuple & chefs insensés, qui ne pouvez ni rassasier vos désirs, ni jouir en paix de vos richesses, méritez vos malheurs à force de crimes! . . . . . . Sans respect pour le droit sacré des propriétés, ou pour les trésors publics, chacun s'empresse de spolier le bien de l'Etat, insouciant des saintes loix de la justice. Celle-ci, cependant, dans le silence, compte les événemens passés; observe le présent; & arrive à l'heure marquée pour la punition du crime. Voilà la première cause des maux de l'Etat : c'est là, ce qui le fait tomber dans l'eclavage; ce qui allume le feu de la sédition & réveille la guerre, qui dévore la jeunesse. Hélas! la chère patrie est soudain accablée d'ennemis ; des batailles, sources de pleurs! se livrent & sont perdues; . . . . le peuple indigent est vendu dans la terre de l'Etranger, & indignement chargé de fers."

. . . .

Solon finit par exhorter ses concitoyens à changer de mœurs; recommande surtout la justice : " Cette mère des bonnes actions, qui

" tempère

« tempère les choses violentes, prévient l'exal-
« tation, corrige les loix, réprime l'enthou-
« siasme, & retient le torrent de la sédition
« dans des bornes." (1)

Ces élégies politiques (qu'on me passe l'expression) sont accompagnées de quelques autres pieces de poèsie d'une teinte différente. Le morceau sur l'homme, rapproché des stances de Jean-Baptiste Rousseau, offrira une comparaison piquante.

" Jupiter donne les dents à l'homme, dans les sept premières années de sa vie. Avant qu'il ait parcouru sept autres années, il annonce sa virilité. Durant la période suivante, ses membres se développent & un duvet changeant ombrage son menton. La quatrième époque le voit dans toute sa vigueur & fait éclater son courage. La cinquième l'engage à solemniser la pompe nuptiale & à se créer une postérité. Dans la sixième, son génie se plie à tout & ne se refuse qu'aux ouvrages grossiers du manœuvre. Dans la septième, il acquiert le plus haut degré de sagesse & d'éloquence. La huitième y ajoute la pratique des hommes. A la neuvième, commence son déclin. Que si quelqu'un parcourt les sept derniers ans de sa carrière; qu'il reçoive la mort, sans l'accuser de l'avoir surpris." (1)

---

(1) *Poet. Minor. Græc. pag.* 427.
(2) *Poet. Minor. Græc. pag.* 431.

Ode sur l'Homme.

Que l'homme est bien, pendant sa vie,
Un parfait miroir de douleurs !
Dès qu'il respire, il pleure, il crie,
Et semble prévoir ses malheurs.

Dans l'enfance, toujours des pleurs.
Un pédant porteur de tristesse,
Des livres de toutes couleurs,
Des châtimens de toute espèce.

L'ardente & fougueuse jeunesse
Le met encore en pire état.
Des créanciers, une maîtresse,
Le tourmentent comme un forçat.

Dans l'âge mûr, autre combat.
L'ambition le sollicite ;
Richesses, honneurs, faux éclat,
Soin de famille, tout l'agite.

Vieux, on le méprise, on l'évite ;
Mauvaise humeur, infirmité,
Toux, gravelle, goute & pituite,
Assiegent sa caducité.

Pour comble de calamité
Un directeur s'en rend le maître.
Il meurt enfin peu regretté.
C'étoit bien la peine de naître ! (1)*

---

(1) *J. B. Rousseau. tom.* 1. *Od. liv.* 1.
* Si je cite quelquefois des morceaux qui semblent trop connus, on doit se rappeller ; qu'il s'agit moins de poësies

Solon & Jean-Baptiste n'ont pas dû représenter le même homme : ils se servoient de différens modèles. L'un travailloit sur le beau antique ; l'autre, d'après les formes gothiques de son siècle. Leurs pinceaux se sont remplis de leurs souvenirs.

Il me reste une chose pénible à dire. Le sévère auteur des loix contre les mauvaises mœurs, le restaurateur de la vertu dans sa patrie, Solon enfin, avoit pollué la sainteté du législateur, par la licence de sa muse. Le tems a dévoré ces écrits, mais la mémoire s'en est conservée avec soin. Quelques lignes, qui bien qu'innocentes décèlent le goût des plaisirs, ont été avidement recueillies.

" Pour toi, commande long-tems dans ces lieux.

. . . .

Mais que Venus, au sein parfumé de violettes, me fasse monter sur un vaisseau léger & me renvoie de cette île célèbre. Qu'en faveur du culte que je lui ai rendu, elle m'accorde un prompt retour dans ma patrie.

. . . .

Les présens de Venus & de Bacchus me sont chers ; de même que ceux des muses, qui inspirent d'aimables folies." (1)

---

nouvelles, que de saisir ce qui peut mener à la comparaison des tems, & jetter du jour sur la révolution : que par ailleurs, j'écris dans un pays étranger.

(1) *Poet. Minor. Græc.* pag. 431—33.

C'est

C'est ainsi que l'auteur du *Contrat Social* & de l'*Emile*, a pu écrire :

" O mourons, ma douce amie ! mourons, la bien aimée de mon cœur ! Que faire désormais d'une jeunesse insipide, dont nous avons épuisé toutes les délices ? . . . .

. . . .

Non, ce ne sont point ces transports que je regrette le plus . . . .

. . . .

Rends-moi cette étroite union des âmes, que tu m'avois annoncée, & que tu m'as si bien fait goûter ; rends-moi cet abatement si doux, rempli par les effusions de nos cœurs ; rends-moi ce sommeil enchanteur trouvé sur ton sein ; rends-moi ce réveil plus délicieux encore, & ces soupirs entrecoupés, & ces douces larmes, & ces baisers, qu'une voluptueuse langueur nous faisoit lentement savourer, & ces gémissemens si tendres, durant lesquels tu pressois sur ton cœur, ce cœur fait pour s'unir à lui !" (1)

Bon jeune homme, qui lis ceci ; & dont les yeux brillent de larmes, à cet exemple de la fragilité humaine ; cultive cette précieuse sensibilité, la marque la plus certaine du génie. Pour toi, homme parfait, que je vois dédaigneusement sourire, descends dans ton intérieur ; applaudis-toi seul, si tu peux, de ta supériorité : je ne veux de toi, ni pour ami, ni pour lecteur.

---

(1) *Nouvel. Hel. tom.* 11. *Ière part. pag.* 117.

CHAPITRE XXIII.

Poësie à Sparte. Premier Chant de Tyrtée; Le Brun. Second Chant de Tyrtée; Hymne des Marseillois. Chœur Spartiate; Strophe des Enfans. Chanson en l'honneur d'Harmodius; Epitaphe de Marat.

TANDISQUE Pisistrate & ses fils cherchoient, par les beaux arts, à corrompre les Athéniens, pour les asservir ; les mêmes talens servoient à maintenir les mœurs à Lacédémone. C'est ainsi que le vice & la vertu, savent faire un différent usage des présens du ciel.

Les vers de Tyrtée, qui commandoient autrefois la victoire, étoient encore redits par les Spartiates. Ils méritent toute la réputation dont ils jouissent. Rien de plus beau, de plus noble, que les fragmens qui nous en restent. Je m'empresse de les donner au lecteur.

Premier Chant Guerrier.

Celui-là est peu propre à la guerre, qui ne peut d'un œil serein, voir le sang couler, & ne brûle d'approcher l'ennemi. La vertu guerrière reçoit la couronne la plus éclatante; c'est celle qui illustre un héros. Vraiment utile à son pays, est le jeune homme qui s'avance fièrement au premier rang; y reste sans s'étonner; bannit toute idée d'une fuite honteuse; se précipite au devant du danger; &, prêt à mourir, fait face à l'ennemi le plus proche de lui : vraiment excellent, vraiment utile, est ce jeune homme. Les phalanges redoutables s'évanouissent devant lui : il détermine, par sa valeur, le torrent de la victoire. Mais, si le bouclier percé de mille traits, si la poitrine couverte de mille blessures, il tombe sur le champ de bataille; quel honneur pour sa patrie! ses concitoyens! son père! Jeunes & vieux, tous le pleurent. Il emporte avec lui l'amour d'un peuple entier. Sa tombe, ses enfans, sa postérité même la plus reculée, attirent le respect des hommes. Non! il ne meurt point le héros sacrifié à la patrie : il est immortel ! (1)

Ce morceau est sublime. Il n'y a là ni fausse chaleur, ni torture de mots, ni toute cette enflure moderne, dont Voltaire commençoit déjà à se plaindre, (2) & que les la Harpe, & après lui plusieurs littérateurs distingués*

---

(1) *Poet. Minor. Græc. pag.* 434.
(2) *Volt. Lett. à l'Abbé d'Oliv. sur sa Prosod.*
* MM. Flins & Fontanes, dans le *Modérateur*, M. Ginguené, dans le *Moniteur*, &, maintenant, les rédacteurs
de

cherchèrent en vain à contenir. Les François ont aussi célébré leurs combats. Voici comment M. le Brun a chanté les victoires de la république.

Chant du Banquet Républicain pour la Fête de la Victoire.

O jour d'éternelle mémoire,
Embellis-toi de nos lauriers !
Siècles ! vous aurez peine à croire
Les prodiges de nos guerriers.
L'ennemi disparu, fuit ou boit l'onde noire.

Sous des lauriers que Bacchus a d'attraits !
Enivrons, mes amis, la coupe de la gloire
D'un nectar pétillant & frais :
Buvons, buvons à la victoire,
Fidelle amante du François.
Buvons, buvons à la victoire.

Liberté ! préside à nos fêtes ;
Jouis de nos brillans exploits.
Les Alpes ont courbé leurs têtes,
Et n'ont pu défendre les rois :
L'Eridan conte aux mers nos rapides conquêtes.

Sous des lauriers que Bacchus a d'attraits ! &c.

---

de plusieurs feuilles périodiques, qui paroissent rédigées avec élégance & pureté.

L'Adda,

L'Adda, sur ses gouffres avides,
Offre un pont de foudres armé :
Mars s'étonne ! mais nos Alcides
Dévorent l'obstacle enflammé.
La victoire a pâli pour ces cœurs intrépides.
Sous des lauriers que Bacchus a d'attrrits ! &c.

Tout cède au bras d'un peuple libre,
Les rochers, les torrens, le sort :
De ces coups dont gémit le Tibre,
Le Sud épouvante le Nord.
Des balances de Pitt nous rompons l'équilibre.
Sous des lauriers que Bacchus a d'attraits ! &c.

Sa gaîté, fille du courage,
Par un sourire belliqueux,
Déconcerte la sombre rage
De l'Anglais morne & ténébreux ;
Le François chante encore en volant au carnage.
Sous des lauriers que Bacchus a d'attraits ! &c.

Rival de la flamme & d'Eole,
Le François triomphe en courant :
Pareil à la foudre qui vole,
Il renverse l'aigle expirant ;
Le despote sacré tombe du Capitole.
Sous des lauriers que Bacchus a d'attraits ! &c.

. . . .

Sous la main de nos Praxiteles,
Respirez, marbres de Paros !
Muses ! vos lyres immortelles
Nous doivent l'hymne des héros :
Il faut de nouveaux chants pour des palmes nouvelles.
Sous des lauriers que Bacchus a d'attraits ! &c. (1)

---

(1) *Pelt. Journ.* N°. LX. pag. 484.

Dans le second chant de Tyrtée qu'on va lire, ce poëte a déployé toutes les ressources de son génie. A la fois pathétique & élevé, son vers gémit avec la patrie, ou brûle de tous les feux de la guerre. Pour exciter le jeune héros à la défense de son pays, il appelle toutes les passions; touche toutes les cordes du cœur. Ce fut sans doute un pareil chant, qui ramena une troisième fois à la charge les Lacédémoniens vaincus; & leur fit conquérir la victoire, en dépit de la destinée.

Second Chant Guerrier.

Qu'il est beau de tomber au premier rang en combattant pour la patrie! Il n'est point de calamité pareille à celle du citoyen forcé d'abandonner son pays. Loin des doux lieux qui l'ont vu naître, avec une mère chérie, un père accablé sous le poids des ans, une jeune épouse & de petits enfans entre ses bras, il erre en mendiant un pain amer dans la terre de l'étranger. Objet du mépris des hommes, une odieuse pauvreté le ronge. Son nom s'avilit; ses formes, jadis si belles, s'altèrent; une anxiété intolérable, un mal intérieur, s'attache à sa poitrine. Bientôt il perd toute pudeur & son front ne sait plus rougir. Ah! mourons, s'il le faut, pour notre terre natale! pour notre famille! pour la liberté! Héros de Sparte, combattons étroitement serrés. Qu'aucun de vous ne se livre à la crainte, ou à la fuite. Prodigues de vos jours, dans une fureur généreuse, précipitez-vous sur l'ennemi. Gardez-vous d'abandonner ces vieillards, ces vétérans, dont l'âge a roidi les genoux.

Quelle

Quelle honte si le père périssoit plus avant que le fils dans la mêlée ! de le voir, avec sa tête chenue, sa barbe blanche, se debattant dans la poussière ! & lorsque l'ennemi le dépouille, couvrir encore de ses foibles mains sa nudité sanglante. Ce vieillard est en tout semblable aux jeunes guerriers ; il brille des fleurs de l'adolescence. Vivant, il est adoré des femmes & des hommes ; mort, on lui décerne une couronne. O Spartiates ! marchons donc à l'ennemi. Marchons le pas assuré, chaque héros ferme à son poste & se mordant les lèvres. (1)

L'hymne des Marseillois* n'est pas vuide de tout mérite. Le lyrique a eu le grand talent d'y mettre de l'enthousiasme sans paroître empoulé. D'ailleurs cette ode républicaine vivera parce qu'elle fait époque dans notre révolution. Enfin, elle mena tant de foisles François à la victoire, qu'on ne sauroit mieux la placer qu'auprès des chants du poète qui fit triompher Lacédémone. Nous en tirerons cette leçon affligeante : que, dans tous les âges, les hommes ont été des machines, qu'on a fait s'égorger avec des mots.

---

(1) *Poet. Minor. Græc. pag.* 441.

* Je crois que l'auteur de cet hymne s'appelle M. de Lille. Ce n'est pas le traducteur des Géorgiques.

Hymne des Marseillois.

Allons, enfans de la patrie,
Le jour de gloire est arrivé.
Contre nous de la tyrannie
L'étendard sanglant est levé.
Entendez-vous dans vos campagnes
Mugir ces féroces soldats ?
Ils viennent, jusques dans vos bras,
Ravir vos enfans, vos compagnes !

Aux armes, citoyens ! formez vos bataillons.
Marchez, qu'un sang impur abreuve nos sillons.

Chœur.

Marchons, qu'un sang impur abreuve nos sillons.

Que veut cette horde d'esclaves,
De traîtres, de rois conjurés ?
Pour qui ces ignobles entraves,
Ces fers, dès long-tems préparés ?
François, pour nous, ah quel outrage !
Quel transport il doit exciter !
C'est vous qu'on ose méditer
De rendre à l'antique esclavage !

Aux armes, citoyens, &c.

Quoi ! des cohortes étrangères
Feroient la loi dans nos foyers ?
Quoi ! ces esclaves mercenaires
Terrasseroient nos fiers guerriers ?
Grand dieu ! par des mains enchaînées,
Nos fronts sous le joug se ploieroient ?
De vils despotes deviendroient
Les maîtres de nos destinées ?

Aux armes, citoyens, &c.

Tremblez,

Tremblez, tyrans, & vous perfides,
L'opprobre de tous les partis ;
Tremblez ; vos complots parricides
Vont enfin recevoir leur prix.
Tout est soldat pour vous combattre.
S'ils tombent nos jeunes héros,
La terre en produit de nouveaux,
Contre vous tous prêts à se battre.

Aux armes, citoyens, &c.

. . . .

Amour sacré de la patrie
Guide & soutiens nos bras vengeurs !
Liberté ! liberté chérie !
Combats avec tes défenseurs.
Sous nos drapeaux que la victoire
Accoure à tes mâles accens.
Que tes ennemis expirans,
Voient ton triomphe & notre gloire,
Aux armes, citoyens ! formez vos bataillons.
Marchez, qu'un sang impur abreuve vos sillons.

Chœur.

Marchons, qu'un sang impur abreuve nos sillons.

Aux fêtes de Lacédémone les citoyens chantoient en chœur :

Les Vieillards.

Nous avons été jadis
Jeunes, vaillans, & hardis.

Les Hommes faits.

Nous le sommes maintenant ;
A l'épreuve, à tout venant.

Les Enfans.

Et nous un jour le serons,
Qui bien vous surpasserons. (1)

C'est delà que les François ont pu emprunter l'idée de la strophe des enfans, ajoutée à l'hymne des Marseillois.

> Nous entrerons dans la carrière,
> Quand nos aînés ne seront plus.
> Nous y trouverons leur poussière,
> Et la trace de leurs vertus.
> Bien moins jaloux de leur survivre,
> Que de partager leur cercueil ;
> Nous aurons le sublime orgueil,
> De les venger, ou de les suivre. (2)*

Si les François paroissent l'emporter ici : à Sparte on voit les citoyens, à Paris, le poète.

Nous finirons cet article par les vers qu'on chantoit en l'honneur des assassins d'Hipparque, en Grèce ; & par l'épitaphe que les François ont écrit à la louange de Marat. La misère & la méchanceté des hommes, se plaisent à répéter les noms qui rappellent les mal-

----

(1) *Plut. in Lyc. Traduct. d'Amiot.*
(2) *Dr. Moore's Journ.*
* A la fête de l'Etre Suprême on ajouta encore plusieurs autres strophes pour les vieillards, les femmes, &c. On peut voir le *Moniteur* du 20 Prairial (8 Juin) 1793.

heurs

heurs des princes : la première y trouve une espèce de consolation ; la seconde se repaît des calamités étrangères : il n'y a qu'un petit nombre d'êtres obscurs, qui pleurent & se taisent.

Chanson en l'Honneur d'Harmodius & d'Aristogiton.

Je porterai mon épée couverte de feuilles de myrte, comme firent Harmodius & Aristogiton, quand ils tuèrent le tyran, & qu'ils établirent dans Athènes l'égalité des loix.

Cher Harmodius, vous n'êtes point encore mort : on dit que vous êtes dans les îles des bienheureux, où sont Achille aux pieds légers, & Diomède, ce vaillant fils de Tydée.

Je porterai mon épée couverte de feuilles de myrte, comme firent Harmodius & Aristogiton, quand ils tuèrent le tyran Hipparque, dans le tems des Panathénées.

Que votre gloire soit éternelle, cher Harmodius, cher Aristogiton, parce que vous avez tué le tyran, & établi dans Athènes l'égalité des loix. (1)

Epitaphe de Marat.

Marat, l'ami du peuple & de l'égalité,
Echapppant aux fureurs de l'aristocratie,
Du fond d'un souterrein, par son mâle génie,
Foudroya l'ennemi de notre liberté.

---

(1) *Voy. d'Anach.* tom. 1. pag. 362. Note IV.

LIV. I.
I. PART.
Rév. Anc.
A. J. C.
509.
Ol. 67.

Une main parricide osa trancher la vie
De ce républicain, toujours persécuté.
Pour prix de sa vertu constante,
La nation reconnoissante,
Transmit sa renommée à la postérité. (1)

Je demande pardon au lecteur de lui rappeller l'idée d'un pareil monstre, par des vers aussi misérables; mais il faut connoître l'esprit des tems.

───────────

(1) *Moniteur du* 18 *Nov.* 1793.

CHA-

CHAPITRE XXIV.

Philosophie & Politique. Les Sages: les Encyclopédistes. Opinions sur le meilleur Gouvernement: Thalès, Solon, Periandre, &c. J. J. Rousseau, Montesquieu. Morale: Solon, Thalès, la Rochefoucault, Chamfort. Parallele de J. J. Rousseau & d'Héraclite. Lettre à Darius, Lettre au Roi de Prusse.

TANDISQUE les beaux arts commençoient à briller de toutes parts dans la Grèce, la politique & la morale marchoient de concert avec eux. Il s'étoit formé une espèce de compagnie connue sous le nom des Sages; de même que de nos jours, en France, nous avons vu l'association des Encyclopédistes. Mais les Sages de l'antiquité méritoient cette appellation; ils s'occupoient sérieusement du bonheur des peuples, non de vains systèmes: bien différens des sophistes qui les suivirent, & qui ressemblèrent, si parfaitement, à nos philosophes.

LIV. I.
I. PART
Rév. Anc.
A. J. C.
509.
Ol. 67.

LIV. I.
I. PART.
Rév. Anc.
A. J. C.
509.
Ol. 67.

A la tête des Sages paroissoit Thalès, de Milet, astronôme & fondateur de la secte Ionique. (1) Il enseignoit que l'eau est le principe matériel de l'univers, sur lequel Dieu a agi. (2) Ce fut lui qui jetta en Grèce les premières semences de cet esprit méthaphysique, si inutile aux hommes, qui fit tant de mal à son pays dans la suite, & qui a, depuis, perdu notre siècle.

Chilon, Bias, Cléobule sont à peine connus. Pittacus & Periande, malgré leurs vertus, consentirent à devenir les tyrans de leur patrie ; le premier régna à Mitylène ; le second à Corinthe. Peut-être pensoient-ils, comme Ciceron, que la souveraineté pré-existe, non dans le peuple, mais dans les grands génies.

Voici les opinions de ces philosophes sur le meilleur des gouvernemens.

Selon Solon : c'est celui où la massse collective des citoyens prend part à l'injure offerte à l'individu.

Selon Bias : celui où la loi est le tyran.

Selon Thalès : celui où règne l'égalité des fortunes.

---

(1) *Diog. Laert. in Thal.*
(2) *Cicer. lib.* 1. *de Nat. Deor. n.* 25.

Selon

Selon Pittacus : celui où l'honnête homme gouverne & jamais le méchant.

Selon Cléobule : celui où la crainte du reproche est plus forte que la loi.

Selon Chilon : celui où la loi parle au lieu de l'orateur.

Selon Periandre : celui où le pouvoir est entre les mains du petit nombre. (1)

Montesquieu laisse cette grande question indécise. Il assigne les divers principes des gouvernemens, & se contente de faire entendre qu'il donne la préférence à la monarchie limitée. Comment prononcerois-je, dit-il quelque part, sur l'excellence des institutions ; moi qui crois que, l'excès de la raison est nuisible ; & que les hommes s'accomodent mieux des parties moyennes, que des extrémités. (2)

Quand on demande, dit J. J. Rousseau, quel est le meilleur gouvernement, on fait une question insoluble, comme indéterminée ; ou, si l'on veut, elle a autant de bonnes solutions, qu'il y a de combinaisons possibles dans les positions absolues ou relatives des peuples. (3)

Posons la morale des Sages :

---

(1) *Plut. in Conv. Sept. Sap.*
(2) *Esprit des Loix.*
(3) *Contrat Soc. liv. 3. ch. 9.*

"Qu'en tout la raison soit votre guide. Contemplez le beau. Dans ce que vous entreprenez, considérez la fin. (1) Il y a trois choses difficiles : garder un secret ; souffrir une injure ; employer son loisir. Visite ton ami dans l'infortune plutôt que dans la prospérité. N'insulte jamais le malheureux. L'or est connu par la pierre de touche ; & la pierre de touche de l'homme, est l'or. Connois-toi. (2) Ne faites pas aux autres ce que vous ne voudriez pas qu'on vous fît. Sachez saisir l'occasion. (3) Le plus grand des malheurs, est de ne pouvoir supporter patiemment l'infortune. Rapporte aux dieux tout le bien que tu fais. N'oublie pas le misérable. (4) Lorsque tu quittes ta maison, considère ce que tu as à faire ; quand tu y rentres, ce que tu as fait. (5) Le plaisir est de courte durée ; la vertu est immortelle. Cachez vos chagrins." (6)

Montrons notre philosophie :

" Il n'est pas si dangereux de faire du mal à la plupart des hommes que de leur faire du bien. (7) Les rois font des hommes comme des pièces de monnoie ; ils les font valoir ce qu'ils veulent ; & l'on est forcé de les recevoir selon leur cours, & non pas selon leur véritabe prix. (8)

---

(1) *Plut. in Solon.* *Laert. lib.* 1. §. 46. *Demosth. de Fals. Leg.*
(2) *Laert. lib.* 2. §. 68—74. *Herod. lib.* 1. *pag.* 44.
(3) *Plut. Conviv. Sap. Strabo. lib.* 13. *pag.* 599.
(4) *Laert. lib.* 1. §. 82. *Val. Max. lib.* 3. *cap.* 3.
(5) *Laert. lib.* 1. §. 82.
(6) *Id. ibid.* §. 89. *Plut. Conviv. Herod. lib.* 1. *pag.* 3.
(7) *La Rochefoucault. Max.*
(8) *Id. Max.* 165.

On aime mieux dire du mal de soi, que de n'en point parler. (1) Il y a à parier que toute idée publique, toute convention reçue, est une sottise, car elle a convenu au plus grand nombre. (2) Les gens foibles sont les troupes légères des méchans; ils font plus de mal que l'armée même, ils infestent, ils ravagent. (3) Il faut convenir que, pour être homme en vivant dans le monde, il y a des côtés de son ame qu'il faut entièrement *paralyser*. (4) C'est une belle allégorie dans la Bible, que cet arbre de la science du bien & du mal qui produit la mort. Cet emblême ne veut-il pas dire, que, lorsqu'on a pénétré le fond des choses, la perte des illusions amène la mort de l'ame; c'est-à-dire, un désintéressement complet sur tout ce qui touche les autres hommes ? (5)*

---

(1) *Id. Max.* 140.
(2) *Chamfort. Maximes, &c. pag.* 37.
(3) *Id. ib.*
(4) *Id. pag.* 36.
(5) *Id. pag.* 13.

* J'invite le lecteur à lire le volume des Maximes de Chamfort, (formant le quatrième volume des Œuvres Complettes) publié à Paris par M. de Ginguené, homme de lettres lui-même, & ami du malheureux académicien. La sensibilité, le tour original, la profondeur des pensées en font un des plus intéressans, comme un des meilleurs ouvrages de notre siècle. Ceux qui ont approché M. Chamfort, savent qu'il avoit dans la conversation tout le mérite qu'on retrouve dans ses écrits. Je l'ai souvent vu chez de M. de Ginguené; & plus d'une fois il m'a fait passer d'heureux momens, lorsqu'il consentoit, avec une petite société choisie, à accepter un soupé dans ma famille. Nous l'écoutions avec ce plaisir respectueux, qu'on sent à entendre un homme de lettres supérieur. Sa tête étoit remplie

d'anec-

Solon prévoyant le danger des spectacles pour les mœurs, disoit à Thespis : " si nous

d'anecdotes les plus curieuses, qu'il aimoit, peut être un peu trop, à raconter. Comme je n'en retrouve aucune de celles que je lui ai entendu citer, dans la dernière publication de ses ouvrages, il est à croire qu'elles ont été perdues par l'accident dont parle M. de Ginguené. Une entr'autre, qui peint les mœurs du siècle avant la révolution, m'a laissé un long souvenir. " Un homme de la cour," (heureusement j'ai oublié son nom), " s'amusoit, sur les Boulevards, à nommer à sa belle-fille, jeune & pleine d'innocence, les courtisans qui passoient dans leurs voitures en l'invitant à en choisir un pour amant; lui racontant leurs intrigues avec telle, telle, ou telle femme de la société." Et vous croyez, ajoutoit Chamfort, qu'un pareil ordre moral pouvoit long-tems subsister ?

Chamfort étoit d'une taille au-dessus de la médiocre, un peu courbé, d'une figure pâle, d'un teint maladif. Son œil bleu, souvent froid & couvert dans le repos, l'en çoit l'éclair, quand il venoit à s'animer. Des narines un peu ouvertes donnoient à sa physionomie l'expression de la sensibilité & de l'énergie. Sa voix étoit flexible ; ses modulations suivoient les mouvemens de son ame : mais, dans les derniers tems de mon séjour à Paris, elle avoit pris de l'aspérité, & on y démêloit l'accent agité & impérieux des factions. Je me suis toujours étonné qu'un homme qui avoit tant de connoissance des hommes, eût pu épouser si chaudement une cause quelconque. Ignoroit-il que tous gouvernemens se ressemblent ? Que *républicain* & *royaliste*, ne sont que deux mots pour la même chose ? Hélas ! l'infortuné philosophe, ne l'a que trop appris.

J'ai

souffrons vos mensonges, nous les retrouverons bientôt dans les plus saints engagemens." (1) Jean-Jacques écrivoit à d'Alembert :

. . . .

" Je crois qu'on peut conclure de ces considérations: que l'effet moral des théâtres & des spectacles ne sauroit jamais être bon, ni salutaire en lui-même; puisqu'à ne compter que leurs avantages, on n'y trouve aucune sorte d'utilité réelle, sans inconvéniens qui ne la surpassent. Or, par une suite de son inutilité même, le théâtre, qui ne peut rien pour corriger les mœurs, peut beaucoup pour les altérer. En favorisant tous nos penchans, il donne un nouvel ascendant à ceux qui nous dominent. Les continuelles émotions qu'on y ressent nous énervent,

---

J'ai cru qu'un mot sur un homme aussi célèbre dans la révolution, ne déplairoit pas au lecteur. La *notice* que M. de Ginguené a préfixée à l'édition des œuvres de son ami, doit d'ailleurs satisfaire tous ceux qui aiment le correct, l'élégant, le chaste. Mais pour ceux qui, comme moi, connurent la liaison intime qui exista entre M. de Ginguené & M. Chamfort ; qu'ils logeoient dans la même maison, & vivoient, pour ainsi dire, ensemble, cette *notice* a plus que de la pureté. En n'écrivant qu'à la troisième personne, M. G. a été au cœur ; & la douleur de l'ami, luttant contre le calme du narrateur, n'échappe pas aux ames sensibles. Au reste, je dois dire qu'en parlant de plusieurs gens de lettres que je fréquentai autrefois, je remplis pour eux ma tâche d'historien, sans avoir l'orgueil de chercher à m'appuyer sur leur renommée. Lorsque j'ai vécu parmi eux, je n'ai pu m'associer à leur gloire : je n'ai partagé que leur indulgence.

(1) *Plut. in Solon.*

nous affoiblissent, nous rendent plus incapables de résister à nos passions ; & le stérile intérêt qu'on prend à la vertu ne sert qu'à contenter notre amour-propre, sans nous contraindre à la pratiquer." (1)

Après ces premiers Sages nous trouvons Héraclite d'Ephèse, qui semble avoir été la forme originale sur laquelle la nature moula, parmi nous, le grand Rousseau. De même que l'illustre citoyen de Genève, le philosophe Grec, fut élevé sans maître, (2) & dut tout à la vigueur de son génie. Comme lui, il connut la méchanceté de nos institutions & pleura sur ses semblables ; (3) comme lui, il crut les lumières inutiles au bonheur de la société ; (4) comme lui encore, invité à donner des loix à un peuple, il jugea que ses contemporains étoient trop corrompus (5) pour en admettre de bonnes ; comme lui enfin, accusé d'orgueil & de misanthropie, il fut obligé de se cacher dans les déserts (6), pour éviter la haine des hommes.

Il sera utile de rapprocher les lettres que ces génies extraordinaires, écrivoient aux princes de leurs tems.

---

(1) *Œuv. Compl. de Rousseau. Lett. à d'Alemb. t.* 12.
(2) *Heracl. Ap. Diog. Laert. lib.* 9.
(3) *Id. ib.*
(4) *Id. ib.*
(5) *Id. ib.*
(6) *Id. ib.*

Darius,

Darius, fils d'Hystaspes, avoit invité Héraclite à sa cour. Le philosophe lui répondit :

Héraclite, au Roi Darius, Fils d'Hystaspes, Salut.

Les hommes foulent aux pieds la vérité & la justice. Un désir insatiable de richesses & de gloire les poursuit sans cesse. Pour moi, qui fuis l'ambition, l'envie, la vaine émulation attachée à la grandeur, je n'irai point à la cour de Suze, sachant me contenter de peu, & dépensant ce peu selon mon cœur. (1)

Au Roi de Prusse.

A Motiers-Travers, ce 30 Octobre 1762.

SIRE,

Vous êtes mon protecteur, mon bienfaiteur, & je porte un cœur fait pour la reconnoissance ; je veux m'acquitter avec vous si je puis.

Voulez-vous me donner du pain ? N'y a-t-il aucun de vos sujets qui en manque ?

Otez de devant mes yeux cette épée qui m'éblouit & me blesse, elle n'a que trop bien fait son service, & le sceptre est abandonné. La carrière des rois de votre étoffe est grande, & vous êtes encore loin du terme. Cependant le tems presse & il ne vous reste pas un moment à perdre, pour y arriver. Sondez bien votre cœur, ô Frédéric ! Pourrez-vous vous resoudre à mourir, sans avoir été le plus grand des hommes ?

---

(1) *Heracl. Ap. Diog. Laert. lib.* 9.

Puisse-je voir Fréderic, le juste & le redouté, couvrir enfin ses Etats d'un peuple heureux, dont il soit le père ; & J. J. Rousseau, l'ennemi des rois, ira mourir de joie aux pieds de son trône.

Que Votre Majesté daigne agréer mon profond respect. (1)

La noble franchise de ces deux lettres, est digne des philosophes qui les ont écrites. Mais l'humeur perce dans celle d'Héraclite ; celle de Jean-Jacques, au contraire, est pleine de mesure.

On se sent attendrir par la conformité des destinées de ces deux grands hommes, tous deux nés à-peu-près dans les mêmes circonstances, & à la veille d'une révolution ; & tous deux persécutés pour leurs opinions. Tel est l'esprit qui nous gouverne : Nous ne pouvons souffrir ce qui s'écarte de nos vues étroites, de nos petites habitudes. De la mesure de nos idées, nous faisons la borne de celles des autres. Tout ce qui va au-delà, nous blesse. Ceci est bien, ceci est mal, sont les mots qui sortent sans cesse de notre bouche. De quel droit osons-nous prononcer ainsi ? Avons-nous compris le motif secret de telle, ou telle action ? Misérables que nous sommes, savons-nous ce

---

(1) *Œuv. Compl. de Rousseau.* tom. 27, *pag.* 246.

qui est bien, ce qui est mal ! Tendres & sublimes génies d'Héraclide & de Jean-Jacques, que sert-il que la postérité vous ait payé un tribut de stériles honneurs? lorsque, sur cette terre ingrate, vous pleuriez les malheurs de vos semblables, vous n'aviez pas un ami.

Cherchons le résultat de ce tableau comparé des lumières. Voyons d'abord quelle différence se fait remarquer entre les définitions du meilleur gouvernement.

Les sages de la Grèce apperçurent les hommes sous les rapports moraux ; nos philosophes d'après les relations politiques. Les premiers vouloient que le gouvernement découlât des mœurs ; les seconds que les mœurs fluâssent du gouvernement. Les légistes Athéniens, subséquens au tems des Lycurgue & des Solon, s'énoncèrent dans le sens des Modernes : la raison s'en trouve dans le siècle. Platon, Aristote, Montesquieu, Jean-Jacques vécurent dans un âge corrompu ; il falloit alors refaire les hommes par les loix : sous Thalès, il falloit refaire les loix par les hommes. J'ai peur de n'être pas entendu. Je m'explique : les mœurs, prises absolument, sont l'obéissance, ou la désobéissance à ce sens intérieur qui nous montre l'honnête & le déshonnête, pour faire celui-là, & éviter celui-ci. La politique est cet art prodigieux, par

lequel

lequel on parvient à faire vivre en corps, les mœurs antipathiques de plusieurs individus. Il faudroit savoir à présent, ce que ce sens intérieur commande ou défend rigoureusement. Qui sait jusqu'à quel point la société l'a altéré? Qui sait si des préjugés, si inhérens à notre constitution que nous les prenons souvent pour la nature même, ne nous montrent pas des vices & des vertus, là où ils n'en existent pas? Quel nom, par exemple, donnerons-nous à la pudeur, la lâcheté, le courage, le vol? si cette voix de la conscience n'étoit-elle-même?... Mais gardons-nous de creuser plus avant dans cet épouvantable abyme. J'en ai dit assez pour montrer en quoi les publicistes des tems d'innocence de la Grèce, & les publicistes de nos jours, diffèrent; il est inutile d'en dire trop.

En morale nous trouvons les mêmes dissonances. Les sages considérèrent l'homme, sous les relations qu'il a avec lui-même; ils voulurent qu'il tirât son bonheur du fond de son ame. Nos philosophes l'ont vu sous les connections civiles; & ont prétendu lui faire prélever ses plaisirs, comme une taxe, sur le reste de la communauté. Delà, ces résultats de leurs sortes de maximes :—Respectez les dieux, connoissez-vous—achetez au minimum de la société & vendez-lui au plus haut prix.

Voici,

Voici, en quelques mots, la somme totale des deux philosophies : celle des beaux jours de la Grèce, s'appuyoit toute entière sur l'existence du Grand Etre : la nôtre, sur l'athéisme. Celle-là, considéroit les mœurs; celle-ci, la politique. La première disoit aux peuples : soyez vertueux, vous serez libres ; la seconde leur crie : soyez libres, vous serez vertueux. La Grèce, avec de tels principes, parvint à la république & au bonheur ; qu'obtiendrons-nous avec une philosophie opposée ? Deux angles de différens degrés, ne peuvent donner deux arcs de la même mesure.

Nous examinerons l'état des lumières chez les nations contemporaines, lorsque nous parlerons de l'influence de la révolution républicaine de la Grèce sur les autres peuples. Nous allons considérer maintenant cette influence sur la Grèce elle-même.

CHAPITRE XXV.

Influence de la Révolution Républicaine sur les Grecs. Les Biens.

LES Grecs & les François, dans une tranquillité profonde, vivoient soumis à des rois, qu'une longue suite d'années leur avoit appris à respecter. Soudain un vertige de liberté les saisit. Ces monarques! hier encore l'objet de leur amour, ils les précipitent à coup de poignard de leurs trônes. La fièvre se communique. On dénonce guerre éternelle contre les tyrans. Quelque soit le peuple qui veule se défaire de ses maîtres, il peut compter sur les régicides. La propagande se répand de proche en proche. Bientôt il ne reste pas un seul prince dans la Grèce;* & les François de notre âge, jurent de briser tous les sceptres.

L'Asie prend les armes, en faveur d'un tyran banni: (1) l'Europe entière se lève pour

---

* Excepté chez les Macédoniens, que le reste des Grecs regardoient comme barbares. Alexandre (non le Grand) fut obligé de prouver qu'il étoit originire d'Argos, pour être admis aux jeux olympiques.

(1) *Herodot. lib.* 5. *cap.* 96.

replacer

replacer un roi légitime sur le trône : des provinces de la Grèce, (1) de la France (2) se joignent aux armes étrangères : & l'Asie, & l'Europe, & les provinces soulevées, viennent se briser contre une masse d'enthousiastes, qu'elles sembloient devoir écraser. A l'hymne de Castor, (3) à celle des Marseillois, les républicains s'avancent à la mort. Des prodiges s'achèvent au cri de *vive la liberté!*; & la Grèce, & la France, comptent Marathon, Salamine, Platée, Fleurus, Weissembourg, Lodi.*

Alors ce fut le siècle des merveilles. Egalement ingrats & capricieux, les Athéniens jettent dans les fers, bannissent, ou empoisonnoient leurs généraux : (4) les François forcent les leurs à l'émigration, ou les massacrent. (5) Et ne croyez pas que les succès s'en affoiblissent : le premier homme, pris au hazard, se trouve un génie. Les talens sortent de la terre. Les Thémistocle succèdent aux Miltiade ; les Aristide, aux Thémistocle ; les Cimon, aux Aristide : † les Dumouriez rem-

---

(1) *Id. lib. 6. cap.* 112.
(2) *Thurau. Guerre de la Vendée.*
(3) *Plut. in Lyc.*
* On verra tout ceci en détail à la guerre Médique.
(4) *Herod. lib. 6. cap.* 136. *Plut. in Themist.*
(5) *Dumouriez, Custine.*
† Plusieurs auteurs donnent le nombre aux noms propres ; je préfère de les laisser indéclinables.

placent

placent les Luckner ; les Custine, les Dumouriez ; les Jourdan, les Custine ; les Pichegru, les Jourdan, &c.

Ainsi, l'effet immédiat de la révolution sur les Grecs & sur les François fut : haine implacable à la royauté, valeur indomptable dans les combats, constance à toute épreuve dans l'adversité. Mais ceux-là, encore pleins de morale, n'ayant passé de la monarchie à la république, que par de longues années d'épreuves, durent recevoir de leur révolution des avantages, ceux-ci ne peuvent espérer de la leur. Les ames des premiers s'ouvrirent délicieusement aux attraits de la vertu. Là, l'esprit de liberté épura l'âge qui lui donna naissance & éleva les générations suivantes, à des hauteurs, que les autres peuples n'ont pu atteindre. Là, on combattoit pour une couronne de laurier ; (1) là, on mouroit pour obéir aux saintes loix de la patrie ; (2) là, l'illustre candidat rejetté, se réjouissoit que son pays eût trois cents citoyens meilleurs que lui ; (3) là, le grand homme, injustement condamné, écri-

---

(1) *Plut. in Cim. pag.* 483.

(2) Ω ξεῖν, ἄγγειλον Λακεδαιμονίοισ, ὅτι τῇ δὲ Κείμεθα, τοῖς κείνων πειθόμενοι νομίμοις.

(3) *Plut. in Lyc.*

voit son nom sur la coquille, (1) ou buvoit la cigüe ; (2) là, enfin, la vertu étoit adorée; mais, malheureusement, les mystères de son culte furent dérobés avec soin du reste des hommes.

---

(1) *Plut. in Aristid.*
(2) *Plat. in Phæd.*

CHAPITRE XXVI.

Suite. Les Maux.

SI telle fut l'influence de la révolution républicaine sur la Grèce, considérée du côté du bonheur; sous le rapport de l'adversité, elle n'est pas moins remarquable. L'ambition, qui forme le caractère des gouvernemens populaires, s'empara bientôt des républiques, comme il en arrive à présent à la France. Les Athéniens, non contens d'avoir délivré leur patrie, se laissèrent bientôt emporter à la fureur des conquêtes. Les armées des Grecs se multiplièrent sur tous les rivages. Nul pays ne fut en sureté contre leurs soldats. On les vit courir comme un feu dévorant dans les îles de la mer Égée, (1) en Egypte, (2) en Asie. (3) Les peuples, d'abord éblouis de leurs succès gigantesques, revinrent peu-à-peu de leur étonnement, lorsqu'ils virent que de si grands exploits ne tendoient pas

---

(1) *Plut. in Them. pag.* 122. *id. in Cim.*
(2) *Thucyd. lib.* I. *cap.* 110.
(3) *Diod. Sic. lib.* 11. *pag.* 47.

tant à l'indépendance qu'aux conquêtes ; (1) & que les Grecs, en devenant libres, prétendoient enchaîner le reste du monde. (2) Par degrés il se fit contr'eux une masse collective de haine : (3) comme ces balles de neige, qui, d'abord échappées à la main d'un enfant, parviennent, en se roulant sur elles-mêmes, à une grosseur monstrueuse. D'un autre côté, les Athéniens, enrichis de la dépouille des autres nations, (4) commencèrent à perdre le principe du gouvernement populaire : la vertu. (5) Bientôt les places publiques ne retentirent plus que des cris des démagogues & des factieux. (6) Les dissentions les plus funestes éclatèrent. Ces petites républiques, d'abord unies par le malheur, se divisèrent dans la prospérité : chacune voulut dominer la Grèce. Des guerres cruelles, entretenues par l'or de la Perse, plus puissant que ses armes, s'allumèrent de toutes parts.* Pour mettre le comble aux désordres,

---

(1) *Plut. in Cim. pag.* 489.
(2) *Id. ib.*
(3) *Thucyd. lib.* 1. *cap.* 101.
(4) *Id. ib.*
(5) *Plat. de Leg. lib.* 4. *pag.* 706.
(6) *Aristot. de Rep. lib.* 5. *cap.* 3.
* Il est impossible de multiplier les citations à l'infini. J'engage le lecteur à lire quelque histoire générale de la Grèce.

l'esprit humain, libre de toute loi par l'influence de la révolution, enfanta à la fois tous les chefs-d'œuvre des arts, & tous les systêmes destructeurs de la morale & de la société. Une foule de beaux esprits arrachèrent Dieu de son trône, & se mirent à prouver l'athéisme. (1) Des multitudes de légistes publièrent de nouveaux plans de républiques ; tout étoit inondé d'écrits sur les vrais principes de la liberté : (2) Philippe & Alexandre parurent.

Grèce. Il y verra, à l'époque dont je parle dans ce chapitre, une ressemblance avec la France, qui l'étonnera. Des villes prises & pillées sans pitié ; des peuples forcés à des contributions ; la neutralité des puissances violée ; d'autres, obligés par les Athéniens à se joindre à eux, contre des Etats avec lesquels elles n'avoient aucun sujet de guerre. Enfin, l'insolence & l'injustice portée à son comble : les Athéniens traitant avec le dernier mépris, les ambassadeurs des nations ; & disant ouvertement, qu'ils ne connoissoient d'autre droit que la force. *Voy. Thucyd. lib.* 5. *&c. &c.*

(1) *Cic. de Nat. Deor. Laert. in Vit. Philosoph.*
(2) *Plat. de Rep. Arist. ibid. &c.*

CHAPITRE XXVII.

État Politique & Moral des Nations contemporaines, au Moment de la Révolution Républicaine en Grèce. Cette Révolution, considérée dans ses Rapports avec les autres Peuples. Causes qui en rallentirent, ou en accélérèrent l'Influence.

IL est difficile de tracer un tableau des nations connues, au moment de la révolution républicaine en Grèce; l'histoire, à cette époque, n'étant pleine que d'obscurités & de fables. J'essaierai cependant d'en donner une idée générale au lecteur. D'abord, nous considérerons ces peuples séparément; ensuite, nous les verrons agir en masse, à l'article de la Perse, au tems de la guerre Médique. Prenant notre point de départ en Egypte; de là, tournant au Midi, & décrivant un cercle par l'Ouest & le Nord, nous reviendrons, à la Perse, finir en Orient, où nous aurons commencé. Placés à Athènes comme au centre, nous suivrons les rayons de la révolution qui en partent, & qui vont aboutir aux nations, placées sur les différens degrés de cette vaste circonférence.

CHAPITRE XXVIII.

L'Egypte.

AU moment du renversement de la tyrannie à Athènes, l'Egypte n'étoit plus qu'une province de la Perse. Ainsi elle fut exposée, comme le reste de l'état dont elle formoit un des membres, à toute l'influence de la révolution Grecque. Elle se trouvera donc comprise en général, dans ce que je dirai de l'empire de Cyrus. Nous examinerons seulement ici quelques circonstances qui lui sont particulières.

De tems immémorial, les Egyptiens avoient été soumis à un gouvernement théocratique.(1) Ainsi que les nations de l'Inde, dont ils tiroient vraisemblablement leur origine, ils étoient divisés en trois classes inférieures, de laboureurs, de pasteurs, & d'artisans. (2) Chaque homme étoit obligé de suivre, dans l'ordre où le sort l'avoit jetté, la profession de ses pères; sans pouvoir changer d'études selon son génie ou les tems.

---

(1) *Diod. lib.* 1. *pag.* 63.
(2) *Id. ib. pag.* 67.

Que dis-je ? ce n'eût pas été assez. Dans ce pays d'esclavage, l'esprit humain devoit gémir sous des chaînes encore plus pesantes : l'artiste ne pouvoit suivre qu'une ligne de ses études, ni le médecin, qu'une branche de son art. (1)

Mais en redoublant les liens de l'ignorance autour du peuple, ses chefs avoient aussi multiplié ceux de la morale. Ils savoient qu'il est inutile de donner des entraves au génie pour éviter les révolutions, si on ne gourmande en même tems les vices, qui conduisent au même but, par un autre chemin. Le respect des rois & de la religion, (2) l'amour de la justice, (3)* la vertu de la reconnoissance, (4) formoient le code de la société chez les Egyptiens ; & s'ils

---

(1) *Herodot. lib. 2. cap.* 84.

(2) *Id. ib. cap.* 37.

(3) *Diod. lib.* 1. *pag.* 70.

* On connoît la coutume des Egyptiens du jugement après la mort, qui s'étendoit jusques sur les rois. Un autre usage, non moins extraordinaire, étoit celui par lequel un débiteur engageoit le corps de son père à son débiteur. Ces loix sublimes sont trop fortes pour nos petites nations modernes ; elles nous étonnent, elles nous confondent ; nous les admirons, mais nous ne les entendons plus : parce qu'il nous manque la vertu qui en faisoit le secret.

(4) *Herodot. lib.* 2.

étoient

étoient les plus superstitieux des hommes, ils en étoient aussi les plus innocens.

L'Egypte, de tous les tems, avoit fait un commerce considérable avec les Indes. Ses vaisseaux alloient par les mers de l'Arabie & de la Perse, chercher les épices, l'ivoire, & les soies de ces légions lointaines. Ils s'avançoient jusqu'à la Taprobanne, la Ceylan des modernes. Sur cette côte les Chinois, & les nations situées au-delà du cap Comaria, * apportoient leurs marchandises, à l'époque du retour périodique des flottes Egyptiennes, & recevoient en échange l'or de l'Occident. (1)

Mais, tandisque le peuple étoit livré, par système, aux plus affreuses ténèbres, les lumières se trouvoient réunies dans la classe des prêtres. Ils reconnoissoient les deux principes de l'univers : la matière (2) & l'esprit. (3) Ils appelloient la première, *Athor*, & la seconde, *Cneph*. (4) Celui-ci, par l'énergie de sa volonté, avoit séparé les élémens confondus, produit tous les corps, tous les effets, en agissant

---

* Comorin.

(1) *Robertson's Disquisition, &c. concern. Ancient India.* Sect. 1.

(2) *Jablonsk. Panth. Egypt. lib.* 1. *cap.* 1.

(3) *Plut. Isis. Osiris.*

(4) *Jablonsk. ibid. Euseb. lib.* III. *cap.* II.

sur

sur la masse inerte. (1) Le mouvement, la chaleur, la vie répandue sur la nature, leur fit imaginer une infinité de moyens, où ils voyoient une multitude d'actions. Ils crurent que des émanations du Grand Etre flottoient dans les espaces, & animoient les diverses parties de l'univers. (2) Ils tenoient l'ame immortelle : & Hérodote prétend que ce furent eux, qui enseignèrent les premiers, ce dogme fondamental de toute moralité. (3) Ils adressoient cette prière au Ciel dans leurs pompes funèbres : Soleil ! & vous Puissances qui dispensez la vie aux hommes ! recevez-moi ; & accordez-moi une demeure, parmi les dieux immortels. (4) D'autres sectes des prêtres, enseignoient la doctrine de la transmigration des ames. (5)

La physique, considérée dans tous les rapports de l'astronomie, la géométrie, la médecine, la chymie, &c. étoit cultivée par les prêtres Egyptiens, (6) avec un succès inconnu aux

---

(1) *Plut. Isis. Osiris.*
(2) *Jablonsk. lib. 11. cap. 1. 2.*
(3) *Lib. 11. cap. 123.*
(4) *Porphyr. de Abstinent. lib. iv.*
(5) *Herodot. lib. 11. cap. 123.*
(6) *Id. ib. Diod. lib. 1. Strabo. lib. 17. Jablonsk. Panth. Egyptiorum.*

autres peuples, & surtout aux Grecs au moment de leur révolution. La science sublime des gouvernemens leur étoit aussi révélée. Pythagore, Thalès, Lycurgue, Solon, sortis de leur école, prouvent également cette vérité.

Les Egyptiens comptèrent des auteurs célébres. Les deux Hermès, le premier, inventeur, (1) le second, restaurateur des arts; (2) Sérapis, qui enseigna à guérir les maux de ses semblables.(3) Leurs livres ont péri dans les révolutions des empires; mais leurs noms se sont conservés, parmi ceux des bienfaiteurs des hommes. Si l'on en croit les alchymistes, la transmutation des métaux fut connue des savans d'Egypte. (4)

Au reste, c'est dans ce pays, dont tout amant des lettres ne doit prononcer le nom qu'avec respect, que nous trouvons les premières bibliothéques. Comme si la nature eût destiné cette contrée à devenir la source des lumières, elle y avoit fait croître exprès le Papyrus, (5) pour y fixer les découvertes fugitives du génie. Malheureusement les signes

---

(1) *Ælian. Hist. lib.* 14. *chap.* 34.
(2) *Herod. lib.* 2. *cap.* 82.
(3) *Plin. lib.* 2. *cap.* 13.
(4) *L'Egypte Dévoilée.*
(5) *Plin. lib.* 13. *cap.* 11.

mystérieux, dans lesquels les prêtres enveloppoient leurs études, ont privé l'univers d'une foule de connoissances précieuses. J'ai un doute à proposer aux savans. Les Egyptiens étoient vraisemblablement Indiens d'origine : la langue philosophique du premier peuple n'étoit-elle point la même que la langue Hanscrit des derniers ?* Celle-ci est maintenant entendue, ne seroit-il point possible d'expliquer l'autre par son moyen ?

En rangeant sous sa puissance les diverses nations disséminées sur les bords du Nil, Cambyses favorisa la propagation des arts. Jusqu'alors les Egyptiens, jaloux des étrangers, (1) ne les admettoient qu'avec la plus grande répugnance à leurs mystères. (2) Lorsqu'ils furent devenus sujets de la Perse, l'entrée de leur pays s'ouvrit alors aux amans de la philosophie. C'est de ce coin du monde que l'aurore des sciences commença à poindre sur notre horizon; & l'on vit bientôt les lumières s'avancer de l'Egypte vers l'Occident, comme l'astre radieux qui nous vient des mêmes rivages.

───────────────────

* On devroit écrire *Sanscrit*, qui est la vraie prononciation.

(1) *Diod. lib.* 1. *pag.* 78. *Strab. Geog. lib.* XVII. *pag.* 1142.

(2) *Jamblich. in Vit. Pyt.*

CHAPITRE XXIX.

Obstacles qui s'opposèrent à l'Effet de la Révolution Grecque sur l'Egypte. Ressemblance de ce dernier Pays avec l'Italie moderne.

EN considérant attentivement ce tableau, on apperçoit deux grandes causes qui durent amortir l'action de la révolution Grecque sur l'Egypte. La première se tire de la subdivision régulière des classes de la société. Cette institution donne un tel empire à l'habitude, chez les peuples où elle règne, que leurs mœurs semblent éternelles comme leurs Etats. Envain de telles nations sont subjuguées : elles changent de maître, sans changer de caractère.* Elles ne sont pas, il est vrai, totalement à l'abri des mouvemens internes : le génie des hommes, tout affaissé qu'il soit du poids des chaînes, les secoue par intervalles avec violence : comme ces Titans de la fable, qui, bien qu'ensevelis dans les abymes de l'Etna,

---

* Comme à la Chine & aux Indes.

se retournent encore quelquefois sous la masse énorme, & ébranlent les fondemens de la terre.

Auprès de ce premier obstacle s'en élevoit un second, d'autant plus insurmontable à l'esprit de liberté, qu'il tient à un ressort puissant de notre ame : la superstition. Les prêtres avoient trop d'intérêt à dérober la vérité au peuple, * pour ne pas opposer toutes les ressources de leur art à l'influence d'une révolution, qui eût démasqué leur artifice. L'homme n'a qu'un mal réel : la crainte de la mort. Délivrez-le de cette crainte, & vous le rendez libre. Aussi, toutes les religions d'esclaves sontelles calculées à augmenter cette frayeur. La caste sacerdotale Égyptienne avoit eu soin de s'entourer de mystères redoutables ; & de jetter la terreur dans les esprits crédules de la multitude, par les images les plus monstrueuses. (1) C'est ainsi encore, qu'ils appuyoient le trône de toute la force de leur magie ; afin de gouverner & le prince, dont ils commandoient le respect au peuple ; & le peuple, qu'ils faisoient obéir au prince. Si l'Égypte eût été une puissance in-

LIV. I.
I. PART.
Rév. Anc.
A. J. C.
509.
Ol. 67.

---

* Outre la grande influence qu'ils avoient dans le gouvernement, leurs terres étoient exemptes d'impôts.

(1) *Jablonsk. Panth. Egypt.*

dépen-

dépendante au moment de le révolution Grecque, elle auroit peut-être échappé à son influence. Mais elle ne formoit plus qu'une province de la Perse, & elle se trouva enveloppée dans les malheurs de l'empire, auquel le sort l'avoit asservie.

L'antique royaume des Sésostris offroit alors des rapports frappans avec l'Italie moderne. Gouverné en apparence par des monarques, en réalité par un pontife maître de l'opinion, il se composoit de magnificence & de foiblesse.* On y voyoit de même de superbes ruines, † & un peuple esclave ; les sciences parmi quelques-uns, l'ignorance chez tous. C'est sur les bords du Nil que les philosophes de l'antiquité alloient puiser les lumières ; c'est sous le beau ciel de Florence que l'Europe barbare a rallumé le flambeau des lettres. ‡ Dans les deux pays elles s'étoient conservées sous le voile mystérieux d'une langue savante,

---

* L'Egypte fut presque toujours conquise par ceux qui voulurent l'attaquer.

† Dans sa plus haute prospérité, elle étoit couverte des monumens en ruines d'un peuple ancien qui florissoit avant l'invasion des Pasteurs.

‡ Les Lycurgue, les Pythagore———Sous les Medicis.

inconnue au vulgaire. * Ce fut encore le lot de ces contrées, d'être, dans leur âge respectif, les seuls canaux d'où les richesses des Indes, coulâssent pour le reste des peuples. † Avec tant de conformité de mœurs, de circonstances, l'Egypte & l'Italie durent éprouver à-peu-près le même sort, l'une au tems des troubles de la Grèce, l'autre dans la révolution présente. Entraînées, malgré elles, dans une guerre désastreuse, par l'impulsion coercive d'une autre puissance ; la première, province du grand empire des Perses, la seconde, soumise en partie à celui d'Allemagne, il leur fallut livrer des batailles pour la cause d'une nation étrangère ; & s'épuiser dans des querelles qui n'étoient pas les leurs.‡ Bientôt, les ennemis victorieux tournèrent leurs armes, & leurs intrigues encore plus dangereuses, contre elles. (1) Ils soulevèrent l'ambition de quelques particuliers ;‖ &

---

* La langue Hierogliphique, le Latin.

† Tyr avoit quelques ports sur le golfe Arabique, mais elle les perdit bientôt.—Commerce de Florence, de Venise, de Livourne avec l'Egypte, avant la découverte du passage par le Cap de Bonne-Espérance.

‡ Dans la guerre Médique, que nous verrons incessamment.

(1) *Thucid. lib.* 1. *cap.* 102.

‖ Inarus qui insurgea l'Egypte contre Artaxerxès roi
des

LIV. I.
I. PART.
Rév. Anc.
A. J. C.
509.
Ol. 67.

l'on vit la terre sacrée des talens, ravagée par des barbares. Les Perses cependant parvinrent à arracher l'Egypte* des mains des Athéniens & de leurs alliés, mais ce ne fut qu'après six ans de calamités. Elle finit par passer sous le joug de ces mêmes Grecs, au tems des conquêtes d'Alexandre ; conquêtes qu'on peut regarder elles-mêmes, comme l'action éloignée de la révolution républicaine de Sparte & d'Athènes.

---

des Perses. Les François n'ont envahi l'Italie qu'en semant la corruption autour d'eux, & en fomentant des insurrections à Gênes, à Rome, à Turin, &c.

* Les Grecs y furent presque anéantis, étant obligés de se rendre à discrétion. Trop loin de leur pays, ils ne pouvoient en recevoir les secours nécessaires : la même position attirera, tôt ou tard, les mêmes désastres aux François en Italie, si la paix ne prévient l'effusion du sang.

CHAPITRE XXX.

Carthage.

NOUS trouvons sur la côte d'Afrique les célébres Carthaginois, qui, de tous les peuples de l'antiquité, présentent les plus grands rapports avec les nations modernes. Aristote a fait un magnifique éloge de leurs institutions politiques. (1) Le corps du gouvernement étoit composé : de deux Suffetes, ou Consuls annuels ; d'un Sénat, d'un Tribunal des Cent, qui servoit de contre-poids aux deux premières branches de la constitution ; d'un Conseil des Cinq, dont les pouvoirs s'étendoient à une espèce de censure générale sur toute la législature ; enfin, de l'assemblée du peuple, sans laquelle il n'y a point de république. (2)

Carthage adopta en morale, les principes de Lacédémone. Elle bannit les sciences, & défendit même qu'on enseignât le Grec aux en-

LIV. I.
I. PART.
Rév. Anc.
A. J. C.
509.
Ol. 67.

___

(1) *Arist. de Rep. lib.* 2. *cap.* 11.
(2) *Arist. ib. Polyb. lib.* 6. *pag.* 493. *Just. lib.* 19. *cap.* 2. *Corn. Nep. in Annib. cap.* 7.

fans. (1) Elle se mit ainsi à l'abri des sophismes & de la faconde de l'Attique. Il seroit inutile de rechercher l'état des lumières chez un pareil peuple. Je parlerai incessamment de la partie des arts, dans laquelle il avoit fait des progrès considérables.

Atroces dans leur religion, les Carthaginois jettoient, en l'honneur de leurs dieux, des enfans dans des fours embrasés. (2) Soit qu'ils crussent que la candeur de la victime étoit plus agréable à la divinité; soit qu'ils pensâssent faire un acte d'humanité, en délivrant ces êtres innocens de la vie, avant qu'ils en connûssent l'amertume.

Leurs principes militaires différoient aussi de ceux du reste de leur siècle. Ces marchands Africains, renfermés dans leurs comptoirs, laissoient à des mercenaires, de même que les peuples modernes, le soin de défendre la patrie. (3) Ils achetoient le sang des hommes au prix de l'or acquis à la sueur du front de leurs esclaves, & tournoient ainsi au profit de leur bonheur, la fureur & l'imbécillité de la race humaine.

---

(1) *Justin. lib. 2. cap. 5.*
(2) *Plut. de Superst. p.* 171.
(3) *Corn. Nep. in Ann.*

Mais

Mais les habitans des terres Puniques se distinguoient surtout par leur génie commerçant. Déjà, ils avoient jetté des colonies en Espagne, en Sardaigne, en Sicile, le long des côtes du continent de l'Afrique, dont ils osèrent mesurer la vaste circonférence ; déjà, ils s'étoient aventurés jusques au fond des mers dangereuses des Gaules & des îles Cassitérides. (1)* Malgré l'état imparfait de la navigation, l'avarice, plus puissante que les inventions humaines, leur avoit servit de boussole sur les déserts de l'Océan.

---

(1) *Strab. lib.* 5. *Diod. ibid. Just. lib.* 44. *cap.* 5. *Polyb. lib.* 2. *Han. Peripl. Herod. lib.* 3. *cap.* 125.

* Problablement les îles Britanniques.

CHAPITRE XXXI.

Parallele de Carthage & de l'Angleterre. Leurs Constitutions.

J'AI souvent considéré avec étonnement les similitudes de mœurs & de génie qui se trouvent entre les anciens souverains des mers & les maîtres de l'Océan d'aujourd'hui. Ils se ressemblent & par leurs constitutions politiques, & par leur esprit à la fois commerçant & guerrier.* Examinons le premier de ces deux rapports.

Que leurs gouvernemens étoient les mêmes, c'est ce qui se prouve évidemment par les principes. La chose publique se composoit à Carthage, ainsi qu'en Angleterre, d'un roi† & de

---

* Là, finit la ressemblance. On ne peut comparer l'humanité & les lumières des Anglois, avec l'ignorance & la cruauté des Carthaginois.

† Les Grecs ont quelquefois appelé du nom de roi, ce que nous connoissons sous celui de suffete : ceux-ci, comme nous l'avons vu, étoient au nombre de deux & changeoient tous les ans. Carthage eut-elle été gouvernée par un seul, conservant sa place à vie, sa constitution n'en auroit pas moins été républicaine ; parce que tout découle du principe de l'assemblée, ou de la non assemblée générale du peuple. Je m'étonne que les publicistes n'aient pas établi solidement ce grand axiome, qui simplifie

la

deux chambres : la première appellée le Sénat, & représentant les Communes ; la seconde connue sous le nom du Conseil des Cent. Cette puissance en s'ajoutant, ou se retranchant, selon les tems, aux deux autres membres de la législature, devenoit, de même que les Pairs de la Grande-Bretagne, le poids régulateur de la balance de l'Etat. Mais comment arrivoit-il que la constitution Punique fût républicaine, & la constitution Angloise monarchique ? Par une de ces opérations merveilleuses de politique, que je vais tâcher d'expliquer.

Supposons une proportion politique, dont les moyens soient P. S. R. Si vous invertissez l'ordre de ces lettres, vous aurez des rapports différens, mais les termes resteront les mêmes. Le gouvernement de Carthage étoit composé de trois parties : le Peuple, le Sénat, & les Rois, P. S. R. Elle étoit une république, parce que le peuple en corps étoit législateur & formoit le premier terme de la proportion. Pour rendre cette constitution monarchique, sans en altérer les principes, c'est-à-dire, sans la rendre despotique, qu'auroit-il fallut faire ?

---

la politique & donne l'explication d'une multitude de problèmes, sans cela insolubles. *Voy. les auteurs cités à la note* 2. *de la pag.* 169. *sur la forme du gouvernement.*

Changer

Changer notre proportion, P. S. R. en cette autre, R. S. P. c'est-à-dire, transposant les moyens extrêmes P. & R : le pouvoir législatif se trouvant alors dévolu aux Rois & au Sénat, en même tems que le peuple en retient encore une troisième partie. Mais si le Peuple, n'étant plus qu'un tiers du législateur, continue d'exercer en corps ses fonctions, la proposition est illusoire, car là où la nation s'assemble en masse, là existe une république. Le Peuple, dans ce cas ne peut donc qu'être représenté.* Delà, la constitution Angloise. Et l'un & l'autre gouvernemens seront excellens : le premier à Carthage chez un petit peuple simple & pauvre ; † le second en Angleterre, chez une grande nation, cultivée & riche.

A présent, si dans notre proportion politique, après avoir changé les deux termes extrêmes, toujours en conservant les trois moyens primitifs, P. S. R. nous voulions trouver la

---

* Cet important sujet sur la représentation du peuple, sera traité à fond dans le dernier volume de cet ouvrage. J'y montrerai en quoi J. J. Rousseau s'est mépris, & en quoi il a approché de la vérité sur cette matière, la base de la politique. Je ne demande que du tems. Il m'est impossible de tout mettre hors de sa place, de mêler tout.

† L'Etat étoit opulent, mais le citoyen, quoique riche d'argent, étoit pauvre de costumes & de goûts.

pire

pire des combinaisons, que ferions-nous ? Ce seroit de n'admettre ni de roi, ni de peuple, mais d'avoir je ne sais quoi, qui en tiendroit lieu : & c'est précisément ce que nous avons vu faire en France. En laissant dehors les deux termes P. & R., la convention a rejetté les deux principes sans lesquels il n'y a point de gouvernement. Les François ne sont point sujets, puisqu'ils n'ont point de roi; ni républicains, parce que le peuple est représenté. Qu'est-ce donc que leur constitution ? Je n'en sais rien : un cahos, qui a toutes les formes sans en avoir aucune ; une masse indigeste, où les principes sont tous confondus. Ou plutôt c'est le terme moyen de notre proportion, S. multiplié par les deux extrêmes, P. & R.; c'est le Sénat enflé de tout le pouvoir du Roi & du Peuple. Que sortira-t-il de ce corps, gros de puissance & de passions ? Une foule de sales tyrans, qui, nés & nourris dans ses entrailles, en sortiront tout-à-coup pour dévorer le Peuple, & le monstre politique qui les aura enfantés.

Quant aux autres colones de la législature Punique, simples appendices à l'édifice, elles ne servoient qu'à en obstruer la beauté, sans ajouter à la solidité de l'architecture.

Au

Au reste, les gouvernemens de Carthage & d'Angleterre qui ont joui des mêmes applaudissemens, ont aussi partagé les mêmes censures. Les peuples contemporains leur reprochèrent la vénalité & la corruption dans les places de Sénateurs. (1) Polybe (2)* remarque que ce peuple Africain, si jaloux de ses droits, ne regardoit pas un pareil usage comme un crime. Peut-être avoit-il senti que de toutes les aristocraties, celle des richesses, lorsqu'elle n'est pas portée à un trop grand excès, est la moins dangereuse en elle-même ; le propriétaire ayant un intérêt personnel au maintien des loix, tandisque que l'homme sans propriétés tend sans cesse, par sa nature, à bouleverser & à détruire.

---

(1) *Polyb. lib. 6. pag.* 494.
(2) *Ib.*

* Pour pouvoir être élu membre du Sénat, il falloit à Carthage, comme en Angleterre, posséder un certain revenu. Aristote blâme cette loi, en quoi il a certainement très-tort. Si la France avoit été protégée par un pareil statut, elle n'auroit pas souffert la moitié des maux qu'elle a éprouvé. On dit : un J. J. Rousseau n'auroit pu être député ? C'est un malheur, mais infiniment moindre que l'admission des non propriétaires dans un corps législatif. Heureusement les François reviennent à ce principe.

CHA-

CHAPITRE XXXII.

Les deux Partis dans le Sénat de Carthage. Hannon. Barca.

MEMES institutions, mêmes choses, mêmes hommes; comme de moules pareils, il ne peut sortir que des formes égales. Le Sénat de Carthage, tel que le parlement d'Angleterre, se trouvoit divisé en deux partis, sans cesse opposés d'opinions & de principes.(1) Dirigées par les plus grands génies & par les premières familles de l'Etat, ces factions éclatoient surtout en tems de guerres, & de calamités nationales.* Il en résultoit pour la nation cet avantage ; que les rivaux, se surveillant afin de se surprendre, avoient un intérêt personnel à aimer la vertu, en tant qu'elle leur étoit personnellement utile, & à haïr le vice dans les autres.

L'histoire de ces dissentions politiques, au moment de la révolution républicaine en Grè-

LIV. I.
I. PART.
Rév. Anc.
A. J. C.
509.
Ol. 67.

_____

(1) *Liv. lib*, 21.

* Comme au tems de la guerre d'Agathocle & de celle des Mercenaires.

ce, ne nous étant pas parvenue, nous la considérerons dans un âge postérieur à ce siècle; en en concluant, par induction, l'état passé de la métropole Africaine.

C'est à l'époque de la seconde guerre Punique, que nous trouvons la flamme de la discorde, brûlant de toutes parts dans le Sénat de Carthage. Hannon, distingué par sa modération, son amour du bien public & de la justice, brilloit à la tête du parti qui, avant la déclaration de la guerre, opinoit aux mesures pacifiques. (1) Il représentoit les avantages d'une paix durable, sur les hazards d'une entreprise dont les succès incertains, coûteroient des sommes immenses, & finiroient peut-être par la ruine de la patrie. (2)

Amilcar, surnommé Barca, père d'Annibal, d'une famille chère au peuple, soutenu de beaucoup de crédit & d'un grand génie, entraînoit après lui la majorité du Sénat. Après sa mort, la faction Barcine continua de se prononcer en faveur des armes. Sans doute elle faisoit valoir l'injustice des Romains qui, sans respecter la foi des traités, s'étoient emparé de la Sardaigne. (3) Ainsi la Hollande a amené de nos jours la

---

(1) *Liv. lib.* 21.
(2) *Id. ib.*
(3) *Id. ib. Polyb. lib.* 3. *pag.* 162.

rup-

rupture entre la France & l'Angleterre.

Durant le cours des hostilités, la Minorité ne cessa de combattre les résolutions adoptées Tantôt elle s'efforçoit de diminuer les victoires d'Annibal, tantôt d'exagérer ses revers. Elle jettoit mille entraves dans la marche du gouvernement ; &, sans le génie du général Carthaginois son armée, faute de secours, périssoit totalement en Italie. (1)* Vers la fin de la guerre, les partis changèrent d'opinions. Annibal, bien que de la Majorité, après la bataille de Zama, parla avec chaleur en faveur de la paix.(2) Un seul Sénateur eut le courage de s'y opposer : Gisgon représenta que ses concitoyens devoient plutôt périr généreusement les armes à la main, que se sou-

_____

(1) *Liv.* 23. *n.* 11. 14. 23.

* Lorsqu'au récit de la bataille de Cannes, un membre de la faction Barcine, demandoit à Hannon s'il étoit encore mécontent de la guerre ? Celui-ci répondit : " qu'il étoit toujours dans les mêmes sentimens, & que *supposé que ces victoires fussent vraies*, il ne s'en réjouissoit, qu'autant qu'elles meneroient à une paix avantageuse." Ne croit-on pas entendre parler un membre de l'Opposition ? N'est-il pas étonnant qu'on doutât à Carthage, comme en Angleterre, des succès même des armées ? Ou plutôt cela n'est pas étonnant.

(2) *Polyb. lib.* 15.

mettre à des conditions honteuses.(1) L'homme illustre répliqua qu'on devoit remercier les dieux, qu'en des circonstances si allarmantes, les Romains se montrâssent encore disposés à des négociations. (2) Son avis prévalut. L'on dépêcha en Italie des ambassadeurs du parti d'Hannon, qui, amusant leurs vainqueurs du récit de leurs querelles domestiques, se vantoient que si l'on eût d'abord suivis leurs conseils, ils n'auroient pas été obligés de venir mendier la paix à Rome. (3)

---

(1) *Polyb. ib. Liv. lib.* 30.
(2) *Id. ib.*
(3) *Liv. ib.*

CHAPITRE XXXIII.

Suite. Minorité & Majorité dans le Parlement d'Angleterre.

LES troubles qui commencèrent à agiter l'Angleterre vers la fin du règne de Jacques Ier, donnèrent naissance aux deux divisions qui sont, depuis cette époque, restées distinctes dans le parlement de la Grande-Bretagne. L'opposition, d'abord connue sous le nom du parti de la Campagne, (1) (*Country Party*) traîna peu après le malheureux Charles Ier à l'échafaud. Sous le règne de son successeur, la minorité prit la célèbre appellation de Whig; (2) & sous un homme dévoré de l'esprit de faction, lord Shaftesbury, fut sur le point de replonger l'Etat dans les malheurs d'une révolution nouvelle. (3) Jacques II, par son imprudence, fit triompher le parti des Whigs, & Guillaume III s'empara d'une des

---

(1) *Hume's Hist. of Engl. vol.* VII.
(2) *Id. vol.* VIII. *chap.* 68. *pag.* 126.
(3) *Id. chap.* 69. *pag.* 166.

plus

plus belles couronnes de l'Europe. (1) La reine Anne, long-tems gouvernée par les Whigs, retourna ensuite aux Tories. Le rappel du Duc de Marlborough sauva la France d'une ruine presqu'inévitable. (2) George I, électeur de Hanovre, soutenu de toute la puissance des premiers qui le portoient au trône, se livra à leurs conseils. (3) Ce fut sous le règne de George II, que la Minorité commença à se faire connoître sous le nom du parti de l'Opposition, qu'elle retient encore de nos jours. Elle obtint alors plusieurs victoires célèbres. Elle renversa Sir Robert Walpole, ministre qui, par son système pacifique, s'étoit rendu cher au commerce. (4) Bientôt elle parvint à mettre à la tête du Cabinet, le grand Lord Chatham, qui éleva la gloire de sa patrie à son comble, dans la guerre de 1754, si malheureuse à la France. (5) Lord Bute, ayant succédé à Lord Chatham, peu après l'avénement de Sa Majesté régnante au trône d'Angleterre, l'Opposition perdit son crédit. Elle tâcha de le recouvrer dans l'affaire

---

(1) *Id. chap.* 71. *pag.* 294.
(2) *Smol. Contin. to Hume's Hist. of Engl. Volt. Siècl. de Louis* XIV.
(3) *Id. Smol. Cont. &c.*
(4) *Id. Hist. of the House of Brunswick Lunenb.*
(5) *Id.*

de M. Wilkes, membre du Parlement, décrété pour avoir écrit un pamphlet contre l'administration. (1) Mais le fatal impôt du timbre, qui rappelle à la fois la révolution Américaine & celle de la France, lui donna bientôt une nouvelle vigueur. (2) Telle est la chaîne des destinées : personne ne se doutoit alors, qu'un bill de finance passé dans le parlement d'Angleterre en 1765, éleveroit un nouvel empire sur la terre, en 1782; & feroit disparoître du monde un des plus antiques royaumes de l'Europe, en 1789.*

---

(1) *Guth. Geogr. Gram. pag.* 342.
(2) *Id. pag.* 343. *Ramsay's Hist. of the Am. Revol.*

* Une étincelle de l'incendie allumé sous Charles Ier, tombe en Amérique en 1637 (émigration des Puritains) l'embrase en 1765 ; repasse l'Océan en 1789 pour ravager de nouveau l'Europe. Il y a quelque chose d'incompréhensible dans ces générations de malheurs.

En songeant à l'empire Américain d'aujourd'hui, on ne peut s'empêcher de jetter les yeux en arrière sur son origine. C'est une chose désolante & amusante à la fois, que de contempler les pauvres humains jouets de leurs propres folies, & conduits aux mêmes résultats par les préjugés les plus opposés. Les Puritains avoient demandé à Dieu, avec prières, qu'il les dirigeât dans leur pieuse émigration, & Dieu les conduisit au Cap Cod, où ils périrent presque tous de faim & de misère. Bientôt après, leurs ennemis mortels, les Catholiques, viennent débarquer auprès d'eux sur les mêmes rivages. Une cargaison de graves fous, avec de grands chapeaux & des habits sans boutons, descendent ensuite

L'Opposition crut avoir remporté un avantage signalé sur le ministre, lorsqu'elle eut obtenu le rappel de ce trop fameux impôt; & il n'est pas moins certain que ce fut ce rappel

sur les bords de la Delaware, &c. Que devoit penser un Indien regardant arriver tour-à-tour, les étranges Histrions de cette grande farce tragi-comique, que joue sans cesse la société ? en voyant des hommes brûler leurs frères dans la Nouvelle Angleterre, pour l'amour du ciel; une autre race en Pensylvanie, faisant profession de se laisser couper la gorge sans se défendre; une troisième dans le Maryland, accompagnée des prêtres bigarrés, couverts de croix, de grimoires, & professant tolérance universelle; une quatrième en Virginie, avec des esclaves noirs & des docteurs persécuteurs en grandes robes; cet Indien, sans doute, ne pouvoit s'imaginer que ces gens-là venoient d'un même pays ? Cependant, tous sortoient de la petite île d'Angleterre, tous ne formoient qu'une seule & même nation. Quand on songe à la variété & à la complication des maladies qui fermentent dans un corps politique, on comprend à peine son existence.

Sur la foi des livres & des intéressés, au seul nom des Américains, nous nous enthousiasmons de ce côté-ci de l'Atlantique. Nos gazettes ne nous parlent que des Romains de Boston & des tyrans de Londres. Moi-même, épris de la même ardeur, lorsque j'arrivai à Philadelphie, plein de mon Reynal, je demandai en grace qu'on me montrât un de ces fameux Quakers, vertueux descendans de Guillaume Penn. Quelle fut ma surprise quand on me dit, que si je voulois me faire duper, je n'avois qu'à entrer dans la boutique d'un Frere; & que si j'étois curieux d'apprendre

jusques

même, encore plus que le bill, qui a causé la révolution des Colonies.*

Trois ministres se succédèrent rapidement, après cette première irruption du volcan Amé-

jusqu'où peut aller l'esprit d'intérêt & d'immoralité mercantile, on me donneroit le spectacle de deux Quakers, désirant acheter quelque chose l'un de l'autre, & cherchant à se leurrer mutuellement. Je vis que cette société si vantée, n'étoit, pour la plupart, qu'une compagnie de marchands avides, sans chaleur & sans sensibilité, qui se sont fait une réputation d'honnêteté, parce qu'ils portent des habits différens de ceux des autres ; ne répondent jamais ni oui, ni non ; n'ont jamais deux prix, parce que le monopole de certaines marchandises, vous force d'acheter avec eux au prix qu'ils veulent ; en un mot, de froids comédiens qui jouent sans cesse une farce de probité, calculée à un immense intérêt ; & chez qui la vertu est une affaire d'agiotage.

Chaque jour voyoit ainsi, l'une après l'autre, se dissiper mes chimères, & cela me faisoit grand mal. Lorsque par la suite je connus davantage les Américains, j'ai par fois dit à quelques-uns d'entr'eux, devant qui je pouvois ouvrir mon ame : J'aime votre pays & votre gouvernement, mais je ne vous aime point : & ils m'ont entendu.

* Les lords qui protestèrent contre ce rappel, peuvent se venter d'en avoir prédit les conséquences. " Because, the appearance of weakness and timidity in the government .... has a manifest tendency to draw on further insults ; and, by lessening the respect of all his Majesty's subjects to the dignity of his crown ... throw

ricain. Les rênes du gouvernement s'arrêtèrent enfin entre les mains de Lord North, qui, de même que ses prédécesseurs, avoit adopté le systême des taxes d'outre-mer. (1) L'insurrection des Bostoniens, lors de l'envoi du thé de la Compagnie des Indes, ne fut pas plutôt connue en Angleterre, que l'Opposition redoubla de zèle & d'activité. Lord Chatham reparut dans la Chambre des Pairs, & parla avec chaleur contre les mesures du Cabinet. Sa motion étant rejettée par une majorité de 58 voix, les moyens coërcifs restèrent adoptés dans toute leur étendue.

Bientôt après le sang coula en Amérique. J'ai vu les champs de Lexington. Je m'y suis arrêté en silence, comme le voyageur aux Thermopyles, à contempler la tombe de ces guerriers des deux mondes qui moururent les premiers, pour obéir aux loix de la patrie. En foulant cette terre philosophique, qui me disoit, dans sa muette éloquence, comment les empires se perdent & s'élèvent, j'ai confessé

---

the whole British empire into a miserable state of confusion," &c. *Copies of the two protests against the bill to repeal the Am. St-p. Act. 8, pag. 10. printed at Paris,* 1766.

(1) *Rams. ib.*

mon

mon néant devant les voies de la Providence, & baissé mon front dans la poussière.

Grand exemple des malheurs qui suivent tôt ou tard une action immorale en elle-même, quelques soient d'ailleurs les brillans prétextes dont nous cherchions à nous fasciner les yeux, & la politique fallacieuse qui nous éblouit! La France, séduite par le jargon philosophique, par l'intérêt qu'elle crut en retirer, par l'étroite passion d'humilier son ancienne rivale, sans provocation de l'Angleterre, viola, au nom du genre humain, le droit sacré des nations. Elle fournit d'abord des armes aux Américains, contre leur souverain légitime, & bientôt se déclara ouvertement en leur faveur. Je sais qu'en subtile logique, on peut argumenter de l'intérêt général des hommes dans la cause de la liberté ; mais je sais, que toutes les fois qu'on appliquera la loi du Tout à la Partie, il n'y a point de vice qu'on ne parvienne à justifier. La révolution Américaine est la cause immédiate de la révolution Françoise. La France déserte, noyée de sang, couverte de ruines, son roi conduit à l'échafaud, ses ministres proscrits, ou assassinés, prouve, que la justice éternelle, sans laquelle tout périroit, en dépit des sophismes de nos passions, a des vengeances formidables.

C'est une tâche pénible & douloureuse pour un François, dans l'état actuel de l'Europe, que la lecture de cette période de l'histoire Américaine. Souvent ai-je été obligé de fermer le volume, oppressé par les comparaisons les plus déchirantes, par un profond & muet étonnement, à la vue de l'enchaînement des choses humaines. Chaque syllabe de Ramsay retentit amèrement dans votre cœur, lorsqu'on voit l'honnête citoyen venter, contre sa propre conviction, la duplicité de la conduite de la France envers l'Angleterre. Mais, lorsqu'avec un cœur brûlant de reconnoissance, il vient à verser les bénédictions sur la tête de l'excellent Louis XVI ; lorsqu'il arrive à cet endroit où M. de la Fayette, recevant la première nouvelle du traité d'alliance, se jette avec des larmes de joie dans les bras de Washington ; qu'au même instant, la nouvelle volant dans l'armée au milieu des transports, le cri de "*longue vie au roi de France*," s'échappe involontairement à la fois de mille bouches & de mille cœurs ; le livre tombe des mains, le coup du poignard pénètre jusqu'au fond des entrailles. Américains ! la Fayette, votre idole, n'est qu'un scélérat ! Ces gentilhommes François, jadis le sujet de vos éloges, qui ont versé leur sang dans vos batailles,

les, ne sont que des misérables couverts de votre mépris, & à qui peut-être vous refuserez un asyle ! & le père auguste de votre liberté.....Un de vous ne l'a-t-il pas jugé ?* N'avez-vous pas juré amour & alliance à ses assassins sur sa tombe.

Durant tout le reste de la guerre, l'Opposition ne cessa de harceler les ministres, & devint de plus en plus puissante, en proportion des calamités nationales. C'étoit alors que M. Burke lançoit, comme la foudre, son éloquence sur la tête des ministres. Ce grand orateur, qui possède un des plus beaux talens dont l'homme ait été jamais dignifié, se surpassa lui-même dans ces circonstances. Il remonta jusqu'à la source des troubles des Colonies ; en traça fièrement les progrès ; & avec ce génie inspiré, qui lui a fait tant de fois prévoir l'avenir, plaida la cause de la liberté Américaine, dans le langage sublime & pathétique de Démoshènes.

Enfin, le 27 de Mars 1782, l'Opposition remporta une victoire complette : le Cabinet fut changé, & le Marquis de Rockingham placé à la tête du gouvernement.

---

* Un étranger, non : un Américain, séant juge dans le procès de mort de Louis XVI. O hommes! ô Providence!

La paix étant rétablie entre les Puissances belligérantes, l'Opposition se joignit au parti du ministre disgracié. M. Fox & Lord North formèrent ce qu'on appella la *Coalition des Chefs*, qui entraînoit après elle la majorité du parlement. Lord Shelburne, successeur du Marquis de Rockingham mort le 1er Juillet 1782, fut obligé de se retirer ; & M. Fox, Lord North & le Duc de Portland se saisirent du timon de l'Etat.

M. Fox n'occupa que quelques instans le ministère. Son fameux bill de la compagnie des Indes ayant été rejetté, dans la Chambre des Pairs, il remit peu après* les sceaux de son emploi ; & M. Pitt, remplaça le Duc de Portland, comme premier Lord de la Trésorerie.

Les principales opérations du gouvernement depuis l'ascension de M. Pitt aux affaires, ont été : 1°. Le bill de ce ministre concernant la Compagnie des Indes, 5 Juillet 1784. 2°. Celui du 18 Avril 1785 en faveur d'une réforme parlémentaire, rejetté par une majorité de 74 voix. 3°. Le plan de liquidation de la dette nationale, par l'établissement d'un fond d'amortissement, 1786.† 4°. L'acte de la traite des Nègres & de l'amélioration du sort de ces escla-

---

* Dans la nuit du 19 Décembre 1783.
† Ue million annuel.

ves, 21 Mai 1788. La nation étoit au faîte de la prospérité, & M. Pitt, qui n'avoit pas encore atteint sa trentième année, avoit montré ce que peut un seul homme, pour la prospérité d'un Etat.

La maladie du roi, qui suivit peu de tems après, arracha la faveur du public à l'Opposition, & couvrit le ministre de gloire. Sa Majesté, rendue aux vœux de tout un peuple, qui lui témoigna par des marques de joie (d'autant plus touchantes, qu'elles couloient naturellement du cœur) à quel point elle étoit adorée, reprit bientôt les rênes de son empire ; & elle continue à faire le bonheur de ceux qu'une fortune amie, a rangé au nombre des sujets Britanniques.

A la fin de cette courte histoire de l'Opposition, nous placerons les portraits des deux hommes célèbres, depuis si long-tems l'objet des regards de l'Europe ; &, qui ont eu une si grande influence sur la révolution Françoise.

CHAPITRE XXXIV.

M. Fox. M. Pitt.

LIV. I.
I. PART.
Rév. Anc.
A. J. C.
509.
Ol. 67.

TELS que nous avons vû paroître, à la tête de la Minorité & de la Majorité, dans le Sénat de Carthage, les plus beaux talens & les premiers hommes de leurs siècles; tels, différens de mœurs, d'opinions & d'éloquence, brillent dans le parlement d'Angleterre, les deux grands orateurs, dont nous essayons d'ébaucher une foible peinture.

M. Fox, plein de sensibilité & de génie, écoute son cœur lorsqu'il discoure & se fait entendre ainsi aux cœurs sympathiques. Savant dans les loix de son pays, modéré dans ses sentimens politiques; connoîssant la fragilité humaine, & réclamant pour les autres, la même indulgence dont il peut avoir besoin pour lui, on le trouve rarement dans les extrêmes; ou, s'il s'y laisse entraîner quelquefois, ce n'est que par cette chaleur des tems, dont il est presqu'impossible de se défendre. Mais quand il vient à élever une voix touchante en faveur de l'inforl'infortuné, il règne, il triomphe. Toujours du parti de celui qui souffre, son éloquence est une richesse gratuite, qu'il prête sans intérêt au misérable : alors il remue les entrailles ; alors il pénétre les ames ; alors une altération sensible dans les accens de l'orateur décèle tout l'homme ; alors l'étranger dans la tribune résiste envain, il se détourne & pleure. Haine d'un parti, idole de l'autre, ceux-là reprochent à M. Fox des erreurs ; ceux-ci exaltent ses vertus : il ne nous appartient pas de prononcer. Lorsque le fracas des opinions & les fatigues d'une vie publique auront cessé pour cet homme célèbre, le moment de la justice sera venu ; mais quelque soit le jugement de la postérité, les malheureux des tems à venir, qui forment la majorité dans tous les siècles, diront : "il aima nos frères d'autrefois, il parla pour eux."

Lorsque M. Pitt prend la parole dans la Chambre des Communes, on se rappelle la comparaison qu'Homère fait de l'éloquence d'Ulysse, à des flocons de neige, descendans silencieusement du ciel. Emue, échauffée à la voix du Représentant opposé, l'assemblée, pleine d'agitation, flotte dans l'incertitude & le doute : le Chancelier de l'Echiquier se lève & sa logique, qui tombe avec grâce & abondance, vient éteindre une chaleur inutile, toujours dangereusé aux législateurs ; chacun étonné, sent ses passions se réfroidir ; le prestige du sentiment se dissipe, il ne reste que la vérité.

Placé à la tête d'une grande nation, M. Pitt doit avoir pour ennemis, & les hommes dont son rang élevé attire l'envie, & ceux dont il combat les opinions. Le texte des déclamations contre le ministre Britannique, est la guerre funeste dans laquelle l'Europe se trouve maintenant enveloppée. Les principes en ont été souvent discutés ; quant à la manière dont elle a été conduite, l'injustice des reproches qu'on a fait là dessus au Chancelier de l'Echiquier, doit frapper les esprits les plus prévenus. Veut-on prendre pour exemple des hostilités présentes, les combats réguliers d'autrefois ? Où sont ces petits esprits qui calculent pertinemment ce qu'on auroit dû faire, par ce qu'on a fait jadis ; qui ne voient dans la lutte actuelle, que des batailles perdues ou gagnées, & non le Génie de la France dans les convulsions d'une crise, amenée par la force des choses, déchirant, comme l'Hercule d'Œta, ceux qui osent l'approcher, lançant leurs membres ensanglantés sur les plaines cadavereuses de l'Italie & de la Flandres, & s'apprêtant à tourner sur lui-même des mains forcenées ? On pourroit soupçonner qu'il existe des époques inconnues, mais régulières, auxquelles

quelles la face du monde se renouvelle. Nous avons le malheur d'être nés au moment d'une de ces grandes révolutions ; quelqu'en soit le résultat, heureux ou malheureux pour les hommes à naître, la génération présente est perdue : ainsi le furent celles du cinquième & du sixième siècles, lorsque tous les peuples de l'Europe, comme des fleuves, sortirent soudainement de leur cours. Qui seroit assez absurde pour exiger que M. Pitt pût vaincre, par des mesures ordinaires, la Fatalité des événemens ? Il y a des circonstances où les talens sont entièrement inutiles : qu'on me donne le plus grand ministre, un Ximenès, un Richelieu, un de Witt, un Chatham, un Kaunitz, & vous le verrez se rappetisser, & pour ainsi dire disparoître sous la pondération des choses & des tems actuels. Il ne s'agit plus des cabales obscures ou coupables de quelques Cabinets intrigans, d'un champ disputé dans les déserts de l'Amérique, ce sont maintenant les masses irrésistibles des nations, qui se heurtent & se choquent au gré du sort. Guerres au dehors, factions au dedans, mésintelligence de toutes parts, des ennemis dont les opinions ne font pas moins de ravages que leurs armes, des peuples corrompus, des cours vicieuses, des finances épuisées, des gouvernemens chancelans ; pour moi,

je

LIV. I.
II. PART.
Rév. Anc.
A. J. C.
509.
Ol. 67.

je l'avouerai, ce n'est pas sans étonnement que je vois M. Pitt portant seul, comme Atlas, la voûte d'un monde en ruine.*

---

* Ce langage m'oblige à déclarer que je ne suis ni l'apologiste de la guerre, ni celui de M. Pitt. Je ne connois, ni ne connoîtrai vraisemblablement ce dernier; je n'attends ni ne demande rien de lui. Je n'aime point les Grands, non que les Petits valent mieux, mais parce que je ne sais point honorer l'habit d'un homme, & que mon opinion surtout n'en dépendra jamais. Né avec un cœur indépendant, j'exprimerai toujours hardiment ma pensée, en dépit de la fortune & des factions. J'ai donc parlé du Chancelier de l'Echiquier avec la même franchise que je l'aurois fait d'un autre homme. Est-ce d'après les déclamations des gazettes que je dois le juger? d'après les grossièretés que les François vomissent contre lui? Qu'on prouve, & je croirai; mais en attendant, qu'il me soit permis de penser pour moi. Parce que les Jacobins ont commis des crimes, cela ne m'empêche pas de croire qu'une République est le meilleur de tous les gouvernemens, lorsque le peuple a des mœurs; le pire de tous, lorsque le peuple est corrompu; parce que tel Démagogue insulte un homme, une nation, cela ne m'empêche pas d'estimer cet homme, cette nation, tandis que l'un & l'autre me paroissent estimables. Si j'avois eu de M. Pitt une opinion différente de celle que j'ai énoncée, je l'eusse exprimée avec le même courage; je n'aurois pas mis un moment en balance ma sûreté personnelle, & ce qui m'eût semblé la vérité. Que si ce langage paroît extraordinaire, je le crois fait pour honorer, & moi, & l'homme d'Etat dont je parle; que s'il s'offensoit de ce passage, je me suis trompé.

CHAPITRE XXXV.

Suite du Parallele entre Carthage & l'Angleterre. La Guerre & le Commerce. Annibal, Marlborough. Hannon, Cook ; Traduction du Voyage du Premier, Extrait de celui du Second.

Il ne nous reste plus qu'à considérer Carthage & l'Angleterre, dans leur esprit guerrier & commerçant.

J'ai déjà touché quelque chose de cet intéressant sujet. Ajoutons que, par un jeu singulier de la fortune, la rivale de Rome & celle de la France ne comptèrent chacune qu'un grand Général : la première, Annibal ; la seconde, Marlborough. * Un parallèle suivi entre ces hommes illustres, nous écarteroit trop de notre sujet ; il suffira de remarquer que, tous les deux employés contre l'antique Ennemi de leur patrie, ils le réduisirent également

---

* Il y eut sans doute quelqu'autres grands généraux à Carthage & en Angleterre, mais aucun aussi célébre qu'Annibal & Marlborough.

à la dernière extrémité,* & furent sur le point d'entrer en triomphe dans la Capitale de son empire ; qu'on leur reprocha le même défaut, l'avarice ; enfin, que tous deux rappellés dans leur pays, ils n'y trouvèrent que l'ingratitude.

Quant au commerce, en ayant déjà décrit l'étendue, je me contenterai de citer un fait peu connu. Carthage est la seule puissance maritime de l'antiquité qui, de même que l'Angleterre, ait imaginé les loix prohibitives pour ses colonies. Celles-ci étoient obligées d'acheter aux marchés de la mère-patrie, les divers objets dont elles se faisoient besoin ; & ne pouvoient s'adonner à la culture de telle ou telle denrée. (1) On juge par ce trait jusqu'à quel dégré la vraie nature du commerce, & les cal-

---

* A présent le siècle impartial convient, qu'on ne doit pas juger Marlborough avec autant d'enthousiasme que nos pères ; il auroit fallu le voir aux prises avec les Condé & les Turenne pour bien juger de ses talens. Il n'eut jamais en tête que de mauvais généraux, & il agit presque toujours en conjonction avec le Prince Eugène. La seule fois qu'il combattit contre un grand capitaine, je crois, à Malplaquet, il perdit vingt-deux mille hommes ; encore Villars n'avoit-il que des recrues qui n'avoient jamais vû le feu, & manquoient de tout, même de pain. A la prise de Lille, Vendôme étoit subordonné au duc de Bourgogne. Annibal combattit les Fabius, les Scipion, &c.

(1) *Arist. de Mirab. Auscult.* tom. 1. pag. 1159.

culs du fisc étoient entendus de ce peuple Africain ; peut-être aussi y trouveroit-on la cause des troubles qui ne cessoient d'agiter les colonies Puniques.

Que si encore deux gouvernemens se livrent aux mêmes entreprises, suggérées par des motifs semblables, on doit en conclure que ces gouvernemens sont animés d'une portion considérable du même génie ; or, nous voyons que ceux de Carthage & d'Angleterre, furent souvent mûs d'après de semblables principes, vers des objets de prospérités nationales. Nous allons rapporter les deux voyages, entrepris pour l'agrandisssement du commerce dans l'ancien monde, & dans le monde moderne : le premier fait par ordre du Sénat de Carthage, à une époque qui n'est pas exactement connue ;[*] le second exécuté de nos jours par la munificence du Roi de la Grande-Bretagne. Hannon, qui commandoit l'expédition Carthaginoise, devoit, en entrant dans l'Océan par le détroit

---

[*] Il est reconnu que ce voyage n'est pas de l'Hannon auquel on l'attribue, & qui devoit vivre vers le tems de l'expédition d'Agathocles en Afrique. Les uns font l'auteur de ce journal, contemporain d'Annibal ; d'autres le rejettent à un siècle, qui approcheroit de la révolution de la Grèce dont nous parlons : peu importe au lecteur.

de Gades ou de Gadir,* découvrir les terres inconnues en faisant le tour de l'Afrique & jettant çà & là des colonies sur ses rivages. Sans l'usage de la boussole, avec une imparfaite connoissance du ciel, & de frêles barques souvent conduites à la rame, lorsqu'on se représente qu'il auroit fallu affronter les tempêtes du Cap de Bonne-Espérance si long-tems la borne redoutable des navigateurs modernes, on ne peut que s'étonner du génie hardi qui poussoit les Carthaginois à ces entreprises périlleuses. Le dessein échoua en partie : de retour dans sa patrie, Hannon publia une relation de son voyage, & son journal étant traduit en Grec par la suite, nous a, par ce moyen, été conservé. La brièveté & l'intérêt de l'unique monument de littérature Punique, qui soit échappé aux ravages du tems, † m'engagent à le donner ici dans son entier ; nous placerons, selon notre méthode, un des morceaux les plus piquans du voyage de Cook, auprès de celui de l'amiral Carthaginois : on sait que le premier de ces deux navigateurs fut employé à la découverte d'un passage de la mer du Sud dans l'Atlantique, par les mers Septentrionales de l'Amérique & de l'Asie.

---

* Cadiz.   † Il nous reste une scène en Punique dans Plaute, & des fragmens d'un ouvrage sur l'agriculture traduit en Latin, où l'on apprend le secret d'engraisser des rats.

Voyage

Voyage par mer & par terre au-delà des Colonnes d'Hercule, fait par Hannon, roi des Carthaginois ; qui à son retour voua dans le temple de Saturne, la relation suivante :

Le peuple de Carthage m'ayant ordonné de faire un voyage au-delà des *Colonnes d'Hercule*, pour y fonder des villes Liby-Phœniciennes, je mis en mer avec une flotte de 60 vaisseaux à 50 rames ; ayant à bord une grande quantité de vivres, d'habits, & environ trente mille personnes, tant hommes que femmes.

Deux jours après que nous eûmes fait voile, nous passâmes le détroit de *Gades* ; & jettâmes le lendemain, sur la côte d'Afrique, dans un lieu où s'étend une plaine considérable, une colonie que nous appellâmes, Thymiaterium. De-là, cinglant à l'Ouest, nous fîmes le Cap Soloent, sur la côte de Lybie, promontoire couvert d'arbres, où nous élevâmes un temple à Neptune.

Dirigeant notre course à l'Orient, après un demi jour de navigation nous atteignîmes, à peu de distance de la mer, la hauteur d'un lac* plein de grands roseaux, où nous vîmes des éléphans & plusieurs autres animaux sauvages paissant çà & là. A un jour de navigation de ce lac, nous fondâmes plusieurs villes maritimes : Cytte, Acra, Mélisse, &c.

Durant notre relâche nous avançâmes jusqu'au grand fleuve Lixa, qui sort de la Lybie, non loin des Nomades,

---

* Il se trouve ici une difficulté dans le Grec. On croiroit d'abord qu'Hannon a remonté une rivière, ensuite on le trouve fondant des villes maritimes. J'ai suivi le sens qui m'a paru le plus probable.

nous y trouvâmes les Lixiens qui s'occupent de l'éducation des troupeaux. Je demeurai quelque tems parmi eux & conclus un traité d'alliance.

Au dessus de ces peuples, habitent les Æthiopiens, nation inhospitalière, dont le pays est rempli de bêtes féroces & entrecoupé de hautes montagnes, où l'on dit que le Lixa prend sa source. Les Lixiens nous racontoient que ces montagnes sont fréquentées par les Troglodytes, hommes d'une forme étrange, & plus légers que les chevaux à la course. Je fis ensuite, avec des interprêtes, deux journées au Midi dans le désert.

A mon retour j'ordonnai qu'on levât l'ancre,* & nous courûmes pendant vingt-quatre heures à l'Est. Au fond d'une baye, nous trouvâmes une petite île de cinq stades de tour, à laquelle nous donnâmes le nom de Cernes & y laissâmes quelques habitans. J'examinai mon journal, & je trouvai que Cernes devoit être située sur la côte opposée à Carthage : la distance de cette île aux colonnes d'Hercule, étant la même que celle de ces mêmes colonnes, à Carthage.

Nous reprîmes notre navigation, & après avoir traversé une rivière, appellée Chreles, nous entrâmes dans un lac, où se formoient trois îles plus considérables que Cernes. Nous mîmes un jour à parvenir de ces îles jusqu'au fond du lac. De hautes montagnes en bordoient l'enceinte ; nous y rencontrâmes des hommes couverts de peaux & habitans des bois, qui nous assaillirent à coup de pierres. Longeant les rives de ce lac, nous touchâmes à un autre fleuve large, couvert de crocodiles & de chevaux marins. De là nous revirrâmes & gagnâmes l'île de Cernes.

De Cernes, portant le cap au Sud, nous rangeâmes pendant 12 jours, une côte habitée par les Æthiopiens qui

---

* Cette phrase n'est du texte, mais elle y est impliquée.

paroissoient extrêmement effrayés, & se servoient d'un langage inconnu même à nos interprêtes.

Le douzième jour nous découvrîmes de hautes montagnes, chargées de forêts, dont les arbres de différentes espèces sont parfumés. Après avoir doublé ces montagnes, en deux jours de navigation, nous entrâmes dans une mer immense. Dans les parages avoisinant au continent, s'élevoit une espèce de champ d'où nous voyions durant la nuit sortir, par intervalles, des flammes ; les unes plus petites, les autres plus grandes. Les équipages ayant fait de l'eau, nous serrâmes le rivage pendant quatre jours, & le cinquième nous louvoyâmes dans un grand golfe que nos interprêtes appelloient *Hesperum Ceras* (la Corne du Soir). Nous nous trouvâmes par le gîssement d'une île d'une latitude considérable. Un lac salin, dans lequel se formoit un îlot, occupoit l'intérieur de cette grande île. Nous mouillâmes par le travers de la terre & nous n'apperçûmes qu'une forêt. Mais pendant la nuit nous voyions des feux, & nous entendions le son des fiffres, le bruit des tymbales, & les clameurs d'un peuple innombrable.

Saisis de frayeur, & recevant de nos devins l'ordre d'abandonner cette île, nous appareillâmes sur-le-champ ; côtoyâmes la terre de feu de Thimiamatum, dont les torrens enflammés se déchargent dans la mer. Le sol étoit si brûlant, qu'on ne pouvoit y arrêter le pied. Nous tournâmes promptement le cap au large, & dans quatre jours nous fûmes portés de nuit à la hauteur d'un pays couvert de flammes, du milieu desquelles s'élevoit un cône de feu, qui sembloit se perdre dans les nues. Au jour nous reconnûmes que c'étoit une haute montagne, nommée Theon Ochema.

Ayant doublé les régions ignées, nous ouvrîmes, trois jours après, le golfe *Notu Ceras* (la Corne de l'Orient) au

LIV. I.

I. PART.
Rév. Anc.
A. J. C.
509.
Ol. 67.

fond du quel gissoit* une île, avec un lac, un îlot, semblable à celle que nous avions déjà découverte. Ayant touché à cette île, nous la trouvâmes habitée par des Sauvages. Le nombre des femmes dominoit infiniment celui des hommes. Celles-ci étoient toutes velues, & nos interprêtes les appelloient Gorilles. Nous les poursuivîmes, mais sans pouvoir les atteindre. Ils fuyoient par des précipices avec une étonnante agilité, en nous jettant des pierres. Nous réussîmes cependant à prendre trois femmes. Nous fûmes obligés de les tuer pour éviter d'en être déchirés; nous en avons conservé les peaux.—Ici nous tournâmes nos voiles vers Carthage, les vivres commençant à nous manquer. (1)

Cook n'est plus. Ce grand navigateur a péri aux îles Sandwich, qu'il venoit de découvrir. Ses vaisseaux, maintenant commandés par les capitaines Clerke & Gore, prêts à appareiller, attendent en rade un vent favorable; tandis que le lieutenant de la Résolution fait, à la vue de la terre, la description suivante:

Les habitans des îles *Sandwich* sont certainement de la même race que ceux de la *Nouvelle-Zélande*, des îles de la *Société* & des *Amis*, de l'île de *Pâques* & des *Marquises*, race qui occupe, sans aucun mélange, toutes les terres

---

* On croit que cette île, le terme de la navigation d'Hannon, est Ste-Anne.

(1) *Geogr. Vet. Script. Græc. Minor.* vol. 1, *pag.* 1—6.

qu'on

qu'on connoît entre le quarante-septième degré de latitude Nord, & le vingtième degré de latitude Sud, & les cent quatre-vingt-quatre degrés, & les deux cent soixante degrés de longitude Orientale. Ce fait, quelque extraordinaire qu'il paroisse, est assez prouvé par l'analogie frappante qu'on remarque dans les mœurs, les usages des diverses peuplades, & la ressemblance générale de leurs traits, & il est démontré, d'une manière incontestable, par l'identité absolue des idiômes.

. . . .

La taille des naturels des îles *Sandwich* est en général, au-dessous de la moyenne : & ils sont bien faits ; leur démarche est gracieuse ; ils courent avec agilité, & ils peuvent supporter de grandes fatigues. Les hommes cependant sont un peu inférieur du côté de la force & de l'activité, aux habitans des îles des *Amis*; & les femmes ont les membres moins délicats que celles d'O-*Taïti*. Leur teint est un peu plus brun que celui des O-Taïtiens ; leur figure n'est pas si belle. Un grand nombre d'individus des deux sexes ont cependant la physionomie agréable & ouverte : les femmes surtout ont de beaux yeux, de belles dents, & une douceur & une sensibilité dans le regard, qui préviennent beaucoup en leur faveur. Leur chevelure est d'un noir brunâtre ; elle n'est pas universellement lisse, comme celle des sauvages de l'*Amérique*, ni universellement bouclée, comme celle des negres de l'*Afrique*: elle varie, à cet égard, ainsi que celle des Européens.

. . . .

On a parlé souvent, dans ce Journal, de l'hospitalité & de l'amitié avec lesquelles nous fûmes reçus des Insulaires : ils nous accueillirent presque toujours de la manière la plus aimable. Lorsque nous descendions à terre, ils se disputoient le bonheur de nous offrir les premiers présens, de nous apprêter des vivres, & de nous donner

LIV. I.
I. PART.
Rév. Anç.
A. J. C.
509.
Ol. 67.

d'autres marques de respect. Les vieillards ne manquoient jamais de verser des larmes de joie ; ils paroissoient très-satisfaits quand ils obtenoient la permission de nous toucher, & ils ne cessoient de faire entr'eux & nous, des comparaisons qui annonçoient bien de l'humilité & de la modestie. Les jeunes femmes ne furent pas moins caressantes, & elles s'attachèrent à nous sans aucune réserve, jusqu'au moment où elles s'apperçurent qu'elles avoient lieu de se repentir de notre intimité.

. . . .

Les habitans des îles *Sandwich* diffèrent de ceux des îles des *Amis*, en ce qu'ils laissent presque tous croître leur barbe ; nous en remarquâmes un très-petit nombre, il est vrai, notamment le Roi, qui l'avoient coupée, & d'autres qui ne la portoient que sur la lèvre supérieure. Ils arrangent leur chevelure d'une manière aussi variée que les autres Insulaires de la mer du Sud : mais ils suivent d'ailleurs une mode qui, autant que nous avons pu en juger, leur est particulière. Ils se rasent chaque côté de la tête jusqu'aux oreilles, en laissant une ligne de la largeur de la moitié de la main, qui se prolonge du haut du front jusqu'au col : lorsque les cheveux sont épais & bouclés, cette ligne ressemble à la crête de nos anciens casques. Quelques-uns se parent d'une quantité considérable de cheveux faux, qui flottent sur leurs épaules en longues boucles ; tels qu'on en voit aux habitans de l'île de *Horn*, dont on trouve la figure dans la Collection de M. Dalrymple : d'autres en font une seule touffe arrondie qu'ils nouent au sommet de la tête, & qui est à-peu-près de la grosseur de la tête elle-même : plusieurs en font 5 à 6 touffes séparées. Ils les barbouillent avec une argille grise mêlée de coquilles réduites en poudre, qu'ils conservent en boules, & qu'ils mâchent jusqu'à ce qu'elle devienne une pâte molle quand ils veulent s'en servir.

Cette

Cette composition entretient le lustre de leur chevelure, & la rend quelquefois d'un jaune pâle.

. . . .

Une seule pièce d'une étoffe épaisse, d'environ dix à douze pouces de largeur, qu'ils passent entre les cuisses, qu'ils nouent autour des reins, & qu'ils appellent *Maro*, forme en général l'habit des hommes. C'est le vêtement ordinaire des Insulaires de tous les rangs. La grandeur de leurs nattes, dont quelques-unes sont très-belles, varie ; elles ont communément cinq pieds de long & quatre de large. Ils les jettent sur leurs épaules & ils les ramenent en avant ; mais ils s'en servent peu, à moins qu'ils ne se trouvent en état de guerre : comme elles sont épaisses & lourdes, & capables d'amortir le coup d'une pierre ou d'une arme émoussée, elles semblent surtout propres à l'usage que je viens d'indiquer. En général ils ont les pieds nuds, excepté lorsqu'ils doivent marcher sur des pierres brûlées ; ils portent alors une espèce de sandale de fibres de noix de cocos tressées.

. . . .

Le vêtement commun des femmes ressemble beaucoup à celui des hommes. Elles enveloppent leurs reins d'une pièce d'étoffe qui tombe jusqu'au milieu des cuisses, & quelquefois, durant la fraîcheur des soirées, elles se montrèrent avec de belles étoffes qui flottoient sur leurs épaules, selon l'usage des O-Taïtiennes. Le *Pau* est un autre habit qu'on voit souvent aux jeunes filles ; c'est une pièce de l'étoffe la plus légère & la plus fine, qui fait plusieurs tours sur les reins, & qui tombe jusqu'à la jambe ; de manière qu'elle ressemble exactement à un jupon court. Leurs cheveux sont coupés par derrière & ébouriffés sur le devant de la tête, comme ceux des O-Taï-tiens, & les habitans de la *Nouvelle-Zélande* ; elles diffèrent, à cet égard, des femmes des îles des *Amis*, qui laissent

sent croître leur chevelure dans toute sa longueur. Nous vîmes à la baie de *Karakakooa*, une femme dont les cheveux se trouvoient arrangés d'une manière singuliere : ils étoient relevés par derrière, & ramenés sur le front, & ensuite repliés sur eux-mêmes, de façon qu'ils formoient une espèce de petit bonnet.

. . . .

Il y a lieu de croire qu'ils passent leur tems d'une manière très-simple & peu variée. Ils se levent avec le soleil, & après avoir joui de la fraîcheur du matin, ils vont se reposer quelques heures. La construction des pirogues & des nattes occupent les *Erees* ; les femmes fabriquent les étoffes, les *Towtows* sont chargés surtout du soin des plantations & de la pêche. Divers amusemens remplissent leurs heures de loisir. Les jeunes garçons & les femmes aiment passionnément la danse ; & les jours d'appareil, ils ont des combats de lutte & de pugilat, bien inférieurs à ceux des îles des *Amis*, comme on l'a observé plus haut.

. . . .

Il est évident que les naturels de ces îles sont divisés en trois classes. Les *Erees*, ou les chefs de chaque district, forment la première : l'un d'eux est supérieur aux autres, & on l'appelle à *Owhyhee*, *Eree-Taboo* & *Eree-Moee* : le premier de ces noms annonce son autorité absolue, & le second indique que tout le monde est obligé de se prosterner devant lui, ou, selon la signification de ce terme, de se coucher pour dormir en sa présence. La seconde classe est composée de ceux qui paroissent avoir des propriétés sans aucun pouvoir. Les *Towtows*, ou les domestiques qui n'ont ni rang, ni propriété, forment la troisième.... Il paroît incontestable que le gouvernement *(monarchique)* est héréditaire.

. . . .

Le

Le pouvoir des *Erees* sur les classes inférieures, nous a paru très-absolu. Des faits, que j'ai déjà racontés, nous montrèrent cette vérité presque tous les jours de notre relâche. Le peuple, d'un autre côté, a pour eux la soumission la plus entière, & cet état d'esclavage contribue d'une manière sensible à dégrader l'esprit & le corps des sujets. Il faut remarquer néanmoins que les chefs ne se rendirent jamais devant nous coupables de cruauté, d'injustice, ou même d'insolence à l'égard de leurs vassaux ; mais qu'ils exercent leur autorité les uns sur les autres, de la manière la plus arrogante & la plus oppressive. J'en citerai deux exemples. Un chef subalterne avoit accueilli avec beaucoup de politesse le *Master* de notre vaisseau, qui étoit allé examiner la baie de *Karakakooa*, la veille de l'arrivée de la *Résolution*; voulant lui témoigner de la reconnoissance, je le conduisis à bord quelque tems après, & je le présentai au capitaine Cook, qui l'invita à dîner avec nous. Pareea entra tandis que nous étions à table : sa physionomie annonça combien il étoit indigné de le voir dans une position si honorable ; il le prit à l'instant même par les cheveux, & il alloit le traîner hors de la chambre : notre commandant interposa son autorité, & après beaucoup d'altercations, tout ce que nous pûmes obtenir, sans en venir à une véritable querelle avec Pareea, fut que notre convive demeureroit dans la chambre, qu'il s'y asseieroit par terre, & que Pareea le remplaceroit à table. Pareea ne tarda pas à être traité aussi durement : lorsque Terreeoboo arriva pour la première fois à bord de la *Résolution*, Maiha-Maiha qui l'accompagnoit, trouvant Pareea sur le tillac, le chassa de la façon la plus ignominieuse : nous étions sûrs néanmoins que Pareea étoit un personnage d'importance.

La religion des îles *Sandwich* ressemble beaucoup à celle des îles de la *Société* & des îles des *Amis*. Les *Morais*, les *Wattas*, les idoles, les sacrifices, & les hymnes sacrés, sont les mêmes dans les trois groupes, & il paroît clair que les trois Tribus ont tiré leurs notions religieuses de la même source. Les cérémonies des îles *Sandwich* sont, il est vrai, plus longues & plus multipliées ; & quoiqu'il se trouve dans chacune des terres de la mer du Sud, une certaine classe d'hommes, chargée des rites religieux, nous n'avions jamais rencontré de sociétés réunies de prêtres, lorsque nous découvrîmes les cloîtres de *Kakooa* dans la baie de *Karakaooa*. Le chef de cet ordre s'appelloit *Orono*, dénomination qui nous parut signifier quelque chose de très-sacré, & qui entraînoit pour la personne d'Omeeah, des hommages qui alloient presque jusqu'à l'adoration. Il est vraisemblable que certaines familles jouissent seules du privilège d'entrer dans le sacerdoce, ou du moins de celui d'en exercer les principales fonctions. Omeeah étoit fils de Kaoo & oncle de Kaireekeea ; ce dernier présidoit en l'absence de son grand-père, à toutes les cérémonies religieuses du *Morai*. Nous remarquâmes aussi qu'on ne laissoit jamais paroître le fils unique d'Omeeah, enfant d'environ 5 ans, sans l'environner d'une suite nombreuse, & sans lui prodiguer des soins tels que nous n'en avions jamais vus de pareils. Il nous sembla qu'on mettoit un prix extrême à la conservation de ses jours, & qu'il devoit succéder à la dignité de son père. (1)

---

(1) *Troisième Voy. de Cook. tom.* 4. *chap.* 7 & 8. *pag.* 61—112.

J'aurois

J'aurois envain multiplié les mots pour faire sentir la disparité des siècles, aussi bien qu'on l'apperçoit par le rapprochement de ces deux voyages. Rien ne montre mieux l'esprit, les lumières de l'âge, le caractère des anciens, & surtout celui des Carthaginois, que le journal du Suffete Hannon. L'ignorance de la nature & de la géographie, la superstition, la crédulité, s'y décèlent à chaque ligne. On ne sauroit encore s'empêcher de remarquer la barbarie des marins Puniques. Bien que les femmes velues dont ils parlent, ne fussent vraisemblablement qu'une espèce de singes, il suffisoit que l'amiral Africain les crût de nature humaine, pour rendre son action atroce. Quelle différence entre ce mélange grossier de cruauté & de fables, & le bon Cook cherchant des terres inconnues, non pour tromper les hommes, mais pour les éclairer ; portant à de pauvres Sauvages, les besoins de la vie ; jurant tranquillité & bonheur sur leurs rives charmantes, à ces enfans de la nature ; semant parmi les glaces Australes, les fruits d'un plus doux climat : soigneux du misérable que la tempête peut jetter sur ces bords désolés, & imitant ainsi, par ordre de son souverain, la Providence, qui prévoit & soulage les maux des hommes; * enfin, cet illustre navigateur resserré de toutes parts par les rivages de ce globe, qui n'offre plus de mers à ses vaisseaux; & connoissant désormais la mesure de notre planette, comme le Dieu qui l'a arrondie entre ses mains.

Cependant il faut l'avouer; ce que nous gagnons du côté des sciences, nous le perdons en sentiment. L'ame des anciens aimoit à se plonger dans le vague infini; la nôtre est circons-

---

* Si la philosophie a jamais rien présenté de grand, c'est sans doute lorsqu'elle nous montre les Anglois semant de graines nutritives les îles inhabitées de la mer du Sud. On se plait à se figurer ces colonies de végétaux Européens, avec leur port, leur costume étranger, leurs mœurs policées, contrastant au milieu des plantes natives & sauvages des terres Australes. On aime à se les peindre émigrant le long des côtes, grimpant les collines, ou se répandant à travers les bois, selon les habitudes & les amours qu'elles ont apportées de leur sol natal; comme des familles exilées, qui choisissent de préférence dans le désert, les sites qui leur rappellent la patrie. Qu'un malheureux François, Anglois, Espagnol, se sauve seul sur un rivage peuplé de ces herbes co-citoyennes de son village; que prêt à mourir de faim, il trouve soudain tout au fond d'un désert, à quatre mille lieues de l'Europe, le légume familier de son potager, le compagnon de son enfance, qui semble se réjouir de son arrivée; ce pauvre marin ne croira-t-il pas qu'un dieu est descendu du ciel?

crite

crite par nos connoîssances. Quel est l'homme sensible qui ne s'est trouvé souvent à l'étroit, dans une petite circonférence de quelques millions de lieues ? Lorsque, dans l'intérieur du Canada, je gravissois une montagne, mes regards se portoient toujours à l'Ouest, sur les déserts infréquentés, qui s'étendent dans cette longitude. A l'Orient, mon imagination rencontroit aussitôt l'Atlantique, des pays parcourus, & je perdois mes plaisirs. Mais à l'aspect opposé, il m'en prenoit en peu aussi mal. J'arrivois incessamment à la mer du Sud, de-là, en Asie, de-là en Europe, de-là... J'eusse voulu pouvoir dire, comme les Grecs, & là bas, là bas la terre inconnue, la terre immense ! Tout se balance dans la nature : s'il falloit choisir entre les lumières de Cook, & l'ignorance d'Hannon, j'aurois, je crois, la foiblesse de me décider pour la dernière.

CHAPITRE XXXVI.

Influence de la Révolution Grecque sur Carthage.

LIV. I.
I. PART.
Rév. Anc.
A. J. C.
509.
Ol. 67.

CARTHAGE, au moment de la fondation des républiques en Grèce, se trouvoit, par rapport à celles-ci, dans la même position que l'Angleterre vis-à-vis de la France actuelle. Possédant à-peu-près la même constitution, les mêmes richesses, le même esprit guerrier & commerçant que la Grande-Bretagne ; séparée, comme elle, du pays en révolution par des mers, aussi libre, ou plus libre, que ce pays même, elle étoit garantie de l'influence militaire de Sparte & d'Athènes, par la supériorité de ses vaisseaux ; & du danger de leurs opinions politiques, par l'excellence de son propre gouvernement. Les peuples maritimes ont cet avantage inestimable, d'être moins exposés que les nations agricoles, à l'action des mouvemens étrangers. Outre la barrière naturelle qui les protège contre un force invasive, s'ils sont insulaires, ou placés sur un continent éloigné, la superfluité de leur population trouve sans cesse

cesse un écoulement au dehors, sans demeurer en un état croupissant de stagnation, dans l'intérieur. Le reste des citoyens occupés du commerce de la patrie, a peu le tems de s'embarrasser de rêveries politiques. Là où les bras travaillent, l'esprit est en repos.

Carthage encore, lors de la chûte des Pisistratides, élevée à l'empire des mers, & à la traite du monde entier sur les débris du commerce de Tyr,* comme l'Angleterre de nos jours sur les ruines de celui de la Hollande, approchoit du faîte de la prospérité. Par une autre ressemblance de fortune, non moins singulière, elle crut devoir prendre une part active contre la révolution républicaine d'Athènes, en faveur de la monarchie. Xerxès, qui, en prétendant rétablir Hippias sur le trône, méditoit la conquête de l'Attique & du Péloponèse, engagea les Carthaginois à attaquer en même tems les colonies Grecques en Sicile. (1) Amilcar, à la tête de plus de trois cents mille hommes & d'une flotte nombreuse, aborde à Panorme & met le siège devant Himère. (2) Gelon accourt de Syracuse, avec

―――――――――――――――――――

* L'explication de ceci se trouve à l'article de Tyr.
(1) *Diod. lib.* 11. *pag.* 1.
(2) *Id. ib. pag.* 16—22.

50,000

50,000 citoyens, au secours de la place ; tombe sur le général Africain, détruit son armée, & le force de se jetter lui-même dans un bûcher, allumé pour un sacrifice. (1) C'est ainsi qu'une fortune ennemie voulut nommer ensemble, Himère & Dunkerque.

L'enthousiasme dans la victoire, le découragement dans la défaite, est un trait de caractère que les souverains des mers d'autrefois (2) ont possédé avec les maîtres de l'Océan de nos jours : (3) que de fois durant le cours des hostilités présentes, sans la mâle fermeté des ministres, l'Angleterre ne se seroit-elle pas jettée aux pieds de sa rivale ?

La nouvelle de la destruction de l'armée n'arriva pas plutôt en Afrique, que le peuple tomba dans le désespoir. Il voulut la paix à quelque prix que ce fut. On députa humblement vers Gélon, qui mérita sa victoire, par la modération dont il en usa envers ses ennemis : il exigea seulement qu'ils payâssent les frais de la campagne,

---

(1) *Herod, lid.* 7. 167.
(2) *Plut. de Ger. Rep. pag.* 799.
(3) *Ramsay's Révol. of Amer. D'Orléans. Révol. d'Angl. Hume's Hist. of Engl., &c. &c.*

qui ne s'élevoient pas au-dessus de deux mille talens. (1) *

Ainsi se termina pour les Carthaginois, cette guerre si funeste à tous les alliés, qui eût encore cela de remarquable, qu'elle cessa peu-à-peu, telle que la guerre actuelle a déjà fini en partie, par les paix forcées & partielles des différens coalisés. † Depuis le traité entre l'Afrique & la Grèce, les deux pays vécurent long-tems en intelligence, & l'influence de la révolution républicaine du dernier, se trouvant arrêtée par les causes que j'ai ci-dessus assignées se borna, quant à Carthage, au malheur passager que je viens de décrire.

---

(1) *Herod. lib.* 7. *Diod. lib.* 11.

* 10,800,000 liv. de notre monnoie, en les supposant Talens Attiques ; & 12,600,000 l. en les comptant sur la valeur du Talent d'Orient ; ce qui est plus probable. Si nous avions le déchet exact des Talens Carthaginois, que l'on fit refondre à Rome à la fin de la seconde guerre Punique, nous saurions au juste la vérité. *Voy. Liv. lib.* 32. *n.* 2.

† On verra ceci au tableau général de la guerre Médique.

CHAPITRE XXXVII.

L'Ibérie.

SUR le bord opposé du détroit de Gades, qui séparoit les possessions Africaines de Carthage de ses colonies Européennes, on trouvoit l'Ibérie, pays sauvage & à peine connu des Anciens, à l'époque dont nous retraçons l'histoire. Il étoit habité par plusieurs peuples, Celtes d'origine, dont les uns se distinguoient par leur courage & leur mépris de la mort; (1) les autres, pleins d'innocence, passoient pour les plus justes des hommes. * Malheureusement leurs fleuves rouloient un métal qui les décéla à l'avarice. Les Tyriens, pour l'obtenir, trom-

---

(1) *Strab. lib.* 3. *pag.* 158. *Liv. lib.* 28. *Marian. Sil. Ital. lib.* 1.

* La Bétique dont Fenelon fait une peinture si touchante. Le tableau n'est pas entièrement d'imagination, il est fondé sur la vérité de l'histoire. Je ne sais où j'ai lu que le Mariana a omis quelque chose sur l'origine des nations Ibériennes dans sa traduction en langue vulgaire, de son histoire Latine originale. Malheureusement je ne possède que l'édition Espagnole de cet excellent ouvrage.

pèrent

pèrent d'abord leur simplicité. (1) Les Carthaginois bientôt les asservirent ; & les forçant à ouvrir les mines, les y plongèrent tout vivans. (2) Si ce livre traversoit les mers; s'il parvenoit jusqu'à l'Indien enseveli sous les montagnes du Potose ; il apprendroit que ses cruels maîtres ont autrefois, comme lui, péri esclaves sous leur terre natale ; qu'ils y ont fouillé ce même or, pour une nation étrangère, apportée chez eux par les flots. Cet Indien adoreroit en secret la Providence & reprendroit son hoyau moins pesant.

Au reste, il est probable que les troubles de la Grèce réagirent sur les malheureux habitans de l'Ibérie. Carthage, pour payer les frais de la guerre contre la Sicile, multiplia sans doute les sueurs de ses esclaves. * A chaque écu dépensé par le vice en Europe, des larmes de sang coulent dans les abymes de la terre en Amérique. C'est ainsi que tout se lie; & qu'une révolution, comme le coup électrique, se fait sentir au même instant à toute la chaîne des peuples.

---

(1) *Diod. lib. 5. pag.* 312.
(2) *Id. lib.* 4. *cap.* 312. *Polyb. lib.* 3.
* L'Ibérie fournit aussi des soldats, ainsi que les Gaules & l'Italie, à Carthage pour l'expédition contre Syracuse.

CHAPITRE XXXVIII.

Les Celtes.

LIV. I.
I. PART.
Rév. Anc.
A. J. C.
509.
Ol. 67.

PAR delà les Pyrénées, habitoit un peuple nombreux, connu sous le nom de Celte, dont la puissance s'étendoit sur la Bretagne, les Gaules & la Germanie. Uni de mœurs & de langage, il ne lui manquoit que de se gouverner en unité, pour enchaîner le reste du monde.

Le tableau des nations barbares offre je ne sais quoi de romantique, qui nous attire. Nous aimons qu'on nous retrace des usages différens des nôtres ; surtout si les siècles y ont imprimé cette grandeur, qui règne dans les choses antiques ; comme ces colonnes qui paroissent plus belles, lorsque la mousse des tems s'y est attachée. Plein d'une horreur religieuse, avec le Gaulois à la chevelure bouclée, aux larges bracha, à la tunique courte & serrée par la ceinture de cuir, on se plait à assister, dans un bois de vieux chênes, autour d'une grande pierre, aux mystères redoutables de Theutatès : la jeune fille, à l'air sauvage & aux yeux bleus,

est

est auprès ; ses pieds sont nuds, une longue robe la dessine; le manteau de cannevas se suspend à ses épaules : sa tête s'enveloppe du Kerchef, dont les extrêmités ramenées autour de son sein & passant sous ses bras, flottent au loin derrière elle ; le Druide, sur le Cromleach, se tient au milieu, en blanc Sagum, un couteau d'or à la main, portant au cou une chaîne & aux bras des bracelets du même métal ; il brûle avec des mots magiques, quelques feuilles du Gui sacré, cueilli le sixième jour du mois, tandis que les Aubages préparent dans la Claie-d'osier la victime humaine, & que les Bardes, touchant foiblement leurs harpes, chantent à demi-voix dans l'éloignement: Odin, Thor, Tuisco & Hella. (1)

Le grand corps des Celtes se divisoit en une multitude de petits Etats, gouvernés par des Yarles ou chefs militaires. La partie politique & civile étoit abandonnée aux Druides. (2)

Cet ordre célèbre, semble avoir existé de toute antiquité ; & quelques auteurs même en

---

(1) *Vid. Cœs. de Bell. Gall. Tacit. de Mor. Ger. Lucan. Strab. Henry's Hist. of Engl. View. of the Dress of the People of Engl. Puffend. de Druid. Peloutier Lettre sur les Celtes. Ossian's Poem. Les deux Edda.*

(2) *Cœs. Bell. Gall. lib. 6. cap. 13. Tac. de Mor. cap. 7.*

ont

ont fait la source, d'où découlèrent les sectes sacerdotales de l'Orient. (1) Il se partageoit en trois branches : les Druides, dépositaires de la sagesse & de l'autorité ; les Bardes, rémunérateurs des actions des Héros ; les Aubages, veillant à l'ordre des sacrifices. (2) Ces prêtres enseignoient l'immortalité de l'ame, (3) la récompense des vertus, le chatîment des vices, (4) & un terme de la nature, fixé pour un général bonheur. (5) Plusieurs nations ont cru dans ce dernier dogme, qui tire sa source de nos misères. L'espérance peut nous faire oublier nos maux, mais comme une liqueur enivrante qui nous tue.

Ce n'est pas ici le lieu de nous étendre sur les mœurs, les lumières, les coutumes des nations barbares ; elles fourniront ailleurs un chapitre intéressant. A présent notre description formeroit un anachronisme ; ce que nous savons d'elles, étant postérieur au règne de Xerxès. Nous devons seulement montrer, que les révolutions de la Grèce étendirent leur influence, jusques sur ces peuples sauvages.

---

(1) *Laert. lib.* 1.
(2) *Diod. Sic. lib.* 5. *pag.* 308. *Strab. lib.* 4.
(3) *Cæs. ib. cap.* 14. *Val. Max. lib.* 11. *cap.* 6.
(4) *Les deux Edda. Sæmundus. Snorro. Traduct. Lat.*
(5) *Id. ib. Strab. Lib.* 4. *pag.* 302.

Une

Une colonie Phocéene, pleine de l'amour de la liberté, qu'elle ne pouvoit conserver sur les rivages de l'Asie, chercha l'indépendance sous un ciel plus propice, & fonda dans les Gaules * l'antique Marseilles. Bientôt les lumières & le langage de ces étrangers se répandirent parmi les Druides.(1)† Il seroit impossible de suivre dans l'obscurité de l'histoire les conséquences de ces innovations; mais elles durent être considérables; nous savons que souvent la moindre altération dans le costume d'un peuple, suffit seule pour le dénaturer.

Sans recourir aux conjectures, l'établissement des Phocéens dans les Gaules, devint une des causes secondaires de l'esclavage de ces derniers. Fidèles alliés des Romains, les Marseillois ouvroient une porte aux armées des César, & une retraite assurée en cas de revers.(2) Leur connoissance du pays, leur courage, leurs lumières, tout tournoit aux désavantages des

---

* L'an de Rome 165.
(1) *Strab. lib.* 4. *pag.* 181.
† L'auteur cité prétend que les Gaulois furent instruits dans les lettres par les Marseillois. Du tems de J. César, les premiers se servoient des caractères Grecs dans leurs écrits. *Bell. Gall. lib.* 6. *cap.* 13.
(2) *Liv. lib.* 21.

peuples Galliques.* C'est ainsi que les hommes sont ordonnés les uns aux autres. Les fils de leurs destinées viennent aboutir dans la main de Dieu; l'un ne sauroit être tiré, sans que tous les autres soient mûs. Je finirai cet article par une remarque.

Les Marseillois, différens d'origine, des autres peuples de la France, ont aussi un caractère à eux. Ils semblent avoir conservé le génie factieux de leurs fondateurs, leur courage bouillant & éphémère, leur enthousiasme de liberté. On nie maintenant le pouvoir du sang, parce que les principes du jour s'y opposent; mais il est certain que, les races d'hommes se perpétuent comme les races d'animaux. C'est pourquoi les anciens législateurs, vouloient qu'on n'élevât que des enfans forts & robustes; comme on prend soin de ne nourrir que des coursiers belliqueux.

---

* Comme au passage d'Annibal dans les Gaules. *Voy. Tite Live à l'endroit cité.* L'attachement de la république de Marseille pour les Romains, les différens services qu'elles leur rendit, &c. tout cela est trop connu pour exiger plus de détails. *Voy. Liv. Cæs. Polyb. &c. &c.*

CHAPITRE XXXIX.

L'Italie.

L'ITALIE, à l'époque de la révolution républicaine en Grèce, étoit, ainsi que de nos jours, divisée en plusieurs petits Etats, à-peu-près semblables de mœurs & de langage. Nous les considérerons à la fois, pour éviter les détails inutiles.

La constitution monarchique régnoit généralement chez tous ces peuples. (1)

Leur religion ressembloit à celle des Grecs ; ils y ajoutèrent l'art des augures. (2)

Leurs coutumes n'étoient pas sans luxe ; leurs usages sans corruption ; * l'un & l'autre y avoient été introduits par les cités de la grande Grèce.

LIV. I.
I. PART
Rév. Anc.
A. J. C.
509.
Ol. 67.

---

(1) *Liv. lib.* 1. *n.* 15. *Velleï. lib.* 5. *n.* 1. *Paterc. lib.* 1. *cap.* 9. *Machiav. Istor. Fior. lib.* 2. *Denina Istor. del Ital.*

(2) *Ovid. Metam. lib.* xv. v. 558.

* Au siècle le plus vertueux de Rome, le fils du grand Cincinnatus, fut accusé de fréquenter le quartier des courtisannes. On connoît le luxe du dernier Tarquin. *Voy. Tite-Live.*

Déjà ces nations comptoient quelques philosophes:

Tages, le plus ancien d'entr'eux, fut un imposteur, ou un insensé, qui inventa la science des présages. (1)

Un autre auteur inconnu, écrivit sur le systéme de la nature. Il disoit, que le monde visible mit soixante siècles à éclore, avant d'être habité ; qu'il en dureroit encore soixante avant de se dissoudre ; fixant à douze mille ans la période complette de son existence. (2) *

En politique, Romulus & Numa avoient brillés. Plutarque a comparé celui-là à Thésée, & celui-ci à Lycurgue. (3) Le premier parallele est aussi heureux, que le second semble intolérable. Qu'avoient de commun les loix théocratiques du roi de Rome, avec les institutions sublimes du législateur de Sparte ? †
Plusieurs philosophes se sont enthousiasmés de

───────────────

(1) *Ovid. Loc. Cit.*

(2) *Suid. Verb. Tyrrhen. pag.* 519.

(3) *In Vit. Rom. Thes. &c.*

* A la longueur des périodes près, ce système rappelle celui de Buffon. *Voy. Théo. de la Terre.*

† La preuve du vice de ces loix, c'est qu'elles furent renversées cent années après ; & que le Sénat, dans la suite, fit brûler les livres de Numa, retrouvés dans son tombeau.

Numa, sur la seule idée qu'il étudia sous Pythagore. La chronologie a prouvé un intervalle de plus d'un siècle, entre l'existence de ces deux sages. Que devient le mérite du premier ? Il y a beaucoup d'hommes qu'on cesseroit d'estimer, si on pouvoit ainsi relever toutes les erreurs de compte.

LIV. L.
I. PART.
Rév. Anc.
A. J. C.
509.
Ol. 67.

CHAPITRE XL.

Influence de la Révolution Grecque sur Rome.

A l'époque de l'établissement des républiques en Grèce, une grande révolution s'étoit pareillement opérée en Italie. L'année qui vit bannir le tyran de l'Attique, vit aussi tomber celui du Latium. (1) Que si l'on considère les conséquences de ces deux événemens, cette année passera pour la plus fameuse de l'histoire.

La réaction du renversement de la monarchie à Athènes fut vivement sentie à Rome. Brutus avoit été envoyé par Tarquin vers l'oracle de Delphes à l'époque de la chûte d'Hippias.*

---

(1) *Plin. l.* 34. *cap*. 4.

* Tite-Live qui rapporte ce voyage, n'en marque pas la durée ; mais il dit que Brutus trouva à son retour, les Romains se préparant à aller assiéger Ardée. Or Tarquin fut chassé de Rome dans les premiers mois de cette entreprise. Hippias ayant quitté l'Attique l'année même de la mort de Lucrèce ; il résulte que Brutus avoit fait le voyage de Delphes, entre l'assassinat d'Hipparque & la retraite d'Hippias, c'est-à-dire entre la 66ème & la 67ème Olympiade.

Je

Je ne puis croire que le cœur du patriote, ne battit pas avec plus d'énergie, lorsqu'en sortant de son pays esclave, il mit le pied sur cette terre d'indépendance. Le spectacle d'un peuple en fermentation & prêt à briser ses fers, dût porter la flamme dans le sang du magnanime étranger. Peut-être au récit de la mort d'Harmodius, raconté par quelque prêtre du temple, le front rougissant de Brutus dévoila-t-il toute la gloire future de Rome. Il retourna aux bords du Tibre, non vainement inspiré de cet esprit qui agite une foible Pythie ; mais plein de ce dieu qui donne la liberté aux empires, & ne se révèle qu'aux grands hommes.

Rome, dans la suite, eut encore recours à la Grèce ; & les Athéniens devinrent les législateurs du premier peuple de la terre. (1) Ceci tient à l'influence éloignée de la révolution, dont je parlerai ailleurs.

Mais la politique verbeuse de l'Attique, qui entroit en Italie par le canal de la grande Grèce, trouva une barrière insurmontable dans l'heureuse ignorance des peuples de l'intérieur. Le citoyen, accoutumé aux exercices du Champ de Mars, à l'obéissance des loix & à

---

(1) *Liv. lib.* 3. *c.* 31.

la crainte des dieux, (1) n'alloit point dans des écoles de démagogie, apprendre à vociférer sur les droits de l'homme & à bouleverser son pays. Les magistrats veilloient à ce que des lumières inutiles ne corrompissent la jeunesse. Rome enfin opposa à la Grèce ; république à république, liberté à liberté, & se défendit des vertus étrangères avec ses propres vertus.

Que si l'on s'étonne de ceci : je n'ai pas dit *vertu*, mais *vertus*, choses totalement différentes, & que nous confondons sans cesse. La première est immuable ; de tous les tems, de toutes les choses. Les secondes sont locales, conventionnelles ; vices ici ; vertus ailleurs. Distinction peu juste, répliquera-t-on, puisqu'alors vous faites de la vertu un sentiment inné ; & que cependant les enfans semblent n'en avoir aucune. Et pourquoi demander du cœur ses fonctions les plus sublimes, lorsque le merveilleux ouvrage est entre les mains de l'ouvrier ?

Qu'on ne dise pas qu'il soit futile, de s'attacher à montrer le peu d'influence, que l'établissement des gouvernemens populaires, parmi les Grecs, dut avoir à Rome ; objectant que celle-ci étant républicaine, des républi-

---

(1) *Plut. in F. Cam. in Num. Liv. lib.* 1.

ques ne pouvoient agir sur elle. La France n'a-t-elle pas détruit Genève & la Hollande? ébranlé Gênes, Venise & la Suisse? N'a-t-elle pas été sur le point de bouleverser l'Amérique même? Sans vous, grand homme, qui avez daignez me recevoir, & dont j'ai visité la demeure avec le respect qu'on porte dans un temple, que seroit devenu tout votre beau pays?

CHAPITRE XLI.

La Grande Grèce.

SUR les côtes de l'Italie, les Athéniens, les Achéens, les Lacédémoniens, à différentes époques, avoient fondé plusieurs colonies ; & c'est ce qu'on appelloit *la Grande Grèce.* Entre ces cités, Sybaris, Crotone, Tarente, devinrent bientôt célèbres par leurs dissentions politiques, leurs mauvaises mœurs & leurs lumières. De même que les peuples dont elles tiroient leur origine, elles chérissoient la liberté, qu'elles ne savoient retenir. Tour-à-tour républiques, ou soumises à des tyrans, elles passoient, par un cercle de révolutions continuelles, de la licence la plus effrenée, au plus honteux esclavage. (1)

Vers le tems de la révolution des Pisistratides à Athènes, Pythagore de Samos, après de longs voyages, s'étoit enfin fixé à Crotone. Ce philosophe, un des plus beaux genies de l'anti-

---

(1) *Strab. lib.* 6. *Diod. lib.* 12. *Val. Max. lib.* 8. *cap.* 7.

quité, & le fondateur de la secte qui porte son nom, avoit puisé ses lumières parmi les prêtres de l'Egypte, de la Perse & des Indes. (1) Ses notions de la Divinité étoient sublimes : il regardoit Dieu comme une unité, d'où le sujet qu'il employa pour création s'étoit écoulé. (2) De son action sur ce sujet sortit ensuite l'Univers. (3) De ceci, il résultoit : que tout émanant de Dieu, tout en formoit nécessairement partie ; & cette doctrine tomboit ainsi dans les absurdités du Spinosisme; (4) avec cette différence, que Pythagore admettoit le principe comme esprit, Spinosa comme matière.

Le dogme de la transmigration des ames, que le sage Samien emprunta des Brachmanes & des Gymnosophistes de l'Orient, * est trop connu pour m'y arrêter. Quelqu'absurde qu'il nous paroisse, cependant puisqu'il est impossible de concevoir comment la mémoire,

---

(1) *Jamblic. in Vit. Pyt.*
(2) *Laert. in Pytag. lib. 8.*
(3) *Stob. Ecl. Phys. lib. 1. c. 25.*
(4) *Legat. pro Christ.*

* Cependant il n'est pas certain que Pythagore ait parcouru la Perse & les Indes. Cette opinion n'ayant été soutenue que par des écrivains d'un siècle très-postérieur à celui du philosophe Samien. Jamblichus est rempli de fables.

qui n'est qu'une image déposée par les sens, pût appartenir à l'esprit, dégagé des premiers, on ne sauroit pas plus nier ce système, que mille autres. Outre que la Métempsychose réelle des corps le favorise, il donne en même tems la solution des difficultés concernant une autre vie. L'Univers n'étant plus qu'un grand tout éternel, où rien ne s'anéantit, ni ne se crée. Ainsi la doctrine de Pythagore formoit un cercle, ramenant de nécessité au même point ; car des principes de la transmigration, on se retrouvoit à l'idée primitive que ce philosophe avoit du τὸν ὄν, ou ce qui est.

Si Pythagore s'étoit contenté de sonder l'abyme de la tombe, il auroit peu mérité la reconnoissance des hommes. Mais il s'occupa d'autres études plus utiles à la société. Son système de la nature, étoit celui des *Harmonies* (1) * développé de nos jours par Bernardin de St. Pierre, qui a revêtu du style le plus enchanteur, la morale la plus pure.†

---

(1) *Jambl. Vit. Pyth.* c. 14. *Laert. in Pyt. lib.* 8.

* Selon le dernier auteur cité ; Pythagore disoit que la vertu, la santé, Dieu même, & tout l'Univers n'étoient que des Harmonies.

† Le génie mathématique de M. de St. Pierre offre encore d'autres ressemblances avec celui de Pythagore. La
théorie

Le sage Samien, de même que l'ami de Jean Jacques, représentoit l'Univers comme un grand corps, parfait dans sa symétrie, mû d'après des loix musicales & éternelles. (1) Des nombres harmoniques, dont le plus parfait étoit le 4, selon Pythagore, (2) & le 5, d'après Saint-Pierre, (3) formoient dans les choses une arithmétique mystérieuse, d'où découloient les secrets & les grâces de la nature. (4) L'Ether étoit plein de la mélodie des Sphères roulantes, (5) & des dieux bienfaisans daignoient quelquefois se communiquer aux mortels dans leurs songes. (6)*

Le sage de la Grande-Grèce voulut joindre à la gloire du physicien, la gloire plus dangereuse du législateur. Ainsi que celle de Bernardin,

---

théorie des marées, par la fonte des glaces polaires, est une opinion, si non une vérité prouvée, qui mérite la plus grande attention des savans, & de tout amant de la philosophie de la nature.

(1) *Jambl. ibid. Etudes de la Nature.*
(2) *Hierocl. in Aur. Carm. Aur. Carm. Ap. Poet. Minor. Græc.*
(3) *Etudes de la Nature tom. 1—11.*
(4) *Id. Loc. Cit.*
(5) *Jambl. Vit. Pyth. cap. 14.*
(6) *Laert. ib. lib. 8. Paul. & Virg.*
* Ce que Pythagore disoit de l'homme, qu'il est un microscome, ou un abrégé de l'Univers, est sublime.

sa politique étoit douce & religieuse. Il ne recommandait pas tant la forme du gouvernement, que la simplicité du cœur:(1) sûr qu'une bonne constitution découle toujours des mœurs pures. Avec une barbe vénérable descendant à sa ceinture, une couronne d'or dans ses cheveux blancs, une longue robe de lin d'Egypte, le vieillard Pythagore, délivrant au son des instrumens, (2) la plus aimable des morales aux peuples assemblés, offre un tout autre tableau, que celui des législateurs de notre âge. Les succès du sage furent d'abord prodigieux. Une révolution générale s'opéra dans Crotone; mais, bientôt fatigués de leurs réformes, les citoyens, dont il censuroit la vie, l'accusèrent de conspirer contre l'Etat, ou plutôt contre leurs vices. (3) Ils brûlèrent vivans ses disciples dans leur collège; & le forcèrent lui-même à s'enfuir dans les bois, où il fit une fin malheureuse.*

―――――――――――

(1) *Laert. in Pyth. lib.* 8.
(2) *Laert. ib. Jambl., cap.* 21. *n.* 100. *Ælian. l.* 12. *cap.* 32. *Porphyr.*
(3) *Porph. n.* 20. *Jambl. c.* 31. *n.* 214

* La mort de Pythagore est diversement racontée. Diogène Laerce seul rapporte quatre opinions différentes.

Les

Les savans doutent que Pythagore ait laissé quelques ouvrages. Je vais donner au lecteur les Vers Dorés qu'on lui attribue ; * ou du moins qui renferment sa doctrine. Ils sont au nombre de 72. Voici les plus remarquables :

Honore les dieux immortels tels qu'ils sont établis, ou ordonnés par la loi. Respecte le serment avec toute sorte de religion. Il faut mourir, c'est le décret de ta destinée. La puissance habite auprès de la nécessité. Les gens de bien n'ont pas la plus grande part des souffrances. Les hommes raisonnent bien, les hommes raisonnent mal ; n'admire les uns, ni ne méprise les autres. Ne te laisse

---

* Quelques-uns les croient d'Empédocle.—Tandis que je préparois ceci pour la presse, M. Peltier m'a fait le plaisir de me communiquer un livre qui m'auroit épargné bien du travail, si j'en avois connu plutôt l'existence. Ce sont les *Soirées Littéraires*, qui s'étendent depuis le mois d'Octobre 1795, jusqu'au mois de Juin, ou Juillet 1796. Les traductions élégantes qu'on y trouve, eussent servi d'ornement à ces Essais, en même tems qu'elles m'eussent sauvé la fatigue de traduire moi-même. Ceci n'est qu'un des plus petits inconvéniens où l'on tombe à écrire loin des capitales & dans un pays étranger. Si dans les morceaux que mon sujet m'a forcé de choisir, j'ai quelquefois donné à mes versions un sens, autre que celui adopté par les auteurs des Soirées Littéraires, sans doute la faute est de mon côté. D'ailleurs on sent que je n'ai pas dû travailler sur le même plan, ni sur une échelle aussi développée.

jamais

jamais éblouir. Fais au présent ce qui ne t'affligera pas au passé. Commence le jour par la prière, tu connoîtras alors la constitution de Dieu & des hommes, la chaîne des êtres, ce qui les contient, ce qui les lie ; tu connoîtras, selon la justice, que l'Univers est le même dans tous les lieux ; tu n'espéreras point alors ce qui n'est point, car tu sauras ce qui est ; tu sauras que nos maux sont volontaires ; que nous ignorons que le bonheur soit près de nous ; qu'un bien petit nombre sait se délivrer de ses peines ; que nous roulons au gré du sort, comme des cylindres mus par la discorde. (1)

Si l'on médite attentivement les Vers Dorés, l'on trouvera qu'ils renferment tous les principes des vérités morales, souvent enveloppés d'un voile de mystère qui leur prête un nouvel attrait. On trouve dans Bernardin de Saint-Pierre une multitude de pensées vraies, de réflexions attendrissantes, toujours revêtues du langage du cœur.

La mort est un bien pour tous les hommes. Elle est la nuit de ce jour inquiet qu'on appelle la vie. Le meilleur des livres qui ne prêche que l'égalité, l'amitié, l'humanité & la concorde, l'Evangile, a servi pendant des siècles de prétexte aux fureurs des Européens.... après cela, qui se flattera d'être utile aux hommes par un livre ? Qui voudroit vivre s'il connoissoit l'avenir ? un seul malheur prévu nous donne tant de vaines inquiétudes ! *La solitude est si* nécessaire au bonheur dans le monde même, qu'il me paroît impossible d'y

---

(1) *Poet. Minor. Græc. pag.*

goûter

goûter un plaisir durable de quelque sentiment que se soit, ou de régler sa conduite sur quelque principe stable, si l'on ne se fait une solitude intérieure, d'où notre opinion sorte bien rarement, & où celle d'autrui n'entre jamais. Dans cette île, située sur la route des Indes, ... quel Européen voudroit vivre heureux, mais pauvre & ignoré ? Les hommes ne veulent connoître que l'histoire des grands & des rois, qui ne sert à personne. Il n'y a jamais qu'un côté agréable à connoître dans la vie humaine : semblable au globe sur lequel nous tournons, notre révolution rapide n'est que d'un jour ; & une partie de ce jour ne peut recevoir la lumière, que l'autre ne soit livrée aux ténèbres. La vie de l'homme, avec tous ses projets, s'élève comme une petite tour, dont la mort est le couronnement. Il y a des maux si terribles & si peu mérités, que l'espérance même du sage en est ébranlée. La patience est le courage de la vertu. C'est un instinct commun à tous les êtres sensibles & souffrans, de se réfugier dans les lieux les plus sauvages & les plus déserts : comme si des rochers étoient des ramparts contre l'infortune, & comme si le calme de la nature pouvoit appaiser les troubles malheureux de l'âme. (1)

---

(1) *Paul & Virginie.*

CHAPITRE XLII.

Suite. Zaleucus. Charondas.

PYTHAGORE fut suivi de deux autres législateurs, Zaleucus & Charondas, qui brillèrent dans la Grande-Grèce, au moment de la gloire de la mère patrie.*

Charondas s'appliqua moins à la politique qu'à la réforme de la morale: car telles mœurs, tel gouvernement. Voici ses principes :

" Frappez le calomniateur de verges. Livrez le méchant à son propre cœur dans une profonde solitude : que quiconque se lie d'amitié avec lui soit puni. Que le novateur proposant un changement dans les loix antiques, se présente la corde au cou : afin d'être étranglé, si son statut est rejetté." (1)

---

* Il y a ici un schisme entre les chronologistes. Plusieurs rejettent Charondas à deux siècles avant l'époque où je le place, & je crois même avec raison. Cependant les difficultés étant très-grandes, & des historiens célèbres ayant adopté l'ère que j'assigne, je me suis cru autorisé à la suivre.

(1) *Strab. lib.* 14. *Charond. Ap. Stob. Serm.* 42.

Zaleucus fondoit sa législation sur le principe du théisme : " Dieu excellent, demande des ames pures, charitables & aimant les hommes." (1) Les loix sumptuaires de ce philosophe, montre son peu de connoissance de l'humanité. Il crut bannir le luxe & dévoiler la corruption, en laissant aux gens de mauvaises mœurs, l'usage exclusif des riches parures. (2) Il ne vit pas qu'il n'en coûtoit au citoyen diffamé qu'un masque de plus, l'hypocrisie, pour paroître honnête homme. Ce n'étoit pas la peine de lui laisser ses vices, & d'en faire de plus un comédien.

---

(1) *Stob. Serm.* 42.
(2) *Diod. lib.* 12.

CHAPITRE XLIII.

Influence de la Révolution d'Athènes sur la Grande-Grèce.

LIV. 1.
I. PART.
Rév. Anc.
A. J. C.
509.
Ol. 67.

L'INFLUENCE de la révolution de la Grèce sur ses colonies d'Italie fut considérable & dans un sens excellent. Crotone & Sybaris, au moment du renversement de la monarchie à Athènes, étoient, de même que les colonies actuelles de la France, plongées dans les horreurs des guerres civiles, (1) & ravagées par des brigands.* C'est une chose remarquable, que les rameaux d'un Etat surpassent bientôt le tronc paternel en luxe & en beauté vicieuse. Des hommes laissés sur une côte déserte, se croient tout-à-coup délivrés du frein des loix ; &, loin de l'œil du magistrat, s'abandonnent aux désordres de la société, sans avoir les

---

(1) *Strab. lib.* 14. *Diod. lib.* 12.

* C'est ce qui se prouve par la mort de Charondas. On sait qu'il se perça de son épée, pour être entré en armes, contre ses propres loix, dans l'assemblée du peuple en revenant de *poursuivre des brigands*.

vertus

vertus de la nature. La fertilité d'un sol nouveau les élève bientôt à la prospérité : et de ces deux causes combinées, résultent ce mélange de richesses & de mauvaises mœurs, qu'on trouve dans les colonies.

Quoiqu'il en soit, la révolution républicaine de France a précipité la destruction des îles de l'Amérique ; tandis que l'établissement du gouvernement populaire à Athènes, retarda au contraire, celle des villes Grecques d'Italie. Athènes, plaignant le sort de ces malheureuses cités, fit partir une nouvelle association de ses citoyens qui rétablit le calme & bâtit une ville* à laquelle Charondas donna des loix. (1) Mais ces réformes ne furent que passagère. La corruption avoit jetté des racines trop profondes, pour être désormais extirpées ; & la maladie du corps politique, ne pouvoit finir que par sa mort.

---

* Thurium.
(1) *Strab. lib.* 14.

CHAPITRE XLIV.

La Sicile.

LIV. I.
I. PART.
Rév. Anc.
A. J. C.
509.
Ol. 67.

A l'extrémité de la Grande-Grèce se trouvoit l'île de Sicile,* où l'on comptoit déjà plusieurs villes célèbres. Nous ne nous arrêterons qu'à Syracuse, qui occupe une place si considérable dans l'histoire des hommes.

Archias, Corinthien, avoit jetté les fondemens de cette colonie, vers la 4ème année de la 17ème olympiade. (1) Depuis cette époque jusqu'aux beaux jours de la liberté en Grèce, on ignore presque sa destinée. Si l'obscurité fait le bonheur, Syracuse fut heureuse.

Il lui en coûta cher pour ces instans de calme. On ne jouit point impunément de la félicité. Ce n'est qu'une avance que la nature vous a faite, sur la petite somme des joies humaines. On n'est heureux que par exception

---

* Elle porta tour-à-tour le nom de Trinacrie, Sicanie, & Sicile; & avant tout, celui de pays des Lestrygons. Vid. Hom. & Virg.

(1) Dionys. Halicarn. Antiq. Rom. lib. 2. pag. 128.

& par injustice : si vous avez eu beaucoup de prospérités, d'autres ont dû beaucoup souffrir ; parce que la quantité des biens étant mesuré, il a fallu prendre sur eux pour vous donner ; mais tôt ou tard vous serez tenus à rembourser à gros intérêt : quiconque a été très-fortuné, doit s'attendre à de très-grands revers : de ceci les Syracusains sont un exemple. Depuis le moment de l'invasion de Xerxès en Grèce, jamais peuple n'offrit un plus étonnant spectacle. Une révolution étrange & continuelle commença son cours, & ne finit qu'à la prise de la métropole par les Romains. Ce fut une chose commune que de voir les rois tombés du faîte des grandeurs, au plus bas degré de la fortune ; monarque aujourd'hui, pédagogue demain. N'anticipons pas ce grand sujet.

La forme du gouvernement en Sicile avoit été républicaine, jusques vers le tems de la chûte des Pisistratides à Athènes. Les mœurs, la politique, la religion, étoient celles de la mère-patrie. Un historien, nommé Antiochus, plusieurs sophistes, quelques poètes,* avoient déjà paru. Bientôt cette île célèbre devint le rendez-

---

* Stesichore, Parmenide, &c.

vous des beaux esprits de la Grèce. Ils y accoururent de toutes parts, allêchés par l'or des tyrans, qui s'amusoient de leur bavardage politique & de leurs dissentions littéraires.*

___

* Pindare appelloit, à la cour d'Hierion, ses rivaux Simonide & Bacchylide, des corbeaux croassant, & ceux-ci le rendoient en aussi bonnes plaisanteries au Lyrique. D'une autre part, le poète Simonide débitoit gravement des maximes politiques au tyran cacochime & de mauvaise humeur, qui sans doute se rappelloit que le flatteur d'Hipparque avoit aussi élevé les assassins de ce même prince aux nues. Pindare de son côté harrassoit les muses, pour célébrer les chevaux d'Hierion, &c. Quand donc est-ce que les gens de lettres sauront se tenir dans la dignité qui convient à leur caractère ? Quand ne chanteront-ils que la vertu, quand cesseront-ils d'encenser les tyrans, de quelques noms que ceux-ci se revêtissent ? *Vid. Elian. lib. 4. cap.* 16. *Cicer. lib.* 1. *de Nat. Deor.* 60. *Pind. Nem.* 3, *&c.*

CHAPITRE XLV.

Suite.

QUE la réaction du renversement de la monarchie en Grèce fut grande, prompte & durable sur la Sicile, c'est ce que nous avons déjà entrevu ailleurs.* Syracuse, par le contre-coup de la chûte d'Hippias, se vit attaquée des Carthaginois. Elle obtint la victoire en même tems qu'elle se forgea des chaînes. Les Syracusains, par reconnoissance, élevèrent Gélon, leur général, à la royauté. (1) Ainsi au gré de ces chances mères des vertus & des vices, de la réputation & de l'obscurité, du bonheur & de l'infortune, la même révolution qui donna la liberté à la Grèce, produisit l'esclavage en Sicile.

Un sujet plus aimable nous appelle. Il est doux de ramener ses yeux, fatigués du specta-

---

* A l'article Carthage.
(1) *Plut. in Timol.*

cle des vices, sur les scènes tranquilles de l'innocence. En traversant la mer Adriatique, nous allons chercher aux bords de l'Ister,* les vertus que nous n'avons su trouver sur les rivages de l'Italie. On peut s'arrêter quelques instans avec une sorte d'intérêt dans une société corrompue, mais le cœur ne s'épanouit qu'au milieu des hommes justes.

---

* Le Danube.

CHAPITRE XLVI.

Les trois Ages de la Scythie & de la Suisse.* Premier Age : La Scythie heureuse & sauvage.

LES heureux Scythes, que les Grecs appelloient barbares, habitoient ces régions Septentrionales qui s'étendent à l'Est de l'Europe, & à l'Ouest de l'Asie. Un roi, ou plutôt un père, guidoit la peuplade errante. Ses enfans le suivoient plutôt par amour que par devoir. N'ayant que leur simplicité pour justice, pour loix que leurs bonnes mœurs, ils trouvoient en lui un arbitre pendant la paix, & un chef durant la guerre.(1) Et qu'auroient gagné les monarques voisins à atttaquer une nation qui méprisoit l'or & la vie ? (2) Darius fut assez insensé

LIV. I.
I. PART
Rév. Anc.
A. J. C.
509.
Ol. 67.

---

* Je vais présenter au lecteur l'âge sauvage, pastoral, agricole, philosophique & corrompu. Et lui donner ainsi, sans sortir du sujet, l'index de toutes les sociétés, & le tableau racourci, mais complet, de l'histoire de l'homme.

(1) *Just. lib.* 11. *cap.* 2. *Herod. lib.* 4. *Strab. lib.* 7. *Arrian. l.* 4.

(2) *Just. ib.*

pour le faire. Il reçut de ses ennemis le symbole énergique, présage de sa ruine. (1)*
Il les envoya défier au combat par une vaine forfanterie : " viens attaquer les tombeaux de nos pères," lui répondirent ces hommes pauvres & vertueux. (2) C'eût été une digne proie pour un tyran.

Libre comme l'oiseau de ses déserts, le Scythe, reposé à l'ombrage de la vallée, voyoit se jouer autour de lui sa jeune famille & ses nombreux troupeaux. Le miel des rochers, le lait de ses chèvres suffisoient aux nécessités de sa vie ; (3) l'amitié aux besoins de son cœur. (4) Lorsque les collines prochaines avoient donné toutes leurs herbes à ses brebis, monté sur son chariot couvert de peaux, avec son épouse & ses enfans, il émigroit à travers les bois (5) au rivage de quelque fleuve ignoré, où la fraîcheur des gazons & la beauté des solitudes l'invitoit à se fixer de nouveau.

Quelle félicité devoit goûter ce peuple aimé du ciel ! A l'homme primitif sont réservé

---

(1) Herod. ib. 4. cap. 132.
* Une souris, une grenouille & cinq flèches.
(2) Herod. ib. cap. 126—127.
(3) Just. lib. 2. cap. 2.
(4) Lucian. in Toxari. pag. 51.
(5) Horat. lib. 3. Od. 24.

mille

mille délices. Le dôme des forêts, le vallon écarté qui remplit l'ame de silence & de méditation, la mer se brisant au soir sur des grèves lointaines, les derniers rayons du soleil couchant sur la cime des rochers, tout est pour lui spectacle & jouissance. Ainsi je l'ai vu sous les érables de l'Erié,* ce favori de la nature† qui sent beaucoup & pense peu ; qui n'a d'autre raison que ses besoins ; & qui arrive au résultat de la philosophie comme l'enfant, entre les jeux & le sommeil. Assis insouciant, les jambes croisées à la porte de sa hute, il laisse s'écouler ses jours sans les compter. L'arrivée des oiseaux passagers de l'automne, qui s'abattent à l'entrée de la nuit sur le lac, ne lui annoncent point la fuite des années ; & la chûte des feuilles de la forêt, ne l'avertit que du retour des frimats. Heureux jusqu'au fond de l'ame, on ne découvre point sur le front de l'Indien comme sur le nôtre, une expression inquiète & agitée. Il porte seulement avec

---

* Un des grands lacs du Canada.

† Je supplée ici par la peinture du Sauvage mental de l'Amérique, ce qui manque dans Justin, Hérodote, Strabon, Horace, &c. à l'histoire des Scythes. Les peuples naturels (à quelques différences près) se ressemblent ; qui en a vu un, a vu tous les autres.

lui, cette légère affection de mélancolie qui s'engendre de l'excès du bonheur, & qui n'est peut-être que le présentiment de son incertitude. Quelquefois par cet instinct de tristesse particulier à son cœur, vous le surprendrez plongé dans la rêverie, les yeux attachés sur le courant d'une onde, sur une touffe de gazon agitée par le vent, ou sur les nuages qui volent fugitifs par-dessus sa tête, & qu'on a comparés quelque part aux illusions de la vie : au sortir de ces absences de lui-même, je l'ai souvent observé jettant un regard attendri & reconnoîssant vers le ciel ; comme s'il eût cherché ce je ne sais quoi inconnu, qui prend pitié du pauvre sauvage.

Bons Scythes, que n'existâtes-vous de nos jours ! j'aurois été chercher parmi vous un abri contre la tempête. Loin des querelles insensées des hommes, ma vie se fût écoulée dans tout le calme de vos déserts ; & mes cendres, peut-être honorées de vos larmes, eûssent trouvé sous vos ombrages solitaires, le paisible tombeau que leur refusera la terre de la patrie.

CHAPITRE XLVII.

Suite du première Age. La Suisse pauvre & vertueuse.

LE voyageur qui pour la première fois entre sur le territoire des Suisses, gravit péniblement quelque montée creuse & obscure. Tout-à-coup, au détour d'un bois, s'ouvre devant lui un vaste bassin, illuminé par le soleil. Les cônes blancs des Alpes couverts de neige percent à l'horison l'azur du ciel. Les fleuves & les torrens descendent de la cime des monts glacés ; des plantes saxatiles pendent échevelées, du front des grands blocs de granite ; des chamois sautent une cataracte ; de vieux hêtres, sur la corniche d'une roche, se groupent dans les airs ; des capillaires lêchent les flancs d'un marbre éboulé ; des forêts de pins s'élancent du fond des abymes ; & la cabane du Suisse agricole & guerrier se montre entre des aunes, dans la vallée.

Lorsque les mœurs d'un peuple s'allient avec le paysage qu'il vivifie, alors nos jouissances redoublent. L'ancien laboureur de l'Helvél'Helvétie, auprès de ses plantes Alpines, d'autant plus robustes qu'elles sont plus battues des vents, végéta vigoureusement sur ses montagnes ; toujours plus libre, en proportion des efforts des tyrans pour courber sa tête. Adorer Dieu, défendre la patrie, cultiver son champ, chérir & l'épouse & les enfans que le ciel lui avoit donnés, telle étoit la profession religieuse & morale du Suisse. (1) Ignorant le prix de l'or, * de même que le Scythe, il ne connoissoit que celui de l'indépendance. S'il paroissoit quelquefois au milieu des cours,

---

(1) *De Respub. Helvetior. lib.* 1, *pag.* 50—58. *&c.*

* Après avoir fait le récit de la bataille où Charles le Téméraire, Duc de Bourgogne, fut tué par les Suisses, Philippe de Comine ajoute : " Les dépouilles de son host enrichirent fort ces pauvres gens de Suisses : qui, de prime face, ne connurent les biens qu'ils eurent en leur main; & par espécial les plus ignorans. Un des plus beaux & riches pavillons du monde, fut departi en plusieurs pieces. Il y en eut qui vendirent grande quantité de plats & d'escuelles d'argent, pour deux grands blancs la piece, cuidant que ce fut estaing. Son gros diamant (qui estoit un des plus gros de la Chrestienté) où pendoit une grosse perle, fut levé par un Suisse ; & puis remis dans son estuy; puis rejetté sous un chariot ; puis ce revint quérir, & l'offrit à un prestre pour un florin. Cestui là l'envoya à leurs Seigneurs qui luy donnerent trois francs, &c. . . . . "

c'étoit

c'étoit dans le costume simple & naïf du villageois, & avec toute la franchise de l'homme sans maîtres.* " Et j'en ay veu" dit Philippe

---

* On se trompe généralement sur les auteurs de l'indépendance des Suisses. Les trois grands patriotes qui donnèrent la liberté à leur pays furent: Stouffacher, Melchtal & Gautier - Furst. Les scènes tragiques qui préludèrent au soulevement de l'Helvétie sont décrites au long dans l'*Helvetiorum Respublica*, je crois de Simler. Elles sont du plus extrême intérêt. L'aventure du vieux Henri, auquel le gouverneur Landeberg fit arracher les yeux, celle du gentilhomme Wolffenschiesz avec la femme du paysan Conrad, la surprise des divers châteaux des Ducs d'Autriche par les paysans, portent avec elles un air romantique, qui se mariant aux grandes scènes naturelles des Alpes, cause un plaisir bien vif au lecteur. Quant à l'anecdote de la pomme & de Guillaume Tell, elle est très-douteuse. L'historien de la Suède, Grammaticus, rapporte exactement le même fait d'un paysan & d'un gouverneur Suédois. J'aurois cité les deux passages, s'ils n'étoient trop longs. On peut voir le premier dans Simler. *Helv. Resp. lib.* 1. *pag.* 58. Et l'on trouve l'autre cité tout en entier à la fin de *Coke's Letters on Suisserland*. A la page 62 du recueil intitulé *Codex Juris Gentium*, publié par Guillaume Leibnit, en 1593, on trouve le traité original d'alliance, entre les trois premiers Cantons Uri, Schuitz & Underwalden, on y lit : 1er *Mardi d'après la St. Nicolas* 1315. " Au nom de Dieu, Amen... Nous les Paysans d'Hury, de Schuitz & d'Underwalden... sommes résolus, par les dessus dicts sermens, que nul de nous des dicts pays, ne permettra ni n'endurera être gouverné

de Comines " de ce village (Suitz) un estant ambassadeur, avec autres en bien humble habillement, & néant moins disoit son avis comme les autres."

Les Scythes, dans le monde ancien, les Suisses, dans le monde moderne, attirèrent les yeux de leurs contemporains, par la célébrité de leur innocence. Cependant la diverse aptitude de leurs vies dut introduire quelques différences dans leurs vertus. Les premiers, pasteurs, chérissoient la liberté pour elle; les seconds, cultivateurs, l'aimoient pour leurs propriétés. Ceux-là touchoient à la pureté primitive; ceux-ci étoient plus avancés d'un pas vers les vices civils. Les uns possédoient le contentement du Sauvage; les autres y substituoient peu-à-peu des joies conventionnelles. Peut-être cette félicité qui se trouve sur les confins de la na-

---

verné par seigneurs, ni recevoir aucun prince & seigneur ————Si aucun de nous (lesdicts alliez) témérairement & par méchanceté endommageroit un autre *par fou*, un tel ne sera jamais receu pour paysan...." La vertu des bons Suisses se peint ici dans toute sa naïveté. C'est une chose singulière que l'orthographe du 13ème siècle est plus aisée à lire que celle du 15ème. J'ai aussi remarqué la même chose dans les vieilles ballades Ecossoises, qui se déchiffrent plus facilement que l'Anglois de la même période.

ture,

ture finit, & où la société commence, seroit-elle la meilleure, si elle étoit durable. Au-delà des barrières sociales, les peuples restent long-tems à la même distance de nos institutions ; mais ils n'ont pas plutôt franchi la ligne de marque, qu'ils sont entraînés vers la corruption sans pouvoir se retenir.

C'est ainsi que malgré soi, on s'arrête à contempler le tableau d'un peuple satisfait. Il semble qu'en s'occupant du bien-être des autres, on s'en approprie quelque petite partie. Nous vivons bien moins en nous que hors de nous. Nous nous attachons à tout ce qui nous environne. C'est à quoi il faut attribuer la passion que des misérables ont montré pour des meubles, des arbres, des animaux. L'homme avide de bonheur, & souvent infortuné, lutte sans cesse contre les maux qui le submergent. Comme le matelot qui se noie, il tâche de saisir son voisin heureux, pour se sauver avec lui. Si cette ressource lui manque, il s'accroche au souvenir même de ses plaisirs passés, & s'en sert comme d'un débri avec lequel il surnage sur une mer de chagrins.

CHAPITRE XLVIII.

Second Age. La Scythie & la Suisse Philosophique.

J'EUSSE voulu m'arrêter ici ; j'eûsse désiré laisser au lecteur l'illusion entière. Mais en retraçant la félicité des hommes, à peine a-t-on le tems de sourire que les yeux sont déjà pleins de larmes.

Il n'est point d'asyle contre le danger des opinions. Elles traversent les mers, pénètrent dans les déserts, & remuent les nations d'un bout de la terre à l'autre. Celles de la Grèce républicaine parvinrent dans les forêts de la Scythie ; elles en chassèrent le bonheur.

L'innocence d'un peuple ressemble à la sensitive : on ne peut la toucher sans la flétrir. Le malheur des Scythes fut de donner naissance à des philosophes qui ignorèrent cette vérité. Zamolxis, à une époque inconnue, introduisit parmi eux un système de théologie, dont les principales teneurs étoient : l'existence d'un Etre Suprême ; l'immortalité de l'ame & la

doctri-

doctrine de la prédestination, pour les héros moissonnés sur le champ de bataille. (1)*

Ce père de la sagesse des Scythes fut suivi d'Abaris, député de sa nation à Athènes. Il pratiqua la médecine, & prétendoit voyager dans les airs sur une flèche qu'Apollon lui avoit donnée. (2) Il devint célèbre dans les premiers siècles de l'église, pour avoir été opposé à Jésus-Christ par les Platonistes.

Toxaris succéda en réputation à Abaris. Il abandonna sa femme & ses enfans, pour aller étudier à Athènes, où il mourut honoré pour sa probité & ses vertus. (3)

Mais le corrupteur de la simplicité antique des Scythes fut le célèbre Anacharsis. Il s'imagina que ses compatriotes étoient barbares, parce qu'ils vivoient selon la nature. Sa philosophie étoit de cette espèce, qui ne voit rien au-delà du cercle de nos conventions. Enthousiaste de la Grèce, il déserta sa patrie, & vint s'instruire auprès de Solon (4) dans l'art

---

(1) *Julian. in Cæsaribus. Suid. Zamolx.*

* Quelques-uns croient que Zamolxis étoit Thrace d'origine. Il n'est pas vrai qu'il fût disciple de Pythagore.

(2) *Jambl. in Vit. Pyth. pag.* 116—148. *Bayle. à la lettre A. Abar.*

(3) *Lucian. in Toxar.*

(4) *Plut. in Solon.*

de donner des loix, à ceux qui n'en avoient pas besoin. Il ne tarda pas à s'acquérir le nom de sage, qui convient si peu aux hommes ; & se fit connoître par ses maximes. Il disoit que la vigne porte trois espèces de fruits ; le premier le plaisir, le second l'ivresse, le troisième le remords. A un Athénien d'une réputation flétrie, qui lui reprochoit son extraction barbare, il répondit : Mon pays fait ma honte ; vous faites la honte de votre pays. (1) L'orgueil & la bassesse de ce mot sont également intolérables ; celui qui peut être assez lâche pour renier sa patrie, est indigne d'être écouté d'un honnête homme. Ce philosophe disoit encore, que les loix sont semblables aux toiles d'araignées qui ne prennent que les petites mouches & sont rompues par les grosses. Au reste, il écrivit en vers de l'art de la guerre, & dressa un code des institutions Scythiques. Les épitres qui portent son nom sont controuvées.

Ainsi la philosophie fut le premier degré de la corruption des Scythes. Lorsque les Suisses étoient vertueux, ils ignoroient les lettres & les arts. Lorsqu'ils commencèrent à perdre leurs

---

(1) *Laert. in Anach.*

mœurs,

mœurs, les Haller, les Tissot, les Gesner, les Lavater parurent. *

* J'ai connu deux Suisses, très-originaux. L'un ne faisoit que de sortir de ses montagnes, & me racontoit que dans son enfance, il étoit commun qu'une jeune fille & un jeune homme destinés l'un à l'autre, couchâssent ensemble avant le mariage dans le même lit, sans que la chasteté des mœurs en reçût la moindre atteinte; mais que, dans les derniers tems, on avoit été obligé, pour plusieurs raisons, de réformer cet usage. L'autre Suisse étoit un excellent horloger, depuis long-tems à Paris, & qui s'étoit rempli la tête de tous les sophismes d'Helvétius sur la vertu & le vice. Le mode d'éducation, que cet homme avoit embrassé pour sa fille, prouve à quel point on peut se laisser égarer par l'esprit de système ; il avoit suivi Lycurgue. Je voudrois bien en rapporter quelques traits, mais cela ne seroit possible qu'en les mettant en Latin, & alors trop de lecteurs les perdroient. Il prétendoit, par sa méthode, avoir donné des sens de marbre à son enfant, & que la vue d'un homme ne lui inspiroit pas le moindre désir. Je ne sais à quel point ceci étoit vrai ; & je ne sais encore, jusqu'à quel point un pareil avantage, en le supposant obtenu, eût été recommandable. J'ai vu sa fille, elle étoit jeune & jolie.

CHAPITRE XLIX.

Suite. Troisième Age. La Scythie & la Suisse corrompue. Influence de la Révolution Grecque sur la première : de la Révolution Françoise sur la seconde.

AINSI la Scythie vit naître dans son sein des hommes, qui, se croyant meilleurs que le reste de leurs semblables, se mirent à moraliser aux dépens du bonheur de leurs compatriotes. La révolution républicaine de la Grèce, en déterminant le penchant de ces génies inquiets, agit puissamment, par leur ressort, sur la destinée des nations Nomades. Enflés du vain savoir puisé dans les écoles d'Athènes, les Abaris, les Anacharsis rapportèrent dans leur pays une foule d'opinions & d'institutions étrangères, avec lesquelles ils corrompirent les coutumes nationales. Il n'est point de petit changement, même en bien, chez un peuple : pour dénaturer tels sauvages, il suffit d'introduire chez eux la roue du potier. (I)

---

(1) *Laert. Suidas. Anacb. Strab. lib.* 7.

Anacharsis paya ses innovations de sa vie ;* mais le levain qu'il avoit jetté continua de fermenter après lui. Les Scythes, dégoûtés de leur innocence, burent le poison de la vie civile. (1) Long-tems celle-ci paroît amère à l'homme libre des bois ; mais l'habitude ne la lui a pas plutôt rendue supportable, qu'elle se tourne pour lui en une passion enivrante ; le venin coule jusqu'à ses os ; un Univers étrange, peuplé de phantômes, s'offre à sa tête troublée : simplicité, justice, vérité, bonheur, tout disparoît. (2)

Le torrent des maux de la société ne se précipita pas chez les Scythes par une seule issue. Ces nations guerrières & pastorales trafiquoient de leur sang avec les puissances voisines,† trop lâches, ou trop foibles, pour défendre elles-mêmes leur territoire. Athènes entretenoit une Garde-Scythe, (3) de même que les rois de

---

* Il fut tué par son frère d'un coup de flèche à la chasse.

(1) *Strab. ib. lib.* 7. *pag.* 331.

(2) *Id. ib.*

† on trouve souvent dans les anciens historiens les Scythes servant à la solde des Persses. *Vid. Herodot. & Xenoph.* Louis XI fut le premier souverain à stipendier les Cantons. *Vid. Mémoires de Philip. de Com.*

(3) *Suidas. Toxar.*

LIV. I.
I, PART.
Rév. Anc.
A. J. C.
509.
Ol. 67.

France se sont long-tems entourés de braves paysans de la Suisse. * Ce fut le sort des anciens habitans du Danube & de ceux de l'Helvétie, de se distinguer au tems de l'innocence par les mêmes qualités : la fidélité & la simplesse ; (1) & par les mêmes vices au jour de la corruption : l'amour du vin & la soif de l'or. (2) † Ces deux peuples combat-

---

* Les Suisses ont été égorgés deux fois, & à-peu-près dans les mêmes circonstances, en défendant les rois de France contre ce peuple, qui, disoit-on, chérissoit tant ses maîtres. La première, à la journée des Barricades, du tems de la Ligue ; la seconde de notre propre tems. Davila *Istor. del Guer. Civil. de Franc.* tom. 3. p. 282. rapporte ainsi le premier meurtre des Suisses. Poiche fù sbarrata, e fortificata la città———passando per ogni parte parola, con altissime e ferocissime voci, che si taglia a pezzi la soldatesca straneria, furono assaliti gli Svizzeri, nel cimiterio degl' Innocenti, ove serrati, e quasi per così dire imprigionati, non poterono far difesa di sorte alcuna, ma essendo nel primo impeto restati trentasei morti, gli altri si arresero senza contesa. Furono dal popolo con jattanza, e con violenza grandissima svaligiati. Furono espugnate, nel medesimo, tempo tutte le altre guardie del castelletto, &c. On s'imagine voir la journée du douze Août.

(1) *Justin. lib.* 11. *cap.* 11. *Philip. de Com. ib. de Resp. Helv. lib.* 1.

(2) *Strab. ib. Athen. lib.* 11. *cap.* 7. *pag.* 427. *Dict. de la Suisse.*

† On connoît les proverbes populaires d'Athènes & de Paris. Boire comme un Scythe ; boire comme un Suisse.

tirent

tirent à la solde des monarques pour des querelles, autres que celles de la patrie. Neutres dans les grandes révolutions des Etats qui les environnoient, ils s'enrichirent des malheurs d'autrui, & fondèrent une banque sur les calamités humaines. Soumis en tout à la même fatalité, ils dûrent la perte de leurs mœurs aux peuples ancien & moderne qui ont eu le plus de ressemblance : les Athéniens & les François. A la fois objet de l'estime & des railleries de ces nations satyriques, * le montagnard des Alpes & le pasteur de l'Ister apprirent à rougir de leur simplicité dans Paris & dans Athènes. Bientôt il ne resta plus rien de leur antique vertu brisée sur l'écueil des révolutions. La tradition seule s'en élève encore dans l'histoire, comme on apperçoit les mâts d'un vaisseau qui a fait naufrage.

---

* On jouoit les Scythes sur le théâtre d'Athènes, comme on joue les Suisses sur ceux de Paris, pour leur prononciation étrangère du Grec : du François. Le Grec n'étant plus une langue vivante, le sel des plaisanteries d'Aristophane est perdu pour nous. Je doute que ce misérable genre de comique fût d'un meilleur goût que la scène du *Suisse* dans Pourceaugnac.

CHAPITRE L.

La Thrace. Fragmens d'Orphée.

L'ISTER divisoit la Scythie de ces régions qui descendent en amphithéâtre jusqu'aux rivages du Bosphore. Ce pays, connu sous le nom général de la Thrace, & conquis dernièrement par Darius, fils d'Histaspe, (1) se partageoit en plusieurs petits royaumes, les uns barbares, les autres civilisés. Plusieurs colonies Grecques y avoient transporté les arts, (2) & Miltiade l'avoit long-tems honoré de sa présence. (3)

Nous savons peu de choses de ses premiers habitans, sinon qu'ils étoient cruels & guerriers. (4) Un de leurs usages mérite cependant d'être rapporté : à la naissance d'un enfant, les parens s'assembloient & versoient abondamment des larmes. (5) Cet usage est aussi philosophique qu'il est touchant.

---

(1) Herod. lib. 4. cap. 144.
(2) Id. lib. 6.
(3) Herodot. ib. cap. 40. Lact. lib. 8.
(4) Id. lib. 6. Julian in Cæsaribus.
(5) Herod. lib. 5.

Au reste, c'est à la Thrace que la Grèce doit le plus ancien, & peut-être le meilleur, de ses poètes. (1) Ce que la fable ingénieuse a raconté de la douceur des chants d'Orphée, (2) est connu de tous les lecteurs. Sans doute la magie des prodiges attribués à sa muse, consistoit en une vraie peinture de la nature. Ce poète vivoit dans un siècle à demi-sauvage, (3) au milieu des premiers défrichemens des terres. Ses regards étoient sans cesse frappés du grand spectacle des déserts, où quelques arbres abattus, un bout de sillon mal formé à la lisière d'un bois, annonçoient les premiers efforts de l'industrie humaine. Ce mélange de l'antique nature & de l'agriculture naissante, d'un champ de bled nouveau au milieu d'une vieille forêt, d'une cabane couverte de chaume auprès de la hute native d'écorce de bouleaux, devoit offrir à Orphée des images consonnantes à la tendresse de son génie ; et lorsqu'un amour malheureux eût prêté à sa

---

(1) *Diod. Sic. lib.* 4. *c.* 25. *Plin Hist. Nat. lib.* 25 *c.* 2.
(2) *Hor. Carm. l.* 1. *Od.* 12. *Virg. Geor. l.* 4.
(3) *Diod. ib.*

voix les accens de la mélancolie, (1)* alors les chênes s'attendrirent & l'enfer même parut touché.

De plusieurs ouvrages qu'on attribue à ce poète, il n'y a que les fragmens que je vais donner, qui soient vraiment de lui. † Les *Argonautes* n'en sont pas.

Tout ce qui appartient à l'Univers : l'arche hardi de l'immense voûte des cieux, la vaste étendue des flots indomptés, l'incommensurable Océan, le profond Tartare, les fleuves & les fontaines, les immortels même, dieux & déesses, sont engendrés dans Jupiter.

Jupiter tonnant est le commencement, le milieu & la fin; Jupiter immortel est mâle & femèle ; Jupiter est la terre immense & le ciel étoilé ; Jupiter est la dimension de tout corps, l'énergie du feu & la source de la mer; Ju-

---

(1) *Virg. Geor.* 14.

* Le *Qualis populea* de Virgile a été traduit ainsi par l'Abbé de Lille.

 Telle sur un rameau, durant la nuit obscure,
 Philomèle plaintive attendrit la nature ;
 Accuse en gémissant l'oiseleur inhumain,
 Qui, glissant dans son lit une furtive main,
 Ravit ces tendres fruits que l'amour fit éclore,
 Et qu'un léger duvet ne couvroit point encore !

† Il n'est pas même certain qu'ils en soient, mais cela est très-probable. Ciceron a nié qu'il eût jamais existé un Orphée.

piter est roi, & l'ancêtre général de ce qui est. Il est un & tout ; car tout est contenu dans l'Etre immense de Jupiter. (1)*

Il seroit difficile d'exprimer avec plus de grandeur un sujet plus sublime.

Comme province de l'empire des Perses, la Thrace eut sa part des malheurs que l'influence de la révolution Grecque causa au genre humain. Les troupes marchèrent à travers ses campagnes : (2) & l'on peut juger des ravages que durent y commettre une armée de trois millions d'hommes indisciplinés. Mais ces calamités ne furent que passagères ; & les Thraces, abrités de leurs forêts & de leurs mœurs sauvages, échappèrent à l'action prolongée de la chûte de la monarchie à Athènes.†

---

(1) *De Poes. Orphic. Apul. de Mondo.*

* On peut voir quelques autres fragmens dans les *Poetæ Minores Græci.* pag. 459.

(2) *Herod. lib. 7. cap. 59.*

† Un roi de Thrace se rendit célèbre pour avoir pris le parti des Grecs, & fait crever les yeux à ses fils qui avoient suivi Xerxès.

CHAPITRE LI.

La Macédoine. La Prusse.

PRES de la Thrace se trouvoit le petit royaume de Macédoine, dont la destinée a porté des ressemblances singulières avec la Prusse. D'abord, aussi obscur que la patrie des chevaliers Teutoniques, il n'étoit connu des Grecs, que par la protection qu'ils vouloient bien lui accorder. Peu-à-peu, agrandi par des conquêtes, sa considération augmenta dans la proportion de celle de l'Electorat de Brandebourg. Enfin sous Philippe il devint maître de la Grèce, & sous Alexandre de l'Univers. On ne sauroit conjecturer jusqu'à quel degré de puissance la Prusse, en suivant son système actuel, peut atteindre.

Le même génie semble avoir animé les souverains de ces deux Etats. La guerre, & sur-tout la politique, furent le trait qui les caractérisa. L'histoire nous peint les rois de Macédoine changeant de parti selon les tems

& les circonstances ; (1)* endormant leurs voisins par des traités & envahissant leur pays le moment d'après. (2) Je parlerai ailleurs du monarque régnant lors de l'expédition de Xerxès.

A l'époque dont nous retraçons l'histoire, les mœurs, la religion, les usages des Macédoniens ressembloient à ceux du reste des Grecs. Seulement plus reculés que ces derniers vers la barbarie, & par conséquent moins près de la corruption, ils n'avoient produit aucun philosophe dont le nom mérite d'être rapporté.

Que la chûte d'Hippias à Athènes eût des conséquences sérieuses pour la Macédoine, c'est ce dont on ne sauroit douter. Le politique Alexandre, profitant des calamités des tems, sut se ménager adroitement entre les Perses & les Grecs ; & tandis qu'ils se déchiroient mutuel-

---

(1) *Herod. lib.* 5. *cap.* 17. 21. *Id. lib.* 8. *cap.* 140. *Plut. in Aristid. pag.* 327.

* Amyntas, qui eut la bassesse de livrer ses femmes aux députés de Darius, permit à son fils Alexandre de faire égorger ces mêmes députés ; & ce même Alexandre eut l'adresse de se conserver, malgré cet outrage, dans les bonnes graces de Xerxès, successeur de Darius. *Herod. lib. cap.* 17. 21.

(2) *Diod. lib.* 16. *Justin. lib.* 7. *Policen. Stratag. lib.* 4. *cap.* 17.

lement, il recevoit l'or de Xerxès,* & protestoit amitié à ses ennemis. Maintenant ainsi son pays tranquille, il l'enrichissoit de la dépouille de tous les partis, & durant que ceux-ci s'épuisoient dans une guerre funeste, il jetta les fondemens de la grandeur future d'Alexandre. Destinée incompréhensible ! Xerxès fuit à Salamine devant le génie de la liberté ; & son or resté dans un petit coin de la Grèce, va anéantir cette même liberté, & renverser l'empire des Cyrus !

---

* Je ne cite point, parce que je citerai ailleurs.

CHAPITRE LII.

Iles de la Grèce. L'Ionie.

ENTRE les côtes de l'Europe & de l'Asie se trouvent une multitude d'îles, qui, au tems dont nous parlons, avoient reçu leurs habitans des différens peuples de la Grèce. Je n'entreprendrai point de les décrire, puisqu'elles forment elles-mêmes partie de l'empire des Grecs, & sont, conséquemment, comprises dans ce que je dis de la révolution générale de ces derniers.

Cependant il est nécessaire de faire quelques remarques, sur les différences morales & politiques qui pouvoient se trouver entre ces insulaires, & leurs compatriotes sur les deux continens d'Europe & d'Asie, au moment de l'invasion des Perses.

La Crete étoit la plus considérable, comme la plus renommée, de toutes ces îles. On sait que Lycurgue y avoit calqué ses institutions sur celles de Minos ; mais les loix de ce monarque, par diverses causes de décadence, étoient tom-

LIV. I.
I. PART.
Rév. Anc.
A. J. C.
509.
Ol. 67.

LIV. I.
I. PART.
Rév. Anc.
A. J. C.
509.
Ol. 67.

bées en désuétude. (1) Une démocratie turbulente avoit pris la place du gouvernement royal-mixte, (2) & les Crétois passoient, au tems de l'expédition de Xerxès, pour le peuple le plus faux & le plus injuste de la Grèce. Ils refusèrent de sécourir les Athéniens contre les Mèdes. (3)

Les autres îles, tour-à-tour soumises à de petits tyrans, ou plongées dans la démocratie, flottoient dans un état perpétuel de troubles. Rhodes se distinguoit par son commerce, (4) Lesbos par sa corruption, (5)* Samos par ses

---

(1) *Arist. de Rep. lib.* 2. *cap.* 10.
(2) *Id. ib*
(3) *Herodot. lib.* 7. *cap.* 169.
(4) *Strabo. lib.* 14. *pag.* 654. *Diod. lib.* 5. *pag.* 329.
(5) *Athen. lib.* 10.

* Le savant Abbé Barthelemi a appliqué la comparaison ingénieuse (d'Aristote) de la règle de plomb, aux mœurs Lesbiennes. Quelque erreur s'étant glissée dans l'impression, je prends la liberté de rétablir la citation, avec tout le respect qu'on doit à la profonde errudition & au grand mérite. La citation dans Anacharsis est ainsi ; *Arist. de Mor. lib.* 5. *cap.* 14. Lisez *lib.* 5. *cap.* 10. Le cinquième livre des Mœurs n'a que 11 chapitres. Voici le passage original : " Rei enim non definitæ infinita quoque; regula est, ut & structuræ Lesbiæ regula plumbea. Nam ad lapidis figuram torquetur & inflectitur neque regula eadem manet sic & populi scitum ad res accommodatur." *Voy. d'Anarch. vol.* 2. *pag.* 52. Cit. *u.*

Samos

richesses. (1) Quelques-unes joignirent les Perses; * d'autres furent subjuguées; † un petit nombre adhéra au parti de la liberté. ‡ Enfin, on peut regarder les insulaires de la Grèce, comme tenant le milieu entre la vertu de Sparte & d'Athènes, & les vices des villes Ioniennes; & formant la demi-teinte par où l'on passoit des bonnes mœurs des Lacédémoniens, à la corruption des Grecs Asiatiques.

Quant à ces derniers, nous verrons bientôt comment ils devinrent les causes de la guerre Médique. En ne les considérant ici que du côté moral, la vertu n'étoit plus parmi les peuples de l'Ionie: voluptueux, riches, énervés par les délices du climat, (2) on les eût pris pour ces esclaves que Xerxès traînoit à sa suite, si leur langage n'avoit décélé leur origine.

---

(1) *Plat. in Pericl.*

* Cypre, Paros, Andros, &c.

† Eubée.

‡ Salamine, Egines, celle-ci s'étoit d'abord déclarée pour les Perses, sous le règne de Darius; elle retourna ensuite à la cause de la patrie.

(2) *Plut. de Leg. lib. 3. t. 2. pag.* 680. *Herod. lib.* 7.

CHAPITRE LIII.

Tyr. La Hollande.

AINSI, après avoir fait le tour de l'Europe, nous rentrons enfin en Asie. Avant de décrire les grandes scènes que la Perse va nous offrir, il ne nous reste plus qu'à dire un mot d'une puissance maritime, qui, bien que soumise à l'empire de Cyrus, a joué un rôle trop fameux dans l'antiquité, pour ne pas mériter un article séparé dans cet ouvrage.

En quittant les villes de l'Ionie & s'avançant le long des côtes de l'Asie Mineure vers le Nord, on trouve Tyr, cité célèbre dans tout l'Orient par son commerce & ses richesses.

Hypsuranius, dans les siècles les plus reculés, avoit jetté les fondemens de cette capitale de la Phœnicie.(1)* Elle se trouva déterminée vers le

---

(1) *Sanchoniat. apud Euseb. Præpar. Evangel. lib. c.* 10.

* Si je ne suis pas ici l'opinion commune, qui fait de Tyr une colonie de Sidon, c'est qu'il me paroît qu'on doit plutôt en croire un historien Phœnicien, que des auteurs étrangers. *Voy. Just. lib.* 18. *cap.* 3.

commerce par la même position qui y entraîne ordinairement les peuples : l'âpreté de son sol. Rarement les pays très-favorisés de la nature ont eu le génie mercantile.*

Bientôt ce village formé, comme les premières cités de la Hollande, de méchantes hutes de pêcheurs couvertes de roseaux, (1) devint une métropole superbe. Ses vaisseaux alloient lui chercher le produit crû des terres plus fécondes, & ses industrieux habitans le convertissoient, par leurs manufactures, aux voluptés, ou aux nécessités de la vie. Le Batavia des Phœniciens étoit la Bétique, d'où l'or couloit dans leurs Etats. (2) Ils recevoient de l'Egypte le lin, le bled & les richesses de l'Inde & de l'Arabie : † les côtes Occidentales de l'Europe leur fournissoient l'étain, le fer & le plomb. (3) Ils achetoient aux marchés

---

* Il faut en excepter Carthage chez les anciens, & Florence chez les modernes.

(1) *Sanchoniat. ib.*

(2) *Diod. lib. 5. pag.* 312.

† Les Tyriens faisoient eux-mêmes le commerce de l'Inde, s'étant emparé de plusieurs ports dans le golfe Arabique. Delà les marchandises étoient portées par terre à Rhinocolure sur la Méditerranée, & frétées de nouveau pour Tyr. *Robertson's Disqui. on the Anc. Ind. Sect.* 1. *pag.* 9.

(3) *Herod. lib.* 3. *cap.* 124.

d'Athènes

d'Athènes l'huile, le bois de construction & les bales de livres ; (1) à ceux de Corinthe les vases, les ouvrages en bronze. (2) Les îles de la mer Egée leur donnoient les vins & les fruits ; (3) la Sicile le fromage ; (4) la Phrigie, les tapis ; (5) le Pont-Euxin, les esclaves, le miel, la cire, les cuirs ; (6) la Thrace & la Macédoine, les bois & le poisson sec. (7) Ces marchands avides reportoient ensuite ces denrées chez les différens peuples ; & Tyr, ainsi qu'Amsterdam, étoit devenu l'entrepôt général des nations.

La constitution de Phœnicie paroît avoir été monarchique ; * mais il est probable que l'oligarchie dominoit dans le gouvernement. La richesse des Tyriens, que les écritures com-

---

(1) *Plut. in Solon. Xenoph. Exped. Cyr. lib.* 7. *pag.* 412.
(2) *Cicer. Tuscul. lib.* 4. *cap.* 14.
(3) *Athen. lib.* 1. *cap.* 21. 52. *id. lib.* 3.
(4) *Aristoph. iu Vesp.*
(5) *Id. in Av.*
(6) *Polyb. lib.* 4. *pag.* 306. *Demosth. in Leptin. p.* 545.
(7) *Thucid. lib.* 4. *cap.* 108.

* Nous trouvons des princes de Tyr & de Sidon dans l'histoire. Les écritures sont notre guide à ce sujet. Mais les anciens entendoient les mots princes & rois si différemment des peuples modernes, qu'il ne faut pas se hâter d'en conclure la forme d'un gouvernement.

parent

parent aux princes de la terre, (1) donne lieu à cette conjecture.

Dans les contrées où les hommes s'occupent exclusivement du commerce, les belles lettres sont ordinairement négligées ; l'esprit mercantille rétrécit l'ame, le commis qui sait tenir un livre de compte, ouvre rarement celui du philosophe. Cependant la Phœnicie fournit quelques noms célèbres. On y trouve Moschus & Sanchoniathon. Le premier est l'auteur du système des atômes, qui, d'abord reçu par Pythagore, fut ensuite adopté & étendu par Epicure. (2) Le second écrivit l'histoire de Phœnicie, dont j'ai déjà cité plusieurs fragmens, & de laquelle je vais extraire encore quelques nouveaux passages.

Et alors Hypsuranius habita à Tyr, & il inventa la manière de bâtir des hutes de roseaux. Et une grande inimitié s'éleva entre lui & son frère Usous, qui le premier avoit couvert sa nudité de la peau des bêtes sauvages. Et une violente tempête de vent & de pluie ayant frotté les branches les unes contre les autres, elles s'enflammèrent. Et la forêt fut consumée à Tyr. Et Usous prenant un arbre, après en avoir rompu les branches, fut le premier assez hardi pour s'aventurer sur les flots.

. . . .

___

(1) *Isaï.* 23. 8.
(2) *Stobœi. Ecl. Phys. lib.* 1, *cap.* 13.

Ils engendrèrent Agrus (un champ) & Agrotes (laboureur). La statue de celui-ci étoit particulièrement honorée ; une ou plusieurs couples de bœufs promenoient son temple par toute la Phœnicie. Et il est nommé dans les livres le plus grand des dieux. (1)

Indépendemment des origines curieuses de la navigation & de l'agriculture que l'on trouve dans ce passage, la simplicité antique du récit, si bien en harmonie avec les mœurs qu'il rappelle, a quelque chose d'aimable. La Hollande se glorifie d'avoir produit Erasme, Grotius & une foule de savans, connus par leurs recherches laborieuses.

---

(1) *Sanchoniat. apud Eusb. Præpar. Evangel. lib.* 1. *cap.* 10.

CHAPITRE LIV.

Suite.

LA Phœnicie avoit éprouvé de grandes révolutions. De même que la Hollande, elle eût à soutenir des guerres mémorables, & les différentes siéges de sa capitale, reportent à la mémoire ceux de Harlem & d'Anvers (1)* au tems de Philippe second. Vers le milieu du 6ème siècle avant notre ère Tyr, après une résistance de 13 années, fut prise & détruite de fond en comble par un roi d'Assyrie. (2) Les habitans échappés à la ruine de leur patrie, bâtirent une nouvelle Tyr sur une île, non loin

LIV. I.
I. PART
Rev. Anc.
A. J. C.
509.
Ol. 67.

---

(1) *Bentivogl. Istor. del Guer. di Fiand.*

* Bentivoglio a raconté au long, avec toute son affeterie ordinaire, les travaux de ces deux sièges. Le premier fut levé miraculeusement, les Hollandois ayant envahi le camp des Espagnols en bateau, à la marée de l'équinoxe d'automne. Le second passa pour le chef-d'œuvre du grand Farnese; il ressembla en quelque sorte à celui de Tyr par Alexandre. Anvers fut prise par la jettée d'une digue.

(2) *Joseph. Antiq. lib. 18. cap. 11.*

du continent où la première avoit fleuri. Cette cité passa tour-à-tour sous le joug des Mèdes & des Perses, * & resta débile & obscure jusqu'au tems de Darius qui la rétablit dans ses anciens privilèges. Ce fut durant cette époque de calamités, que Carthage s'étoit élevée sur ses débris.

A l'époque de la guerre Médique, la Phœnicie fut contrainte par ses maîtres à entrer dans la ligue générale contre la Grèce. Sans opinion à elle, elle prêta ses vaisseaux au grand Roi, † comme elle les auroit joints aux républiques, si celles-ci eûssent été d'abord les plus fortes. Vaincue à la bataille de Salamine, ‡ le commerce ferma bientôt cette plaie, & l'influence immédiate de la révolution Grecque se borna, pour les Tyriens, à ce malheur passager, quoiqu'elle s'étendît sur eux par la suite,

---

* Elle suivit les révolutions des royaumes d'Orient auxquels elle étoit désormais sujette.

† Ce furent les Phœniciens & les Egyptiens qui construisirent le pont de bateaux, sur lequel Xerxès passa son armée. *Vid. Herodot.*

‡ Les galères Phœniciennes formoient l'aile gauche de l'escadre Persanne à la bataille de Salamine. Elles avoient en tête les Athéniens, & étoient commandées par un frère de Xerxès. Elles combattirent avec beaucoup de valeur. *Vid Herodot. lib. 8. cap. 89.*

& que Tyr tombât, comme le reste de l'Orient, devant Alexandre. Les froids négocians continuerent à importer & exporter de pays en pays le superflu des nations, sans s'embarrasser des vains systêmes qui tourmentoient ces peuples. Tout leur génie étoit dans leurs balles d'étoffes ; & on les voyoit, comme les Bataves, colporter les livres des beaux esprits des tems, sans en avoir jamais ouvert un seul. Peut-être aussi l'habitant de Tyr trafiquoit-il de ses principes politiques ; car dans les tems de révolutions, les opinions sont les seules marchandises dont on trouve la défaite.

CHAPITRE LV.

La Perse.

LIV. I.
I. PART.
Rév. Anc.
A. J. C.
509.
Ol. 67.

Nous montons enfin sur le grand théâtre. Après avoir considéré en détail les Etats, par rapport à l'établissement des républiques en Grèce ; &, réciproquement, cet établissement par rapport à ces divers Etats, nous allons maintenant contempler tous ces peuples se mouvant en masse, sous l'influence générale de cette même révolution & ne faisant plus qu'un seul corps. Nous allons les voir se lever ensemble, pour renverser des principes & un gouvernement qu'ils ne feront que consolider ; & les efforts de ces alliés viendront, mal dirigés, tièdes & partiels, se perdre contre une communauté peu nombreuse, mais unie ; peu riche, mais libre.

Je passe sous silence les Æthiopiens, les Juifs, les Chaldéens, les Indiens, quoiqu'à l'époque de la révolution Grecque, ils eussent déjà fait des progrès considérables dans les sciences. La somme de leur philosophie & de leurs lumières se réduisoient généralement; à la foi d'un Etre-Suprême,

Suprême, à la connoissance des astres & des secrets de la nature. Ils étoient, comme le reste du monde Oriental, gouvernés par des rois & des sectes de prêtres, qui, de même que leurs frères d'Egypte, se conduisoient d'après le système de mystère, afin de dompter les peuples, par l'ignorance, au joug de la tyrannie civile & religieuse. En Æthiopie, les membres de cette caste sacrée, portoient le nom de Gymnosophistes; (1) en Judée, celui de Lévites; (2) dans la Chaldée, celui de Prêtres; (3) en Arabie, celui de Zabiens; (4) aux Indes, celui de Brachmanes. (5) * Chaque pays comptoit aussi ses grands hommes : les Æthiopiens reconnoissoient Atlas; (6) les Arabes, Lokman; (7) les Juifs, Moïse; (8) les Chaldéens, Zoroastre; (9) l'Inde, Buddas.† Les uns avoient

---

(1) *Diod. lib.* 11.
(2) *La Bible.*
(3) *Diod. ib.*
(4) *Hyde rel. Pers. cap.* 3.
(5) *Srab. lib.* 15. *pag.* 822.
* Aussi Gymnosophistes.
(6) *Vir. Æn. lib.* 4. *ver.* 480. *lib.* 1. *v.* 745.
(7) *Lokm. Fab. Erpen. Edit.*
(8) *Genese.*
(9) *Justin. lib.* 1. *cap.* 2.
† Ce que nous savons de Buddas est très-incertain. Les partisans de l'ancienne religion, au moment de l'établissement

écrit de la nature, les autres de l'histoire, plusieurs de la morale. (1) De tous ces ouvrages, les fables de Lokman & l'histoire de Moyse, sont les seuls qui nous soient parvenus. Les livres qu'on attribue à Zoroastre* ne sont pas originaux.

La plupart de ces différentes contrées, étant ou soumises à la cour de Suze, ou ignorées des Grecs, il seroit inutile de nous y arrêter : revenons aux vastes Etats de Cyrus.

L'empire des Perses & des Mèdes, au moment de la chûte d'Hippias, s'étendoit depuis le fleuve Indus, à l'Est, jusqu'à la Méditerrannée à l'Occident, & depuis les frontières de l'Æthiopie & de Carthage, au midi, jusqu'à celles des Scythes au Nord ; comprenant une espace de 40 degrés en latitude & de plus de 16 en longitude.†

---

ment du Christianisme, opposoient Buddas à Jésus-Christ, disant que le premier avoit aussi été tiré du sein d'une vierge. *Vid. St. Jerom. Contra. Jovin.*

(1) *Vided Loc. cit.*

* Zoroastre l'ancien ou le Chaldéen. Je parlerai de ceux du second Zoroastre.

† 800 lieues en latitude, & 300 en longitude, estimant les degrés de longitude à environ 18 lieues les uns dans les autres sous ces parallèles.

Formé

Formé par degrés des débris de plusieurs États, peu d'années s'étoient écoulées depuis que cet énorme colosse pesoit sur la terre. L'empire des Assyriens, qui en composoit d'abord la plus grande partie, fut conquis par les Mèdes vers le sixième siècle avant notre ère. (1) Le célèbre Cyrus, ayant réuni sur sa tête les couronnes de Perse & de Médie, renversa le trône de Lydie, qui florissoit sous Crésus dans l'Asie-Mineure, vers le règne de Pisistrate à Athènes. (2) Cambyse, successeur de Cyrus, ajouta l'Egypte à ses possessions. (3) Et Darius, fils d'Hystaspes, sous lequel commence la guerre mémorable des Perses & des Grecs, réunit à ses immenses domaines quelques régions de la Thrace & des Indes. (4)

---

(1) *Herod. lib.* 1. *cap.* 95.
(2) *Xenoph. Cyrop. lib.* 1. *pag.* 2. *lib.* 7. *pag.* 180, *&c.*
(3) *Herod. lib.* 3. *cap.* 7.
(4) *Id. lib.* 4. *cap.* 44—127.

CHAPITRE LVI.

Tableau de la Perse au Moment de l'Abolition de la Monarchie en Grèce. Gouvernement. Finances. Armées. Religion.

LIV. I.
I. PART.
Rév. Anc.
A. J. C.
509.
Ol. 67.

$P\mathit{RINCIPEM}$ *dat Deus,* maxime qui conduisit Charles I. à l'échafaud, formoit tout le droit politique de la Perse. (1) Delà nous pouvons concevoir le gouvernement.

Cependant l'autorité du grand-roi n'étoit pas aussi absolue que celle des sultans de Constantinople de nos jours; il la partageoit avec un conseil qui composoit une partie du souverain. (2)

Au civil les loix étoient pures, & la justice scrupuleusement administrée par des juges tirés de la classe des vieillards. (3) Dans les cas graves, la cause étoit portée devant le roi. (4)

---

(1) *Plut. in Themist. pag.* 125.
(2) *Herod. lib.* 3. *cap.* 88.
(3) *Xenoph. Cyrop. lib. pag.* 7.
(4) *Herod. lib.* 1. *cap.* 137—*lib.* 7. *cap.* 694.

Au criminel la procédure se faisoit publiquement. On confrontoit l'accusateur à l'accusé, & celui-ci obtenoit tous les moyens de défense qu'il pouvoit croire favorables à son innocence, ou à l'excuse de son crime.(1) Cette admirable coutume, que nous retrouvons en Angleterre, étoit remplacée en France par l'exécrable loi des interrogations secretes.

Au moment de l'abolition de la monarchie en Grèce, la société avoit peut-être fait plus de progrès en Perse vers la civilisation, qu'en aucune autre partie du globe. Un cours régulier d'administration mouvoit en harmonie tous les ressorts de l'empire. Les provinces se gouvernoient par des Satrapes ou commandans délégués de la couronne. (2) Les armées & les finances étoient réduites en systême ; (3)* &, ce qui n'existoit alors chez au-

---

(1) *Diod. lib.* 15.
(2) *Xenoph. Cyrop. lib.* 8.
(3) *Herodot. lib.* 3. *cap.* 89—91—95. *lib.* 1. *cap.* 192. *Strab. lib.* 11—*lib.* 15. *Xenoph. Cyrop. lib.* 9. *Diod. l.* 11. *pag.* 24.

* Le revenu en argent se montoit à-peu-près à 90 millions de notre monnoie, en le reconnoissant en talens Euboïques. Les provinces fournissoient la maison du roi & les armées en nature. Quant aux armées elles

cun peuple, des postes, établies par Cyrus sur le principe de ceux des nations modernes, lioient les membres épars de ce vaste corps. (1) Cet institut, après la découverte de l'imprimerie, tient le second rang parmi les inventions qui ont changé, pour ainsi dire, la race humaine ; & il n'entre pas pour peu dans les causes de l'influence rapide que la révolution Grecque eut sur la Perse. Il ne faudroit que l'usage des couriers employés aux relations communes de la vie, pour renverser tous les trônes d'Orient d'aujourd'hui. Chez les Mèdes ils étoient réservés aux affaires d'Etat.

Les Perses différoient en religion du reste de la terre alors connue. Ils adoroient l'astre dont la flamme productive semble l'ame de l'Univers. (2) Ils n'avoient ni les solemnités de la Grèce, ni des monumens élevés à leurs dieux. (3)* Le désert étoit leur temple, une

---

étoient composées comme les nôtres, de troupes régulières, en garnison dans les provinces, & de milice, obligée de marcher au premier ordre.

(1) *Xenoph. Cyrop. lib.* 8. *Herod. lib.* 8. *cap.* 98.
(2) *Id. lib.* 1. *cap.* 131. *Strab. lib.* 15.
(4) *Herod. ib.*

* Ceci n'est vrai que de la religion primitive des Perses. Par la suite ils eurent des temples.

monta-

montagne (1) leur autel, & la pompe de leurs sacrifices le soleil levant suspendu aux portes de l'Est, & jettant un premier regard sur les forêts, les cataractes & les vallées. (2)*

---

(1) *Herodot. lib.* 1. *cap.* 131.
(2) *Id. ib.*

* Il est probable que le nom de Mithra sous lequel les Perses adoroient le soleil, étoit dans l'origine, celui de quelque héro. On le trouve représenté sur d'anciens monumens monté sur un taureau, armée d'une épée, la thiare en tête. Quelques-uns de ces attributs conviennent à l'Apollon des Grecs.

CHAPITRE LVII.

Tableau de l'Allemagne au Moment de la Révolution Françoise.

<small>LIV. I.
I. PART.
Rév. Anc.
A. J. C.
509.
Ol. 67.</small>

A l'époque de la chûte de la royauté en France, l'Allemagne, de même que la Perse d'autrefois, présentoit un corps composé de diverses parties réunies sous un chef commun. Bien que Léopold n'eût pas de droit, le même pouvoir sur les Cercles que Darius sur les Satrapies, il l'avoit néanmoins de fait. Le même abus prévaloit à l'égard de la dignité suprême. L'empire Germanique, quoique électif, pouvant être regardé comme héréditaire.

Le systême militaire de Joseph II jouissoit parmi nous de la même réputation que celui de Cyrus chez les anciens. Ces deux princes firent consister leurs principales forces en cavalerie,(1) mais le second mettoit la sûreté de ses Etats dans les places fortifiées ; (2) le premier crut devoir les détruire.

---

(1) *Xenoph. Cyrop.*
(2) *Id.*

Les Anabaptistes, les Ernoutems, les Protestans, les Catholiques, se partageoient les opinions religieuses du moderne empire d'Occident, de même que les adorateurs de Mithra* de Jéhova,† de Jupiter,‡ de Brahma,|| d'Appis,§ occupoient l'antique puissance Orientale.

Le régime féodal écrasoit le laboureur Germanique, à-peu-près de la même manière que l'esclavage Persan abattoit le sujet du grand roi. Cependant une différence considérable se fait sentir entre ces hommes malheureux. Elle consiste dans les mœurs. Celles du premier sont justes & pures, par la grande raison de son indigence. Il ne faut pas en conclure que l'Allemagne manque de lumières. J'ai trouvé plus d'instruction, de bon sens chez les paysans de cette contrée¶ que chez toute autre nation

---

* Les Perses.
† Les Juifs.
‡ Les Ioniens,
|| Les peuples de l'Indus.
§ Les Egyptiens.
¶ En entrant, il y a quelques années, dans un mauvais cabaret, sur la route de Mayence à Francfort, j'apperçus un vieux paysan en guêtres, un bonnet sur la tête & un chapeau par dessus son bonnet, tenant un bâton sous son bras, & déliant le cordon d'une bourse de cuir, pleine d'or, dont il payoit son écot. Je lui marquai mon

étonne-

Européenne, sans en excepter l'Angleterre où le peuple est plein de préjugés. Une des principales causes qui sert à maintenir la morale parmi les Allemands, vient de la vertu de leur clergé. J'en parlerai ailleurs.

étonnement qu'il osât voyager avec une somme assez considérable par des chemins remplis de Tyroliens & de Pandours : c'est l'argent de mes bestiaux & de mes meubles, dit-il, & je vais en Souabe avec ma femme & mes enfans. J'ai vu la guerre : au moins les pauvres laboureurs étoient épargnés, mais ceci n'est pas une guerre, c'est un brigandage ; amis, ennemis, tous nous pillent.—Le paysan appercevant l'ancienne uniforme de l'infanterie Françoise sous ma redingotte, ajouta, monsieur, excusez. Vous vous trompez, mon ami, repris-je, j'étois du métier, mais je n'en suis plus. Je ne suis rien qu'un malheureux réfugié comme vous.—Tant pis, fut sa seule réponse. Alors retroussant sous son chapeau quelques cheveux blancs qui passoient sous son bonnet, prenant d'une main son bâton, & de l'autre un verre à moitié vuide de vin du Rhin, il me dit, mon officier, Dieu vous bénisse. Il partit après. Je ne sais pourquoi le *tant pis* & le *Dieu vous bénisse* de ce bon homme, me sont restés dans la mémoire.

CHAPITRE LVIII.

Suite. Les Arts en Perse & en Allemagne. Poèsie. Kreeshna. Klopstock. Fragment du Poème Mahabarat, tiré du Sanscrit. Fragmens du Messie. Sacontala. Evandre.

LES jardins suspendus de Babylone, les vastes palais des rois, décorés de peintures & de statues, attestent le règne des beaux arts dans l'empire de Cyrus. Ses immenses Etats, formés de mille peuples divers, devoient fournir une mine inépuisable de poèsie, différente dans ses coloris, selon les mœurs & la nature dont elle réfléchissoit les teintes. Efféminée dans l'Ionie, superbe dans la pourpre du Mède, simple & agreste sur les montagnes de la Perse, voluptueuse dans les Indes, elle chantoit avec l'Arabe le patriarche au milieu de ses troupeaux & de sa famille, assis sous le palmier du désert. (1)

---

(1) *Job.*

Je vais faire connoître aux lecteurs quelques morceaux précieux de littérature Orientale. Je les tire du Sanscrit,* dont j'ai eu déjà occasion

---

* Une note sur le Sanscrit peut faire plaisir à plusieurs lecteurs. Le Hanscrit, mieux le Sanscrit, est, comme on le sait, la langue sacrée dans laquelle les livres des Brahmins sont écrits, langue qui n'est plus connue que d'eux seuls. Cette langue étoit autrefois si universelle dans l'Orient que, selon M. Halhed, le premier Anglois qui soit parvenu à l'entendre, on la parloit depuis le golfe Persique jusqu'aux mers de la Chine. Les preuves qu'il en apporte sont tirées des inscriptions des différens coins de ces pays,† & de la ressemblance entre les noms collectifs & les noms de nombre des langues vulgaires de ces contrées, & les noms collectifs & les noms de nombre du Sanscrit; il étend même ceci au Grec & au Latin.‡ Le Sanscrit n'étoit parlé que dans les rangs éle-

† *Ceci n'est pas une raison probante, car l'alphabet Sanscrit peut être gravé sur des monnoies Persannes, Indiennes, &c. sans qu'il en résulte qu'on parlât la même langue dans ces divers pays. On sait qu'actuellement les Chinois & les Tartares, s'entendent en s'écrivant, quoique leurs idiômes soient aussi différens l'un de l'autre, que le Turc l'est du François. Les lettres Chinoises ne sont que des caractères généraux, comme les chiffres Arabes. Elles sont les signes de certaines idées, & chacun les traduit ensuite dans sa langue.*

‡ *Je suis assez tenté de croire qu'il y a eu autrefois une langue universelle. La ressemblance des anciens caractères Grecs & Romains, avec les caractères Arabes ; les étymologies multipliées entre le Sanscrit, les langues Orientales, le Grec, le Latin,*

le

de parler plusieurs fois. J'y suis d'ailleurs autorisé, puisque l'empire Persan s'étendoit sur une partie considérable des Indes.

---

vés de la société; Il y avoit deux langues vulgaires pour le peuple. Cette singularité est mise hors de doute par les drames écrits dans ces trois dialectes. Les différens ouvrages traduits du Sanscrit en Anglois sont: le *Mahabarat* & *Sacontala* dont je cite des passages, *Heeto-Pades* ou l'ouvrage original, d'où sont empruntées les fables d'Esope & de Pilpay; les *Cinq-Diamans*, ou les Stances de cinq poëtes; un ode traduit de *Wulli*; & une partie du *Shaster*. Outre ces ouvrages d'agrément, le Sanscrit en a fourni plusieurs de sciences. Entre autre, le fameux *Surya-Siddhànta*. Ce sont des tables astronomiques de la plus haute antiquité, & calculées sur des théorêmes de trigonométrie d'une vérité rigoureuse. La chronologie des Indiens se divisoit en quatre âges: 1°. Le Suttee Jogue, ou l'âge de pureté. Sa durée fut de trois millions deux cents mille ans. Les hommes vivoient cent mille ans.

2°. Le Tirtah Jogue (le tiers du monde corrompu). Sa période fut de deux millions quatre cents mille ans. La vie de l'homme étoit de dix mille ans.

3°. Le Dayapar Jogue (la moitié de la race humaine vicieuse) dura un million seize cents mille ans. L'homme ne vécut plus que mille ans.

---

le Celte, les Dialectes de la mer du Sud & de l'Amérique, & beaucoup d'autres raisons qui ne sont pas de mon sujet, semblent venir à l'appui de cette conjecture. Vidend. Danet. Dict. d'Antiquités. Cook's Voyag. Halhed's Grammar of the Bengal Language. Savary voyag. d'Egyp. Brigand, sur les Langues. Harris; Hermes.

Le premier fragment est extrait du Mahabarat, poème Epique, d'environ quatre cents mille vers, composé par le Brachmane Kreeshna Dioypayen Veïas, trois mille ans avant notre ère. De ce poème, l'épisode appellée Baghvat-Geeta, étoit le seul morceau publié par le traducteur Anglois, M. Wilkins, en 1785.

Le sujet de cet ancien monument du génie Indien, est une guerre civile entre deux branches de la maison royale de Bhaurat.

Les deux armées rangées en bataille, se disposent à en venir aux mains, lorsque le dieu Kreeshna qui accompagne Arjoon, l'un des deux rois, comme Minerve Télémaque, invite son élève à faire avancer son char entre les combattans. Arjoon regarde ; il n'apperçoit de part & d'autre que des pères, des fils, des frères, des amis prêts à s'égorger ; saisi de pitié & de douleur, il s'écrie :

O Kreeshna ! en voyant ainsi mes amis impatiens du signal de la bataille, mes membres m'abandonnent, mon

---

4°. Le Collee Jogue (tous les hommes dépravés) est l'âge actuel, qui durera quatre cents mille ans, dont cinq mille sont déjà écoulés. Il est incroyable que ces traditions qui nous paroissent si extravagantes, soient supportées par les calculs les plus certains d'astronomie. Mon autorité dans tout ceci est *Robertson's Historical Disquisition*.

teint

teint pâlit, le poil de ma chair se hérisse, tout mon corps tremble d'horreur, Gandew même, mon arc, échappe à ma main, & ma peau collée à mes os se desséche. Lorsque j'aurai donné la mort à ces chers parens demanderai-je encore le bonheur? Je n'ambitionne point la victoire, O Kreeshna! Qu'ai-je besoin de plaisir ou de puissance! Qu'importent les empires, les joies, la vie même, lorsque ceux-là ne seront plus; ceux-là qui donnoient seuls quelque prix à ces empires, ces joies, cette vie. Pères, ancêtres, fils, petits-fils, oncles, neveux, cousins, parens & amis! vous voudriez ma mort & cependant je ne souhaite pas la vôtre. Non! pas même pour l'empire des trois régions de l'Univers, encore bien moins pour cette petite terre. (1)

La simplicité & le pathétique de ce fragment sont d'une beauté vraie; on s'étonne sur-tout de n'y point trouver cette imagination déréglée, ce luxe de coloris, caractère dominant de la poèsie Orientale. Tout y est dans le ton d'Homère. Mais après cet apostrophe d'Arjoon, Kreeshna, pour lui prouver qu'il doit combattre, s'étend sur les devoirs d'un prince, s'engage avec son élève dans une longue controverse théologique & morale. Ici le mauvais goût & le prêtre se décèlent. Nous choisirons pour Pendant à l'épique Indien, l'épique de la Germanie. La muse Allemande, nourrie de la méditation des Ecritures, a souvent toute la majesté, toute la simple magnificence Hébraïque; & l'on retrouve dans les froides

---

(1) *Baghvat Geeta. pag.* 31.

régions de l'Empire, l'enthousiasme & la chaleur du génie des poètes d'Israël.

Klopstock, dans son poème immortel, a peint la conjuration de l'enfer contre le Messie. Le sacrifice est prêt à s'accomplir ; les prêtres triomphent & le fils de l'Homme est condamné. Suivi de sa mère, de ses disciples, des gardes Romaines & de toute la Judée, il s'avance, chargé de sa croix, au lieu du supplice : il arrive sur Golgotha. Alors Eloa envoyé par l'Eternel, distribue les anges de la terre autour de la montagne. Les uns s'assemblent sur des nuages, les autres planent dans les airs.

Gabriel va chercher les ames des Patriarches, & les place sur la montagne des Oliviers, pour être témoins du grand sacrifice ; Uriel en même tems amène toutes celles des races à naître. Le globe immense qu'elles habitoient reçoit l'ordre de voler vers le soleil & d'intercepter sa lumière. Satan, & tout l'enfer caché dans la Mer-Morte sous les ruines de Gomorre, contemple la rédemption. Les innombrables esprits célestes qui peuplent les étoiles & les soleils, ceux qui environnent Jehova ont l'œil attaché sur le Sauveur, & le Saint des Saints, retiré dans sa profondeur incompréhensible, compte les heures du grand mystère ; alors

Les

Les bourreaux s'approchent de Jésus. Dans ce moment tous les mondes, avec un bruit qui retentissoit au loin, parvinrent au point de leur course, d'où ils devoient annoncer la réconciliation. Ils s'arrêtent : insensiblement le mouvement des pôles se ralentit, & cessa tout-à-coup. Un vaste silence régnoit dans toute l'étendue de la création. La marche de tous les globes suspendue, annonçoit dans les cieux les heures du sacrifice.... Les anges interdits étoient attentifs à ce qui alloit se passer. Jéhova jetta un coup-d'œil sur la terre, la vit prête à s'abymer & la retint. Jéhova, le Dieu Jéhova! avoit ses regards fixés sur Jésus-Christ.... & les bourreaux le crucifièrent!.... A ce spectacle terrible, les anges & les patriarches restoient dans un morne silence. Le calme effrayant, qui régnoit dans toute la nature, étoit l'image de la mort. On auroit dit qu'elle venoit d'en détruire tous les habitans, & que rien d'animé n'existoit plus dans aucun monde....

Bientôt l'obscurité couvrit la terre, où régnoit un profond silence, & ce silence morne augmentoit avec les ténèbres & l'inquiétude. Les oiseaux, devenus muets, s'envolèrent au fond des forêts ; les animaux cherchèrent un azyle dans les cavernes & les fentes des rochers ; la nature entière étoit ensevelie dans un calme sinistre. Les hommes respirant avec peine un air qui n'avoit plus de ressort, levoient les yeux vers le ciel où ils cherchoient envain la lumière ; l'obscurité augmentoit de plus en plus ; elle devint universelle & effrayante, lorsque l'astre* eut entièrement occupé le disque du soleil ; toutes les plaines de la terre furent enveloppées dans les horreurs d'une nuit épouvantable....

---

* L'astre occupé par les ames à naître dont j'ai parlé.

Les couleurs de la vie reparurent sur le front du Messie, mais elles s'éteignirent rapidement & ne revinrent plus. Ses joues livides se flétrirent davantage, & sa tête, succombant sous le poids du jugement du monde, se pancha sur sa poitrine. Il fit des efforts pour la relever vers le ciel, mais elle tomba de nouveau. Les nuages suspendus s'étendirent au tour de Golgotha, d'une manière lente & pleine d'horreur, comme les voûtes funèbres des tombeaux, sur les cadavres que la pourriture dévore. Un nuage plus noir que les autres s'arrêta au haut de la croix. Le silence, le calme affreux de la mort sembloit distiller de son sein. Les immortels en frissonnèrent. Un bruit inattendu, & qui n'avoit été précédé d'aucun autre bruit, sortit tout-à-coup des entrailles de la terre : les ossemens des morts en tremblèrent, & le temple en fut ébranlé jusqu'au faîte.

Cependant le silence étoit rétabli sur la terre, & les hommes vivans, les morts, & ceux qui devoient naître, avoient les regards fixés sur le Rédempteur. En proie à toutes les douleurs, Eve regardoit son fils qui succomboit insensiblement sous une mort lente & pénible. Ses yeux ne s'arrachoient de ce triste spectacle que pour se porter sur une mortelle qui se tenoit chancelante aux pieds de la croix, la tête panchée, le visage pâle, & dans un silence semblable au silence de la mort. Ses yeux ne pouvoient verser de larmes : elle étoit sans mouvement......
" Ah ! dit en elle-même la mère du genre humain, c'est la mère du plus grand des hommes ; l'excès de sa douleur ne l'annonce que trop. Oui, c'est l'auguste Marie ; elle éprouve dans ce moment ce que je sentis moi-même, lorsque je vis Abel, auprès de l'autel, nageant dans les flots de son sang. Oui, c'est la mère du Sauveur expirant." Elle fut tirée de ces pensées par l'arrivée de deux anges de la mort, qui venoient du côté de l'Orient. Ils planoient dans les airs d'un vol mesuré & majestueux, & gardoient

un profond silence. Leurs vêtemens étoient plus sombres que la nuit, leurs yeux plus étincelans que la flamme, leur air annonçoit la destruction. Ils s'avancèrent lentement vers la colline de la croix, où le Juge suprême les avoit envoyés; les ames des patriarches, épouvantées, tombèrent sur la poussière de la terre, & sentirent l'impression de la mort & les horreurs du tombeau, autant que peuvent les sentir des substances indestructibles. Les deux génies redoutables, parvenus à la croix, contemplent le mourant, prennent leur vol, l'un à droite & l'autre à gauche; & d'un air morne & présageant la mort, ils volent sept fois autour de la croix. Deux aîles couvroient leurs pieds, deux aîles tremblantes couvroient leur face, & deux autres les soutenoient dans les airs, dont l'agitation produisoit un mugissement semblable aux accents lamentables de la mort. C'est ce bruit qui tonne aux oreilles d'un ami de l'humanité, lorsque des milliers de morts & de mourans nagent dans leur sang sur le champ de bataille, & qu'il fuit, en détournant les yeux. Les terreurs de Dieu étoient répandues sur les aîles des deux anges, & retentissoient vers la terre; ils voloient pour la septième fois, lorsque le Sauveur accablé réleva sa tête appesantie, & vit ces ministres de la mort. Il tourna ses yeux obscurcis vers le ciel, & s'écria d'une voix qu'il tira du fond de ses entrailles, & qui ne put se faire entendre : " Cessez d'effrayer le Fils de l'Homme ; je vous reconnois au bruit de vos aîles . . . il m'annonce la mort . . . Cesse, Juge des mondes . . . . cesse . . . ." En disant ces mots, son sang sortit à gros bouillons . . . . Alors les anges de la mort tournèrent leur vol bruyant vers le ciel, & laissèrent les spectateurs dans une surprise muette, & des réflexions plus inquiétantes & plus confuses sur ce qui se passoit à leurs yeux . . . . & l'Eternel laissoit toujours sur le mystère un voile impénétrable . . . (1)

---

(1) *Messie. Chant* VIII.

LIV. I.
I. PART.
Rév. Anc.
A. J. C.
509.
Ol. 67.

Les enfers, les cieux, les hommes, les générations écoulées, & les générations à naître, les globes arrêtés dans leurs révolutions, le cours de l'Univers suspendu, la nature couverte d'un voile, un Dieu expirant, quel tableau ! Sa sublimité fera excuser la longueur de la citation.

Le second fragment qui me reste à donner du Sanscrit est d'un genre totalement opposé au premier. On a découvert parmi les Indiens une foule de pièces de théâtre écrites dans la langue sacrée, régulières dans leurs marches, & intéressantes dans leurs sujets. S'il étoit possible de douter de la haute civilisation des anciennes Indes, cette particularité seule suffiroit pour la prouver, en même tems qu'elle dépouille les Grecs de l'honneur d'avoir été les inventeurs du genre dramatique.

La scène Indienne non seulement admet le masque & le cothurne, mais elle emprunte encore la houlette. Elle se plaît à représenter les mœurs champêtres, & ne craint point de s'abaisser en peignant les tableaux de la nature. Sacontala, princesse d'une naissance illustre, avoit été élevée par un hermite dans un bocage sacré, où les premières années de sa vie s'étoient écoulées au milieu des soins rustiques & de l'innocence pastorale. Prête à quitter sa

1
retraite

retraite chérie pour se rendre à la cour d'un grand monarque auquel elle étoit promise, les compagnes de sa jeunesse déplorent ainsi leur perte & font des vœux pour le bonheur de Sacontala :

Ecoutez, ô vous, arbres de cette forêt sacrée ! écoutez & pleurez le départ de Sacontala pour le palais de l'époux. Sacontala ! celle qui ne buvoit point l'onde pure avant d'avoir arrosé vos tiges; celle qui, par tendresse pour vous, ne détacha jamais une seule feuille de votre aimable verdure, quoique ses beaux cheveux en demandassent une guirlande ; celle qui mettoit le plus grand de tous ses plaisirs dans cette saison qui entremêle de fleurs vos rameaux flexibles.

Chœur des Nymphes des bois.

Puissent toutes les prospérités accompagner ses pas ! Puissent des brizes légères disperser, pour ses délices, la poussière odorante des riches fleurs ! Puissent les lacs d'une eau claire, & verdoyante sous les feuilles du Lotos, la rafraîchir dans sa marche ! Puissent des branches ombreuses la défendre des rayons brulans du soleil !

Sacontala sortant du bois & demandant à Cana, l'hermite, la permission de dire adieu à la liane Madhavi *dont les fleurs rouges enflamment le bocage*, après avoir baisé *la plus radieuse de toutes les fleurs* & l'avoir priée de lui *rendre ses embrassemens avec ses bras amoureux*, elle s'écrie :

Ah ! qui tire ainsi les plis de ma robe ?

Cana.

C'est ton fils adoptif, le petit chevreau dont tu as si souvent humecté la bouche avec l'huile balsamique de l'Ingoudi, lorsque les pointes du Cusa l'avoient déchirée. Lui que tu as tant de fois nourri dans ta main des graines du Synmaka. Il ne veut pas quitter les pas de sa bienfaitrice.

Sancontala.

Pourquoi pleures-tu, tendre chevreau ? Je suis forcée d'abandonner notre commune demeure. Lorsque tu perdis ta mère, peu de tems après ta naissance, je te pris sous ma garde. Mon père Cana veillera sur toi lorsque je ne serai plus ici. Retourne, pauvre chevreau, retourne, il faut nous séparer. (*Elle pleure.*)

Cana.

Les larmes, mon enfant, conviennent peu à ta situation. Nous nous reverrons ; rappelle tes forces. Si la grosse larme se montre sous tes belles paupières, que ton courage la retienne lorsqu'elle cherche à s'échapper. Dans notre passage sur cette terre, où la route tantôt plonge dans la vallée, tantôt gravit la montagne, & où le vrai sentier est difficile à distinguer, tes pas doivent être nécessairement inégaux, mais suis la vertu ; elle te montrera le droit chemin.(1)

Si ce dialogue n'est pas dans nos mœurs, du moins il respire le calme & la fraîcheur de l'Idylle. La dernière leçon de Cana, dans le style de l'apologue Oriental, quoique venant inapropos, est pleine d'une aimable philoso-

---

(1) *Sacont. Act.* 4 *pag.* 47, &c.

phie.

phie. Le Théocrite des Alpes va nous fournir pour l'Allemagne le parallele de ce morceau.

Pyrrus, prince de Krissa, & Arates, ami de Pyrrus, ont envoyé, par ordre des dieux, le premier, son fils Evandre, le second, sa fille Alcimne, afin d'être élevés secretement chez des bergers. L'amour touche le cœur d'Evandre & d'Alcimne, ils s'aiment sans connoître leur rang illustre. Les princes arrivent, révèlent le secret, les amans s'unissent. L'Evandre de Gessner n'est pas son meilleur ouvrage, mais il est curieux à cause de sa ressemblance avec Sacontala. Il y a quelque chose qui ouvre un vaste champ de pensées philosophiques à trouver l'esprit humain reproduisant les mêmes sujets, à cinq mille ans d'intervalle, d'un bout du globe à l'autre. Lorsque l'auteur de Sacontala florissoit sous le beau ciel de l'Inde, qu'étoit la barbare Helvétie ?

Alcimne a appris sa naissance, elle est entourée de suivantes qui lui parlent des mœurs de la cour. Elle regrette, comme la princesse Indienne, ses bois, ses moutons, sa houlette, & sur-tout ses amours.

La deuxième Suivante.

Permettez-moi de vous dire qu'il faut que vous renonciez aux mœurs de la campagne, pour suivre celles de la cour. Une grande dame doit savoir tenir son rang. Nous avons ordre de ne point vous quitter & de vous donner des leçons.

Alcimne.

J'aime mieux nos mœurs ; elles sont simples, naturelles & s'apprennent toutes seules. Parmi nous on ne voit personne en donner des leçons ; on s'en moqueroit comme de quelqu'un qui voudroit apprendre à un oiseau un autre chant que le sien. Mais dites-moi quelque chose de la manière dont on vit à la ville. Je crains fort de ne pas la trouver de mon goût.

La deuxième Suivante.

Le matin, quand vous vous éveillez, ce qui n'est qu'à midi ; car les dames du grand monde ne s'éveillent pas à l'heure des artisans..

Alcimne.

A midi ! Je n'entendrois donc plus, le matin, le chant des oiseaux ; je ne verrois donc plus le lever du soleil ? cela ne m'accommoderoit pas.

La première Suivante.

Votre beauté ne manquera pas de vous faire beaucoup d'amans. Il faudra vous étudier à plaire à tous, & ne donner à chacun que peu d'espérance.

Alcimne.

Tous nos seigneurs m'ennuieront en me parlant d'amour, parce que je n'aimerai jamais que celui que j'aime déjà.

La deuxième Suivante.

Quoi ! Vous aimez déjà ?

Alcimne.

Oui, sans doute ; je ne rougis pas d'en convenir. J'aime un berger de tout mon cœur, & lui, il m'aime de tout le sien. Il est beau comme le soleil levant, charmant comme le printems ; le rossignol ne chante peut-être pas si bien que lui . . . Oui, mon bien-aimé, tu seras le seul que j'aimerai toujours. Ces arbres verds mourront, le soleil cessera d'éclairer ces belles prairies, avant que ton Alcimne te soit infidelle. Oui, mon bien-aimé, je fais le serment . . .

La deuxième Suivante.

Ne le faites pas ; votre père ne vous laissera point avilir jusques-là votre illustre naissance.

Alcimne (avec colère.)

Que voulez-vous dire ? mon illustre naissance ? Eh quoi! peut-il y en avoir qui ne soit noble & honorable ? O! je n'entends rien à toutes vos leçons. Il faut y mettre moins d'esprit & plus de naturel. Non, je ne les comprendrai jamais. Mon père est raisonnable ; j'en suis sûre. Il ne voudra pas que j'abandonne ce que j'aime le mieux au monde, & que j'aime ce que je hais le plus. Je ne vous quitterai qu'à regret, charmantes retraites, ombrages frais, occupations innocentes ; je vous préférerai toujours aux fracas de la ville ; mais il faut que je vous quitte pour suivre un père que je chéris. Il ne sera pas venu me chercher ici pour me rendre malheureuse; oui, je serois malheureuse, plus que je ne puis dire, s'il vouloit me séparer de celui que j'aime plus que moi-même. Oh! ne me donnez pas ces inquiétudes, mes amies ! N'est-il pas vrai que j'aurois tort de les avoir ?(1)

---

(1) *Evandre. Act.* 3. *Scèn.* 5.

CHAPITRE LX.

Philosophie. Les deux Zoroastres. Politique.

LIV. I.
I. PART.
Rév. Anc.
A. J. C.
509.
Ol. 67.

LE nom du célèbre Zoroastre* rappelle le fondateur de la philosophie Persanne & celui de l'ordre des Mages. De même que sa morale, ses dogmes étoient sublimes. Il enseignoit l'existence des deux principes, l'un bon, l'autre méchant, qui se disputoient l'empire de la nature; † la durée du premier embrassoit tous les tems écoulés & à venir. L'existence du second devoit passer avec le monde.

Cet ancien sage fut suivi, vers le tems de Darius, fils d'Hystaspes, d'un autre philosophe du même nom, qui altéra quelque chose à la doctrine de son prédécesseur. Tel que

---

* Ce premier Zoroastre est le Zoroastre Chaldéen, dont j'ai déjà parlé. Aristote le place 6000 ans avant la prise de Troye.

† Hyde raconte quelque chose de curieux au sujet du méchant pouvoir. Les Persans en écrivoient le nom en lettres inverties, il s'appelloit Arimanius, & le bon, Oromasde.

sur

le premier Zoroastre, il admettoit les deux natures, mais il les dérivoit d'un Etre primitif, dont les regards immenses ne tomboient jamais sur la race imperceptible des hommes.(1) Il disoit que ces pouvoirs subordonnés régneroient tour-à-tour sur la terre, chacun durant une période de 6000 années ; que le méchant génie seroit à la fin subjugué par le bon: & qu'alors les habitans d'ici-bas, dépouillés de leur enveloppe grossière, sans besoins & dans un parfait état de bonheur, erreroient parmi des bois enchantés comme des ombres légères. (2)

Les écrits du premier Zoroastre ont péri dans la révolution des empires ; quelques-uns de ceux du second ont été sauvés. Le plus considérable d'entr'eux est le *Zend*,* qui existe encore parmi les anciens Persans dispersés sur les frontières des Indes. Ce livre sacré se divise en deux parties, l'une traite des cérémonies religieuses, l'autre renferme les préceptes moraux.

---

(1) *Laert. lib.* §. 6—9.
(2) *Plut. Isis & Orisis tom.* 11, *pag.* 155.
* Les Mages ont formé un épitôme de ce livre sous le nom de Sadder, qu'ils lisent au peuple les jours de fêtes.

Nous

Nous possédons en outre les fragmens d'un autre ouvrage du même philosophe, sous le titre des *Oracles de Zoroastre**.

La théorie des gouvernemens semble aussi avoir été familière aux Sages de la Perse. Quelques auteurs représentent Zoroastre l'ancien, sous les traits d'un législateur, & Hérodote introduit ailleurs les seigneurs Persans, après l'assassinat du Mage, délibérant sur le mode de gouvernement à adopter pour l'empire. Othanès propose la démocratie. " Le tyran," dit-il, τὰ μὲν γὰρ ὕβρει κεκορημένος, ἔρδει πολλὰ ἀτάσθαλα· τὰ δὲ φθόνῳ. Tantôt gonflé de haine, tantôt d'orgueil, commet des actions horribles." Mégabyze opine à l'oligarchie, & représente les fureurs du peuple. Darius parle en faveur de la royauté & l'emporte. (1)

Les Mages, & les autres prêtres soumis aux Perses, excelloient dans les études de la nature.

---

* Patricius en publia 323 vers à la suite de sa *Nova Philosophia de Universis*, imprimé à Ferrare en 1591. Je n'ai pu me procurer cet ouvrage assez tôt pour l'impression de cet article. Si je puis le découvrir, je donnerai la traduction de ces vers à la fin de ce volume.

(1) *Herodot. lib.* 3. *cap.* 80.

On peut juger de leurs connoissances en astronomie par une série d'observations de 1903 années, que Callisthène, philosophe Grec attaché à la suite d'Alexandre, trouva à Babylone. (1) N'oublions pas la science mystérieuse, appellée du nom de la secte qui la pratiqua (2). La Magie prouve deux choses, l'ignorance des peuples de l'Orient, & les malheurs des hommes d'autrefois. On ne cherche à sonder l'avenir, que lorsqu'on souffre au présent.

Il est impossible de supposer que tant de lumières pesâssent dans un des bassins de la balance, sans un contrepoids égal de corruption. Aussi trouvons nous qu'un affreux despotisme s'étendoit sur l'empire de Cyrus; que les Satrapes, devenus autant de petits tyrans dans leurs provinces, écrasoient les peuples prosternés à leurs pieds; & qu'un virus de luxe & de misère dévoroit & les grands & petits. (3) Il résulte de ce tableau moral & politique de l'Orient, considéré au moment de l'établisement

---

(1) *Simpl. lib. 2. de Cœlo.*

(2) *Diodot. Sic. lib. 11. pag. 83. Naudœi Apol. pro Vir. Mag. Magiæ Suspect. cap. 8.*

(3) *Plut. in Apothegm. pag. 213. Plat. lib. 3. de Leg. pag. 697. Cyrop. lib. 8. pag. 239.*

des républiques en Grèce, qu'il étoit arrivé à ce point de maturité où les révolutions sont inévitables; ou du moins, à ce degré de connoissances & de vices qui rend une nation plus susceptible d'être ébranlée, par la commotion des troubles politiques des Etats qui l'environnent. Favorisée par ces causes internes, l'influence de la révolution républicaine de la Grèce sur la Perse fut directe, prompte & terrible, parce qu'elle se trouva déterminée vers les armes, en conséquence des événemens que je vais décrire.

Remarquons encore que le principal effet de la révolution Françoise sur l'Allemagne, s'est aussi dirigé par la voie militaire. Mais cet empire étant dans une autre position morale que celui de Cyrus, ne peut, ni n'a à craindre, les mêmes maux. Voulez-vous prédire l'avenir ? considérez le passé. C'est une donnée sûre qui ne trompera jamais, si vous partez du principe : les mœurs.

Avant d'entrer dans le détail de la guerre Médique & de la guerre présente, il faut dire un mot de la situation politique de la Perse & de l'Allemagne, vues quelques momens avant ces grandes calamités.

CHAPITRE LXI.

Situation politique de la Perse à l'Instant de la Guerre Medique—de l'Allemagne à l'Instant de la Guerre RÉPUBLICAINE.* *Darius—Joseph—Léopold.*

CE fut sous le règne de Darius, fils d'Hystaspes, qu'éclata la fameuse guerre Medique,† dont nous allons retracer l'histoire. Ce monarque semble avoir réuni dans sa personne les différentes qualités des empereurs d'Allemagne, Joseph & Léopold. Réformateur & guerrier,(1)

---

* Je me servirai désormais de cette expression pour faire entendre la guerre présente, afin d'éviter les périphrases.

† Les Grecs ne contoient la guerre Medique que depuis l'invasion de Xerxès jusqu'à la défaite de Mardonius à Platée. Moi je comprendrai sous ce nom, toute la période entre la bataille de Marathon sous Darius, & la paix générale sous Artaxerxès. J'avertis que, parlant désormais de la Perse & de l'Allemagne ensemble, pour sauver les longueurs & les tours traînans, j'indiquerai seulement le changement d'un empire à l'autre par ce signe——

(1) *Herodot. lib.* 5. *cap.* 89. *lib.* 4. *cap.* 1. *Plat. de Leg. lib.* 3.

comme le premier, législateur, (1) comme le second, il eut à combattre à-peu-près la même fortune que celle des deux princes Germaniques.

Le roi des Perses en parvenant à la couronne, opéra une grande révolution religieuse. Les Mages, jusques alors maîtres de l'opinion, & qui s'étoient même emparé du pouvoir suprême, (2) reçurent de la main de Darius un coup mortel. (3) Non content de les avoir précipités d'un trône usurpé, il les attaqua à la source de leur puissance, & substituant superstition à superstition, le culte des étoiles* à l'ancienne adoration du soleil, il les supplanta adroitement dans le cœur du peuple.

Ce fait, qui, si l'on considère la circonstance des troubles de la Grèce, devient extrêmement remarquable, & qui par lui-même est un très-grand événement, a à peine été recueilli des

---

(2) *Plat. ib. Diond. lib.* 1. *pag.* 85.
(2) *Herodot. lib.* 3. *cap.* 80.
(3) *Id. ib.*

* On croit que ce fut le second Zoroastre qui rétablit l'ancien culte du soleil. Or, ce Zoroastre vivoit sous Darius même. Ainsi les innovations de celui-ci n'auroient servi qu'à troubler ses Etats sans avoir obtenu le but qu'il s'étoit proposé. *Hyde Rel. Pers. pag.* 311. *Bayl. Let. Z. Zor. Prideaux. pag.* 210. *Suid. in Zor.*

écrivains.

écrivains. Cependant les conséquences durent en être vivement senties. Si la science des hommes demeure en tous tems la même ; & qu'il soit permis de raisonner de l'effet des passions, d'après la connoissance de ces passions ; on peut hardiment conjecturer que l'insurrection de la Babylonie, (1) peut-être même celle de l'Ionie, par des causes maintenant impossible à découvrir, provinrent de ces innovations.* Qui sait jusqu'à quel degré elles n'influèrent point sur le sort des armes dans la guerre Medique, & par conséquent sur la destinée des Perses ? Ces réformes sacerdotales de Darius & de Joseph dans leurs Etats, presqu'au moment de l'abolition de la monarchie en Grèce & en France, présentent un des rapports les plus intéressans de l'histoire.

---

(1) *Herodot. lib.* 3. *cap.* 160—160.

* Il est impossible qu'un ordre religieux de la plus haute antiquité, & qui gouvernoit le peuple à son gré, se laissât massacrer, proscrire, sans mettre en usage toutes les ressources de sa puissance. Et puisque Lucien nous apprend que de son tems les Mages existoient dans tout leur éclat en Perse, il faut en conclure qu'ils obtinrent la victoire sur Darius. D'ailleurs, Pline & Arien parlent des Mages tous puissans sous Xerxès, & de ce prince lui-même, comme d'un grand sectaire du second Zoroastre.

Ce

Ce dernier prince n'eut pas plutôt touché aux hochets sacrés, que les prêtres allarmant les villes des Pays-Bas, leur persuadèrent qu'on en vouloit à leur liberté, lorsqu'il ne s'agissoit que de quelques couvens de moines inutiles. La révolte du Brabant a eu des suites les plus funestes. Le peuple, dompté seulement par la force des armes, froid dans la cause de ses maîtres, qu'il regardoit comme ses tyrans, loin d'épouser la querelle des Alliés, a présenté aux François une proie facile. Observons encore la réaction de la justice générale. Le clergé Flammand soulève les Brabançons contre leurs souverains légitimes, pour sauver quelques parties de ses immenses richesses ; les républicains arrivent, & s'emparent du tout.

Une guerre malheureuse venoit de désoler la Perse—de ruiner l'Allemagne. Darius, dans son expédition de Scythie, avoit perdu une armée florissante.(1)—Les Etats de Joseph s'étoient épuisés pour seconder son entreprise contre la Porte. Mais ici se trouve une différence locale essentielle. Les troupes Persannes, en se rendant par la Thrace aux bords de l'Ister, se rapprochèrent de la Grèce.—L'armée Autrichienne, en se jettant sur la Turquie, s'éloi-

---

(1) *Strab. lib.* 7. *pag.* 305. *Herod. lib.* 4. *cap.* 1341.

gnoit

gnoit au contraire des frontières de France. Cette chance de position a décidé en partie du succès de la guerre présente. Car, ou les Empereurs se fûssent déclarés plutôt contre la République, & l'eûssent trouvé moins préparée ; ou les François eux-mêmes n'auroient su pénétrer d'abord dans le Brabant. Autres données, autres effets.

Joseph étant mort à Vienne, son frère Léopold, Grand - Duc de Toscane, lui succéda. Celui-ci, accoutumé, dans une position moins élevée, à un horison peu étendu, ne put saisir l'immensité de la perspective, lorsqu'il eut atteint à de plus hautes régions. La nature l'avoit doué de cette vue microscopique qui distingue les parties de l'infiniment petit, & ne sauroit embrasser les dimensions plus nobles du grand. Il porta cependant avec Darius quelques traits de ressemblance : l'amour de la justice & la connoissance des loix. Mais le prince Persan considéra ses sujets du regard du monarque qui dirige des hommes, (1) & le prince Germanique de l'œil du maître qui surveille un troupeau. L'un possédoit la chaleur & la libéralité du chef qui donne ; (2) l'autre la

---

(1) *Plut. Apopth. t. 2. pag.* 173.
(2) *Herodot. lib.* 3. *cap.* 132—*lib.* 6. *cap.* 120. *&c.*

froideur & l'œconomie du dépositaire qui compte.*

Tels étoient les monarques & l'état des deux empires, lorsque la révolution républicaine de la Grèce, & celle de la France firent éclater la guerre Medique dans l'ancien monde — la guerre présente dans le monde moderne. Nous allons essayer d'en développer les causes.

---

* Je juge ici d'après le livre des *Institutions Toscanes* de Léopold, imprimé en Italien & que j'ai eu quelque tems entre les mains; en outre sur ce que j'ai appris en Allemagne touchant cet empereur, & dans plusieurs conversations avec des Florentins; enfin par l'histoire générale de l'Europe à cette époque. La justice cependant m'oblige de dire que j'ai trouvé des Allemands grands admirateurs des vertus de Léopold.

CHAPITRE LXII.

Influence de la Révolution Républicaine de la Grèce sur la Perse — & de la Révolution Républicaine de la France sur l'Allemagne. Causes immédiates de la Guerre Medique — de la Guerre Républicaine. L'Ionie.* Le Brabant.

LES différentes colonies que les Grecs avoient fondées sur les côtes de l'Asie-Mineure, étoient tombées peu-à-peu sous la puissance des rois de Lydie.(1) Celle-ci ayant été à son tour renversée par Cyrus, les villes d'Ionie passèrent alors sous le joug de la Perse. (2)

Elles ne connurent cependant que le nom de l'esclavage. Leurs maîtres leur laissèrent leur ancien gouvernement populaire & n'exigeoient d'elles qu'un léger tribut, (3) mais les

LIV. I.
I. PART.
Rév. Anc.
A. J. C.
509.
Ol. 67.

---

* Je comprends sous le nom général de l'Ionie, l'Ionie proprement dite, l'Eolide & la Doride.
(1) Herodot. *lib.* 1. *cap.* 6.
(2) *Id. ib. cap.* 141. Thucyd. *lib.* 1. *cap.* 16.
(3) Herodot. *lib.* 6. *cap.* 42—43.

habitans de ces cités, incapables de modération, ne connoissoient pas de plus grand tourment que le repos. Amollis dans le luxe & les voluptés, ils n'avoient conservé de la pureté de leurs mœurs primitives qu'une inquiétude, toujours prête à les plonger dans les malheurs des révolutions, sans qu'ils fûssent jamais assez vertueux pour en recueillir les fruits. (1)

Les colonies Grecques-Asiatiques, formoient un corps de républiques qui se gouvernoient par leurs propres loix, sous la protection de la cour de Suze, (2) de même que les États fédératifs des Pays-Bas sous la puissance des Empereurs d'Allemagne. Plusieurs fois les premières avoient cherché à se soustraire à la domination de la Perse (3) sans avoir pu y parvenir. Dans la dix-neuvième année du règne de Darius, les peuples de l'Ionie se soulevèrent à la fois. (4) Le motif général de l'insurrection étoit ces plaintes vagues de tyrannie, le grand texte des factieux ; & qui ne veut dire autre chose, sinon qu'on a besoin d'expres-

---

(1) *Athen. lib.* 12. *pag.* 526. *Herodot. lib.* 9. *cap.* 104. *Thucyd. lib.* 6. *cap.* 67—77. *Xenoph. Instit. Cyr. pag.* 158. *Diod. ibid.* 14. *Pausan. lib.* 3.
(2) *Herodot. lib.* 1. *cap.* 143. *Strab. lib.* 8. 384.
(3) *Herodot. lib.* 1. 6.
(4) *Id. lib.* 5. *cap.* 98.

sions figurées, pour éviter d'employer au sens propre, haine, envie, vengeance & tous ces mots qui composent le vrai dictionnaire des révolutions.

—Le Brabant, autrefois partie du Duché de Bourgogne, étant passé, après plusieurs successions, à la maison d'Autriche, demeura en possession de ses privilèges politiques, formant une espèce de république, soumise à un grand empire.

Le caractère des Flammands, considéré au civil, présentoit encore des analogies frappantes avec celui des Grecs Asiatiques. Indomptables dans leur humeur, les habitans des Pays-Bas tendoient sans cesse à s'insurger, sans autre raison qu'une impossibilité d'être paisibles. La république du brasseur Artavelle,(1) le bannissement de plusieurs de leurs Comtes, (2) les révoltes sous Charles le Téméraire, (3) les grands troubles sous Philippe second, (4) ne prouvent que trop cette vérité. Les innovations

---

(1) *Froissard. cap. 34. Dan. tom. 3. pag.* 418, *&c.*
(2) *Id. ib. Hume's Hist. of Engl. tom.* 2. *pag.* 395.
(3) *Philip. de Comin.*
(4) *Bentiv. Guer. di fiand. lib.* 1. *pag.* 10. *&c. lib.* 2. *Camden in Elizab.*

de Joseph étoient plus que suffisantes pour soulever un peuple impatient & superstitieux. Dans un instant les Pays-Bas furent en armes ; & l'Empereur Germanique s'apperçut, trop tard, qu'il avoit méconnu le génie des hommes. (1)

---

(1) *Test. Pol. de Joseph.*

CHAPITRE LXIII.

Déclaration de la Guerre Médique, l'An premier de la soixante-neuvième Olympiade (505 ans A. J. C.)—Déclaration de la Guerre Présente, 1792. Premières Hostilités.

Durant que ceci se passoit en Ionie & dans le Brabant, de grandes scènes s'étoient ouvertes en Grèce & en France. Soulevées au nom de la liberté, ces deux contrées avoient chassé leurs princes & changé la forme de leur gouvernement. Dans le moment le plus chaud de cet enthousiasme, les Athéniens voient tout-à-coup arriver les ambassadeurs de l'Ionie révoltée, qui les supplient de secourir leurs concitoyens dans la cause commune de l'indépendance. (1)—Les députés du Brabant en insurrection font à Paris la même prière à l'assemblée nationale.

L'impétuosité Attique & Françoise auroit bien désiré se précipiter dans la mesure pro-

___
(1) *Herodot. lib.* 5. *cap.* 55.

posée, mais l'heure n'étoit pas venue. On ne comptoit encore que des préparations peu avancées ; un reste de crainte retenoit ; d'ailleurs il étoit impossible, sans renoncer à toute pudeur, de rompre la paix avec la Perse—avec l'Allemagne, dont on n'avoit aucun sujet de plainte. On renvoya donc les députés avec des paroles obligeantes, se contentant de fomenter sous main des troubles auxquels on ne pouvoit encore prendre de part ouverte.*

Le prétexte ne tarda pas à se présenter. Hippias, dernier roi d'Athènes, s'étoit retiré à la cour d'Artapherne, (1) frère de Darius & Satrape de Lydie.—Les princes, frères de Louis XVI, avoient cherché un refuge à la cour de Coblentz. Aussitôt les Athéniens disent que

---

* On est forcé de concevoir ainsi la chose d'après le récit d'Hérodote, qui se contredit avec les faits qu'il rapporte lui-même. Il représente Aristagore à Athènes, vers le commencement de la seconde année de la révolte de l'Ionie, & ajoute qu'il obtint le but de sa négociation ; & cependant les Athéniens ne joignirent leur flotte aux Grecs Asiatiques que l'année suivante. D'ailleurs, Plutarque, dans plusieurs endroits de ses ouvrages, & Platon dans le troisième livre des *Loix*, confirment ce que j'avance ici. *Herodot. lib. 5. cap.* 55—96—97—99—103. *Plut. in Themist. id. de Glor. Athen. Plat. de Leg. lib.* 3.

(1) *Herodot. lib. 5. cap.* 96.

Darius favorise le tyran ; que celui-ci intrigue pour susciter des ennemis à sa patrie. (1) On députe vers Artapherne, on lui signifie qu'il ait à cesser de protéger la cause d'Hippias. (2)—Les François exigent de Léopold qu'il défende les rassemblemens d'émigrés dans ses Etats & abandonne les princes fugitifs.—Artapherne répond ouvertement, que si les Athéniens désirent se concilier la faveur du grand roi, il faut qu'ils rétablissent le fils de Pisistrate sur le trône. (3)—L'empereur Germanique semble obéir aux ordres de l'assemblée nationale, en même tems qu'il tient secrètement une conduite opposée.

D'un autre côté, Darius se plaignoit de ce que les Grecs entretenoient la révolte des villes d'Ionie, & s'arrogeoient le droit de se mêler du gouvernement intérieur de ses provinces, (4) à-peu-près de même que les princes Allemands réclamoient contre les décrets de l'assemblée nationale, qui s'étendoient sur leur territoire.

Il étoit impossible qu'au milieu de ces reproches mutuels, les esprits conservâssent long-

---

(1) *Herodot. lib.* 6. *cap.* 102.
(2) *Id. lib.* 5. *cap.* 96.
(3) *Id. ib.*
(4) *Id. ib. cap.* 105.

tems la modération dont ils affectoient encore de se parer. Les partis, protestant toujours le désir de paix, se préparoient secrètement à la guerre.(1) On s'aigrissoit de plus en plus. Hippias, à la cour de Suze, représentoit les Grecs comme des factieux ennemis de l'ordre & des rois. (2)—Les émigrés invoquoient l'Europe contre des régicides qui avoient juré haine éternelle à tous les trônes.—Les Grecs & les François disoient qu'on devoit se lever contre des tyrans qui menaçoient la liberté des peuples.(3) Les uns crient au républicanisme ; (4) les autres à l'esclavage ; (5) on s'insulte ; on vole aux armes. Les Athéniens & les patriotes de France, gagnant de vîtesse le flègme Oriental & Allemand, se hâtent d'attaquer la Perse*—la Germanie. L'an 1er de la 69ème olympiade, & l'année 1792 de notre ère, virent les premières hostilités de ces guerres trop mémo-

---

(1) *Herodot. lib.* 5. *cap.* 55.
(2) *Id. ib. cap.* 96.
(3) *Herodot. ib. cap.* 102.
(4) *Id. ib. cap.* 96.
(5) *Id. ib.*

* Je commence la guerre Medique au moment où les Athéniens prirent une part active dans la révolte des Ioniens. Il n'y eut alors aucune déclaration formelle de guerre ; elle n'eut lieu que lors de l'invasion de Xerxès.

tables. Les Athéniens se précipitèrent sur l'Asie Mineure, où ils brûlèrent Sardes. (1)— Les François sur le Brabant, où ils se signalèrent de même par des incendies. Les uns & les autres, bientôt forcés à une fuite honteuse, (2) se retirèrent, laissant après eux des flammes que des torrens de sang pouvoient seuls éteindre.

---

(1) *Herodot. lib. cap.* 102.
(2) *Id. ib. cap.* 103.

CHAPITRE LXIV.

Premières Campagnes. An trois de la soixante-douzième Olympiade* — 1792 Portrait de Miltiade—Portrait de Dumouriez. Bataille de Marathon—Bataille de Gemmape. Accusation de Miltiade—de Dumouriez.

LIV. I.
I. PART.
Rév. Anc.
A. J. C.
509.
Ol. 67.

LES Perses, ainsi que les Autrichiens, se déterminèrent à tirer de leurs ennemis une vengeance éclatante. Les premiers firent partir Datis à la tête de cent dix mille hommes, ayant sous lui le prince Athénien Hippias (1)—Les seconds s'avancèrent sons le roi de Prusse conduisant les frères de Louis XVI. L'armée Asiatique, après s'être emparé de quelques îles voisines de l'Attique, descendit victorieusement à Marathon. (2)—Les troupes coalisées contre la France, s'étant saisies de plusieurs

---

* 490 avant J. C.

(1) Herodot. lib. 6. cap. 94—102. Plat. de Leg. lib. 3. Nep. in Milt. cap. 5.

(2) Herodot. ib. cap. 101. Nep. in Milt.

places frontières, se déployèrent dans les plaines de Champagne.

La plus extrême confusion se répandit alors en Grèce—en France.(1) Les uns, partisans de de la royauté, se réjouissoient en secret de l'approche des légions étrangères ; (2) d'autres, dont les opinions varient avec les événemens, commençoient de s'excuser de leur patriotisme passé ; (3) enfin les amans de la liberté, exaltés par le danger des circonstances, sentoient leur courage s'augmenter en proportion des malheurs de la patrie(4) & je ne sais quoi de sublime qui tourmentoit leurs ames.

Au nom de Miltiade on frissonne d'un saint respect, non que l'éclat de ses victoires nous éblouisse, mais parce qu'il arracha son pays à la servitude. Les qualités guerrières de cet homme fameux, furent l'activité & le jugement. (5) Connoissant le caractère de ses compatriotes, il ne balança pas à les précipiter sur les Perses à Marathon, (6) certain que la ré-

---

(1) *Plat. de Leg. lib.* 3.
(2) *Herodot. lib.* 6. *cac.* 42—101.
(3) *Id. ib.* 43.
(4) *Herodot. ibid.*
(5) *Herodot. lib.* 6. *cap.* 116—120. *Corn. Nep. in Mil. Plut. in Arist.*
(6) *Herodot. ib. cap.* 109. *Plut. ib. p.* 321. *Corn. Nep. in Milt. cap.* 5.

flexion

flexion étoit dangereuse à ces bouillans courages. Les traits du général Athénien brilloient de ses vertus, dirai-je de ses vices ? Un front large, un nez un peu aquilain, une bouche ferme & comprêssée, une vigueur de génie répandue sur tout son visage, montroient le redoutable ennemi des tyrans, mais peut-être l'homme un peu enclin lui-même à la tyrannie.* Le poignard d'un Brutus peut être aisément forgé dans le sceptre de fer d'un César ; & les ames énergiques, comme les volcans, jettent de grandes lumières & de grandes ténèbres.

De petites formes, de petits traits, un air remuant & pertinent, cachent cependant dans M. Dumouriez des talens peu ordinaires. On lui a fait un crime de la versalité de ses principes; supposé que ce reproche fût vrai, auroit-il été plus coupable que le reste de son siècle ? Nous autres Romains de cet âge de vertu, tous tant que nous sommes, nous tenons en réserve nos costumes politiques pour le moment

---

* Voyez les différentes têtes de Miltiade *in gemme*. J'ai dessiné celle dont je me sers d'après une excellente collection d'estampes antiques, gravées à Rome en 1666 sur les originaux, & que le Rév. B. S. a bien voulu me communiquer.

de la pièce ; & moyennant un demi-écu qu'on donne à la porte, chacun peut se procurer le plaisir de nous faire jouer avec la Toge, ou la Livrée, tour-à-tour un Cassius, ou un valet.

Rassurés par la noble confiance de Miltiade, les Athéniens volèrent au combat.—Les François, conduits par Dumouriez, cherchèrent l'armée combinée. Les Perses & les Prussiens, par la plus incroyable des inactions, sembloient paralysés dans leurs camps.* Bientôt les derniers furent contraints de se replier, en abandonnant leurs conquêtes, & les Républicains marchèrent aussitôt en Flandres. Marathon & Gemmape † ont appris au monde que

---

* Il y avoit dix généraux dans l'armée Athénienne qui devoient commander chacun à leur tour, mais ils cédèrent cet honneur à Miltiade. Celui-ci cependant attendit que le jour où il commandoit de droit fût arrivé pour donner la bataille. D'ici il résulte que la petite poignée de Grecs, se montant à dix mille Athéniens, & mille Platéens, restèrent plusieurs jours en présence des cent dix mille Perses, sans que ceux-ci songeassent à les attaquer. Quant au roi de Prusse, il se donna le plaisir pieux de réinstaller l'évêque de Verdun dans son siège épiscopal, & d'entendre les chanoines chanter la messe, à la grande satisfaction de tous les assistans.

† Ces deux batailles si semblables dans leurs effets pour la Grèce & pour la France, diffèrent totalement quant aux circonstances. 10 mille Athéniens défirent 110 mille
Perses,

l'homme qui défend ses foyers, & l'enthousiaste qui se bat au nom de la liberté, sont des ennemis formidables.

Un calme de peu de durée succéda à ses premières tempêtes. Les Athéniens & les François le remplirent de leur ingratitude. Miltiade & Dumouriez ayant éprouvé quelques revers, (1) furent accusés de royalisme (2) & de s'être laissés corrompre par l'or de la Perse (3) & de l'Autriche. Le premier expira dans les fers des blesssures qu'il avoit reçues à la défense de la patrie ; (4) le second n'échappa à la mort que par la fuite. (5)

Perses, & 50,000 François eurent bien de la peine à forcer 10 mille Autrichiens. La retraite de Clerfayt, après la bataille, a passé pour un chef-d'œuvre d'art militaire. Les Perses perdirent 6400 hommes, les Grecs 192. J'ai vu deux prisonniers Patriotes qui s'étoient trouvé à Gemmape & qui m'ont assuré que les François y laissèrent de 12 à 15 mille tués.—La bataille de Marathon se donna le 29 Septembre 490 A. J. C.—Celle de Gemmape le 9 Novembre 1792.

(1) *Herodot. lib. 6. cap.* 132. *Nep. in Milt. cap.* 7.
(2) *Nep. ib. cap.* 8.
(3) *Herodot. ib. cap.* 136.
(4) *Id. ib. Corn. Nep. in Milt. cap.* 8.
(5) *Mémoires du Géné. Dumour.*

CHAPITRE LXV.

Xerxès—François. Ligue générale contre la Grèce—contre la France. Révolte des Provinces.

CEPENDANT l'empire d'Orient & celui d'Allemagne avoient changé de maîtres. Darius & Léopold* n'étoient plus. A ces monarques, savans dans la connoîssance des hommes & dans l'art de gouverner, succédèrent leurs fils Xerxès & François. Ces jeunes princes, placés au timon de deux grands Etats dans des circonstances orageuses, égaux en fortune, se montrèrent différens en génie. Le roi des Perses, élevé dans la mollesse, étoit aussi pusillanime (1) que l'empereur Germanique,

LIV. I.
I. PART.
Rév. Anc.
A. J. C.
509.
Ol. 67.

---

* Léopold ne vit pas la première campagne, puisqu'il mourut à Vienne le jour même que la guerre fut déclarée à Paris. Mais comme cette déclaration se fit en son nom, j'ai négligé de parler plutôt de cet événement, qui ne change rien à la vérité des faits, & pouvoit nuire à l'ensemble du tableau.

(1) *Plat. de Leg. lib.* 3. *pag.* 698.

nourri dans les camps de Joseph, est courageux.* Ils semblent seulement avoir partagé en commun l'obstination de caractère. (1) Ils eurent aussi le malheur d'être trompés par leurs ennemis, qui s'introduisirent jusques dans leurs conseils.†

Résolu de poursuivre vigoureusement la guerre que son père lui avoit laissée avec la couronne,‡ Xerxès assemble son conseil ; il y montre la nécessité de rétablir dans tout son lustre l'honneur de la Perse, terni aux champs de Marathon. " J'irai," dit-il, " je traverserai les mers, je raserai la ville coupable, & j'emmenerai

---

* François a donné les plus grandes marques de bravoure dans la guerre des Turcs, particulièrement un jour, que s'étant emporté si loin à la poursuite des ennemis il revint seul au camp, où on étoit dans les plus vives allarmes sur son compte. Je tiens ce fait du colonel des Hussards de la Garde du roi de Prusse.

(2) *Plat. de Leg. lib.* 3. *pag.* 698.

† Thémistocle fit plusieurs fois donner des avis à Xerxès en particulier, l'un avant, l'autre après la bataille de Salamine.—On dit que le Cabinet de l'Empereur est composé de gens entièrement vendus à la France.

‡ Entre la première invasion de la Grèce par les Perses sous Darius, & la seconde sous Xerxès, il se trouve un intervalle de 10 ans, presque tout employé en préparatifs de guerre.

ses citoyens captifs dans les fers." (1) — Les Alliés ont aussi tenu à-peu-près le même langage.

—Après un tel discours, on ne songea plus qu'aux immenses préparatifs de l'expédition projettée. Des couriers chargés des ordres de la cour de Suze, se rendent dans les provinces pour hâter la marche des troupes. (2) En même tems une ligue générale de tous les Etats de l'Asie, de l'Afrique & de l'Europe se forme contre le petit pays de la Grèce. Les Carthaginois prenant à leur solde des Gaulois, des Italiens, des Ibériens, se déclarent & signent un traité d'alliance offensive avec le grand roi. (3) La Phœnicie & l'Egypte équipent leurs vaisseaux pour la coalition. (4) La Macédoine y joint ses forces. (5) De ses Etats proprement dits, la Medie & la Perse, Xerxès tire des troupes aguerries. (6) La Babylonie, l'Arabie, la Lydie, la Thrace & les diverses Satrapies fournissent leur contingent à

---

(1) *Herodot. lib.* 7. *pag.* 382.
(2) *Id. ib. cap.* 20.
(3) *Diod. lib.* 11. *pag.* 1.—2. *&c.*
(4) *Herodot. lib.* 7. *cap.* 89—99.
(5) *Id. ib. cap.* 185.
(6) *Id. ib. cap.* 60—87.

la ligue, (1) & une armée de trois millions de combattans s'assemble dans la plaine de Doriscus. (2)

Au bruit de ces préparatifs formidables, des provinces de la Grèce, soit par lâcheté, soit par opinion, se rangent du parti des étrangers. (3) Et l'on vit bientôt la Béotie, l'Argolide, la Thessalie & plusieurs îles de la mer Egée, (4) joindre leurs efforts à ceux des tyrans.

—François de son côté faisoit des préparatifs immenses. Ses Etats de Hongrie, de Bohème, de Lombardie, &c. lui donnent d'excellens soldats ; la Prusse le soutient de tout son pouvoir ; les Cercles de l'Empire mettent sur pied leurs légions ; l'Angleterre, la Hollande, l'Espagne, la Sicile, la Sardaigne, la Russie, se combinent dans la ligue générale ; & de nombreuses armées s'avancent sur toutes les frontières de la France. Aussitôt la Vendée, le Lyonnois, le Languedoc s'insurgent : & la ré-

---

(1) *Herodot. lib.* 7. *cap.* 60.—87.
(2) *Id. ib. Isocrat. Panath. pag.* 305. *Just. lib. cap. Plut. in Themist.*
(3) *Herodot. lib.* 7. *cap.* 32. *Diod. lib.* 11.
(4) *Herodot. lib.* 7. *cap.* 185.—*lib. cap.* 5—*lib.* 9. *cap.* 12.

publique

TABLEAU DES PEUPLES
COALISÉS
CONTRE LA GRECE
DANS LA GUERRE MÉDIQUE.

PUISSANCES CONTINENTALES.

LA PERSE.

ÉTATS PROPREMENT DITS DU ROI DES PERSES.

La Perse
La Médie
La Babylonie.

SATRAPIES DE LA PERSE.

La Lydie
L'Arménie
La Pamphylie, &c.

ALLIÉS.

Divers Peuples Arabes
Divers Rois de Thrace
La Macédoine.

PUISSANCES MARITIMES.

Carthage
Tyr
L'Egypte
L'Ionie.

PROVINCES RÉVOLTÉES.

La Béotie
L'Argolide
Plusieurs Iles de la Mer Egée.

GRECS ÉMIGRÉS.

Hippias, Prince d'Athènes, &c.

NATIONS NEUTRES.

Les Scythes
Les Peuples d'Italie
Les Thessaliens
Les Crétois
Et quelques autres.

Les Grecs n'eurent aucun Allié dans le commencement de la guerre.

BATAILLES, PAIX DIVERSES, CONQUÊTES, PAIX GÉNÉRALE.

A. J. C.
Années.

Les Grecs ravagent la Lydie, & sont repoussés 504
Bataille de Marathon, 29 Sept. . 490
Coalition générale 485
                    & suivantes
Invasion des Perses 480
Combat des Thermopyles, Août 480
Bataille de Salamine, 20 Octobre 480
Carthage fait la Paix, même année ——
Bataille de Platée & de Mycale, 19 Septembre 479
La Béotie saccagée par les Grecs, même année . . , . . ——
La Macédoine & diverses Iles de la Mer Egée concluent la Paix avec les Grecs, ... 479
                    & suivantes.
Conquêtes, Déprédations, Tyrannie des Grecs, même année . . ——
La Lycie, la Carie forcés par eux à se déclarer contre les Perses, 470
La Thrace subjuguée, ... 469
                    & suivantes.
Invasion de l'Egypte par les Grecs, 462
Ils y périssent, ... 462
                    & suivantes.
Paix générale 449

Autant qu'on peut en juger par les différens relevés des batailles, il périt environ 10 millions d'hommes par les armes, dans la guerre des Perses & des Grecs.

TABLEAU DES PEUPLES
COALISÉS
CONTRE LA FRANCE
DANS LA GUERRE *RÉPUBLICAINE*.

PUISSANCES CONTINENTALES.	BATAILLES, PAIX, DIVERSES CONQUÊTES.	
L'*ALLEMAGNE*.		*De notre ère.*
ÉTATS PROPREMENT DITS DE L'EMPEREUR.		Année.
La Hongrie	Les François tentent l'Invasion du Brabant, & sont repoussés, 29 Avril, ...	1792
La Bohème		
L'Autriche		
Le Brabant		
La Lombardie, &c.	Bataille de Gemmappe, 7 Nov.	—
CERCLES DE L'EMPIRE.	Coalition Générale, Fév. & Mars,	1793
La Bavière	Invasion des Autrichiens, Avril	—
La Saxe	Bataille de Maubeuge, 17 Octobre	—
Les Electorats de Trèves, de Hanovre, &c.	La Vendée ravagée par les François, Octobre	—
ALLIÉS.	Bataille de Fleurus, 29 Juin .	1794
La Russie	Conquêtes, Déprédations,	—
Les Princes d'Italie	Tyrannie des François, Sept. Oct.	—
L'Espagne	Le Roi de Prusse fait la Paix, 5 Avril	1795
La Prusse.		
PUISSANCES MARITIMES.	Le Roi d'Espagne & celui de Sardaigne contraints de traiter, 28 Juin & suiv.	
L'Angleterre		
La Hollande.		
PROVINCES RÉVOLTÉES.	Le premier, environ un an après la Pacification, forcé de se déclarer contre les Alliés.	
La Vendée		
Le Morbihan		
Le Lyonnois		
La Provence	Invasion de l'Italie par les François,	1796
Et quelques autres départemens.	—— de l'Allemagne, Juin .	—
ÉMIGRÉS FRANÇOIS.	Les François y sont détruits, Sept.	—
Les Bourbons, &c.	Ouverture de Paix générale, Dec.	—
NATIONS NEUTRES.		
Les Suisses		
Le Danemarck	Environ 1,000,000 d'hommes ont péri par les armes aux frontières, dans La Vendée, & ailleurs. Je fais ce calcul, qui peut paroître modéré, sur l'addition des tués dans les différentes batailles, & d'après les *Mémoires sur La Vendée*, par le Général Tureau.	
La Suède		
Les Villes Anséatiques		
Les Etats-Unis d'Amérique.		
Les François n'eurent aucun Allié dans le commencement de la guerre.		

publique naissante, attaquée au dedans & au dehors, se voit menacée d'une ruine prochaine.

Un très petit nombre de peuples restèrent tranquilles spectateurs de ces grandes scènes. Dans le monde ancien on ne compta que ceux de la Crete,(1) de l'Italie,* de la Scythie.—Le Danemarck, la Suède, la Suisse, & quelques autres petites républiques, demeurèrent neutres dans le monde moderne. Ni les Grecs, ni les François, n'eurent d'alliés au commencement de la guerre. Leurs armes leur en firent par la suite. (2)

Afin que le lecteur puisse parcourir d'un coup-d'œil ce tableau intéressant, je vais joindre ici une carte, où l'on a rangé les alliés de la guerre Medique & de la guerre Républicaine sur deux colonnes, les peuples qui se correspondent opposés les uns aux autres, les provinces soulevées, les dates des batailles, des paix partielles, &c. &c.

---

(1) *Herodot. lib.* 7. *cap.* 171.

* Encore l'Italie avoit-elle des troupes à la solde de Carthage.

(2) *Plut. in Cim. Thucyd. lib.* 1. *pag.* 66. *Diod. lib.* 11, *pag.* 47.

CHAPITRE LXVI.

Campagne de la 4ème Année de la 74ème Olympiade* (480 A. J. C.)—Campagne de 1793. Consternation à Athènes & à Paris. Bataille de Salamine. — Bataille de Maubeuge.

LIV. I.
I. PART.
Rév. Anc.
A. J. C.
509.
Ol. 67.

TOUT étant disposé pour l'invasion préméditée, Xerxès lève son camp & s'avance vers l'Attique, suivi de ses innombrables cohortes.†—Cobourg, généralissime des forces combinées, marche de même sur la France. Dans les armées florissantes de la Perse & de l'Autriche on voyoit briller également une foule de princes. Les Alexandre, les Artemise, les rois de

---

* Les Jeux Olympiques se célébrant dans l'été, il en résultoit qu'une campagne occupoit chez les Grecs la fin d'une année civile & le commencement de l'autre ; par exemple les trois derniers mois de la 4ème année de la 74ème Olympiade & les trois premiers de la 75ème, ainsi de suite. Je n'en marque qu'une pour abréger.

† Il avoit passé l'Helespont au commencement du printems de l'an 480 avant J. C. Il séjourna un peu plus d'un mois à Doriscus. Ainsi il put recommencer sa marche vers la fin de Mai.

Cilicie,

Cilicie, de Tyr, de Sidon : (1)—les York, les Orange, les Saxe. Bien différentes étoient les troupes opposées. Des citoyens obscurs, dont les noms même avoient été jusqu'alors ignorés, commandoient d'autres citoyens pauvres & leurs égaux. Je ne ferai point le portrait de Themistocle & d'Aristide, qui sauvèrent alors la Grèce. Si j'avois eu des hommes à leur opposer dans mon siècle, je n'eûsse pas écrit cet Essai.

Tout céda à la première impulsion des forces combinées. Les Thermopyles, Thèbes, Platée, Thespies tombèrent devant les Perses,(2)—Valenciennes, Condé, le Quesnoi, devant les Autrichiens. Pour les premiers il ne restoit plus qu'à marcher sur l'Attique.—Pour les seconds qu'à se jetter dans l'intérieur de la France.

Le trouble, la consternation, le désespoir qui régnoient alors à Athènes & à Paris, ne sauroient se peindre. Les frontières forcées, les étrangers prêts à pénétrer dans le cœur de l'Etat, des soulevemens dans plusieurs provinces, tout paroissoit inévitablement perdu. Pour comble de maux, une division fatale d'opinions parmi les patriotes, achevoit d'éteindre jusqu'au

LIV. I.
I. PART.
Rév. Anc.
A. J. C.
509.
Ol. 67.

---

(1) *Herodot. lib,* 8. *cap.* 68.
(2) *Herodot. lib.* 7. *cap.* 325. *lib.* 8. *cap.* 50.

moin-

moindre rayon d'espérance. La mort d'Hippias à Marathon(1)—la prise de Valenciennes au nom de l'Empereur, ne laissoient plus aux royalistes des la Grèce & de la France, de moyens de douter des intentions des puissances coalisées. Tous les citoyens tomboient donc d'accord de la défense, mais personne ne s'entendoit sur le mode. Les Lacédémoniens opinoient à se renfermer dans le Péloponèse, (2) un parti des Athéniens vouloit qu'on défendît la cité ; (3) un autre, qu'on mît toutes ses forces dans la marine. (4) L'ambition des particuliers venoit à la traverse. Des hommes sans talens prétendoient à des places auxquelles les plus grands génies suffisoient à peine.(5) Themistocle écarta ses rivaux ; détermina les citoyens à se porter sur leurs galères, (6) & la patrie fut sauvée.—En France, les avis étoient encore plus partagés. Chaque tête enfantoit un projet & s'efforçoit de le faire adopter aux autres. Ceux-ci ne voyoient de salut que dans les pla-

---

(1) *Herodot. lib.* 6. *cap.* 114.
(2) *Id. lib.* 8. *cap.* 40. *Isocrat. pag.* 166.
(3) *Herodot. lib.* 7. *cap.* 143. *Plut in Cim.*
(4) *Herodot. ib. Plut. in Themist.*
(5) *Plut. ib.*
(6) *Id. ib.*

ces fortifiées ; ceux-là parloient de se retirer dans l'intérieur. Un plus grand nombre vouloit que la République se précipitât en masse sur les Alliés. Ce dernier plan parut le meilleur, & son adoption ramena la victoire.

Cependant des diversités de sentimens, non moins fatales à leurs causes, frappoient les armées conquérantes d'imbécillité & de foiblesse. Xerxès, épouvanté du combat des Thermopyles, flottoit incertain de la conduite qu'il devoit tenir. (1) Il apprenoit qu'une partie de la Grèce étoit assise tranquillement aux Jeux Olympiques, * tandis qu'il ravageoit leur contrée, & il ne savoit qu'en croire. (2) Dans son conseil, le roi de Sidon se déclaroit en faveur d'une attaque immédiate sur les galères Athéniennes. (3) Artemise au

---

(1) *Herodot. lib.* 7. *cap.* 210.

* Comme les François aux fêtes de leur capitale tandis que le prince Cobourg prenoit Valenciennes. Ceci ne détruit point ce que j'ai dit plus haut, & est fondé sur la vérité de l'histoire. C'étoit le caractère des Grecs: (comme c'est celui des François) plongés le matin dans le plus grand trouble; à 6 heures du soir à la foire, & désespérés de nouveau en en sortant.

(2) *Herodot. lib.* 8. *cap.* 26.
(3) *Herodot. lib.* 8. *cap.* 68.

contraire, représentoit qu'en tirant la guerre en longueur, les ennemis étoient infailliblement perdus. (1) — Parmi les Autrichiens & leurs alliés, plusieurs maintenoient qu'il falloit s'emparer des villes frontières ; le Duc de York se rangeoit de l'avis de marcher sur la capitale. Le sentiment de la reine d'Halicarnasse, (2) — celui du prince Anglois furent rejettés & les opinions contraires adoptées. Ainsi, par cette destinée qui dispose des empires, des diverses mesures en délibération, les Grecs & les François choisirent celles qui pouvoient seules les sauver ; les Perses & les Autrichiens, celles qui devoient nécessairement les perdre.

Aussitôt Xerxès se prépare à la célèbre action de Salamine. — Cobourg divise ses forces, bloque Maubeuge, & envoie les Anglois attaquer Dunkerque. Il se passoit alors sur la flotte réunie des Grecs, de ces grandes choses qui peignent les siècles, & qu'on ne retrouve qu'à des intervalles considérables dans l'histoire. La division s'étoit mise entre les généraux. Les Spartiates, toujours obstinés dans leurs projets, vouloient abandonner le détroit de Salamine & se retirer sur les côtes du Pélopo-

―――――――――――――――

(1) *Herodot. lib.* 8. *cap.* 68.
(2) *Id. ib.*

nèse. (1) A cette mesure, qui eut perdue la patrie, Themistocle s'opposoit de tous ses efforts. Le général s'emportant, lève la canne sur l'Athénien. " Frappe, mais écoute," lui crie le grand homme, (2) & sa magnanimité ramène Eurybiade à son opinion.

C'étoit la veille de la bataille de Salamine. La nuit étoit obscure. Les cœurs, sur la petite flotte des Grecs, agités par tout ce qu'il y a de cher aux hommes, la liberté, l'amour, l'amitié, la patrie, palpitoient sous un poids d'inquiétudes, de désirs, de craintes, d'espérances. Aucun œil ne se ferma dans cette nuit critique, & chacun veilloit en silence les feux des galères ennemies. Tout-à-coup on entend le sillage d'un vaisseau qui se glisse dans le calme des ténèbres. Il aborde à Salamine ; un homme se présente à Themistocle : savez-vous, lui dit-il, que vous êtes enveloppé & que les Perses font le tour de l'île, pour vous fermer le passage ? Je le sais, répond le général Athénien, cela s'exécute par mon avis.(3)* Aristide

LIV. I.
I. PART.
Rév. Anc.
A. J. C.
509.
Ol. 67.

---

(1) *Herodot. lib.* 8. *cap.* 56.
(2) *Plut. in Themist.*
(3) *Plut. in Themist. in Aristid.*

* Les Grecs étant prêts à se retirer, Themistocle en fit donner avis à Xerxès, qui s'empressa de bloquer les passages par où la flotte ennemie eût pu s'échapper. Ainsi

admira Themistocle : celui-ci avoit reconnu le plus juste des Grecs.

—La veille de l'attaque du camp des Autrichiens, par Jourdan, devant Maubeuge, fut un jour de crainte & d'anxiété. Jusques-là, les Alliés victorieux n'avoient trouvé aucun obstacle ; & les troupes Françoises découragées, ne rendoient presque plus de combat ; cependant le salut de la France tenoit à celui de la forteresse assiégée. Cette place tombée, entraînoit la prise de plusieurs autres ; & les Alliés, réunissant les forces qu'ils avoient eu l'imprudence de diviser, pénétroient sans opposition dans l'intérieur du pays. Il falloit donc saisir le moment, & faire un dernier effort pour arracher la patrie des mains des étrangers, ou s'ensevelir sous ses ruines.

Jourdan, le général François chargé de cette importante expédition, est un froid militaire dont les talens, moins brillans que solides, n'ont été couronnés de succès que dans cette action

---

les Grecs se virent obligés de combattre dans ce lieu favorable, ce qui leur procura la victoire. Aristide, en passant à Salamine, s'apperçut du mouvement que faisoient les galeres Persannes, pour envelopper celles d'Eurybiade, & ignorant le stratagème de Themistocle, il donna avis du danger à celui-ci.

importante & à Fleurus. Ayant tout disposé pour l'attaque, le soldat passa la nuit sous les armes, attendant, avec plus de crainte que d'espérance, le résultat de cette grande journée.

Du côté des Alliés, tout étoit joie & certitude. —Xerxès, assis sur un trône élevé pour contempler sa gloire, fait placer des soldats dans les îles adjacentes, afin qu'aucun Grec sauvé de la ruine de ses vaisseaux, ne puisse échapper à sa vengeance.—On comptoit tellement sur la victoire parmi les nations coalisées contre la France, qu'à chaque instant on annonçoit la prise de Dunkerque & de Maubeuge.

—Entre la côte Orientale de l'île de Salamine,* & le rivage Occidental de l'Attique, se forme un détroit en spirale, d'environ 40† stades de long, & de 8‡ de large. L'extrémité du détroit se trouve presque fermée par le promontoire Trophée de l'île, qui se jette à travers les flots dans la forme d'une lance. La première ligne des galères Grecques s'étendoit depuis cette pointe au port Phoron, qui lui correspond sur la côte du continent opposé. La seconde ligne, parallele à la première, se

---

* C'est ici que le défaut de cartes se fait particulièrement sentir.
† Environ deux lieues.
‡ Un peu plus d'un tiers de lieue.

plaçoit immédiatement derrière, & ainsi successivement des autres, en remontant dans l'intérieur du détroit.

La première ligne des galères Persannes, faisant face à celle des Grecs, se formoit en demi-lune, depuis la même pointe Trophée jusqu'au port Phoron ; & les autres se rangeoient derrière, en dehors du détroit. Non seulement, par cette disposition, les Perses perdoient l'avantage du nombre, (1) mais encore leur ordre de bataille se trouvoit coupé (2) par la petite île Psyttalie, qui gît un peu au-dessous & en avant de l'embouchure du canal.

A l'aîle gauche de l'armée navale des Perses étoient placés les Phœniciens, ayant en tête les Athéniens ; (3) à l'aîle gauche, les Ioniens qui devoient combattre les Lacédémoniens, les Mégariens, les Eginètes. (4) Ariabignès* avoit le commandement général des galères

---

(1) *Herodot. lib.* 8. *cap.* 61.
(2) *Diod. lib.* 11. *pag.* 15.
(3) *Herod. ibid. cvp.* 83.
(4) *Id. ib. cap.* 15.

* Il ne paroît pas d'après Hérodote & Diodore que la flotte Perssanne eût un amiral en chef. Mais Ariabignès, frère de Xerxès, semble avoir eu le commandement principal.

Mediques; Eurybiade, (1) celui des vaisseaux des Grecs.

—Les Autrichiens, après avoir pris Valenciennes, s'avancèrent sur Maubeuge dont ils formèrent aussitôt le blocus. Le prince de Cobourg, avec une armée d'observation, couvroit les troupes qui se préparoient à assiéger la forteresse.

—Xerxès ayant donné le signal de la bataille, les Athéniens attaquèrent avec impétuosité les Phœniciens qui leur étoient opposés. Le combat fut opiniâtre, & soutenu long-tems avec une égale valeur. Mais enfin l'amiral Persan, Ariabignès, s'étant élancé sur une galère ennemie, y demeura percé de coups. (1) Alors la confusion, augmentée par la multitude des vaisseaux, que la position locale rendoit inutile, devint générale chez les Mèdes. (2) Tout fuit devant les Grecs victorieux; & la flotte innombrable du grand roi, qui, un moment auparavant, obscurcissoit la mer, disparut devant le génie d'un peuple libre. (3)

---

(1) *Plut. in Themist.*
(2) *Herodot. lib.* 8. *cap.* 80.
(3) *Diod. lib.* 11.

LIV. I.
I. PART.
Rév. Anc.
A. J. C.
509.
Ol. 67.

—A Maubeuge, les François recouvrèrent ce brillant courage, qu'ils avoient perdu depuis Gemmape. Ils se précipitèrent sur les lignes ennemies, avec cette volubilité qui distingue leur première charge de celle de tous les autres peuples. Fossés, canons, bayonnettes, montagnes, fleuves, marais, rien ne les arrête. Ils se trouvent en mille lieux à la fois. Ils se multiplient comme les soldats de la terre. Ils grimpent, ils sautent, ils courent. Vous les les avez vûs dans la plaine, & ils sont au haut du retranchement emporté.

Les Autrichiens soutinrent le choc avec leur valeur accoutumée. Ces braves soldats, qu'aucun revers ne peut désespérer; qui seroient battus vingt ans de suite, & qui se batteroient la vingtième année comme la première, repoussèrent partout leurs nombreux assaillans. Mais le prince Cobourg jugeant une plus longue résistance inutile, abandonna sa position & Maubeuge fut délivré. Bientôt une colonne, commandée par Houchard, obligea les Anglois à lever le siège de Dunkerque. Et les espérances de conquêtes s'évanouirent pour cette annnée.

C'est ainsi que la flotte Persanne, composée de diverses nations; — l'armée Autrichienne,
formée

formée de même de différens peuples ; ces coalisés, les uns traîtres, (1) les autres pusillanimes, (2) ceux-ci craignant des succès qui réfleteroient trop de gloire sur tel ou tel général, (3) telle ou telle nation ; toute cette masse indigeste d'alliés, fut brisée à Salamine & à Maubeuge. Le grand roi repassa dans une petite barque en fugitif, cette même mer à laquelle il avoit donné des chaînes ; (4) Cobourg mit ses troupes en quartier d'hiver, & tous les partis, en attendant les événemens futurs d'une nouvelle campagne, eurent le tems de méditer sur l'inconstance de la fortune, & de déplorer leur folie.

---

(1) *Herodot. lib.* 8. *cap.* 84.
(2) *Id. ib. cap.* 68.
(3) *Herodot. lib.* 9. *cap.* 66—67—89.
(4) *Id. lib.* 8. *cap.* 115.

CHAPITRE LXVII.

Préparation à une nouvelle Campagne. Portraits des Chefs. Mardonius—Cobourg. Pausanias — Pichegru. Alexandre Roi de Macédoine.

LIV. I.
I. PART.
Rév. Anc.
A. J. C.
509.
Ol. 67.

IL s'en falloit beaucoup que le danger fût passé pour la Grèce & pour la France. Xerxès, en laissant après lui une armée de trois cent mille hommes choisis, avoit plus fait pour sa cause qu'en y traînant trois millions d'esclaves.—L'échec que les alliés avoient reçu devant les places assiégées, n'étoit qu'un léger revers, qui pouvoit même tourner à leur profit, en leur enseignant une leçon utile. Ainsi on n'attendoit que le retour de la nouvelle année pour recommencer de toutes parts les hostilités : avant d'entrer dans le détail de cette campagne, nous dirons un mot des chefs qui s'y distinguèrent.

Mardonius, qui commandoit les troupes Persannes demeurées en Grèce, étoit un Satrape d'un rang élevé, & allié au sang de ses maîtres.

tres.(1) Son ambition,(2) trop immense pour son génie, en faisoit un de ces êtres disproportionnés qui paroissent grands parce qu'ils sont difformes. Vain, impatient, orgueilleux, (3) il ne possédoit que le courage brutal du grenadier qui donne la mort sans pitié, & la reçoit sans crainte. (4)

—Placé à la tête des troupes alliées de l'Autriche, le prince de Cobourg, d'une naissance encore plus illustre que Mardonius, le surpassoit de même en qualités personnelles. A la fois brave & prudent, il réunissoit les talens & les vertus militaires : l'art du général & la loyauté du soldat.

Pausanias, de la famille royale de Lacédémone, généralissime des armées combinées des Grecs, étoit un homme plein de jactance & de paroles magnifiques ; toujours prêt à faire valoir ses grands services & à trahir son pays. (5) Il sauva la patrie au champ de Platée, & la vendit quelques mois après au tyran de Suze.(6)*

---

(1) *Herodot. lib. 16. cap. 43.*
(2) *Id. ib. lib. cap. 5.*
(3) *Herodot. lib. 9. cap. 16.*
(4) *Id. ib. cap. 71.*
(5) *Con. Nep. in Pausan. Thucyd. lib. 1.*
(6) *Thucyd. lib. 1. cap. 134.*

* Etant condamné à mort à Sparte il se retira dans un temple. On en mura les portes & le roi Lacédémonien y périt.

—Pichegru, dont le nom Plébéïen, l'humble fortune, & la modestie contrastent avec l'éclat de sa renommée, conduisoit les François aux combats. Cet homme extraordinaire, enfanté par la Révolution, sut s'élever, de l'obscurité d'une classe inférieure, à la place la plus brillante de son pays, & redescendre, avec non moins de grandeur, à l'ombre de sa condition première.

Enfin, dans l'armée des Perses, on remarquoit un homme appellé Alexandre, roi de Macédoine ; qui, traître aux deux partis qu'il savoit ménager, trafiquoit de son honneur & de sa conscience avec le plus riche ou le plus fort. Avant le combat des Thermopyles, il donna avis aux Grecs du danger de leur position à la vallée de Tempé, (1) & marcha avec Xerxès à Salamine. Après la défaite du monarque de l'Orient, il se dit l'ami des Athéniens & les invita, par humanité, à se soumettre au tyran de l'Asie. (2) Aux champs de Platée, accompagnant Mardonius, il trahit ce général, pour se ménager une ressource en cas de revers ; & avertit en personne Pausanias qu'il seroit attaqué le lendemain par les Mèdes. (3) Les Grecs,

---

(1) *Herodot. lib.* 7. *cap.* 172.
(2) *Herodot. lib.* 8. *cap.* 140.
(3) *Plut. in Aristid. pag.* 328.

malgré leur haine des rois, respectèrent Alexandre, par mépris. Ils daignèrent peser sur les ressorts du Mannequin vénal, tandis qu'il pouvoit leur être bon à quelque chose.

Je ne parlerai point du roi de Prusse.

CHAPITRE LXVIII.

Campagne de l'An 479 avant notre Ere, 1ère Année de la 75ème Olympiade.—Campagne de 1794. Bataille de Platée—Bataille de Fleurus. Succès & Vices des Grecs — des François. Différentes Paix. Paix générale.

TELS étoient les généraux, qui commandoient dans les campagnes mémorables dont nous retraçons l'histoire. Au retour de la saison favorable aux armes, les Perses & les Autrichiens reprirent le champ avec une nouvelle vigueur. Mardonius ravagea une seconde fois l'Attique; (1)—de son côté, le prince de Cobourg emporta Landrecies & obtint plusieurs avantages. Mais bientôt la fortune changea de face. Pausanias évitant de combattre dans la plaine, attira enfin les ennemis sur un terrain qui leur étoit défavorable.—Pichegru, en envahissant la Flandre maritime, obligea les alliés à abandonner leur conquête. Après des

––––––––––––––––––––––––

(1) *Herodot. lib.* 9. *cap.* 3.

démarches

marches & des actions multipliées, les grandes armées Grecques & Persannes—Françoises & Autrichiennes, se rencontrèrent au lieu marqué par la destinée.

La cause ordinaire des guerres est si méprisable, que le récit d'une bataille, où vingt mille bêtes féroces se déchirent pour les passions d'un homme, dégoûte & fatigue. Mais des citoyens s'ébranlant au moment de la charge, contre une horde de conquérans ; d'un côté, des fers, ou un anéantissement politique par un démembrement ; de l'autre, la liberté & la patrie : si jamais quelque chose de grand a mérité d'attirer les yeux des hommes, c'est sans doute un pareil spectacle. On le retrouve à Platée & à Fleurus, mais en des degrés d'intérêt fort différens. Les François, sans mœurs, ayant signalé leur révolution par les crimes les plus énormes, n'offrent pas le touchant tableau des Grecs innocens & pauvres, d'ailleurs infiniment plus exposés que les premiers. Athènes n'existoit plus ; un camp sacré renfermoit tout ce qui restoit des fils, des pères, des dieux, de la patrie ; desséchée par le soufle stérile de la servitude, une terre indépendante ne promettoit plus de subsistance en cas de revers. Mais les héros de Platée s'embarrassoient peu de l'avenir : prêts à faire un dernier sacrifice de sang à Jupiter libérateur,

qu'avoient

qu'avoient-ils besoin de s'enquérir, s'ils auroient pu vivre demain esclaves, lorsqu'ils étoient sûrs de mourrir aujourd'hui libres ?

Au Midi de la ville de Thèbes, en Béotie, s'étend une grande plaine, traversée dans son extrémité Méridionale par l'Asopus, dont le cours se dirige d'Occident en Orient, déclinant un degré Nord. De l'autre côté du fleuve, la plaine continue, & va se terminer au pied du mont Cithéron; formant ainsi, entre la rivière & la montagne, une étroite lisière d'environ 12* stades dans sa plus grande largeur.

Les Perses, occupant la rive gauche de l'Asopus avec 350 mille hommes, déployoient leur nombreuse cavalerie dans la plaine, ayant des retranchemens sur leur front, Thèbes & un pays libre sur leur derrière. (1) Les troupes combinées des Lacédémoniens, des Athéniens & des autres alliés, consistant en 110 mille hommes d'infanterie, campoient sur le penchant du Cithéron. A-peu-près sur la même ligne on appercevoit à l'Ouest les ruines de la petite ville de Platée, &, entre cette ville & le camp des Grecs, se trouvoit à moitié chemin la fon-

---

* Environ 1100 toises.
(1) *Herodot. lib.* 9. *cap.* 15. *Plut. in Aristid.*

taine Gargaphie : de sorte que l'Asopus divisoit les deux armées ennemies.

Il s'y fit deux mouvemens avant l'action générale.

Pausanias, manquant d'eau dans son premier emplacement, fit défiler ses troupes par la lisière dont j'ai parlé, & prit une nouvelle position aux environs de la fontaine Gargaphie. (1) Les Perses exécutèrent une marche parallele sur le bord opposé du fleuve. (2) Le général Lacédémonien, inquiété par l'ennemi, leva une seconde fois son camp, dans le dessein de se saisir d'une île formée à l'Occident par deux branches de l'Asopus ; (3) mais à peine avoit-il atteint Platée, que Mardonius, ayant traversé la rivière, vint fondre sur lui avec toute sa cavalerie. (4) Il fallut se former à la hâte. (5) Les Lacédémoniens composant l'aîle droite, se trouvèrent opposés aux Perses & aux Saces. Les Athéniens à l'aîle gauche eurent en tête les Grecs alliés de Xerxès. Le centre de l'armée, se trouvant rompu par des collines, n'avoit pu se développer.

LIV. I.
I. PART.
Rév. Ans.
A. J. C.
509.
Ol. 67.

---

(1) *Herodot. lib.* 9. *cap.* 22. *Diod. lib.* 11.
(2) *Herodot. lib.* 9. *cap.* 32.
(3) *Id. ib. cap.* 51.
(4) *Id. ib. cap.* 58.
(5) *Herodot. Ib. cap.* 57.

—Char-

—Charleroi venoit d'être emporté par les François, mais on ignoroit encore cette nouvelle dans le camp Autrichien. Le prince de Cobourg, déterminé à sécourir la place, & ayant reçu la veille un renfort de vingt mille Prussiens, s'avança le 26 Juin (8 Messidor) à trois heures du matin sur la Sambre. Son armée se montoit à cent mille hommes. La droite se trouvoit commandée par le prince d'Orange. La gauche, composée de Hollandois & d'Emigrés, par Beaulieu. Le prince Lambesc étoit à la tête de la cavalerie. L'armée Françoise se formoit de la réunion de l'armée de la Moselle, des Ardennes & du Nord. Jourdan avoit le commandement en chef. (1)

Enfin, le trois de Boédomion* seconde année de la 75ème olympiade, & le douze Messidor de l'an 3 de la République† se levèrent : jours destinés par celui qui dispose des empires, à renverser les projets de l'ambition & à étonner les hommes.

Les combats muets des Anciens, où de longs hurlemens(2) s'élevoient par intervalles du mi-

---

(1) *Moniteur du* 12 *Messidor.*—30 *Juin.*

* 19 Septembre 479 A. J. C.

† 20 Juin 1794. Je me sers des formes révolutionnaires pour conserver la vérité des couleurs.

(2) *Diodor. lib.* 11. *Plut. in Arist. Herodot. lib.* 9. *cap.* 62.

lieu

lieu du silence de la mort, étoient peut-être aussi formidables que nos batailles rugissantes des détonnations de la foudre. Le paysan du Cithéron, & celui des rives de la Sambre purent en contempler les diverses horreurs, & bénir en même tems le sort qui les fit naître sous le chaume. Platée & Fleurus brillèrent de toutes les vertus guerrières. Là, le Perse exposé sous un frêle bouclier aux armes des Lacédémoniens, brise de ses mains avec le courage le plus intrépide, la pique dont il est percé. (1)—Ici le grenadier Hongrois assomme avec la crosse de son mousquet, les François qui se multiplient autour de lui.*— Ailleurs les Athéniens peuvent à peine surmonter leurs compatriotes qui combattent dans les rangs ennemis. (2)—Les Emigrés opposent aux soldats de Robespierre une valeur indomptée. La fortune enfin se déclare. Mardonius tombe au premier rang.(3) Ses troupes plient, sont en-

---

(1) *Plut. in Arist. pag.* 329.

* Ce trait de la bataille de Fleurus, que des officiers présens m'ont conté, s'est renouvellé plusieurs fois dans la guerre présente. Entr'autres à Gemmape, où les grenadiers Hongrois manquant de cartouches, assommoient avec une espèce de rage les François, qui fourmilloient dans les retranchemens.

(2) *Herodot. lib.* 9. *cap.* 67.
(3) *Id. ib. cap.* 70.

foncées, poursuivies dans leur camp, où on les égorge. (1)—Le prince de Cobourg, se reformant sous le feu de l'ennemi, se dispose à retourner à la charge, lorsqu'il apprend que Charleroi a capitulé, & il fait sonner la retraite. 200,000* Perses tombèrent à Platée.—Une multitude d'Autrichiens & de François à Fleurus. Et les Grecs, & les François perdent leurs vertus sur le même champ, où ils obtiennent la victoire. (2)

Depuis ce moment, l'ambition des conquêtes & la soif de l'or, remplacèrent l'enthousiasme de la liberté. Les Grecs, conduits par d'autres généraux, non moins célèbres que les premiers,† parcoururent les rivages de l'Asie, de

---

(1) *Herodot. lib.* 9. *cop.* 67. *Diodor. lib.* 11. *pag.* 25.
(2) *Justin. lib.* 2. *cap.* 14.

* Artabaze enmena 40,000 hommes; des 50 mille Grecs auxiliaires, qui tinrent peu, excepté les Béotiens, je suppose que 40 mille échappèrent; tout le reste de l'armée, à l'exception de 3,000 soldats, périt, disent les historiens. Or, cette armée étoit originairement de 350 mille hommes, & même de 600,000, si nous en croyons Diodore. Ainsi mon calcul est modéré. Il est certain que les batailles étoient infiniment plus meurtrieres avant l'invention de la poudre.

† Ce paragraphe n'étant qu'une espèce de répétition de ce que j'ai dit ailleurs, je le laisse sans citation. Les autres

l'Afrique, de l'Europe, brûlant, pillant, détruisant tout sur leur passage, levant des contributions forcées & faisant vivre leurs armées à discrétion chez les nations vaincues. Je n'ai pas besoin de rappeller au lecteur l'incendie de l'Italie, les réquisitions, les spoliations des temples; les ravages des François dans le Brabant, en Allemagne, en Hollande, &c. J'ai dit ailleurs quelle fut la conséquence d'une telle conduite pour la Grèce. Le peuple d'Athènes, volage & cruel, qui s'étoit le plus distingué dans ces coupables excès, s'attira d'abord la guerre des Alliés; & finit par succomber dans celle du Péloponèse.

Depuis la bataille de Platée jusqu'à la pacification générale, il s'écoula 30 années. Mais dans cet intervalle, les différens coalisés avoient traité partiellement avec le vainqueur. Les Carthaginois commencèrent,* la Macédoine suivit; ensuite † les îles voisines, & différens Etats. Les uns se rachetèrent à force d'argent‡

---

tres généraux dont il est parlé ici, sont: Cimon qui conquit la presqu'île de Thrace; & Myronidès qui s'empara de la Phocide & de la Béotie, &c.

* 480 A. J. C.

† Probablement après la bataille de Platée & la défaite complette des Perses, 479 A. J. C.

‡ Telles que Thasos, Scyros, &c.

d'autres furent contraints de se déclarer contre les Perses.* Ceci nous retrace la Prusse, l'Espagne, les petits princes d'Italie & d'Allemagne. Enfin, Artaxerxès† fatigué d'une guerre inutile, s'abaissa à demander la paix en suppliant. Voici les conditions qu'on daigna lui dicter. 1°. Que ses galères armées ne pourroient naviguer dans les mers de la Grèce. 2°. Que ses troupes ne s'approcheroient jamais à plus de trois jours de marche des côtes de l'Asie-Mineure. 3°. Qu'enfin, les villes Ioniennes seroient déclarées indépendantes. (1) Puisque les Perses avoient eu la folie d'entreprendre la guerre, ils devoient la soutenir noblement, n'eût-ce été que pour obtenir des conditions moins honteuses. Ce traité de Xerxès fut le coup mortel, qui livra l'empire de Cyrus à Alexandre. Il en arriva au Grand Roi comme à plusieurs souverains de l'Europe actuelle : il conclut, par lassitude, une paix ignominieuse au moment où il auroit pu en commander une en vainqueur. Les Grecs n'étoient déjà plus les Grecs de Platée. On ne parloit plus à Athènes que de la

---

* Les villes de Carie & de Lycie. *Vid. Plut. in Cim. Thucyd. lib.* 1. *Diodor. lib.* 11.

† Il avoit succédé à Xerxès assassiné.

(1) *Diodor. lib.* 12. *pag.* 74.

conquê-

conquête de l'Egypte, de Carthage, de la Sicile : agrandir la république, amener toutes les puissances enchaînées à ses pieds, étoit la seule idée qui demeurât en possession des esprits.(1) —Ainsi nous avons vû les François ne savoir plus où fixer les limites de leurs empires. Le Rhin, durant un moment, leur offroit une frontière trop resserrée. Lorsqu'Athènes se flatta de conquérir le monde, le jour qui devoit la livrer à Lysander étoit venu.

Ainsi passa ce fléau terrible, né de la révolution républicaine de la Grèce. Depuis la première invasion des Perses* sous Darius, l'an 490 avant notre ère, jusqu'à l'époque du traité de paix sous Artaxerxès, l'an 449 même chronologie, il étendit ses ravages dans une période de 41 années. Jamais guerre (de même que la présente) ne commença avec de plus flatteuses espérances de succès, & ne finit par de plus grands revers.

LIV. I.
I. PART.
Rév. Anc.
A. J. C.
509.
Ol. 67.

___

(1) *Isocr. de Pae. pag.* 402. *Plut. in Pericl.*

* J'apppelle la première invasion ce qui n'étoit effectivement que la seconde, Mardonius en ayant tenté une première sans succès avant Datis.

CHA-

CHAPITRE LXIX.

Différence générale entre notre Siècle & celui où s'opéra la Révolution Républicaine de la Grèce.

LIV. I.
1. PART.
Rév. Anc.
A. J. C.
509.
Ol. 67.

APRES avoir examiné les rapports qui se trouvent entre la révolution républicaine de la Grèce & celle de la France, on ne peut, sans partialité, s'empêcher de considérer aussi leurs différences. Nous ne cherchons point à surprendre la foi des lecteurs, & à diriger leur opinion. Notre désir est d'éloigner de cet Ouvrage tout esprit de système, en exposant avec candeur la vérité. Non que nous croyons, qu'en cas que nous eussions le bonheur d'en approcher, elle nous valut autre chose que la haine des partis ; mais il n'y a qu'une règle certaine de conduite : faire, autant qu'il est en nous, du bien aux hommes, & mépriser leurs clameurs.

Il en est des corps politiques comme des corps célestes : ils agissent & réagissent les uns sur les autres, en raison de leur distance & de leur gravité. Si le moindre accident venoit

occupé la même place ; par exemple, Epycide l'emportant sur Thémistocle ? Xerxès réduisoit la Grèce en servitude ; c'en étoit fait des Socrate, des Platon, des Aristote ; le rusé Philippe vieillissoit sons le fouet de son maître, Alexandre mouroit sur le Cothurne, ou brigand, sur la croix Tyrienne, d'autres chances se développoient, d'autres Etats se levoient sur la scène, les Romains rencontroient d'autres obstacles à combattre : l'Univers étoit changé.

Lorsqu'on vient à jetter les yeux sur l'état des hommes, lors de l'établissement des gouvernemens populaires à Sparte & à Athènes, & sur la position des peuples, à l'instant de l'abolition de la royauté en France, on est d'abord frappé d'une différence considérable. Au moment de la révolution de la Grèce, tout, ou presque tout, se trouvoit république ; tout, ou presque tout monarchie, à l'époque de la révolution Françoise. Dans le premier cas, c'étoit des gouvernemens populaires, qui devoient agir sur des gouvernemens populaires : dans le second, une constitution républicaine, heurtoit des constitutions royales. Or, plus les corps en colision sont de matière hétérogène, plus l'inflammation est rapide. Il faut donc s'attendre que l'effet des mouvemens actuels de la France surpasse infiniment celui des trou-

occupé la même place ; par exemple, Epycide l'emportant sur Thémistocle ? Xerxès réduisoit la Grèce en servitude ; c'en étoit fait des Socrate, des Platon, des Aristote ; le rusé Philippe vieillissoit sons le fouet de son maître, Alexandre mouroit sur le Cothurne, ou brigand, sur la croix Tyrienne, d'autres chances se développoient, d'autres Etats se levoient sur la scène, les Romains rencontroient d'autres obstacles à combattre : l'Univers étoit changé.

Lorsqu'on vient à jetter les yeux sur l'état des hommes, lors de l'établissement des gouvernemens populaires à Sparte & à Athènes, & sur la position des peuples, à l'instant de l'abolition de la royauté en France, on est d'abord frappé d'une différence considérable. Au moment de la révolution de la Grèce, tout, ou presque tout, se trouvoit république ; tout, ou presque tout monarchie, à l'époque de la révolution Françoise. Dans le premier cas, c'étoit des gouvernemens populaires, qui devoient agir sur des gouvernemens populaires : dans le second, une constitution républicaine, heurtoit des constitutions royales. Or, plus les corps en colision sont de matière hétérogène, plus l'inflammation est rapide. Il faut donc s'attendre que l'effet des mouvemens actuels de la France surpasse infiniment celui des trou-

troubles de la Grèce. N'avançons rien sans preuves.

Où la plus grande secousse se fit-elle sentir à l'époque des troubles de ce dernier pays? En Perse. Pourquoi? Parce que ce fut là que les principes politiques se choquèrent avec le plus de violence. Mais ceci nous découvre une seconde disparité.

Le cerf Persan devint la proie du citoyen de la Grèce. Comment les républiques anciennes subsistoient-elles? Par des esclaves. Commeut nos pères barbares vivoient-ils si libres? Par des esclaves. Il est même impossible de comprendre sur quel principe une vraie démocratie pourroit s'établir sans esclaves. Ainsi nos systêmes modernes excluent de fait toute république parmi nous. Je m'étonne que les François, imitateurs des anciens, n'aient pas réduit les peuples conquis en servitude. C'est le seul moyen de retrouver ce qu'on appelle la liberté civile.

Voilà donc deux différences fondamentales dans les siècles: l'une de gouvernement, l'autre de mœurs. N'y a-t-il point dans le concours fortuit des choses, des circonstances qui déterminent, éloignent, hâtent, ou ralentissent l'effet de tel ou tel événement? C'est ce qu'il faut maintenant examiner.

La plupart des Etats contemporains de Athéniens & des Spartiates étoient éloignés de ces peuples célébres. Par quel canal les lumières de ce petit coin du monde se seroient-elles répandues sur le globe ? Les Grecs même se soucioient-ils de les communiquer, ces lumières ? Les Anciens, attachés à la patrie, vivant & mourant sur le sol qu'ils savoient cultiver & défendre avec des mains libres, entretenoient à peine quelques liaisons les uns avec les autres. Parlant divers dialectes, sans le secours des postes, des grands chemins, de l'imprimerie, les nations vivoient comme isolées. De là une découverte en morale, en politique, ou en toute autre science, périssoit aux lieux qui l'avait vue naître, ou devenoit la proie d'un petit nombre d'hommes, qui n'avoient souvent que trop d'intérêts à la cacher du reste de la foule. Les peuples d'ailleurs, par leurs préjugés nationaux, & par amour de la patrie, renfermoient soigneusement dans leur sein leurs connoissances & leur bonheur. Je doute que cette fraternité universelle des Républicains du jour soit du bon coin de la grande l'antiquité.

Ici, la dissemblance des tems se fait sentir dans toute sa force. Nos couriers, nos voies publiques, notre imprimerie ont rendu presque
tous

tous les Européens citoyens du même pays. Une idée nouvelle, une découverte intéressante a-t-elle pris naissance à Londres, à Paris? quelques semaines après elle parvient au paysan du Danube, à l'habitant de Rome, au sujet de Pétersbourg, à l'esclave de Constantinople qui se l'approprient, la commentent, & en font leur profit en bien ou en mal. Les Anciens visitoient rarement les contrées étrangères, parce que les difficultés du déplacement étoient presqu'insurmontables. De nos jours, un voyage en Russie, en Allemagne, en Italie, en France, en Angleterre, que dis-je? autour du globe, n'est qu'une affaire de quelques semaines, de quelques mois, de quelques années calculées à une minute près. Il en est résulté, que la diversité des langues, qui formoit dans l'antiquité un autre obstacle à la propagation des connoissances, n'en n'est plus un chez les Modernes, les idiômes étrangers étant réciproquement entendus de tous les peuples.

Ainsi lorsqu'une révolution arrivoit dans l'Ancien monde, les livres rares, les monumens des arts disparoissoient ; la barbarie submergeoit une autre fois la terre, & les hommes qui survivoient à ce déluge, étoient obligés, comme les premiers habitans du globe, de recommencer une nouvelle carrière, de repasser lentement par tous les degrés de leurs prédécesseurs. Le flambeau expiré des sciences ne trouvoit plus de dépôt de lumières où reprendre la vie. Il falloit attendre que le génie de quelque grand homme vînt y comumniquer le feu de nouveau, comme la lampe sacrée de Vesta, qu'on ne pouvoit rallumer qu'à la flamme du soleil, lorsqu'elle venoit à s'éteindre. Il n'en est pas de même pour nous ; il seroit impossible de calculer jusqu'à quelle hauteur la société peut atteindre, à présent que rien ne se perd, que rien ne sauroit se perdre : ceci nous jette dans l'infini.

Je semble donc détruire dans ce chapitre ce que j'ai avancé dans les précédens ; car je montre une telle différence de siècle, qu'on ne sauroit conclure de l'un pour l'autre ? Sans doute pour plusieurs lecteurs que le système de perfection éblouit. Si c'étoit ici le lieu d'entrer dans cette discution intéressante, je pourrois prouver aisément, que notre position est réellement la même, quant aux résultats, que celle des anciens peuples ; que nous avons perdu en mœurs ce que nous avons gagné en lumières. Celles-ci semblent tellement disposées par la nature, que les unes se corrompent toujours, en proportion de l'agrandissement des autres :

autres : comme si cette balance étoit destinée à prévenir la perfection parmi les hommes. Or, il est certain que les lumières ne donnent pas la vertu ; qu'un grand moraliste peut être un mal honnête homme. La question du bonheur reste donc la même pour les peuples modernes & pour les anciens, puisqu'elle ne peut se trouver que dans la pureté de l'ame. Nous revenons donc à la même donnée, quant aux conséquences heureuses qu'on peut espérer de la révolution présente, quelques soient d'ailleurs nos lumières, l'esprit n'agissant point sur le cœur. Et qui vous dira le secret de changer par des mots & des sciences la nature de l'ame ? de déraciner les chagrins de ce sol défriché pour eux ? Si l'homme, en dépit de la philosophie, est condamné à vivre avec ses désirs, il sera à jamais esclave, à jamais l'homme des tems d'adversité qui furent, l'homme de l'heure douloureuse où je vous parle, & des nouveaux siècles de misères qui s'avancent. Lorsque l'Etre puissant qui tient dans sa main le cœur des hommes, a voulu, dans les voies profondes de sa sagesse, resserrer cet organe de leur félicité, qu'importe que, pour les confondre, il ait élevé leur tête gigantesque au-dessus des sphères roulantes ? Si le cœur ne peut se perfectionner ; si la morale reste corrompue

rompue malgré les lumières : République universelle, fraternité des nations, paix générale, phantôme brillant d'un bonheur durable sur la terre, adieu.

Si l'influence immédiate de la révolution républicaine de la Grèce, fut retardée par toutes les causes que nous venons d'assigner, il est à croire que la Révolution Françoise dégagée de ces obstacles, aura un effet encore plus rapide en cas qu'il ne se trouve point d'autres forces d'amortissement, plus puissantes que la vélocité de son action. Ce n'est pas ici le lieu d'entrer dans cet examen. Mais on peut douter que l'extinction de la royauté en France produise, pour le genre humain, des effets éloignés plus grands, plus durables que ceux qui resultèrent de l'abolition de la monarchie en Grèce. L'Attique, rendue à la liberté, se couvrit de tous les monumens des arts. Les Praxitelle, les Phidias, les Xeuxis, les Appelle, unirent les efforts de leur génie à ceux des Sophocle, des Euripide. Les lumières, disséminées dans les differentes parties du monde, vinrent se concentrer dans ce foyer commun, d'où les divers peuples les ont emprunté par la suite. Sans la Grèce, Rome demeuroit barbare : l'éloquence d'un Démosthènes contenoit le germe de celle d'un Cicéron ; il falloit le sublime d'un Homère,

Homère, la simplicité d'un Hésiode, & les graces d'un Théocrite pour former le triple génie d'un Virgile ; les loups de Phœdre n'eûssent point parlé comme les hommes, si ceux d'Esope avoient été muets ; enfin nous autres Celtes grossiers, sortis des forêts, nous ne compterions ni les Racine, ni les Boileau, ni les Montesquieu, ni les Pope, ni les Dryden, ni les Sidney, ni les Bacon, & mille autres ; & nous serions encore, comme nos pères, soumis à des Druïdes, ou à des tyrans.

Heureux si les Grecs en acquérant des lumières n'eûssent pas perdu la pureté des mœurs ; Heureux s'ils n'eûssent échangé les vertus qui les sauvèrent de Xerxès contre les vices qui les livrèrent à Philippe. Nous allons maintenant commencer cette seconde revolution, & nous terminerons ici la première partie du Premier Livre, après un dernier chapitre de réflexions. Nous passerons souvent ainsi dans le cours de cet Ouvrage, des lumières aux ténèbres, & du bonheur du genre humain à sa misère. Et pourquoi nous en plaindrions-nous ? Il est à croire que notre félicité a été calculée sur l'inconstance de nos désirs : la dose du bonheur nous a été mesurée parce que notre cœur est insatiable. La nature nous traite comme des enfans malades, dont on refuse de satisfaire les appétits,

appétits, mais dont on appaise les pleurs par des illusions & des espèrances. Elle fait danser au-tour de nous une multitude de fantômes, vers lesquels nous tendons les mains, sans pouvoir les atteindre : & elle a poussé si loin l'art de la perspective, qu'elle a peint des Elysées jusques dans le fond de la tombe.

CHAPITRE LXX.

Récapitulation.

AINSI j'ai montré l'action immédiate de la révolution républicaine de l'Attique sur la Perse. Elle fit insurger les peuples soumis à cet empire par le ressort des opinions; l'enveloppa dans une guerre funeste, qui coûta la vie à des millions d'hommes, sans que les nations y gagnâssent beaucoup de bonheur ou beaucoup de liberté. Il est vrai que la cour de Suze fut humiliée. Mais la Grèce en fut-elle plus heureuse? Ses succès ne la corrompirent-ils pas? & le résultat de ces actions, si glorieuses en apparence, ne fut-il pas des vices & des fers?

Quant à l'effet éloigné produit sur l'empire de Cyrus par la chûte de la royauté à Athènes, il n'est personne qui ignore la conquête de l'Asie, & le nom d'Alexandre.

Tâchons de récapituler en peu de mots les différentes influences que l'établissement du gouvernement populaire en Grèce eut sur les nations contemporaines. De la somme de ces données doivent naître les vérités qui forment le but de nos recherches dans cet Essai.

La révolution républicaine de la Grèce agit

Sur l'Egypte

par la voie des armes. Elle y causa quelques malheurs passagers. Elle ne put avoir de prise sur les opinions, la subdivision des classes de la société & le systême théocratique, lui opposant des obstacles insurmontables.

Sur Carthage,

encore au militaire. La position locale, l'excellence du gouvernement Punique sauvèrent celui-ci du danger des innovations & de l'exemple.

Dans l'Ibérie

la réaction des troubles de l'Attique ne causa que des malheurs. Vraisemblablement l'esclave au fond de ses mines paya la liberté d'Athènes par des larmes & des sueurs.

Chez les Celtes

elle apporta des lumières, & partant de la corruption. Elle devint aussi la cause éloignée de la servitude de ces peuples, en facilitant les conquêtes des Romains.

En Italie

l'influence de l'établissement des républiques Grecques se dirigea vers la politique, il n'est pas même impossible quelle n'y eut produit la révolution de Brutus, par la circonstance du voyage de ce grand homme à Delphes presqu'au moment de l'assassinat d'Hipparque par Harmodius. Ceux qui savent comment les grandes conceptions naissent souvent des causes les plus triviales * ne mépriseront pas cette conjecture.

Dans la Grande Grece

la révolution dont nous recherchons les effets agit au moral. Elle y occasionna quelques réformes utiles mais passagères.

En Sicile

elle produisit la guerre & la monarchie : l'une ne fut qu'un fléau d'un moment, l'autre couta longtems des pleurs & du sang à Syracuse.

En Scythie

son influence agit philosophiquement, dans le sens vicieux ; les pasteurs pauvres & vertueux de l'Ister se laisserent corrompre par l'attrait des sciences, & finirent par se livrer à celui de l'or.

Dans la Thrace

elle ne causa que quelques ravages ; heu-

---

* La chûte d'une pomme a dévoilé à Newton le système de l'univers.

reusement la barbarie des peuples les mit à couvert des effets politiques & moraux de la révolution républicaine de la Grèce.

Tyr enfin n'échappa pas aux armes de cette révolution, mais elle en évita la séduction par l'esprit commerçant & occupé de ses citoyens.

Nous avons parlé de la Perse au commencement de ce chapitre.

Le lecteur sans doute, en parcourant cette échelle, a déjà trouvé avec étonnement la vérité qui résulte de ses parties. Cette révolution si vantée, cette révolution qui mérite de l'être, cette révolution toute vertu, toute vraie liberté, n'a donc produit, en exceptant Rome & la grande Grèce, que des maux chez tous les autres peuples? Quoi? lorsqu'une nation devient indépendante, n'est-ce qu'aux dépens du reste des hommes? la réaction du bien seroit-elle le mal? L'histoire ne s'offre-t-elle pas ici sous une perspective nouvelle? Un rayon de lumière ne pénétre-t-il pas dans le système obscur des choses, & n'entrevoit-on pas comment les nations sont respectivement ordonnées les unes aux autres? Si les Grecs du tems d'Aristide, en brisant leurs chaînes n'ont apporté que des maux au genre humain, que peut-on raisonnablement espérer,

espérer (système de perfection à part) de l'influence de la révolution Françoise ? Croirons-nous que tout va devenir vertueux & libre, parce qu'il a plu aux François corrompus d'échanger un roi contre cinq maîtres ? Ici l'avenir s'entrouvre. Je laisse le lecteur à l'abyme de réflexions pénibles, de conjectures, de doutes, où ceci conduit.

CHAPITRE Dernier.

Sujets & Réflexions détachées.

LIV. I.
I. PART.
Rév. Anc.

APRES avoir parcouru un ouvrage, il nous reste ordinairement une multitude de pensées confuses & de réflexions incohérentes ; les unes immédiatement liées au sujet du livre, les autres s'étendant au delà, & seulement formées par association. Je vais présenter ici cet effet naturel d'une première lecture, en rapportant mes idées détachées, telles que je les jettai sans ordre sur le papier, après avoir revû moi-même l'esquisse de mon travail. Je n'y ajouterai que ces nuances nécessaires pour diviser des couleurs trop heurtées. Il n'y a point d'ailleurs de perception si brusque, dont on ne découvre la connection intermédiaire avec une précédente, en y réfléchissant un peu ; & c'est quelquefois une étude très-instructive, de rechercher les passages sécrets, par où on arrive tout à coup d'une idée à une autre totalement opposée.

Lorsque, pour la première fois, je conçus le plan de ce livre, je revis les Classiques, qui m'inm'introduisoient aux révolutions de la Grèce. A chaque page une mer de réflexions, de rapports nouveaux, s'ouvroit devant moi. Etant parvenu à crayonner l'ébauche de la révolution décrite dans ce premier livre des Essais, je commençai à voir les objets un peu moins troubles, surtout lorsque j'eus examiné le côté de l'influence de cette révolution : partie toute nouvelle dans l'histoire, & à laquelle je ne sache pas que personne ait encore songé. Elaguant une multitude de pensées secondes, je jettai sur le papier les notes suivantes qui forment une espece de résultat des vérités générales, qu'on peut tirer de la révolution Républicaine de la Grèce.

Est-il une liberté civile ? J'en doute. Les Grecs fûrent-ils plus heureux, fûrent-ils meilleurs après leur révolution ? Non. Leurs maux changerent de valeur nominale, la valeur intrinsèque resta la même.

Malgré mille efforts pour pénétrer dans les causes des troubles des états, on sent quelque chose qui échappe ; Un je ne sais quoi, caché je ne sais où, & Ce je ne sais quoi paroît être la raison efficiente de toutes les révolutions. Cette raison sécrete est d'autant plus inquiétante, qu'on ne peut l'appercevoir dans l'homme de la société. Mais l'homme de la société n'a-t-il pas commencé par être l'homme me de la nature ? C'est donc celui-ci qu'il faut interroger. Ce principe inconnu ne naît-il point de cette vague inquiétude, particulière à notre cœur, qui nous fait nous dégoûter également du bonheur & du malheur, & nous précipitera de révolution en révolution, jusqu'au dernier siècle ? Et cette inquiétude d'où vient-elle à son tour ? Je n'en sais rien : peut-être de la conscience d'une autre vie ; peut-être d'une aspiration secrète vers la divinité. Quelque soit son origine, elle existe chez tous les peuples. On la rencontre chez le sauvage & dans nos sociétés. Elle s'augmente surtout par les mauvaises mœurs, & bouleverse les empires.

J'en trouve une preuve bien frappante dans les causes de notre révolution. Ces causes ont différé totalement de celles des troubles politiques de la Grèce, au siècle de Solon. On ne voit pas que les Athéniens fussent très-malheureux, ou très-corrompus alors. Mais nous, qu'étions nous au moral, dans l'année 1789 ? Pouvions-nous espérer échapper à une destruction épouvantable ? Je ne parlerai point du gouvernement : je remarque seulement que, par tout où un petit nombre d'hommes réunit pendant de longues années, le pouvoir & les richesses, quelques soient d'ailleurs

leurs la naissance de ces Gouvernans, plebéïenne ou patricienne ; le manteau dont ils se couvrent, républicain, ou monarchique, ils doivent nécessairement se corrompre, dans la même progression qu'ils s'éloignent du premier terme de leur institution. Chaque homme alors a ses vices, plus les vices de ceux qui l'ont précédé : la cour de France avoit treize cens ans d'antiquité.

Un monarque foible & amateur de son peuple, étoit aisément trompé par des ministres incapables ou méchans. L'intrigue fesoit & defesoit chaque jour des hommes d'état ; & ces ministres éphémères, qui apportoient dans le gouvernement leur ineptie & leurs cœurs, y apportoient encore la haine de ceux qui les avoient précédés. Delà ce changement continuel de systêmes, de projets, de vûes ; Ces Nains politiques étoient suivis d'une nuée famélique de commis, de laquais, de flatteurs, de comédiens, de maîtresses. Tous ces êtres d'un moment se hâtoient de sucer le sang du misérable, & s'abymoient bientôt devant un autre génération d'insectes, aussi fugitive & dévorante que la première.

Tandis que les folies & les imbecillités du gouvernement exaspéroient l'esprit du peuple, les désordres de l'ordre moral étoient montés à leur comble, & commençoient à attaquer l'ordre social,

d'une

d'une manière effrayante. Les célibataires avoient augmenté dans une proportion démesurée, & étoient devenus communs, même parmi les dernieres classes. Ces hommes isolés, & par conséquent égoistes, cherchoient à remplir le vuide de leur vie, en troublant les familles des autres. Malheur à un état, où les citoyens cherchent leur félicité hors de la morale, & des plus doux sentimens de la nature. Si d'un côté les célibataires se multiplioient, de l'autre les gens mariés avoient adopté des idées pour le moins aussi destructives de la société. Le principe du petit nombre d'enfans, étoit presque généralement reçu dans les villes en France : chez quelques-uns par misère, chez le plus grand nombre par mauvaises mœurs. Un père & une mère ne vouloient pas sacrifier les aisances de la vie à l'éducation d'une nombreuse famille, & l'on couvroit cet amour de soi, des apparences de la philosophie. Pourquoi créer des êtres malheureux, disoient les uns ; pourquoi faire des gueux, s'écrioient les autres ? Je jette un voile sur d'autres motifs sécrets de cette dépravation. Je ne dirai rien des femmes : meilleures que nous, elles n'ont que la foiblesse d'être ce que nous voulons qu'elles soient ; la faute est à nous.

Si

Si ces mœurs affectoient la societé en général, elles influoient encore davantage, sur chacun de ses membres en particulier. L'homme, qui ne trouvoit plus son bonheur dans l'union d'une famille, qui souvent se défioit même du doux nom de père, s'accoutumoit à se former une félicité indépendante des autres. Rejetté du sein de la nature par les mœurs de son siècle, il se renfermoit dans un dur égoïsme qui flétrit jusqu'à la racine de la vertu. Pour comble de maux, en perdant le bonheur sur la terre, des bourreaux philosophes lui avoient enlevé l'espérance d'une meilleure vie. Dans cette situation se trouvant seul au milieu de l'univers; n'ayant à dévorer qu'un cœur vuide & solitaire, qui n'avoit jamais senti un autre cœur battre contre lui, faut-il s'étonner que le François fût prêt à embrasser le premier phantôme, qui lui montroit un univers nouveau ?

On s'écriera qu'il est absurde de représenter le peuple de la France, comme isolé & malheureux; qu'il étoit nombreux, florissant, &c. La population qui semble détruire mon assertion, est une preuve pour elle, car elle n'étoit réelle que dans les campagnes, parce qu'il y existoit encore des mœurs; or on sait assez que ce ne sont pas les paysans qui ont fait la révolution. Quant à la seconde objection, il n'est pas question de ce que la nation sembloit être, mais de ce qu'elle étoit réellement. Ceux qui ne voient dans un état que des voitures, de grandes villes, des troupes, de l'éclat & du bruit, ont raison de penser que la France étoit heureuse. Mais ceux qui croient que la grande question du bonheur est le plus près de la nature possible ; que plus on s'en écarte, plus on tombe dans l'infortune ; qu'alors on a beau avoir le sourire sur les levres devant les hommes, le cœur, en dépit des plaisirs factices, est agité, triste, consumé dans le secret de la vie ; dans ce cas on ne peut disconvenir que ce mécontentement général de soi même, qui augmente l'inquiétude sécrete dont j'ai parlé; que ce sentiment de mal-aise que chaque individu porte avec soi, ne soient, dans un peuple, l'état le plus propre à une révolution.

Eh bien c'étoit au moment que le corps politique, tout maculé des taches de la corruption, tomboit en une dissolution générale, qu'une race d'hommes, se levant tout à coup, se met, dans son vertige, à sonner l'heure de Sparte & d'Athènes. Au même moment un cri de liberté se fait entendre ; le vieux Jupiter, reveillé d'un sommeil de quinze cens ans, dans la poussière d'Olympie, s'étonne de se trouver à Ste. Gene-

Genevieve ; on coëffe la tête du Badeau de Paris du bonnet du citoyen de la Laconie ; & tout corrompu, tout vicieux qu'il est, pouillant de force le petit François dans les grandes vertus Lacédémoniennes ; on le contraint à jouer le Pantalon aux yeux de l'Europe, dans cette mascarade d'Arlequin.

O grands politiques qui, prenant la raison inverse des Lycurgue, prétendez établir la démocratie chez un peuple, à l'époque même où toutes les nations retournent par la nature des choses à la monarchie, je veux dire à l'époque de la corruption ! O fameux philosophes qui croyez que la liberté existe au civil ; qui préferez le nombre cinq à l'unité ; & qui pensez qu'on est plus heureux sous la canaille du Fauxbourg St. Antoine, que sous celle des bureaux de Versailles ! mais que falloit-il donc faire ? Je l'ignore. Tout ce que je sais c'est que, puisque vous aviez la fureur de détruire, il falloit au moins rebâtir un edifice propre à loger des François ; & surtout vous garder de l'enthousiasme des institutions étrangères. Le danger de l'imitation est terrible. Ce qui est bon pour un peuple est rarement bon pour un autre. Et moi aussi je voudrois passer mes jours sous une démocratie, telle que je l'ai souvent rêvée, comme le plus sublime des gouvernemens en
théorie

théorie ; & moi aussi j'ai vécu citoyen de l'Italie & de la Grèce ; peut-être mes opinions actuelles ne sont-elles que le triomphe de ma raison sur mon penchant. Mais prétendre former des républiques partout, & en dépit de tous les obstacles, c'est une absurdité dans la bouche de plusieurs, & une méchanceté dans celle de quelques uns.

J'ai réflechi long-tems sur ce sujet : je ne hais point une constitution plus qu'une autre, considérée abstraitement. Prises en ce qui me regarde comme individu, elles me sont toutes parfaitement indifférentes : mes mœurs sont de la solitude & non des hommes. Eh ! malheureux, nous nous tourmentons pour un gouvernement parfait, & nous sommes vicieux ! Bon, & nous sommes méchans ! Nous nous agitons aujourd'hui pour un vain systême, & nous ne serons plus demain ! Des soixante années que le ciel peut-être nous destine à traîner sur ce globe, nous en dépenserons vingt à naître, & vingt à mourir, & la moitié des vingt autres s'évanouira dans le sommeil. Craignons-nous que les misères inhérentes à notre nature d'homme, ne remplissent pas assez ce court espace, sans y ajouter des maux d'opinion ? Est-ce un instinct indéterminé, un vuide intérieur que nous ne saurions remplir, qui nous tourmente ? Je l'ai aussi sentie cette soif vague de quelque chose. Elle m'a trainé dans les solitudes muettes de l'Amérique, & dans les villes bruyantes de l'Europe ; ie me suis enfoncé pour la satisfaire dans l'épaisseur des forêts du Canada, & dans la foule qui inonde nos jardins & nos temples. Que de fois elle m'a contraint de sortir des spectacles de nos cités, pour aller voir le soleil se coucher au loin sur quelque site sauvage ! que de fois, échappé à la société des hommes, je me suis tenu immobile sur une gréve solitaire, à contempler durant des heures, avec cette même inquiétude, le tableau philosophique de la mer ! Elle m'a fait suivre autour de leurs palais, dans leurs chasses pompeuses, ces rois qui laissent après eux une longue renommée ; & j'ai aimé, avec elle encore, à m'asseoir en silence à la porte de la hute hospitalière, près du Sauvage qui passe inconnu dans la vie, comme les fleuves sans nom de ses deserts. Homme, si c'est ta destinée de porter partout un cœur miné d'un désir inconnu ; si c'est là ta maladie, une ressource te reste. Que les sciences, ces filles du ciel, viennent remplir le vuide fatal qui te conduira tôt ou tard à ta perte. Le calme des nuits t'appelle. Vois ces millions d'astres étincellans, suspendus de toutes parts

sur

sur ta tête ; cherche, sur les pas des Newton, les loix cachées qui promènent magnifiquement ces globes de feu, à travers l'azur céleste ; ou, si la divinité touche ton âme, médite en l'adorant sur cet Etre incompréhensible, qui remplit de son immensité ces espaces sans bornes. Ces études sont-elles trop sublimes pour ton génie, ou serois-tu assez misérable, pour ne point espérer dans ce Père des affligés qui consolera ceux qui pleurent ? il est d'autres occupations aussi aimables & moins profondes. Au lieu de t'entretenir des haines sociales, observe les paisibles genérations, les douces sympathies, & les amours du Règne le plus charmant de la nature. Alors tu ne connoîtras que des plaisirs. Tu auras du moins cet avantage, que chaque matin tu retrouveras tes plantes chéries : dans le monde que d'amis ont pressé le soir un ami sur leur cœur, & ne l'ont plus trouvé à leur réveil ! Nous sommes Ici Bas comme au spectacle : si nous détournons un moment la tête, le coup de sifflet part, les palais enchantés s'évanouissent ; & lorsque nous ramenons les yeux sur la scène, nous n'appercevons plus que des déserts & des acteurs inconnus.

Mais quelques puissent être nos occupations : soit que nous vieillissions dans l'attelier
du

du manœuvre, ou dans le cabinet du philosophe, rappellons nous que c'est envain que nous prétendons être politiquement libres. Indépendance, indépendance individuelle, voilà le cri intérieur qui nous poursuit. Ecoutons la voix de la conscience. Que nous dit-elle selon la nature ? " Sois libre." Selon la societé ? " Regne." Que si on le nie, on ment. Ne rougissons point, parce que j'arrache d'une main hardie le voile dont nous cherchions à nous couvrir à nos propres yeux. La liberté civile n'est qu'un songe, un sentiment factice que nous n'avons point, qui n'habite point dans notre sein : apprenons à nous élever à la hauteur de la vérité, & à mépriser les sentences de l'étroite sagesse des hommes. On nous insultera peut-être, parce qu'on ne nous entendra pas ; les gens de bien nous accuseront de principes dangereux, parce que nous aurons été les chercher jusqu'au fond de leur âme, où ils se croyoient en sûreté, & que nous saurons exposer à la vue toute la petite machine de leur cœur. Rions des clameurs de la foule, contens de savoir que, tandis que nous ne retournerons pas à la vie du sauvage, nous dépendrons toujours d'un homme. Et qu'importe alors que nous soyons dévoré par une cour, par un directoire, par une assemblée du peuple ?

ple ? Nous nous appercevons continuellement que nous nous trompons ; que l'heure qui succède, accuse presque toujours l'heure passée d'erreur ; & nous irions déchirer & nous-mêmes & nos semblables, pour l'opinion fugitive du matin, avec laquelle le soir ne nous retrouvera plus ! Tout gouvernement est un mal, tout gouvernement est un joug ; mais n'allons pas en conclure qu'il faille le briser. Puisque c'est notre sort que d'être esclaves, supportons notre chaîne sans nous plaindre. Sachons en composer les anneaux de Roi ou de Tribuns selon les tems, & surtout selon nos mœurs. Et soyons sûrs, quoi qu'on en publie, qu'il vaut mieux obéir à un de nos compatriotes riche & éclairé, qu'à une multitude ignorante, qui nous accablera de tous les maux.

Et vous, O mes concitoyens ! vous, qui gouvernez cette patrie toujours si chère à mon cœur, réfléchissez ; voyez s'il est dans toute l'Europe, une nation digne de la démocratie ? Rendez le bonheur à la France, en la rendant à la monarchie, où la force des choses vous entraîne. Mais si vous persistez dans vos chimères, ne vous abusez pas. Vous ne réussirez jamais par le modérantisme. Allons, exécrables bourreaux, en horreur à vos compatriotes, en horreur à toute la terre, reprenez le systême des Jacobins ; tirez de leurs loges vos guillotines sanglantes ; &, faisant rouler les têtes autour de vous, essayez d'établir dans la France déserte, votre affreuse république, comme la patience de Shakespear, " assise sur un monument, & souriant à la douleur."

Fin de la première Partie du premier Livre.

ESSAI
HISTORIQUE, POLITIQUE et MORAL, &c.

LIVRE PREMIER.
SECONDE PARTIE.

Révolutions Anciennes.

CHAPITRE PREMIER.

Seconde Révolution. Philippe & Alexandre.

LE théâtre change ; de la ressemblance des événemens nous passons à celle des hommes. Jusqu'ici les tableaux se sont rapprochés par les sites, mais presque toujours les personnages ont différé. Maintenant, au contraire, les similitudes se montreront dans les groupes, les oppositions dans les fonds. Plus nous avancerons vers des tems de corruption, de lumières & de despotisme ; plus nous retrouverons nos tems & nos mœurs. Souvent nous nous croirons transportés dans nos sociétés, au milieu des grandes femmes & des petits hommes,

hommes, des philosophes & des tyrans; des gens rongés de vice pousseront de grands cris de vertu; de beaux livres sur la science de la liberté conduiront les peuples à l'esclavage : enfin nous allons nous revoir parmi les deux tiers & demi de sots & le demi-tiers de fripons, dont nous sommes sans cesse entourés.

Periclès avoit pris le vrai sentier pour arriver au bonheur. Traitant le monde selon sa portée, lorsque la nécessité le forçoit d'y paroître, il s'y présentoit avec des idées communes & un cœur de glace. Mais le soir, renfermé sécrètement avec Aspasie & un petit nombre d'amis choisis, il leur découvroit ses opinions cachées, & un cœur de feu. Les sots s'apperçurent de son mépris pour eux, car les sots ont un tact singulier sur cet article, & rien ne les chagrine tant que l'indifférence du mépris. Ils accusèrent donc la tendre amie de Periclès ; celui-ci parvint à peine à la sauver par ses larmes. Et qui cependant devoit prétendre plus que lui à la gratitude de ses concitoyens ? Il y comptoit peu, ayant étudié les hommes. La reconnoissance est nulle chez le Très-Nécessiteux, parce que le sentiment du premier besoin absorbe tous les autres; elle existe quelquefois comme vertu chez le Méchanique pauvre, mais non indigent;

gent; elle se change en haîne daus l'Individu, placé immédiatement un rang au dessous du bienfaiteur; elle pèse aux Philosophes; les Courtisans l'oublient. Il suit de là : qu'il faut faire du bien au petit peuple, par devoir; obliger l'artiste, par satisfaction de cœur; n'avoir qu'une extrême politesse avec les classes mitoyennes; prêter seulement aux gens de lettres ce qu'ils peuvent exactement vous rendre; & ne donner aux Grands que ce qu'on compte jetter par la fenêtre.

A ces petites caricatures de nos sociétés, se mêleront aussi nos grandes scènes tragiques : la tyrannie, les proscriptions, les rois jugés & massacrés par les peuples, d'autres tombés du trône & réduits à gagner leur vie du travail de leurs mains : enfin nos hideuses révolutions, entourées du cortege de nos vices.

Expliquons le plan de cette Partie.

On sent qu'il est impossible de suivre maintenant le cours régulier de l'histoire, ni même de s'attacher à de grands détails. Ce qui nous reste à peindre des Grecs consiste en cette partie qui s'étend depuis l'époque que nous avons traitée, jusqu'au règne de Philippe & d'Alexandre, où Athènes & Lacédémone perdirent leur liberté, non de nom, mais de fait.

Dans cette période, qui à la compter de l'année de la paix avec les Perses jusqu'à la bataille de Chéronnée, renferme un espace de III ans, nous saisirons seulement trois traits caractéristiques : le renversement de la constitution & le regne des Trente tyrans à Athenes, la chûte de Denys le jeune à Syracuse, &, par extension, la condamnation d'Agis à Sparte. Nous verrons ainsi l'âge de corruption dans les trois principales villes Grecques de l'Ancien Monde. Quant à la révolution même de Philippe, nous ne ferons que l'indiquer, parce qu'elle ne va pas directement au but de cet ouvrage ; mais, en même tems, nous nous étendrons sur le siècle d'Alexandre, dont les rapports avec le nôtre ont été si grands, considérés sous le jour philosophique. Au reste nous avons donné, pour abréger, à cette seconde partie le nom général de *révolution de Philippe & d'Alexandre :* elle forme la seconde de cet Essai.

CHAPITRE II.

Athènes. Les Quatre Cens *.

DEJA 20 années de guerre ont désolé l'Attique †; une peste, non moins destructive, en a enlevé la plus grande partie des habitans, & plongé le reste dans tous les vices ; Periclès n'est plus ; & Alcibiade, fugitif depuis la malheureuse expédition de Sicile, après avoir dirigé quelque tems la ligue du Peloponèse contre son pays, est maintenant retiré au près de Tisaphèrnes Satrape de Lydie.

Là, touché des malheurs dont il fut en partie l'instrument, il commence à tourner les yeux vers sa patrie. De leur côté les citoyens d'Athènes, accablés sous le poids de leurs calamités, ayant à lutter à la fois contre toutes les forces du Peloponèse & de l'Asie, ne voyoient de ressource que dans le génie de leur illustre

LIV. I.
II. PART.
Rév. Anc.
A.J.C.
411.
Olympiade
22.
1ère anné.

---

* Je suis ici absolument le huitième livre de Thucydide, j'en préviens afin de n'être pas obligé de multiplier à chaque ligne les *idem* & les *ibid*.

† Il y avoit eu une trêve qui devoit durer 50 ans et qui fut rompue au bout de six ans & dix mois.

LIV. I.
II. PART.
Rév. Anc.
A. J. C.
411.
Ol. 92.
1ère ann.

compatriote. On entama donc des négociations avec Alcibiade, mais celui-ci, banni par le peuple, refusa de retourner à Athènes, à moins qu'on ne changeât la forme du gouvernement, en substituant l'oligarchie à la constitution démocratique. Le tyran vouloit faire sa couche avant de s'y reposer.

Une prompte réconciliation, à quelque prix que ce fût, étoit devenue d'une nécessité absolue. Agis, avec les forces Lacédémoniennes, bloquoit Athènes par terre & occupoit les campagnes voisines, dont les habitans s'étoient réfugiés dans la capitale. D'un autre côté l'armée Athénienne tenoit l'île de Samos, qu'elle venoit d'emporter. De manière que les habitans de l'Attique se trouvoient divisés en deux parties : l'une servant aux expéditions du dehors, l'autre demeurée à la défense de la ville.

La proposition d'Alcibiade, malgré ces circonstances calamiteuses, ne passa pas sans une forte opposition de la part du peuple & des soldats; mais, comme il ne restoit que ce seul moyen d'échapper à une ruine presqu'inévitable, il fallut enfin se soumettre & consentir à l'abolition de la démocratie.

Alors commencèrent à Athènes les scènes tragiques, qui se renouvellèrent bientôt après sous les Trente Tyrans. On ne sauroit se figurer

rer une position plus affreuse que celle de cette malheureuse cité, ni qui ressemblât davantage à l'état de la France, durant le règne de la convention. Attaquée au dehors par mille ennemis, & prête à succomber sous des armes étrangères, une aristocratie dévorante vint consumer au dedans le reste de ses habitans. D'abord il fut décrété, qu'il n'y auroit plus que les soldats & cinq mille citoyens à prendre part aux affaires de la république, &, pour faire perdre à jamais l'envie de s'opposer aux mesures des conjurés, on se hâta de dépêcher tous ceux qui passoient pour être attachés à l'ancienne constitution. Le peuple & le Sénat s'assembloient encore, mais si quelqu'un osoit délivrer une opinion contraire à la faction, il étoit immédiatement assassiné. Environnés d'espions & de traîtres, les citoyens craignoient de se communiquer; le frère redoutoit le frère, l'ami se taisoit devant l'ami, & le silence de la terreur régnoit sur la ville désolée.

Ayant établi cette tyrannie provisoire, les conspirateurs procedèrent à l'achévement d'une constitution. On nomma un comité des Dix, chargé de faire incessamment un rapport à ce sujet. Celui-ci, à l'époque fixée, donna son plan, qui consistoit à établir un conseil de Quatre Cens avec un pouvoir absolu, & le droit de convoquer les Cinq Mille à sa volonté.

On jugea par le premier acte du nouveau gouvernement ce qu'on devoit attendre de sa justice. Les Quatre Cens, armés de poignards & suivis de leurs satellites, entrèrent au Sénat dont ils chassèrent les membres. Ils renversèrent ensuite les anciens établissemens, firent massacrer ou exilèrent les ennemis de leur despotisme; mais ils ne rappellèrent aucun des anciens bannis, dont ils avoient d'abord embrassé la cause, soit dans la crainte d'Alcibiade, soit pour jouir des biens de ces infortunés. Je me figure le monde comme un grand bois, où les hommes s'entr'attendent pour se dévaliser.

Cependant l'armée, en apprenant les troubles d'Athènes, se déclara contre la nouvelle constitution. Alcibiade, que les tyrans avoient négligé, qui ne se soucioit ni de la démocratie, ni de l'aristocratie, & n'entretenoit pour les hommes qu'un profond mépris, ne se trouva pas plus disposé à favoriser les conspirateurs. Les soldats, de même que les troupes Françoises, fiers de leurs exploits, remarquoient que loin d'être payés par la république, c'étoit eux au contraire qui la faisoient subsister de leurs conquêtes, & qu'il étoit tems de mettre fin à tant de calamités, en marchant à la ville coupable.

Tandis

Tandis que ces pensées agitoient les esprits, arrive un transfuge d'Athènes. On s'empresse autour de lui ; les nouvelles les plus sinistres sortent de sa bouche. Il rapporte que le crime est à son comble ; que les tyrans ravissent les épouses, égorgent les citoyens, & jettent dans les cachots les familles unies aux soldats par les liens du sang.* A ces mots, un cri d'indignation & de fureur s'élève du milieu de l'armée ; elle jure d'exterminer les scélérats, chasse ses officiers, partisans de la faction aristocratique, en nomme de plus populaires, & rappelle à l'instant Alcibiade.

Tout annonçoit la chûte des Quatre Cens. Il se trouvoit parmi eux des hommes d'un talent extraordinaire : Antiphon parlant peu, mais réviseur des discours de ses collègues, Phrynique, d'un esprit audacieux & entreprenant, Théramènes, plein d'éloquence & de génie. La discorde ne tarda pas à se mettre parmi eux. Les hommes ressemblent peu à ces animaux justes, dont parlent les voyageurs, qui, après avoir chassé en commun, divisent également le fruit de leurs fatigues : les factieux s'en-

---

* Ce rapport étoit exagéré.

tendent

tendent sur la proie, presque jamais sur la dépouille. Théramènes, sentant que le pouvoir leur échappoit, revenoit peu-à-peu à l'ancienne constitution, & se rangeoit du côté du peuple. Phrynique, par des motifs d'ambition, soutenoit le nouvel ordre de choses; &, pour se ménager des ressources, il députa secrétement à Sparte & se mit à bâtir une forteresse au Pirée afin d'y recevoir les ennemis, & de s'y retirer lui-même en cas d'événement. Sur ces entrefaites on apprend tout-à-coup qu'il vient d'être assassiné sur la place publique, comme Marat au milieu de ses triomphes. Théramènes, maintenant à la tête du parti populaire, insurge les citoyens, & se saisit du Général de la faction opposée. Les Quatre Cens courent aux armes pour leur défense. A l'instant même la flotte Lacédémonienne se montre à l'entrée du Pirée; le tumulte est à son comble. Théramènes vole au port; il parle aux soldats; il leur représente que le Fort a été élevé par les Tyrans, non pour la sûreté de la place, mais pour y introduire l'ennemi de la patrie, dont les vaisseaux sont déjà en vue. La rage s'empare des troupes; le Fort, rasé jusqu'aux fondemens, disparoît sous la main empressée d'une multitude furieuse; l'abolition du tribunal des Quatre Cens est prononcée par acclamation; les Conjurés

jurés épouvantés s'échappent de la ville; & la constitution populaire se rétablit au milieu des bénédictions & des cris de joie de la foule.

Tels furent ces troubles passagers, où nous retrouvons si bien le caractère de ceux de la France. On y sent le même fond d'immoralité & de vice intérieur. Nous appercevons un gouvernement flattant la soldatesque, & s'entourant du militaire, signe certain de ruine & de tyrannie. On y découvre un je ne sais quoi d'étroit en choses & en idées, qui fait qu'on s'imagine lire l'histoire de notre propre tems. Ce ne sont plus les Thémistocle, les Aristide, les Cimon : ce sont les Robespierre, les Couthon, les Barrere. Au reste, cette révolution d'Athènes tient à un principe politique que nous allons examiner avant de passer aux Trente Tyrans.

CHAPITRE III.

Examen d'un grand Principe en Politique.

PAR un principe généralement adopté des publicistes, les nations ont le droit de se choisir un gouvernement, & par un autre principe aussi fameux " que tout pouvoir vient du peuple" elles peuvent reprendre leurs droits & changer leur constitution. C'est ce que firent les Athéniens qui consentirent à l'abolition de la démocratie & la rétablirent ensuite. Voyons où ces principes nous mènent.

Des trois Partis qui composent la foule, les uns adoptent absolument ces propositions & disent : une nation a le droit de se choisir un gouvernement, parce que celle-ci étoit avant celui-là : que la première est un corps réel, existant dans la nature, dont l'autre n'est qu'une modification, qu'une pensée. La loi ne peut être en ascension de l'effet à la cause, mais descendante du principe à la conséquence. Tout pouvoir découle ainsi du peuple, & il ne sauroit aliéner sa liberté, car le contrat est nul entre celui qui donne tout, & celui qui n'engage

gage rien; entre tel qui ne sauroit acheter, & tel qui n'a pas droit de vendre.

Les autres nient le tout, & les Modérateurs jettent un voile religieux sur ces axiômes.

Je ne puis penser de même; cet air secret fait beaucoup de mal. Le peuple est un enfant; présentez-lui un hochet dont il sorte des sons, si vous ne lui en expliquez la cause, il le brisera pour voir ce qui les produit. Pour moi j'avoue hautement ce que je crois, & suis persuadé qu'en toute occasion la vérité, bien expliquée, est bonne à dire. Je reçois donc les deux principes, inattaquables dans leur base, & indisputables dans le raisonnement : mais en adoptant la Majeure avec les Républicains, voyons si nous admettrons la Corolaire.

Conclurai-je que ce qui est rigoureusement vrai en logique soit nécessairement salutaire dans l'application ? Il y a des vérités abstraites qui seroient absurdes si on vouloit les réduire en vérités de pratique. Il y a des vérités négatives & des vérités de maux, que le titre de *vérités* ne rend pas pour cela meilleures. J'ai la fièvre, c'est une vérité; est-ce une bonne chose que d'avoir la fièvre ? Le cahos où les deux propositions nous plongent est évident de soi. Le peuple a le pouvoir de se choisir un gouvernement, mais il a aussi celui de changer ce gouvernement, puisque toute souveraineté émane de lui. Ainsi, hier une république, aujourd'hui une monarchie, & demain encore une république. Par le premier droit, dira-t-on, une nation courroit les risques de tomber dans l'esclavage, comme à Athènes, si elle n'avoit le second pour se sauver. D'accord. Mais cette seconde faculté ne le livre-t-elle pas à la merci des factieux sans nombre, qui ne vivent que dans les orages; des Factieux qui connoîssant trop le penchant inquiet de la multitude, lui persuaderont incessamment que sa constitution du moment est la pire de toutes, par cela même qu'elle en jouit ; & un éternel carnage, & une éternelle révolution règneront parmi les hommes. Est-il d'ailleurs quelque puissance qui puisse rompre le soir les sermens solemnels que vous avez faits le matin ? L'honneur, les engagemens les plus sacrés, que dis-je ? la morale même, ne sont qu'une folie si j'ai le droit incontestable de les violer ; & si par cette violation je crois mériter, non des reproches, mais des louanges ? Quoi ! le manque de foi que vous puniriez dans l'individu, vous le recompenserez dans le corps collectif ? Y a-t-il donc deux vertus, l'une de l'homme, & l'autre des nations ? O vertu ! peux-tu être autre qu'une ?

qu'une ? Que si tu es double, tu es triple, quadruple, ou plutôt tu n'es rien qu'un être de raison qui nivelle le scélérat & l'honnête homme ; qu'un vain phantôme omniforme, modifié selon les cœurs, & variant au souffle de l'opinion. Que deviendra l'univers ?

Tel est l'abyme où nous font accourir ceux qui tiennent de loin devant nous ces lumières funestes, comme ces Phares trompeurs que les brigands allument la nuit sur des écueils pour attirer les vaisseaux au naufrage. Voulez-vous encore vous convaincre davantage de l'illusion de ces préceptes ? Examinez les contradictions où est tombée la Convention en voulant les faire servir à l'œconomie politique. C'étoit un crime digne de mort en France, à une certaine époque, d'oser soutenir qu'une nation n'eût pas le droit de se constituer. L'anarchie est venue, & les Révolutionnaires n'ont point eu de honte, de nier la proposition au soutien de laquelle ils avoient versé tant de sang. Ainsi ils sont réduits à abandonner la base de leur propre édifice, tandis qu'ils continuent d'en suspendre en l'air la coupole. Est-ce supériorité de talent, ou foi menteuse ? Pour moi, qui, simple d'esprit & de cœur, tire tout mon génie de ma conscience, j'avoue que je crois en théorie au principe de la souveraineté du peuple; mais j'ajoute aussi que si on le met rigoureusement en pratique, il vaut beaucoup mieux pour le genre humain redevenir sauvage, & s'enfuir tout nud dans les bois.

CHAPITRE IV.

Les Trente Tyrans. Critias, Marat. Thèramènes, Syeyes.

QUELQUES années après la révolution des Quatre Cens, Athènes fut prise par les Lacédémoniens. Lysander ayant fait abattre les murailles de la ville y abolit la démocratie, & y nomma trente citoyens qui devoient s'occuper du soin de faire une nouvelle constitution. (1) Ces hommes pervers s'emparèrent bientôt de l'autorité remise entre leurs mains. Faisons connoître les principaux acteurs de cette scène sanglante.

A la tête des Trente Tyrans paroissoit Critias, philosophe & bel esprit de l'école de So-

---

(1) *Xenoph. Hist. Græc. lib.* 2. *Diod. Sic. lib.* 3.

crate.

craté. Ce Despote avoit tous les vices de ceux qui désolèrent si long-tems la France. Athée par principe, sanguinaire par plaisir, tyran par inclination, (1) il renioit, comme Marat, Dieu & les hommes.

Théramènes, son collègue, avec plus de talens, avoit aussi plus de souplesse. De même que Syeyes, amateur de la démocratie, il consentit cependant à devenir l'un des Quatre Cens, (2) renversa bientôt après leur autorité, (3) & fut choisi de nouveau l'un des Trente, après la reddition d'Athènes. (4)

La première opération de ces misérables fut de s'associer trois mille brigands & de tirer une garde de Lacédémone, prête à exécuter leurs ordres. (5) Lorsqu'ils se crurent assez forts, ils désarmèrent la cité, ainsi que la Convention les sections de Paris, excepté les Trois Mille, qui conservèrent les droits de citoyens. (6) C'est encore de cette manière que les conjurés de France avoient fait des Jacobins, les seuls citoyens actifs de la république, tandis que le reste du peuple, plongé dans la nullité & la terreur, trembloit sous un gouvernement révolutionnaire.

---

(1) *Xenoph. ib. Isocrat. Areop. tom.* 1. *pag.* 330. *Bayle. Crit.* (2) *Thucyd. lib.* 8. (3) *Id. ib.* (4) *Xenoph. Hist. Græc. lib.* 2. (5) *Xenoph. ib.* (6) *Id. ib.*

Désor-

Désormais certain de leur empire, les Trente lâchèrent la main au crime. Tous les Athéniens soupçonnés d'attachement à l'ancienne liberté, tous ceux qui possédoient quelque fortune, furent enveloppés dans la proscription générale. (1) Critias disoit, comme Marat, qu'il falloit à tout hasard faire tomber les principales têtes de la ville. (2) Les monstres en vinrent au point de choisir tour-à-tour un riche habitant qu'ils condamnoient à mort, afin de payer de la confiscation de ses biens les satellites de leur tyrannie. (3) Et comme si tout dans cette tragédie, devoit ressembler à celle de Robespierre & de la Convention en France, les corps des citoyens massacrés étoient privés des honneurs funèbres. (4)*

Cependant Athènes, n'étoit plus qu'un vaste tombeau habité par la terreur & le silence. Le jeste, le coup-d'œil, la pensée même devenoient funestes aux malheureux citoyens. On étudioit le front des victimes ; & sur ce bel

---

(1) *Xenoph. Hist. Græc. lib.* 2. (2) *Id. ib.* (3) *Id. ib.*
(4) *Isocrat. Areopag. tom.* 1. *pag.* 445. *Demosth. in Timer. Æchin. in Ctesiph.* * Selon les derniers auteurs cités, il y eut à-peu-près de douze à quinze cens citoyens massacrés ; mais d'après Xenophon, le nombre paroîtroit avoir été bien plus considérable, comme j'aurai occasion de le faire remarquer ailleurs.

organe de vérité, les scélérats cherchoient la candeur & la vertu, comme un juge tâche d'y découvrir le crime caché du coupable. (1) Les moins infortunés des Athéniens furent ceux qui s'échappant dans les ténèbres de la nuit alloient, dépouillés de tout, traîner le fardeau de leur vie chez les nations étrangères.(2)

L'énormité de cette conduite ouvrit enfin les yeux à quelques-uns des Tyrans. Théramènes, quoique facile, avoit au fond du courage & du penchant à bien faire ; ces atrocités le firent frémir. Il s'y opposa avec magnanimité, & sa perte fut résolue.(3) Tallien, de même, détesté de Robespierre, se vit sur le point de succomber sous une dénonciation ; mais, plus heureux, ou plus adroit que l'Athénien, il détourna le poignard contre l'accusateur même. C'est ainsi que les chances disposent de la vie des hommes. Je vais rapporter l'une auprès de l'autre ces deux accusations célèbres ; nous y verrons que les factions ont toujours parlé le même langage ; cherché à s'accuser par les mêmes raisons, & à s'excuser sur les mêmes principes. Je ne puis donner une meilleure leçon aux ambitieux,

---

(1) *Xenoph. Hist. Græc. lib.* 2. (2) *Id. ib. Diod. lib.* 14. (3) *Xenoph. ib.*

aux partisans des révolutions, que de leur montrer que dans tous les siècles elles n'ont eu qu'une issue pour ceux qui s'y sont engagés : la tombe.

CHAPITRE V.

Accusation de Théramènes, son Discours & celui de Critias. Accusation de Robespierre.

EN abolissant les autorités constituées à Athènes, les Trente avoient laissé subsister le Sénat, qui, subjugué par la terreur, ne pouvoit leur faire d'ombrage. Ce fut devant ce tribunal que Critias dénonça Théramènes. Le peuple, dans un morne silence, assistoit en tremblant au jugement de son dernier défenseur, tandis que les émissaires des Tyrans, cachant des poignards sous leurs robes, occupoient les avenues & entouroient les juges. (1)

Les Parties étant arrivées, Critias prit ainsi la parole :

---

(1) *Xenoph. lib.* 2.

« Sénateurs,

Sénateurs, on accuse notre gouvernement de sévérité, & on ne considère pas que c'est une malheureuse nécessité qui suit la réforme de tout Etat. Mais Théramènes, lui, membre de ce gouvernement, n'est-il pas, en nous faisant ce reproche, plus coupable qu'un autre ? Ah ! il n'a pas appris d'aujourd'hui à conspirer. Se disant l'ami du peuple, il établit le pouvoir des Quatre Cens. Jugeant que ceux-ci finiroient par succomber, il les abandonna bientôt, & se rangea du parti contraire, d'où il en acquit le surnom de *Cothurne*. Sénateurs, celui qui trahit sa foi par intérêt seroit-il digne de vivre ? Otez, par sa mort, un chef aux factieux dont il entretient les espérances par son audace." (1)

Alors Théramènes :

" Qui de Critias, ou de moi, Sénateurs, est réellement votre ennemi ? Je vous en fais juges. J'ai été de son avis, lorsqu'il fit punir les délateurs ; mais je me suis opposé à ce qu'on proscrivît les honnêtes gens : un Léon de Salamine, un Nicias, dont la mort épouvante les propriétaires, un Antiphon,* dont la condamnation fait encore frémir tous ceux qui ont bien mérité de la patrie. J'ai réprouvé la confiscation des biens comme injuste, le désarmement des citoyens comme tendant à affoiblir l'Etat ; j'ai opiné contre les gardes étrangères comme tyranniques, contre le bannissement des Athéniens comme dangereux à la sûreté de l'Etat. Ceux qui s'emparent de la fortune des autres, condamnent les innocens au supplice, ne

---

(1) *Xenoph. Hist. Græc. lib.* 2.   * Antiphon, proscrit par les Trente, avoit entretenu à ses frais deux Galères au service de la patrie durant la guerre du Péloponèse. *Vid. Xenoph. Loc. cit*

LIV. I.
II. PART.
Rév. Anc.
A. J. C.
405.
Ol. 94.
1ère ann.

ruinent-ils pas en effet votre autorité, Sénateurs ? On m'accuse de versatilité. Est-ce Critias à me faire ce reproche ? Ennemi du peuple dans la démocratie, ennemi des hommes vertueux dans le gouvernement du petit nombre, il ne veut de la constitution populaire qu'avec la canaille, de la constitution aristocratrique qu'avec la tyrannie." (1)

Critias, s'appercevant que ce discours faisoit impression sur le Sénat, appella ses satellites : " Voilà ", dit-il, " des patriotes qui ne sont pas disposés à laisser échapper le coupable. En vertu de ma souveraineté, j'efface Théramènes du rôle des citoyens, & le condamne à mort." " Et moi," s'écrie celui-ci, s'élançant sur l'autel, " je demande que mon procès me soit fait selon la loi ? Ne voyez-vous pas, Athéniens, qu'il est aussi aisé d'effacer votre nom du rôle des citoyens, que celui de Théramènes !"(2) Critias ordonne aux assassins de s'avancer ; on arrache Théramènes de l'autel ; (3) le Sénat sous le coup du poignard, est obligé de garder le silence ; (4) Socrate seul s'oppose courageusement, mais en vain, à l'infâme décret.(5) Le malheureux collègue de Critias, entraîné par les gardes, cherchoit en passant à travers

---

(1) *Xenoph. Hist. Græc. lib.* 2.   (2) *Id. ib.*   (3) *Id. ib.*
(4) *Id. ib.*   (5) *Diod. Sic. lib.* 14. *Xenoph. Memor.*

la foule à attendrir le peuple ; (1) mais le peuple se souvient-il des bienfaits ? * Arrivé

(1) *Xenoph. Hist. Græc. lib. 2.* * Cela me rappelle la réflexion touchante de Velleïus Paterculus sur Pompée, qui croyant trouver un asyle chez un roi comblé de ses bienfaits, n'y trouva que la mort—Sed quis (dit l'historien) beneficorum servat memoriam ? Aut quis ullam calamitosis deberi putam gratiam ? Aùt quando fortuna non mutam fidem ? Les fastueuses Pyramides d'Egypte, bâties par les efforts réunis de tout un peuple ; l'humble tombeau de sable du grand Pompée, élevé furtivement sur le même rivage par la piété d'un vieux soldat, dûrent offrir à César deux monumens bien extraordinaires de la vanité des choses humaines. Les Peintres devroient chercher dans l'histoire des sujets de tableaux qui réuniroient à la fois la majesté de la morale & la grandeur de la nature. Le tombeau du rival de César pourroit offrir cette double pompe. Une mer agitée, les ruines de Carthage à moitié ensevelies dans le sable & sous le jonc marin, Marius contemplant l'orage, appuyé dans une attitude pensive sur le tronçon d'une colonne où l'on distingue peut-être, en caractères Puniques, les premières lettres brisées du nom d'Annibal, voilà le sujet d'un second tableau non moins sublime que le premier. L'Histoire des Suisses en fournit un troisième. Le Peintre représenteroit les trois grands libérateurs de l'Helvétie, vêtus de leurs simples habits de paysans, assemblés sécrètement dans un lieu désert au bord d'un lac solitaire, & délibérant de la liberté de leur patrie au milieu des montagnes, des torrens, des forêts : le silence de la nature les environne, & ils n'ont pour témoin de leur sainte union, que le Dieu qui entâssa ces Alpes glacées, & déroula ce firmament sur leur tête.

aux cachots des Trente, Théramènes but avec intrépidité la cigüe, & en jettant en l'air les dernières gouttes, comme à un festin : " voilà," dit-il, " pour le beau Critias." (1)

N'est-ce pas là la convention ? N'est-ce pas ainsi que ses membres se sont tant de fois traînés dans la boue ? qu'ils se sont couverts d'accusations infâmes, tandis que l'opinion étoit enchaînée par des tribunes pleines d'assassins ? Le philosophe y voit plus : il remarque que partout où les révolutions ont été durables, jamais de pareilles scènes ne les déshonorèrent. Que conclut-il de cette observation ?

—Une des époques les plus mémorables de notre révolution, est sans doute celle de la chûte de Robespierre. Ce tyran, auquel il ne restoit plus qu'un dégré à franchir pour s'asseoir sur le trône, résolut d'abattre la tête du modéré Tallien, de même que Critias s'étoit défait de Théramènes. Il reparut à la Convention après une longue absence. On auroit dit que le froid de la tombe colloit déjà la langue du misérable à son palais ; obscur, embarrassé, confus, il sembla parler du fond d'un sépulchre. Une autre circonstance non moins remarquable, c'est que son discours dont on avoit ordonné l'impression par la

---

(1) Xenoph. Hist. Græc. lib. 2.

plus indigne des flatteries, n'étoit pas encore sorti de la presse, que déjà l'homme tout puissant qui l'avoit prononcé avoit péri du dernier supplice. O Altitudo !

Enfin le jour des vengeances arriva. On conçoit à peine comment Robespierre, qui devoit connoître le cœur humain, fit dénoncer aux Jacobins les Députés qu'il vouloit perdre ; c'étoit les réduire au désespoir, & les rendre par cela même formidables. Ils allèrent donc à la Convention, résolus de périr, ou de renverser le Despote. Celui-ci exerçoit encore un tel empire sur ses lâches collègues, qu'ils n'osèrent d'abord l'attaquer en face ; mais s'encourageant peu-à-peu les uns les autres, l'accusation prit enfin un caractère menaçant. Robespierre veut parler, les cris *d'à-bas le Tyran* retentissent de toutes parts. Tallien sautant à la Tribune : " Voici," dit-il, " un poignard pour enfoncer dans le sein du Tyran, si le décret d'accusation est rejetté." Il ne le fut pas. Barrère abandonnant son ami & se portant lui-même pour délateur, fit pencher la balance contre le malheureux Robespierre. On l'arrête. Délivré par les Jacobins, il se réfugie à l'Hôtel-de-Ville, où il essaie vainement d'assembler un parti. Mis hors de la loi par un décret de la Convention, déserté de toute la terre, il ne pût

pût même échapper à ses ennemis, par ce moyen qui nous soustrait à la persécution des hommes, & la fortune le trahit jusqu'à lui refuser un suicide. Arraché par les gardes de derrière une table où il avoit voulu attenter à ses jours, il fut porté, baigné dans son sang, à la guillotine. Robespierre sans doute n'offroit par sa mort qu'une foible expiation de ses forfaits ; mais quand un scélérat marche à l'échafaud, la pitié alors compte les souffrances, & non les crimes du coupable.

CHAPITRE VI.

Guerre des Emigrés. Exécution à Eleusine. Massacre du 2 Septembre.

APRES l'exécution de Théramènes, aucun citoyen, hors le seul Socrate, n'osa s'opposer aux mesures des Trente. Cependant les Emigrés, chassés au dehors par la tyrannie, n'avoient pu trouver un lieu où reposer leur tête. Lacédémone menaçoit de sa puissance quiconque recevroit ces infortunés,* c'est ainsi que la Convention a poursuivi les Fran-

---

*Elle ordonna même qu'on les livrât aux Trente, & condamna à cinq talens d'amende quiconque leur donneroit un asyle.

çois

çois expatriés, & que plusieurs Etats ont eu la lâcheté d'obéir. Thèbes * & Mégare seules donnèrent le courageux exemple, que l'Angleterre a renouvellé de nos jours, & se firent un devoir d'accueillir l'humanité souffrante.

Bientôt les fugitifs se réunirent sous Thrasybule, citoyen distingué par ses vertus. Leur petite troupe, grosse seulement de 70 héros, s'empara du fort Phylé. Les Trente y accoururent avec leur cavalerie ; furent repoussés avec perte, &, craignant un soulèvement dans Athènes, se retirèrent à Eleusine. (1)

La manière dont ils en usèrent avec les habitans de cette ville (apparemment soupçonnés d'attachement au parti contraire), rappelle une des scènes les plus tragiques de la révolution Françoise. Ayant fait ériger leur tribunal sur la place publique, on publia que chaque citoyen eût à venir inscrire son nom, sous prétexte d'un enrôlement. Lorsque la victime s'étoit présentée, on la faisoit passer par une petite porte qui donnoit sur la mer, derrière laquelle la cavalerie se trouvoit rangée sur deux haies. Le malheureux étoit à l'instant saisi & livré au juge criminel pour être exé-

---

* Thèbes poussa la générosité jusqu'à faire un édit contre ceux qui refuseroient de prêter main forte à un Emigré Athénien. (1) *Xenoph. Hist. Græc. lib.* 2.

cuté :

cuté :* à quelques différences près, on croit voir les massacres du 2 Septembre.

Thrasybule ayant augmenté son parti s'avança jusqu'au Pirée dont il se saisit.(1) L'opinion commençoit à se tourner vers lui, & l'on se sentoit attendrir en voyant cette poignée d'honnêtes citoyens lutter contre une tyrannie puissante. Il n'y eut pas jusqu'à l'orateur Lysias qui n'envoyât cinq cens hommes(2) aux Emi-

---

* Ceci demande une explication. Xénophon qui rapporte ce fait dans le second livre de son histoire, ne dit pas expressément *pour être exécuté*, il dit que le Général de la cavalerie livra les citoyens au juge criminel ; que le lendemain, les Trente assemblèrent les troupes & leur déclarèrent, qu'elles devoient prendre part à la *condamnation* des habitans d'Eleusine, puisqu'elles partageoient avec eux (les Trente) la même fortune. N'est-ce pas là un langage assez clair ? Quelques auteurs, que j'ai déjà cités, ont porté le nombre des suppliciés à Athènes à environ 1,500 ; mais Xénophon fait dire à Cléocrite, dans un discours, que les Trente ont fait périr plus de citoyens en quelques mois de paix, que la guerre du Péloponèse en 27 années de combats. S'il y a ici de l'exagération, il faut aussi qu'il y ait quelque chose de vrai. D'ailleurs il seroit peut-être possible de montrer que l'expression Grecque renferme le sens que je lui donne, si je voulois ennuyer le lecteur par une dissertation grammaticale. Il est donc, d'après tout, très-raisonnable de conclure qu'il y eut un massacre à Eleusine.

(1) *Xenoph. Hist. Græc. lib.* 2. (2) *Just. lib.* 5. *cap.* 9.

grés d'Athènes. Les Trente avec leur armée se hâtèrent de venir déloger Thrasybule. Celui-ci rangea aussitôt en bataille ses soldats, infiniment inférieurs en nombre à ceux de Critias, & posant à terre son bouclier : " Allons, mes amis," s'écria-t-il en se montrant à ses compagnons d'infortune, " allons, combattons pour arracher par la victoire nos biens, notre famille, notre pays, des mains des Tyrans. Heureux qui jouira de sa gloire, ou recouvrera la liberté par la mort ! Rien de si doux que de mourir pour la patrie !" (1)

LIV. I.
II. PART.
Rév. Anc.
A. J. C.
405.
Ol. 94.
1ère ann.

Les fugitifs à ces mots se précipitèrent sur les troupes ennemies. Le combat étoit trop inégal, pour que le succès fût long-tems douteux. D'un côté la vengeance & la vertu ; de l'autre le crime & sa conscience. Les Tyrans furent renversés : Critias y perdit la vie, & le reste des Trente épouvanté se renferma dans Athènes. (2)

Après l'action, les soldats des deux partis se parlèrent, ceux qui combattirent sous Critias étoient du nombre des cinq mille habitans, qui, comme je l'ai dit, avoient seuls conservé le droit de citoyens. Cléocrite, attaché

---

(1) *Xenoph. Hist. Græc. lib.* 2. (2) *Id. ib.*

au parti de Thrasybule, leur fit sentir la folie de se déchirer pour des Maîtres. Les Trois Mille, mécontens de leurs anciens tyrans, en élurent dix autres qui ne se conduisirent pas moins criminellement que les premiers. Les Trente & leur faction s'enfuirent à Eleusine. (1)

CHAPITRE VII.

Abolition de la Tyrannie. Rétablissement de l'ancienne Constitution.

C'ETOIT une maxime du peuple libre de Sparte de soutenir partout la tyrannie. Si le principe n'est pas généreux, du moins est-il naturel. Nous cherchons à être heureux, mais nous ne pouvons souffrir le bonheur dans nos voisins. Les hommes ressemblent à ces enfans avides, qui, non contens de leurs propres hochets, veulent encore saisir ceux des autres. Les Lacédémoniens volèrent au secours des Trente ; Lysander bloqua le Pirée ; (2) c'en

---

(1) Xenoph. Hist. Græc. lib. 2.
(2) Xenoph. lib. 11.

étoit

étoit fait des Emigrés Athéniens, lorsque les passions humaines vinrent les sauver & rendre la paix à leur patrie.

Pausanias, roi de Sparte, jaloux de la gloire de Lysander, eut l'adresse de se faire envoyer à Athènes avec une armée. Il livra un combat pour la forme à Thrasybule, & en même tems l'invita sous main à députer à Sparte quelques-uns de ses amis.

Ceux-ci y conclurent un traité, par lequel la tyrannie fut abolie, & l'ancien gouvernement rétabli dans sa première forme. Cette heureuse nouvelle étant apportée à Athènes, les partis se reconcilièrent, & Thrasybule, après avoir offert un sacrifice à Minerve, termina ainsi le discours qu'il adresssoit à l'ancienne faction des Trente & des Dix : " Pourquoi voulez-vous nous commander, citoyens ? Valez-vous mieux que nous ? Avons-nous, quoique pauvres, convoité vos biens ? & ne commîtes-vous pas mille crimes pour nous dépouiller des nôtres ? . . . . Je ne veux point rappeller le passé, mais apprenez de nous que souvent l'opprimé a plus de foi & de vertu que l'oppresseur."

Les Trente & les Dix retirés à Eleusine voulurent encore lever des troupes pour se rétablir. Un tyran dans l'impuissance est un tigre muselé qui n'en devient que plus féroce. On marcha à ces misérables. Ils furent massacrés dans une entrevue. Ceux qui les avoient suivis firent un accommodement avec les vainqueurs, & une sage amnistie ferma toutes les plaies de l'Etat. (1)

CHAPITRE VIII.

Un Mot sur les Emigrés.

JE me suis fait une question en écrivant le règne des Trente. Pourquoi élève-t-on Thrasybule aux nues ? & pourquoi ravale-t-on les Emigrés François au plus bas degré ? Le cas est rigoureusement le même. Les fugitifs des deux pays, forcés à s'exiler par la persécution, prirent les armes sur des terres étrangères en faveur de l'ancienne constitution de leur patrie. Les mots ne sauroient dénaturer les choses : que les premiers se battissent pour la démocratie, les seconds pour la monarchie, le fait reste le même en soi. Ces différences d'opinions sur des objets semblables, naissent de nos passions : nous jugeons le passé selon la justice, le présent selon nos intérêts.

---

(1) *Xenoph. Hist. Græc. lib.* 2.

Les Emigrés François, comme toute chose en tems de révolution, ont de violens détracteurs & de chauds partisans. Pour les uns, ce sont des scélérats, le rebut & la honte de leur nation : pour les autres, des hommes vertueux & braves, la fleur & l'honneur du peuple François. Cela rappelle le portrait des Chinois & des Négres : tout bons, ou tout méchans. Si l'on convient qu'un grand seigneur peut être un fripon, qu'un royaliste peut être un malhonnête homme, cela ne suffit pas actuellement. Un ci-devant gentilhomme est de nécessité un scélérat. Et pourquoi? Parce qu'un de ses ancêtres, qui vivoit du tems du roi Dagobert, pouvoit obliger ses vassaux à faire taire les grenouilles de l'étang voisin, lorsque sa femme étoit en couche.

Un bon étranger au coin de son feu, dans un pays bien tranquille, sûr de se lever le matin comme il s'est couché le soir, en possession de sa fortune, la porte bien fermée, des amis audedans & la sûreté au-dehors, prononce, en buvant un verre de vin, que les Emigrés François ont tort, & qu'on ne doit jamais quitter sa patrie : & ce bon étranger raisonne conséquemment. Il est à son aise, personne ne le persécute, il peut se promener où il veut sans crainte d'être insulté, même assassiné, on n'incendie point sa demeure, on ne le chasse point comme une bête féroce, le tout parce qu'il s'appelle Jacques & non pas Pierre, & que son grand-père, qui mourut il y a quarante ans, avoit le droit de s'asseoir dans tel banc d'une église, avec deux ou trois Arlequins en livrée derriere lui. Certes, dis-je, cet étranger pense qu'on a tort de quitter son pays.

C'est au malheur à juger du malheur. Le cœur grossier de la prospérité ne peut comprendre les sentimens délicats de l'infortune. Nous nous croyons forts au jour de la félicité; nous nous écrions " si nous étions dans cette position, nous ferions comme ceci, nous agirions de cette manière." L'adversité vient-elle? nous sentons bientôt notre foiblesse, &, avec des larmes amères, nous nous rappellons des vaines forfanteries, & des paroles frivoles du tems du bonheur.

Si l'on considère sans passion ce que les Emigrés ont souffert en France, quel est l'homme, maintenant heureux, qui mettant la main sur son cœur, ose dire : " je n'eusse pas fait comme eux."

La persécution commença en même tems dans toutes les parties de la France ; & qu'on ne croie pas que l'opinion en fût la cause. Eûssiez-vous été le meilleur patriote, le démocrate

mocrate le plus extravagant, il suffisoit que vous portâssiez un nom connu pour être noble, pour être persécuté, brûlé, lanterné ; témoins les Lameths & tant d'autres dont les propriétés furent dévastées, quoique Révolutionnaires & de la majorité de l'Assemblée Constituante.

Des troupes de sauvages excitées par d'autres sauvages, sortirent de leur antre. Un malheureux gentilhomme, dans sa maison de campagne, voyoit tour-à-tour accourir les paysans effrayés : " Monsieur, on sonne le tocsin ; Monsieur, les voici ; Monsieur, ils ont résolu de vous tuer ; Monsieur, fuyez, fuyez, ou vous êtes perdu ! . . . . . Au milieu de la nuit, réveillés par des cris de feu & de meurtre, si ces infortunés, échappés à travers mille périls de leurs châteaux réduits en cendres, vouloient avec leurs épouses & leurs enfans à demi nuds, se retirer dans les villes voisines, ils étoient reçus avec les cris de mort : " à la lanterne, l'Aristocrate." Aussitôt la municipalité en ruban rouge, & à la tête de la populace, venoit dans une visite solemnelle, examiner s'ils n'avoient point d'armes. Que malheureusement un vieux couteau de chasse rouillé, un pistolet sans batterie, se trouvâssent en leur possession, les vociférations de traîtres, de conspirateurs, de scélérats retentissoient de toutes parts. Ici

on

on les traînoit à la Maison-Commune, pour rendre compte de prétendus discours contre le peuple, là, pour avoir entendu la messe, selon la foi de leurs pères; ailleurs on les surchargeoit de taxes arbitraires, par d'infâmes décrets, qui les obligeoient de payer sur le pied de leurs anciennes rentes, tandis que d'autres décrets, en abolissant ces rentes même, ne leur avoient quelquefois rien laissé : taxes qui souvent surpassoient le revenu de la terre entière, * tant ils étoient absurdes & méchans !

Dans l'abandon général & la persécution attachée à leurs pas, il restoit aux gentilshommes une ressource : la Capitale. Là, perdus dans la foule, ils espéroient échapper par leur petitesse, contens de dévorer en paix, dans quelque coin obscur, le triste morceau de pain qui leur restoit : il n'en fut pas ainsi.

Il semble que l'on fit tout ce que l'on pût pour les forcer à s'expatrier, & plusieurs pensent que c'étoit un plan de l'Assemblée pour s'emparer de leurs biens. Ces victimes dévouées étoient obligées de quitter Paris dans un certain tems donné. Le matin ils voyoient

---

* Ceci est arrivé à la mère de l'Auteur. Pour payer les taxes de 1791 elle fut obligée d'ajouter au revenu de la terre taxée, 6000 liv. de sa poche.

leur hôtel marqué de rouge, ou de noir, signes de meurtre ou d'incendie. Ce fut alors qu'ils se trouvèrent dans une position si horrible que j'essaierois en vain de la peindre. Où aller ? où fuir? où se cacher? Réduits à la plus profonde misère, encore pleins de l'amour de la patrie, on les vit à pied sur les grands chemins, retourner dans les villes de province, où, plus connus, ils éprouvèrent tout ce qu'une haine rafinée peut faire souffrir. D'autres rentrèrent dans les ruines de leurs châteaux dévastés par la flamme. Ils y furent saisis & assassinés ; quelques-uns rôtis, comme sous le roi Jean, à la vue de leur famille; plusieurs y virent leurs épouses violées avec la plus inhumaine barbarie. En-vain les malheureux gentilshommes qui survécurent crioient, nous sommes patriotes, nous vous cédons nos biens, notre vêtement, notre demeure ; on insultoit à leurs cris, on redoubloit de rage : le désespoir les prit, & ils émigrèrent.

Voilà une partie des raisons sans réplique de l'émigration. Qui seroit assez absurde pour se laisser prendre aux déclamations des Révolutionnaires, qui joignent la moquerie à la férocité, en condamnant des misérables sur un principe qu'ils ne leur ont pas permis de suivre ? Vous m'assassinez, & vous m'appellez un traître si je crie ? Vous mettez le feu à ma maison, & vous me condamnez à mort parce que je me sauve par la fenêtre ! Et quel droit avez-vous de me punir comme déserteur ? Laissant un moment à part votre barbarie, ne m'avez-vous pas, par des décrets multipliés, rendu incapable de toutes fontions ? ne m'avez-vous pas condamné à la plus parfaite inactivité sous les peines les plus sévères ? & vous osez dire que la patrie avoit besoin de moi ! Grand Dieu ! quand la pudeur est perdue jusqu'à cet excès, tout raisonnement est inutile. Comme le Philosophe dont parle Jean Jacques, nous nous bouchons les oreilles de peur d'entendre le cri de l'humanité, & nous nous argumentons.

Mais c'est dans cette conduite même que je découvre la vraie raison qui nous force à calomnier les émigrés. Nous avons été cruels envers eux ; ils sont malheureux, & leur misère nous est à charge. Quand les hommes ont commis, ou veulent commettre une injustice, ils commencent par accuser la victime : lorsqu'on jettoit des enfans dans le bûcher à Carthage, on faisoit battre les tambours & sonner les trompettes. Lorsqu'on m'a dit, Tel se plaint violemment de vous, j'en ai toujours conclu que ce Tel méditoit de me faire quelque mal, ou que je lui avois fait du bien.

CHA-

CHAPITRE IX.

Denys le Jeune.

D'AUTRES scènes nous appellent à Syracuse. Après avoir considéré long-tems des républiques, nous allons examiner des monarchies. Au reste, ce sont les mêmes passions, les mêmes vices, les mêmes vertus que nous retrouverons sous des appellations différentes. Le bandeau royal, celui de la religion, le bonnet de la liberté, peuvent déformer plus ou moins la tête des hommes, mais leur cœur reste toujours le même.

Tandis que la tyrannie s'étoit glissée à Athènes, elle avoit aussi levé l'étendart en Sicile. Tranquille possesseur d'une autorité usurpée par la ruse, Denys l'ancien soutint trente-huit années sa puissance par des vices & des vertus ; avec les premiers il extermina ses ennemis ; avec les secondes il rendit son joug supportable : (1) en cela, comme Auguste, il proscrivit & régna.

A sa mort, son fils le remplaça sur le trône. Esprit médiocre, il ne se distinguoit de la foule

___

(1) *Diod.* lib. 11—15. *Plut. in Moral. id. in Dion.*

que par l'habit qu'il portoit, & le rang où le sort l'avoit fait naître. De même que plusieurs autres princes du Monde Ancien & du Monde Moderne, c'étoit un bon & aimable jeune homme, qui savoit caresser une femme, boire du Chio, rire agréablement, & qui croyoit qu'il suffisoit de s'appeller Denys & de ne faire de mal à personne, pour être à la tête d'une nation. (1)

Denys eût trouvé très doux de jouer ainsi le roi à Syracuse, & peut-être les peuples l'auroient-ils souffert : car après tout, il importe peu qui nous gouverne. Malheureusement le nouveau prince avoit un oncle philosophe.*

---

(1) *Diod. lib.* 16. *pag.* 410. *Plut. in Dion. in Timol. Athen. lib.* 10. *pag.* 436. *Plat. Epist.* 7.

* Il faut bien se donner de garde en lisant l'histoire ancienne, de tomber dans l'enthousiasme. Il y a toujours beaucoup à rabattre des idées exaltées que nous nous faisons des Grecs & des Romains. Dion étoit sans doute un grand homme, mais au rapport de Platon même, il avoit beaucoup de défauts. Voici comme Cicéron parle de Pompée, dans ses lettres à Atticus. " Tuus autem ille amicus, nos, ut ostendit, admodum diligit, amplectitur, amat, aperte laudat ; occulte, sed ita, ut perspicuum sit, invidet nihil come, nihil simplex, nihil εν τοῖς, πολιτικοις honestum (*in reb. quæ sunt reip.*) nihil illustre, nihil forte, nihil liberum." Et c'est le même homme pour lequel le même Cicéron a écrit l'Oraison *pro lege Manilia*. Et ce fameux Brutus, ce vertueux Régicide, vraisemblablement

Dion commit une grande erreur : il méconnut le génie de Denys. Amant de la philosophie, il s'imagina que chacun devoit en avoir le goût comme lui. En voulant forcer le tyran de

ment assassin de son père, dont Plutarque & tant d'autres, nous ont laissé de si magnifiques éloges ? Brutus avoit prêté de l'argent aux habitans de Salamine, & il veut que Cicéron force ces malheureux citoyens de payer l'intérêt de cette somme, à quatre pour cent par mois, tandis que les plus grands usuriers, dit l'orateur Romain qui est justement révolté de la proposition, se contentent d'un pour cent. Brutus met dans ses sollicitations, au sujet de cette affaire, toute la chaleur & l'aigreur d'un malhonnête homme, jusque-là qu'il cherche à faire nommer à la Préfecture un misérable qui avoit tenu assiégé pour dettes, avec un parti de cavalerie, les Sénateurs de Salamine, dont trois cens étoient morts de faim ; & Brutus espère qu'une seconde exécution militaire lui fera obtenir son argent. " Je suis fâché," ajoute Cicéron, " de trouver votre ami (Brutus) si différent de ce que je le croyois." C'est dans ces mêmes letres de Cicéron à Atticus qu'on lit cette anecdote, fort peu connue & qui mérite bien de l'être. Le trait est d'autant plus odieux, que Brutus réclamoit cet argent au nom de deux de ses amis, quoiqu'il lui appartint réellement.

Quant au bon Cicéron lui-même, ses propres ouvrages, & sa vie écrite par Plutarque, nous font assez connoître ses foiblesses. Il est amusant de voir de quel air César lui écrivoit, au sujet des guerres civiles. " Mon cher Cicéron," lui mande le Tyran, " restez tranquille, un bon citoyen comme vous, ne doit se mêler de rien." Et le pauvre Cicéron se désole. " Eh ! que deviendrai-je, mon cher Atticus,

Sicile à s'élever au-dessus des bornes que la nature lui avoit prescrites, il ne fit que lui mettre mille idées indigestes dans la tête, & peut-être lui donner des vices dont les semences n'étoient pas dans son cœur. Savoir bien juger d'un homme, du langage qu'il faut lui parler, est un art extrêmement difficile. Un esprit d'un or-

---

Atticus, si j'allois être arrêté avec mes Licteurs? Ah! grands Dieux! on débite les plus mauvaises nouvelles. Si j'étois à ma maison de Tusculum? Mais je veux me retirer dans une île de la Grèce. Antoine ne le voudra pas. Que faire? &c. &c." Et il écrit une belle lettre à Antoine qui arrive dans une litière avec trois comédiennes; ensuite il prononce les Philippiques, & Antoine montre la malheureuse lettre. Pour ce qui est de César, il ne se cachoit point de ses vices. La proclamation de son collégue Bibulus : "Bithynicam reginam ; eique regem antea fuisse cordi, nunc esse regnum," & les vers des soldats :

Gallias Cæsar subegit, Nicomedes Cæsarem :
Ecce Cæsar nunc triumphat qui subegit Gallias ;
Nicomedes non triumphat, qui subegit Cæsarem :

apprennent assez les désordres *de la reine de Bithynie*. Auguste, après avoir proscrit ses concitoyens dans sa jeunesse, & obligé le père & le fils à mourir de la main l'un de l'autre, se faisoit amener dans sa vieillesse les jeunes vierges de ses Etats. Voilà les grands hommes de Rome. Je ne parle ni des Néron, ni des Tibère. Il paroît cependant singulier, que Suétone n'ait pas rapporté ce que Tacite nous apprend du commerce incestueux d'Agrippine & de son fils, lui qui étoit si curieux de pareilles anecdotes.

dre

dre supérieur est trop porté à supposer dans les autres les qualités qu'il se trouve, & va se communiquant sans cesse, sans s'appercevoir qu'il n'est pas entendu. C'est une nécessité absolue pour l'homme de génie de sacrifier à la sottise ; quelqu'un me disoit qu'il se voyoit prodigieusement recherché de la société, parce qu'il étoit toujours plus nul que son voisin.

La réputation de Platon s'étendoit alors dans toute la Grèce. Dion persuada à Denys d'attirer le philosophe en Sicile. (1) Celui-ci, après quelques difficultés, consentit à venir donner des leçons au jeune prince. (2) Bientôt la cour se transforma en une académie ; Denys, du soir au matin, argumentoit du meilleur & du pire des gouvernemens, (3) mais il se lassa enfin de déraisonner sur ce qu'il ne comprenoit pas. Les courtisans murmurèrent ; les soldats ne se soucioient pas beaucoup *du Monde d'Idées*, (4) & la vertu philosophique étoit trop chaste pour le Tyran. Dion fut exilé, & Platon le rejoignit peu de tems après en Grèce. (5)

---

(1) *Plut. in Dion.* (2) *Id. ib.* (3) *Plat. Epist.* 7, tom. 3. (4) *Plat. in Tim. pag.* 29. (5) *Plut. in Dion. Plat. Epist.* 3.

LIV. I.
II. PART.
Rép. Anc.
A. J. C.
364.
Ol. 104.
1ère ann.

Le moraliste eut à peine quitté Syracuse que Denys brûla du désir de le revoir. Dans les rois les désirs sont des besoins. Cette fois-ci il fallut que les philosophes de la Grande Grèce engageassent, pour sûreté, leur parole au vieillard de l'Académie. Il y a je ne sais quoi d'aimable & de touchant dans cet intérêt de tout le corps des Sages en un de leurs membres : lorsque Jean-Jacques fuyoit de pays en pays, peu importoit aux Savans de la France, de l'Angleterre* & de l'Italie.

A. J. C.
361.
Ol. 104.
4ème ann.

Platon de retour auprès du Tyran voulut obtenir de lui le rappel de Dion.(1) Non seulement Denys se montra inexorable, mais, sous un prétexte frivole, confisqua les biens de celui-ci que jusqu'alors il avoit respectés. (2) Le philosophe, piqué de l'injustice qu'on faisoit à son ami, demanda la permission de se retirer; il l'obtint avec beaucoup de peines. (3) Le prince demeuré seul avec ses vices & ses courtisans, se replongea dans les excès du despotisme & de

---

* Il y auroit de l'injustice à oublier que Hume donna l'hospitalité à Jean Jacques ; qu'il trouva dans le Duc de Portland la protection d'un Mécènes, & les lumières de la philosophie ; enfin que Sa Majesté Britannique elle-même, accorda une pension honorable à l'illustre réfugié.

(1) *Plat. Epist.* 7.   (2) *Plut. in Dion.*   (3) *Id. ib.*

la

la débauche. La mesure des maux du peuple monta à son comble & l'heure de la vengeance approchoit.

CHAPITRE X.

Expédition de Dion. Fuite de Denys. Troubles à Syracuse.

DION dépouillé de ses biens, & blessé au cœur par le divorce de son épouse, que Denys avoit donné en mariage à l'un de ses favoris, résolut d'arracher la Sicile à la Tyrannie. (1) Il se mit en mer avec deux vaisseaux & huit cens hommes (2) pour attaquer un prince qui possédoit des escadres & des armées;* mais il

---

(1) *Plat. Epist.* 7. *Plut. in Dion.* (2) *Diod. lib.* 6. pag. 413.

* Mais Denys étoit alors sans finances, grande cause des révolutions. On trouvera, dans le second volume de cet Essai, trois ou quatre chapitres où il y a quelques recherches sur le système comparé des finances des Anciens & des Modernes. Ce sujet est obscur & m'a donné beaucoup de travail ; ayant suivi pas-à-pas, autant que le sujet me l'a permis, l'état des impôts, des prêts, des opérations fiscales, depuis les premiers tems de l'histoire jusqu'à nos jours. On verra qu'il n'est pas improbable

comptoit sur les vices du roi de Syracuse & sur l'inconstance du peuple : il ne s'étoit pas trompé.

bable que les lettres de change ne fussent connues des Anciens, & qu'en cela, comme en toute autre chose, notre supériorité n'est pas considérable. Quant au papier-monnoie nous n'avons guère de quoi nous vanter ; son usage a toujours été calamiteux. La France en présente un grand exemple, l'Amérique avoit été désolée auparavant par ce fléau. En 1775, le Congrès décréta l'émission de Bills de crédit, pour la somme de deux millions de Dollars, qui devoient être retirés graduellement de la circulation par des taxes ; le premier retrait étant fixé au 31 Novembre 1779. Plusieurs autres émissions suivirent, & au mois de Février 1776, il y avoit déjà pour 20 millions de Dollars en Bills dans les Etats-Unis.

L'enthousiasme du peuple les soutint durant quelque tems au pair, mais enfin l'intérêt l'emportant sur le patriotisme, ils commencèrent à perdre. Le Congrès continuant à multiplier le papier, la somme totale s'éleva bientôt à 200 millions de Dollars. Outre cette masse énorme, chaque Etat avoit encore ses Bills particuliers, comme les Départemens de France leurs petits Assignats. En 1779, les Bills perdant 27 & 28 pour un, le Congrès voulut avoir recours à un expédient que la Convention a employé depuis, dans l'opération de ses Mandats : c'étoit de remplacer l'ancien papier par un nouveau. Le premier devoit être brûlé progressivement, tandis que le second auroit été émis dans la proportion de vingt à un avec l'autre ; ensorte que les 200 millions de Dollars en Bills *Continentals*, se seroient trouvés rachetés par 10 millions. L'opération étoit trop fallacieuse pour réussir, &

le

Tout réussit, Denys se trouvoit absent, les Syracusains se soulevèrent. Dion entra dans la cité, & proclama le rétablissement de la république. (1) Le Tyran, accouru au bruit

le papier continua à tomber de plus en plus. Alors le Congrès mit en usage, pour soutenir ses Bills, tous les moyens dont se sont servi les Révolutionnaires François, pour supporter leurs Assignats. Il fixa un maximum au prix des denrées, à celui des journées d'ouvriers. Les dettes contractées en argent furent déclarées payables en papier ; d'autres loix forçoient le marchand à recevoir les Bills à leur valeur nominale, de vendre au même taux pour du papier que pour de l'argent ; les biens des Royalistes furent mis à l'encan. L'effet de ces mesures coërcitives fut de créer la disette, de ruiner les propriétaires, & de répandre l'immoralité. Il fallut bientôt rappeller ces décrets, & les Bills, perdant 400 pour un en 1781, cessèrent enfin de circuler.

Ainsi s'opéra la banqueroute. C'est une chose extraordinaire, mais prouvée, que la chûte d'un papier-monnoie n'a jamais opéré de grands mouvemens dans un Etat : on en voit plusieurs raisons. A la première émission d'un papier, il a ordinairement toute sa valeur. Celui qui le reçoit alors, loin d'éprouver une perte, assez souvent y fait un gain. Lorsque le discrédit commence, le Billet a déjà changé de main ; le capitaliste qui l'a reçu à perte, le passe à un autre avec cette même perte ; & le papier continue ainsi de circuler, pris & rendu au prix du change, lors de la négociation. En sorte que la diminution est insensible, d'un individu à l'autre. Il n'y a à souffrir considérablement que pour le créancier,

(1) *Plut. in Dion.*

de cette nouvelle, hasarda une action où il fut défait. Après plusieurs pour-parlers, il se retira en Italie, laissant la citadelle, dont il avoit eu le bonheur de s'emparer, entre les mains de son fils. (1)

Cependant la division règnoit dans la ville. Les uns soutenoient Dion, leur libérateur ; les autres s'attachoient à Héraclide, qui proposoit des mesures populaires. (2) Celui-ci l'emporte, & Dion, poursuivi par les plus ingrats de tous les hommes, est obligé de se retirer avec un petit nombre d'amis fidèles, au milieu d'une populace furieuse, prête à le déchirer. (3)

Ce grand patriote avoit à peine abandonné Syracuse, que le parti de Denys, toujours bloqué dans la citadelle, fait une vigoureuse sortie ; force les lignes des assiégeans ; & les citoyens épouvantés députent humblement vers Dion, qui a la magnanimité de revenir à leur secours. (4)

Il s'avançoit au milieu de la nuit vers la Capitale, lorsqu'il reçoit tout-à-coup des couriers

---

& celui entre les mains duquel le papier expire. Quant à l'Etat, les fortunes ayant seulement changé de mains, il s'y trouve la même quantité de propriétaires qu'auparavant, & l'équilibre est conservé.

(1) *Plut. in Dion.* (2) *Id. ib.* (3) *Id. ib.* (4) *Id. ib. Diod. Sic. lib.* 16.

qui lui apportent l'ordre de se retirer de nouveau. Les soldats de Denys étoient rentrés dans la citadelle ; le peuple, toujours lâche, avoit repris son audace ; & le parti d'Héraclide, s'étant saisi des portes de la ville, comptoit en disputer l'entrée à la troupe de Dion. (1)

Cependant un bruit sourd vient, roulant de proche en proche. Bientôt des cris affreux se font entendre. Des hurlemens confus, des sons aigus entrecoupés de grands silences, durant lesquels on distingue quelque voix lamentable & solitaire, comme d'un homme égorgé dans une rue écartée ; enfin, tout l'effroyable murmure d'une ville en insurrection & en proie à l'ennemi, monte à la fois dans les airs. (2)

Un incendie général vient éclairer les horreurs de cette nuit, que le pinceau seul de Virgile * pourroit rendre. Les teintes scarla-

---

(1) *Plut. in Dion.* (2) *Id. ib.* * La description que les historiens nous ont laissé de l'embrasement de Syracuse a tant de traits de ressemblance avec celui de Troie décrit par Virgile, qu'il ne me paraît pas impossible que ce poète, dont on connoît d'ailleurs la vérité & qui ayant passé une partie de sa vie à la vue de la Sicile, devoit s'en rappeller sans cesse l'histoire, n'ait emprunté plusieurs choses de cet événement, pour le second chant de son Enéïde. A moins qu'on ne suppose que les historiens qui ont écrit après lui n'aient eux-mêmes imité l'Epique Latin.

tines

tines & mouvantes du ciel annoncent à Dion, encore loin dans la campagne, * l'embrasement de la patrie. Un messager arrive à la hâte; il apprend aux soldats du philosophe guerrier que la garnison de la citadelle a fait une seconde sortie ; qu'elle égorge femmes, enfans, vieillards; qu'elle a mis le feu à la ville; que le parti même d'Héraclide sollicite Dion de précipiter sa marche, & d'étouffer, dans le danger commun, tout ressentiment des injures passées. (1)

Dion ne balance plus. Il entre dans Syracuse avec sa petite troupe de héros, aux acclamations des citoyens prosternés à ses pieds, qui le regardoient, non comme un homme, mais comme un dieu, après leur ingratitude. Le philosophe patriote s'avançoit dans les rues à travers mille dangers, sur les cadavres des habitans massacrés, à la réverbération des flammes, entre des murs rouges & crevassés, tantôt plongé dans des tourbillons de fumée & de cendres brûlantes, tantôt exposé à la chûte des toits & des charpentes embrasées qui crouloient de toutes parts autour de lui. (2)

Il parvint enfin à la citadelle, où les troupes du Tyran s'étoient rangées en bataille. Il les

---

* A environ deux lieues. (1) *Plut. in Dion.* (2) *Id. ib.*

attaque ;

attaque ; les force de se renfermer dans leur repaire, d'où elles ne sortirent plus que pour remettre la place, par capitulation, entre les mains des citoyens de Syracuse. (1)

Dion ayant rétabli le calme dans sa patrie, ne jouit pas long-tems du fruit de ses travaux.* Il périt assassiné,(2) après s'être lui-même rendu coupable d'un assassinat. Callippe, le meurtrier, fut à son tour chassé par le frère de Denys ; & Denys lui-même, sortant de sa retraite après dix ans d'interrègne, remonta sur le trône. (3)

Platon connut mieux que Dion les hommes de son siècle. Il lui prédit qu'il ne causeroit que des maux, sans réussir.(4) C'est une grande folie que de vouloir donner la liberté républicaine à un peuple qui n'a plus de vertu. Vous le

LIV. I.
II. PART.
Rév. Anc.
A. J. C.
356.
Ol. 105.
4ème ann.

A. J. C.
353.
Ol. 106.
4ème ann.

A. J. C.
346.
Ol. 108.
2ème ann.

---

(1) *Pult. in Dion.* * Dion avoit entrepris avec les philosophes Platoniciens d'établir en Sicile une de ces républiques idéales, qui font tant de mal aux hommes. C'est peut-être la seule fois qu'on ait tenté de former le gouvernement d'un peuple sur des principes purement abstraits. Les François ont voulu faire la même chose de notre tems. Ni Dion, ni les Théoristes de France, n'ont réussi, parce que le vice étoit dans les mœurs des nations. Il est presqu'incroyable combien l'âge philosophique d'Alexandre ressemble au nôtre. (2) *Plut. in Dion.* (3) *Diod. lib.* 16. *pag.* 532. (4) *Plat. Epit.* 7.

traînez de malheur en malheur, de tyran en tyran, sans lui procurer l'indépendance. Il me semble qu'il existe un gouvernement particulier, pour ainsi dire naturel à chaque âge d'une nation : la liberté entière aux sauvages, la république royale aux pasteurs, la démocratie dans l'âge des vertus sociales, l'aristocratie dans le relâchement des mœurs, la monarchie dans l'âge du luxe, le despotisme dans la corruption. Il suit de-là, que lorsque vous voulez donner à un peuple la constitution qui ne lui est pas propre, vous l'agitez sans parvenir à votre but ; & il retourne, tôt ou tard, au régime qui lui convient, par la seule force des choses. Voilà pourquoi tant de prétendues républiques se transforment tout-à-coup en monarchie sans qu'on en sache bien la raison ; de tel principe, telle conséquence : de telles mœurs, tels gouvernemens. Si des hommes vicieux bouleversent un Etat, quelques soient d'ailleurs leurs prétextes, il en résulte le despotisme. Les Tyrans sont les remords des révolutions des méchans.

CHAPITRE XI.

Nouveaux Troubles à Syracuse. Timoléon. Retraite de Denys.

DENYS ne resta que deux années en possession de son trône. Les intraitables Syracusains se soulevèrent de nouveau. Ils appellèrent à leur secours un Tyran voisin, nommé Icétas.(1) Celui-ci, loin de combattre pour la liberté de la Sicile, ne cherchant qu'à se substituer à Denys, traita sous main avec les Carthaginois. Bientôt la flotte Punique parut à la vue du port. L'ancien Tyran étoit alors renfermé dans la citadelle, où il se défendoit contre le nouveau maître de la ville. Dans cette conjoncture, les citoyens opprimés envoyèrent demander du secours à Corinthe, leur mère-patrie, & contre Denys, & contre Icétas & ses alliés.(2) Les Corinthiens, touchés des malheurs de leur ancienne colonie, firent partir Timoléon avec dix vaisseaux. (3) Le grand homme aborda en Sicile & remporta un avantage sur

LIV. I.
II. PART.
Rév. Anc.
A. J. C.
346.
Ol. 108.
2ème ann.

---

(1) *Diod. lib.* 16. *pag.* 457 — 470. *Plut. in Timol.*
(2) *Id. ib.* (3) *Plut. in Timol. Diod. lib.* 16. *pag.* 462.

Icétas. Denys, voyant s'évanouir ses espérances, se rendit au général Corinthien, qui fit passer en Grèce, sur une seule galère, sans suite, avec une petite somme d'argent, celui qui avoit possédé des flottes, des trésors, des palais, des esclaves, & un des plus beaux royaumes de l'antiquité. (1)

Peu de tems après Timoléon se trouva maître de Syracuse ; battit les Carthaginois, &, appellant le peuple à la liberté, fit publier qu'on eût à démolir les citadelles des Tyrans. Les Syracusains se précipitent sur ces monumens de servitude ; ils les nivellent à la terre ; & fouillant jusques dans les sépulchres des despotes, dispersent leurs os dans les campagnes, comme on suspend dans les moissons la carcasse des bêtes de proie pour épouvanter leurs semblables. On érigea des tribunaux de justice nationale, sur l'emplacement même de cette forteresse, d'où émanoient les ordres arbitraires des rois. Leurs statues furent publiquement jugées & condamnées à être vendues. Une seule, celle de Gélon, fut acquittée par le peuple. (2) Le bon, le patriote Henri IV, qui n'étoit pas comme Gélon un usurpateur, n'a pas

---

(1) *Plut. in Tim.* (2) *Diod. lib.* 16. *pag.* 462. *Plut. in Tim.*

échappé aux Républicains de la France. Les Anciens respectoient la vertu, même dans leurs ennemis ; & ceux qui accordèrent les honneurs de la sépulture à l'étranger Mardonius, n'auroient pas laissé les cendres d'un Turenne, leur compatriote, au milieu d'un Ostéologie de singes. Nous avons beau nous élever sur la pointe des pieds pour imiter les géans de la Grèce, nous ne serons jamais que de petits hommes.

CHAPITRE XII.

Denys à Corinthe. Les Bourbons.

CEPENDANT Denys étoit arrivé à Corinthe. On s'empressa de venir repaître ses regards du spectacle d'un monarque dans l'adversité. Nous chérissons moins la liberté que nous ne haïssons les grands ; parce que nous ne pouvons souffrir le bonheur dans les autres ; & que nous nous imaginons que les grands sont heureux. Comme les rois semblent d'une autre espèce que le reste de la foule, au jour de l'affliction ils ne trouvent pas une larme de pitié. Voilà donc, dit chacun en soi-même, cet homme qui commandoit aux hommes, & qui d'un coup-d'œil auroit pu me ravir la liberté

& la vie. Toujours bas, nous rampons sous les princes dans leur gloire, & nous leur crachons au visage lorsqu'ils sont tombés.

Qu'eût dû faire Denys dans ses revers ? Il eût dû savoir que les tygres & les déserts sont moins à craindre pour les misérables que la société. Il eût dû se retirer dans quelque lieu sauvage pour gémir sur ses fautes passées, & surtout pour cacher ses pleurs; ou plutôt il pouvoit, comme les Anciens, se coucher & mourir. Un homme n'est jamais très à plaindre, lorsqu'il a le droguiste, ou le marchand de poignards à sa porte, & qu'il lui reste quelques *mines*.

L'ame de Denys n'étoit pas de cette trempe. Le Tyran abandonné tenoit, on ne sait pourquoi, à l'existence. Peut-être quelque lien caché qu'il n'osoit découvrir, quelque sentiment secret ? . . Denys n'étoit-il pas père ? & les foiblesses du cœur n'attachent-elles pas à la vie ? C'est un effet cruel de l'adversité, qu'elle redouble notre sensibilité, en même tems qu'elle l'éteint pour nous dans le cœur des autres, & qu'elle nous rend plus susceptibles d'amitié lorsque l'heure des amis est passée.

Le prince de Syracuse offroit une grande leçon à Corinthe, où les étrangers s'empressoient de venir méditer ce spectacle extraordinaire. Le malheureux roi, couvert de haillons,

haillons, passoit ses jours sur les places publiques ou à la porte des cabarets, où on lui distribuoit, par pitié, quelque reste de vin & de viande. La populace s'assembloit autour de lui, & Denys avoit la lâcheté de l'amuser de ses bons mots. (1) Il se rendoit ensuite dans les boutiques de parfumeurs, ou chez des chanteuses auxquelles ils faisoit répéter leurs rôles, s'occupant à disputer avec elles sur les règles de la musique. (2) Bientôt pour ne pas mourir de faim, il fut obligé de donner des leçons de grammaire dans les fauxbourgs aux enfans du petit peuple, (3) & ce ne fut pas le dernier degré d'avilissement où le réduisit la fortune.

Une conduite aussi indigne a porté les hommes à en rechercher les causes. Cicéron fait là-dessus une remarque cruelle. (4) Denys, dit-il, voulut dominer sur des enfans, par habitude de tyrannie. Justin (5) au contraire, croit qu'il n'agissoit ainsi, que dans la crainte que les Corinthiens ne prîssent de lui quelque ombrage. Ne seroit-ce point plutôt le désespoir qui jetta le roi de Syracuse dans cet excès

―――――――――

(1) *Plut. in Timol.* (2) *Id. ib.* (3) *Id. ib. Cic. Tusc. lib. 3. n. 27. Just. lib. 21. Lucian. Somn. cap. 23. Val. Max. lib. 6. cap. 9.* (4) *Tusc. ib.* (5) *Id. lib. 21, cap. 5.*

de bassesse ? A force de l'insulter on le rendit digne d'insultes. Le malheur est une maladie de l'âme, qui ôte l'énergie nécessaire pour se défaire de la vie ; & lorsqu'un misérable sent que son caractère s'avilit, que la pitié des hommes ne s'étend plus sur lui, alors il se plonge tout entier dans le mépris, comme dans une espèce de mort.

Malgré le masque d'insensibilité que le monarque de Sicile portoit sur son visage, je doute que la borne de la place publique qui lui servoit d'oreiller durant la nuit, & qu'il partageoit peut-être avec quelque mendiant de Corinthe, (1) fût entièrement sèche le matin. Plusieurs mots échappés à ce prince, justifient cette conjecture.

Diogène le rencontrant un jour, lui dit : " Tu ne méritois pas un pareil sort ! " Denys, se trompant sur le motif de cette exclamation, & étonné de trouver la pitié parmi les hommes, ne put se défendre d'un mouvement de sensibilité. Il repartit : " Tu me plains donc ? je t'en remercie." La simplicité de ce mot, qui devoit briser l'âme de Diogène, ne fit qu'irriter le féroce Cynique. " Te plaindre ! " s'écria-t-il, " tu te trompes, esclave. Je suis indigné de te voir

---

(1) *Val. Max. lib.* 6. *cap.* 9.

dans une ville où tu puisses jouir encore de quelques plaisirs." (1) A Dieu ne plaise qu'une pareille philosophie soit jamais la mienne !

Dans une autre occasion le même prince, importuné par un homme qui l'accabloit de familiarités indécentes, dit tranquillement : " Heureux ceux qui ont appris à souffrir." (2)

Quelquefois il savoit repousser une injure grossière par une raillerie piquante. Un Corinthien soupçonné de filouterie, s'approche de lui en secouant sa tunique, pour montrer qu'il ne cachoit point de poignard (manière dont on en usoit en abordant les Tyrans) : " Fais-le en sortant," lui dit Denys. (3)

La fortune voulut mêler quelques douceurs à l'amertume de ses breuvages, pour en rendre le déboire plus affreux. Denys obtint la permission de voyager, & Philippe le reçut dans son royaume avec tous les honneurs dûs à son rang. Pédagogue à Corinthe, Roi encore à la table de celui de Macédoine, réduit de nouveau à la mendicité, ces étranges vicissitudes devoient bien apprendre au prince de Si-

---

(1) *Plut. in Timol.* (2) *Stob. Serm.* 110. (3) *Plut. in Timol. Ælian. Var. Hist. lib.* 4. *cap.* 18.

cile, la folie de la vie & la vanité des rôles qu'on y remplit. Du moins le père d'Alexandre s'honora-t-il en respectant l'infortune. Il ne put s'empêcher de dire à son hôte en le voyant, avec une espèce de chaleur : "Comment avez-vous perdu un empire que votre père sut conserver si long-tems ?" "J'héritai de sa puissance," répondit Denys, "& non de sa fortune." (1) Ce mot-là explique l'histoire du genre humain. Un soir que les deux tyrans s'entretenoient familièrement dans une orgie, celui de la Grèce demanda à celui de Sicile, quel tems son père, Denys l'ancien, prenoit pour composer un si grand nombre de poëmes ? "Le tems, que vous & moi, mettons ici à boire," répliqua gaiement le roi détrôné. (2)

Le sort voulut enfin terminer ce grand drame de l'école des rois, par un dénouement non moins extraordinaire que les autres scènes. Denys réduit au dernier dégré de misère, ou rendu fou de chagrin, s'engagea dans une troupe de prêtres de Cybèle, & l'on vit le monarque de Syracuse, avec sa grosse taille (3) &

_____

(1) *Ælian. Var. Hist. lib.* 12. *cap.* 60.   (2) *Plut. in Timol.*   (3) *Just. lib.* 21. *cap.* 2.

ses

ses yeux à moitié fermés, (1) parcourant les villes & les bourgs de la Grèce, sautant & dansant en frappant un tympanon, & allant après tendre la main à la ronde, pour recevoir les chétives aumônes de la populace. (2)

Si je me suis arrêté long-tems aux infortunes de Denys, on en sent assez la raison. Outre la grande leçon qu'elles présentent, l'Europe a devant les yeux, au moment où j'écris ceci, un exemple frappant, non des mêmes vices, mais presque des mêmes malheurs. Déjà un Bourbon, qui devoit être le plus riche particulier de l'Europe, a été obligé, pour vivre, d'avoir recours en Suisse au moyen employé par Denys à Corinthe. Sans doute le Duc d'Orléans aura enseigné à ses pupilles, les dangers d'une ambition coupable, & surtout les périls d'une mausaise éducation. Il se sera fait une loi de leur répéter, que le premier devoir de l'homme n'est pas d'être roi, mais d'être probe. Si ce mot paroît sévère, j'en appelle à ce prince lui-même, qu'on dit d'ailleurs plein de courage & de vertus naturelles. Qu'il jette les regards autour de lui en Europe, qu'il contemple les

___

(1) *Athen. lib.* 10. *pag.* 439. *Just. ib. Plut. de Adul. tom.* 2. (2) *Ælian. Var. Hist. lib.* 9. *cap.* 8. *Athen. lib.* 12. *cap.* 11.

milliers de victimes sacrifiées chaque jour à l'ambition de sa famille : j'aurois voulu éviter de nommer son père.

Le reste de la famille des Bourbons a éprouvé diverses calamités L'héritier des rois, le souverain légitime de la France, erre maintenant en Europe à la merci des hommes ; & le maître de tant de palais, seroit trop heureux de posséder dans quelque coin de la terre la moindre des cabanes de ses sujets.

Cependant si un royaume florissant, un peuple nombreux, une naissance illustre se réunissent pour augmenter l'amertume des regrets de Louis, il ne sauroit craindre, comme les rois de l'antiquité, l'excès de l'indigence. Cette différence tient à l'état relatif des constitutions. Chez les Anciens un prince fugitif ne rencontroit que des républiques qui insultoient à sa misère ; dans le monde Moderne il trouve du moins d'autres princes qui lui procurent les nécessités de la vie. S'il arrivoit que l'Europe se formât en démocratie, le dernier des monarques détrônés seroit aussi malheureux que Denys.

Depuis les premiers âges du monde jusqu'à la catastrophe des Bourbons en France, l'histoire nous offre un grand nombre de princes fugitifs & en proie aux douleurs, le partage commun

des

des hommes. On remarque particulièrement chez les Anciens, le Monarque aveugle, qui parcouroit la Grèce appuyé sur son Antigone ; Thésée le législateur, le défenseur de sa patrie, & banni par un peuple ingrat; Oreste, suivi d'un seul ami; Idomenée, chassé de Crète ; Démarate, roi de Sparte, retiré auprès de Darius; Hippias, mort au champ de Marathon, en cherchant à recouvrer sa couronne; Pausanias II, roi de Sparte, condamné à mort & sauvé par la fuite ; Denys à Corinthe; Darius, fuyant seul devant Alexandre, & assassiné par ses courtisans; Cléomène, digne successeur d'Agis, crucifié en Egypte, où il s'étoit retiré ; Antiochus Hiérax, refugié chez Ptolémée, qui le jette dans des cachots; Antiochus X, errant chez les Parthes & en Cilicie; Mithridate, cherchant envain un azyle auprès de Tigrane son gendre, & réduit à s'empoisonner : à Rome, Tarquin chassé par Brutus, & soulevant envain l'Italie en sa faveur ; une foule d'empereurs des deux Empires qu'il seroit trop long d'énumérer. Parmi les peuples Modernes, on reconnoît en Afrique Gélimer,* chassé du trône des Vandales & réduit à cultiver un champ de ses propres mains; en Italie Lamberg, premier prince fu-

---

* Son histoire est touchante & présente un des jeux les plus extraordinaires de la fortune. Le lendemain du

jour

gitif de l'Europe moderne; Pierre de Médicis, qui sans Philippe de Comines, n'eût pu trouver une retraite à Venise; l'empereur Henri IV, fuyant devant son fils; le Comte de Flandres, chassé par Artavelle; Charles V de France, dépouillé par la faction de Charles de Navarre; Charles VII, réduit à sa ville d'Orléans; Henri VI d'Angleterre, détrôné, puis rétabli, puis détrôné encore; Edouard IV, errant dans les

---

jour que Gélimer sortit secrètement de Carthage, Bélisaire, dans le palais de ce prince des Vandales, servi par ses propres esclaves, dîna sur la table, dans les plats, & des viandes mêmes préparées pour le repas du malheureux monarque. Le roi fugitif s'étant ensuite remis entre les mains du général Romain, il fut conduit à Constantinople, où après s'être prosterné devant Justinien, on lui donna quelque terre dans un coin de l'Empire. *Procop. de Bel. Vand. lib.* 1 *cap.* 21, *&c.* Ce bon Procope qui raconte si naïvement ses songes, l'amour d'Honorius pour une poule nommée Rome, & les chansons des petits enfans qui disoient: " G chassera B. & B. chassera G.," me fait me ressouvenir qu'on trouve dans son histoire de la guerre des Perses un chapitre intéressant sur la Mer-Rouge & le commerce des Indes, qui a, je crois, échappé au savant Robertson dans sa *Disquisition*. On y apprend que l'on construisoit les vaisseaux sans cloux pour cette navigation, en attachant seulement les planches avec des cordes, non à cause des *rochers d'aimant*, dit Procope qui se pique alors d'incrédulité, mais pour les rendre plus légers. *De Bel. Pers. lib.* 1. *cap.* 18.

Pays-

Pays-Bas privé de tout secours; Henri IV de France, chassé par la Ligue; Charles II d'Angleterre, obligé de dormir sur un chêne dans ses Etats, tandis que sa famille sur le Continent étoit forcée de se tenir au lit, faute de feu; Gustave Vasa, retiré dans les mines; Stanislas roi de Pologne, s'échappant déguisé de son palais; Jacques second, trouvant une cour en France, mais dont les descendans n'avoient pas un lieu où reposer leur tête; Marie, portant son fils dans les rangs des Hongrois; enfin les Bourbons, terminant cette liste d'illustres infortunés. Dans ce catalogue de misères chacun pourra satisfaire le penchant de son cœur: l'envie y verra des rois, la pitié des malheureux, & la philosophie des hommes.

CHAPITRE XIII.

Aux Infortunés.

Thrice happy you, who look as from the shore
And have no venture in the wreck you see!

CE chapitre n'est pas écrit pour tous les lecteurs; plusieurs peuvent le passer sans interrompre le fil de cet ouvrage: il est adressé à la classe des malheureux; j'ai tâché de l'écrire dans leur langue qu'il y a long-tems que j'étudie.

Celui-

Celui-là n'étoit pas un favori de la prospérité qui répétoit les deux vers qu'on voit à la tête de ce chapitre. C'étoit un monarque, le malheureux Richard second, qui, le matin même du jour où il fut assassiné, jettant à travers les soupiraux de sa prison un regard sur la campagne, envioit le Pâtre qu'il voyoit assis tranquillement dans la vallée auprès de ses chèvres.

Quelques aient été tes erreurs, innocent ou coupable, né sur un trône ou dans une chaumière, qui que tu sois, enfant du malheur, je te salue : *Experti invicem sumus, ego ac fortuna.*

On a beaucoup disputé sur l'infortune, comme sur toute autre chose. Voici quelques réflexions que je crois nouvelles.

Comment le malheur agit-il sur les hommes ? Augmente-t-il la force de leur âme ? La diminue-t-il ?

S'il l'augmente, pourquoi Denys fut-il si lâche ?

S'il la diminue, pourquoi la reine de France déploya-t-elle tant de fortitude ?

Prend-il le caractère de la Victime ? mais s'il le prend, pourquoi Louis, si timide au jour du bonheur, se montra-t-il si courageux au jour de l'adversité ? & pourquoi ce Jacques second, si brave dans la prospérité fuyoit-il sur les bords de la Boyne lorsqu'il n'avoit plus rien à perdre ?

Seroit-

Seroit-ce que le malheur transforme les hommes ? Sommes-nous forts parce que nous étions foibles, foibles parce que nous étions forts ? Mais le pusillanime empereur Romain, qui se cachoit dans les latrines de son palais au moment de sa mort, avoit toujours été le même ; & le Breton Caractacus fut aussi noble dans la capitale du monde que dans ses forêts.

Il paroît donc impossible de raisonner d'après une donnée certaine sur la nature de l'infortune. Il est vraisemblable qu'elle agit sur nous par des causes secrètes qui tiennent à nos habitudes & à nos préjugés, & par la position où nous nous trouvons relativement aux objets environnans. Denys, si vil à Corinthe, eût peut-être été très-grand entre les mains de ses sujets à Syracuse.

Autre recherche. Voilà le malheur considéré en lui-même, examinons-le dans ses relations extérieures.

La vue de la misère cause différentes sensations chez les hommes. Les Grands, c'est-à-dire les riches, ne la voient qu'avec un dégoût extrême ; il ne faut attendre d'eux qu'une pitié insolente, que des dons, des politesses, mille fois pires que des insultes.

Le marchand, si vous entrez dans son comptoir, ramassera précipitamment l'argent qui se trouve

trouve atteint : cette âme de boue confond le malheureux & le malhonnête homme.

Quant au peuple, il vous traite selon son génie. L'infortuné rencontre en Allemagne la vraie hospitalité, en Italie la bassesse, mais quelquefois des éclairs de sensibilité & de délicatesse, en Espagne la morgue & la lâcheté, par fois aussi de la noblesse; le peuple François, malgré sa barbarie, lorsqu'il s'assemble en masse, est le plus charitable, le plus sensible de tous envers le misérable, parce qu'il est sans contredit le moins avide d'or. Le désintéressement est une qualité que mes compatriotes possèdent éminemment au-dessus des autres nations de l'Europe. L'argent n'est rien pour eux, pourvû qu'ils aient exactement la vie. En Hollande le malheureux ne trouve que brutalité ; en Angleterre le peuple méprise souverainement l'infortune. Il ne rêve que guinées ; il sent, il frotte, il mord, il examine, il fait sonner son shilling, il ne voit partout que du cuivre ou de l'argent. Au reste il est précisément le contraire du François. Autant les individus qui le composent feroient de bassesses pour quelques demi-couronnes, autant ils sont généreux pris en corps. Au fait, je ne connois point deux nations plus antipathiques de génie, de mœurs, de vices & de vertus, que les Anglois & les François, avec

cette différence : que les premiers reconnois-
sent généreusement plusieurs qualités dans les
derniers, tandis que ceux-ci refusent toute vertu
aux autres.

Examinons maintenant, si de ces diverses
remarques on ne peut tirer quelques règles de
conduite dans le malheur. J'en sais trois.

Un misérable est un objet de curiosité
pour les hommes. On l'examine, on aime à
toucher la corde des angoisses, pour jouir du
plaisir d'étudier son cœur au moment de la
convulsion de la douleur, comme ces chirur-
giens qui suspendent des animaux dans des
tourmens, afin d'épier la circulation du sang
& le jeu des organes. La Première règle est
donc de cacher ses pleurs. Qui peut s'intéresser au récit de nos maux ? Les uns les
écoutent sans les entendre, les autres avec ennui, tous avec malignité. La Prospérité est
une statue d'or dont les oreilles ressemblent à
ces cavernes sonores, décrites par quelques
voyageurs : le plus léger soupir s'y grossit en
un son épouvantable.

La Seconde règle, qui découle de la première,
consiste à s'isoler entièrement. Il faut éviter
la société lorsqu'on souffre, parce qu'elle est
l'ennemie naturelle du malheureux ; sa maxime est : infortuné—coupable. Je suis si con-

vaincu de cette vérité sociale, que je ne passe guères dans les rues sans baisser la tête.

Troisième règle — fierté intraitable. L'orgueil est la vertu du malheur. Plus la fortune nous abaisse, plus il faut nous élever, si nous voulons sauver notre caractère. Il faut se ressouvenir que partout on honore l'habit & non l'homme. Peu importe que vous soyez un fripon, si vous êtes riche ; un honnête homme, si vous êtes pauvre. Les positions relatives font dans la société l'estime, la considération, la vertu. Comme il n'y a rien d'intrinsèque dans la naissance, vous fûtes roi à Syracuse, & vous devenez particulier malheureux à Corinthe. Dans la première position vous devez mépriser ce que vous êtes ; dans la seconde, vous enorgueillir de ce que vous avez été ; non qu'au fond vous ne sachiez à quoi vous en tenir sur ce frivole avantage, mais pour vous en servir comme d'un bouclier contre le mépris attaché à l'infortune. On se familiarise aisément avec le malheureux ; & il se trouve sans cesse dans la dure nécessité de se rappeller de sa dignité d'homme, s'il ne veut que les autres l'oublient.

Enfin vient une grande question sur le sujet de ce chapitre : que faut-il faire pour soulager ses chagrins ? Voici la pierre philosophale.

D'abord

D'abord la nature du malheur n'étant pas parfaitement connue, cette question reste pour ainsi dire insoluble. Lorsqu'on ne sait où git le siège du mal, où peut-on appliquer le remède ?

Plusieurs philosophes anciens & modernes, ont écrit sur ce sujet. Les uns nous proposent la lecture, les autres la vertu, le courage. C'est le Médecin qui dit au Patient : portez-vous bien.

Un livre vraiement utile au misérable, parce qu'on y trouve la pitié, la tolérance, la douce indulgence, l'espérance plus douce encore, qui composent le seul baume des blessures de l'âme, ce sont les Evangiles. Leur Divin auteur ne s'arrête point à prêcher vainement les infortunés il fait plus; il bénit leurs larmes, & boit avec eux le Calice jusqu'à la lie.

Il n'y a point de Panacée universelle pour le chagrin, il en faudroit autant que d'individus. D'ailleurs la raison trop dure ne fait qu'aigrir celui qui souffre, comme la Garde mal-adroite qui, en tournant l'Agonisant dans son lit pour le mettre plus à son aise, ne fait que le torturer. Il ne faut rien moins que la main d'un ami, pour panser les plaies du cœur, & pour vous aider à soulever doucement la pierre de la tombe.

Mais si nous ignorons comment le malheur agit, nous savons du moins en quoi il consiste : en une privation. Que celle-ci varie à l'infini ; que l'un regrette un trône, l'autre une fortune, un troisième une place, un quatrième un abus ; n'importe, l'effet reste le même pour tous. M. me disoit ; je ne vois qu'une infortune réelle : celle de manquer de pain. Quand un homme a la vie, l'habit, une chambre & du feu, les autres maux s'évanouissent. Le manque du nécessaire absolu est une chose affreuse, parce que l'inquiétude du lendemain empoisonne le présent. M. avoit raison, mais cela ne tranche pas la question.

Car que faudroit-il faire pour se procurer ce premier besoin ? Travailler, répondent ceux qui n'entendent rien au cœur de l'homme. Nous supportons l'adversité, non d'après tel ou tel principe, mais selon notre éducation, nos goûts, notre caractère, & surtout notre génie. Celui-ci, s'il peut gagner passablement sa vie par une occupation quelconque, s'appercevra à peine qu'il a changé de condition ; tandis que celui-là, d'un ordre supérieur, regardera comme le plus grand des maux de se voir obligé de renoncer aux facultés de son âme, de faire sa compagnie de manœuvres, dont les idées sont confinées autour du bloc qu'ils scient, ou

de

de passer ses jours, dans l'âge de la raison & de la pensée, à faire répéter des mots aux stupides enfans de son voisin. Un pareil homme aimera mieux mourir de faim, que de se procurer à un tel prix les besoins de la vie. Ce n'est donc pas chose si aisée que d'associer le nécessaire & le bonheur : tout le monde n'entendra pas ceci.

Ainsi nous ne sommes pas juges compétens du bon & du mauvais pour les autres : il ne s'agit pas de l'apparence, mais de la réalité.

Je m'imagine que les malheureux qui lisent ce chapitre, le parcourent avec cette avidité inquiéte, que j'ai souvent porté moi-même dans la lecture des moralistes, à l'article des misères humaines, croyant y trouver quelque soulagement. Je m'imagine encore que trompés comme moi, ils me disent : vous ne nous apprenez rien : vous ne nous donnez aucun moyen d'adoucir nos peines ; au contraire vous prouvez trop qu'il n'en existe point. O mes compagnons d'infortune ! votre reproche est juste : je voudrois pouvoir sécher vos larmes, mais il vous faut implorer le secours d'une main plus puissante que celle des hommes. Cependant ne vous laissez point abattre ; on trouve encore quelques douceurs parmi beaucoup de calamités. Essaierai-je de montrer le parti qu'on peut tirer de la condition la plus misérable ? Peut-être en recueillerez-vous plus de profit que de toute l'enflure d'un discours Stoïque.

Un infortuné parmi les enfans de la prospérité, ressemble à un gueux qui se promène en guenilles, au milieu d'une société brillante : chacun le regarde & le fuit. Il doit donc éviter les jardins publics, le fracas, le grand jour ; le plus souvent même il ne sortira que la nuit. Lorsque la brune commence à confondre les objets, notre infortuné s'avanture hors de sa retraite, & traversant en hâte les lieux fréquentés, il gagne quelque chemin solitaire, où il puisse errer en liberté. Un jour il va s'asseoir au sommet d'une colline qui domine la ville & commande une vaste contrée ; il contemple les feux qui brillent dans l'étendue du paysage obscur, sous tous ces toîts habités. Ici, il voit éclater le réverbère à la porte de cet hôtel, dont les habitans, plongés dans les plaisirs, ignorent qu'il est un misérable, occupé seul à regarder de loin la lumière de leurs fêtes; lui, qui eut aussi des fêtes & des amis. Il ramène ensuite ses regards sur quelque petit rayon, tremblant dans une pauvre maison écartée du fauxbourg, & il se dit : là, j'ai des frères.

Une autre fois, par un clair de lune, il se place en embuscade sur un grand chemin, pour jouir encore à la dérobée de la vue des hommes, sans être distingué d'eux; de peur qu'en appercevant un malheureux, ils ne s'écrient, comme les gardes du Docteur Anglois, dans la *Chaumière Indienne* : Un Pariah ! un Pariah !

Mais le but favori de ses courses sera peut-être un bois de sapins, planté à quelques deux milles de la ville. Là il a trouvé une société paisible, qui comme lui cherche le silence & l'obscurité. Ces Sylvains solitaires veulent bien le souffrir dans leur république, à laquelle il paie un léger tribut ; tâchant ainsi de reconnoître, autant qu'il est en lui, l'hospitalité qu'on lui a donnée.

Lorsque les chances de la destinée nous jettent hors de la société, la surabondance de notre âme, faute d'objet réel, se répand jusque sur l'ordre muet de la création, & nous y trouvons une sorte de plaisir que nous n'aurions jamais soupçonné. La vie est douce avec la nature. Pour moi je me suis sauvé dans la solitude & j'ai résolu d'y mourir, sans me rembarquer sur la mer du monde. J'en contemple encore quelquefois les tempêtes, comme un homme jetté seul sur une île déserte, qui se plaît, par une secrète mélancolie, à voir les flots se briser au loin sur les côtes où il fit naufrage. Après la

perte

perte de nos amis, si nous ne succombons à la douleur, le cœur se replie sur lui-même ; il forme le projet de se détacher de tout autre sentiment, & de vivre uniquement avec ses souvenirs. S'il devient moins propre à la société, sa sensibilité se développe aussi davantage. Le malheur nous est utile ; sans lui les facultés aimantes de notre âme resteroient inactives : il la rend un instrument tout harmonie, dont, au moindre souffle, il sort des murmures inexprimables. Que celui que le chagrin mine s'enfonce dans les forêts; qu'il erre sous leur voûte mobile ; qu'il gravisse la colline, d'où l'on découvre, d'un côté de riches campagnes, de l'autre le soleil levant sur des mers étincellantes, dont le verd changeant se glace de cramoisi & de feu, sa douleur ne tiendra point contre un pareil spectacle : non qu'il oublie ceux qu'il aima, car alors ses maux seroient préférables, mais leur souvenir se fondra avec le calme des bois & des cieux : il gardera sa douceur & ne perdra que son amertume. Heureux ceux qui aiment la nature : ils la trouveront, & trouveront seulement elle, au jour de l'adversité.

Telle est la première sorte de plaisir qu'on peut tirer du malheur, mais on en compte plusieurs autres. Je recommanderois particulièrement l'étude de la botanique, comme propre à calmer l'âme en détournant les yeux des passions des hommes, pour les porter sur le peuple innocent des fleurs. Armé de ses ciseaux, de son style, de sa lunette, on s'en va tout courbé, longeant les fossés d'un vieux chemin, s'arrêtant au massif d'une tour en ruine, aux mousses d'une antique fontaine, à l'orée Septentrionale d'un bois; ou peut-être on parcourt des grèves que les algues festonnent de leurs grands falbalas frisés & couleur d'écaille fondue. Notre Botanophile se plait à rencontrer la *Tulipa Silvestris* qui se retire comme lui sous les ombrages les plus solitaires; il s'attache à ces Lys mélancoliques, dont le front penché semble rêver sur le courant des eaux. A l'aspect attendrissant du *Convolvulus*, qui entourt de ses fleurs pâles quelque aune décrépit, il croit voir une jeune fille presser de ses bras d'ablâtre son vieux père mourant; l'*Ulex* épineux, couvert de ses papillons d'or, qui présente un azyle assuré aux petits des oiseaux, lui montre une puissance protectrice du foible; dans les *Thims* & les *Calamens*, qui embèlissent généreusement un sol ingrat de leur verdure parfumée, il reconnoît le symbole de l'amour de la patrie. Parmi les végétaux supérieurs, il s'égare volontiers sous ces arbres dont les sourds mugissemens imitent la triste voix des mers lointaines; il affecte cette famille Américaine, qui laisse pendre ses branches négligées comme dans la douleur; il aime ce Saule au port languissant, qui ressemble avec sa tête blonde & sa chevelure en désordre, à une Bergère pleurant au bord d'une onde. Enfin il recherche de préférence dans ce règne aimable, les plantes qui par leurs accidens, leurs goûts, leurs mœurs, entretiennent des intelligences secrètes avec son âme.*

O! qu'avec délices, après cette course laborieuse, on rentre dans sa misérable demeure chargé de la dépouille des champs! comme si l'on craignoit que quelqu'un ne vînt ravir ce trésor, fermant mystérieusement la porte sur soi, on se met à faire l'analyse de sa récolte, blamant ou approuvant Tournefort, Linné, Vaillant, Jussieu, Solander, du Bourg. Cependant la nuit approche. Le bruit commence à cesser au dehors, & le cœur palpite d'avance du plaisir qu'on s'est préparé. Un livre qu'on a bien eu de la peine

---

* Je suis fâché que ce ne soit pas le Botaniste de la Duchesse de Portland (J. J.) qui ait appellé *Portlandia*, l'arbuste de la famille des Rubaciées connu sous ce nom. La Protectrice, le Protégé, & la Plante se fussent prêté mutuellement des charmes; & la reconnoissance d'un grand homme eût vécu éternellement dans le parfum d'une fleur.

à se procurer, un livre qu'on tire précieusement du lieu obscur où le tenoit caché, va remplir ces heures de silence. Auprès d'un humble feu & d'une lumière vacillante, certain de n'être point entendu, on s'attendrit sur les maux imaginaires des Clarisse, des Clémentine, des Héloïse, des Cécilia. Les romans sont les livres des malheureux : ils nous nourrissent d'illusions il est vrai, mais en sont-ils plus remplis que la vie ?

Eh bien si vous le voulez, ce sera un grand crime, une grande vérité, dont notre solitaire s'occupera : Agrippine assassinée par son fils. Il veillera au bord du lit de l'ambitieuse Romaine, maintenant retirée dans une chambre obscure à peine éclairée d'une petite lampe. Il voit l'impératrice tombée faire un reproche touchant à la seule suivante qui lui reste, & qui elle-même l'abandonne; il observe l'anxiété augmentant à chaque minute sur le visage de cette malheureuse princesse qui, dans une vaste solitude, écoute attentivement le silence. Bientôt on entend le bruit sourd des assassins, qui brisent les portes extérieures ; Agrippine tréssaille, s'assied sur son lit, prête l'oreille. Le bruit approche, la troupe entre, entoure la couche ; le Centurion tire son épée & en frappe la reine aux tempes ; alors, *vetrem feri* ! s'écrie la mère de Néron : mot dont la sublimité fait hocher la tête.

Peut-être aussi, lorsque tout repose entre deux ou trois heures du matin, au murmure des vents & de la pluie qui battent contre vos fenêtres, écrivez-vous ce que vous savez des hommes. L'infortuné occupe une place avantageuse pour les bien étudier, parce qu'étant hors de leur route, il les voit passer devant lui.

Mais après tout, il faut toujours en revenir à ceci : sans les premières nécessités de la vie, point de remèdes à nos maux. Otway en mendiant le morceau de pain qui l'étouffa ; Gilbert, la tête troublée par le chagrin, en avalant une clef à l'hôpital, sentirent bien amèrement, à cet égard, quoique hommes de lettres, toute la vanité de la philosophie.

CHAPITRE XIV.

*Agis à Sparte.**

LA révolution des Trente Tyrans à Athènes eut des conséquences funestes pour la république imprudente qui l'avoit favorisée. Lysander en faisant porter à Lacédémone l'or & l'ar-

---

* *Vid.* Plutarque.

gent de l'Attique, introduisit les vices de ce dernier pays dans sa patrie. Bientôt la simplicité de mœurs y passa pour grossièreté, la frugalité pour sottise, l'honnêteté pour duperie, & l'Ephore Epitadès ayant publié une loi par laquelle on pouvoit aliéner le patrimoine de ses pères, toutes les propriétés passèrent entre les mains des riches ; & les Spartiates, jadis si égaux en rang & en fortune, se trouvèrent divisés en un vil troupeau d'esclaves & de maîtres.

Tel étoit l'état de la république de Lycurgue, lorsqu'il s'éleva à Lacédémone un roi digne des grands siècles de la Grèce. Agis, épris des charmes de la vertu, entreprit dans l'âge où la plûpart des hommes sentent à peine leur existence, de rétablir les loix & les mœurs de l'antique Laconie. Il s'ouvrit de ses desseins à la jeunesse Lacédémonienne, qu'il trouva, contre son attente, plus disposée que les vieillards à favoriser son entreprise : on a remarqué la même chose en France au commencement de la révolution ; il y a dans le bel âge une chaleur généreuse qui nous porte vers le bien, tant que la société n'a point encore dissipé la douce illusion de la vertu. Cependant le roi de Lacédémone parvint à gagner trois hommes d'une grande influence, Lysander, Mandroclides & Agésilas ; il réussit de même auprès de sa mère Agésistrata.

Tout

Tout sembloit favoriser l'entreprise. Lysander avoit été nommé Ephore, les dettes publiquement abolies, le roi Léonidas s'etoit vû forcé à la fuite, après une vaine opposition aux projets de son collègue Agis, & l'on avoit élu son gendre Cléombrotus à sa place. Enfin il ne restoit plus qu'à procéder au partage des terres, lorsqu'Agésilas, qui jusqu'alors avoit secondé la révolution, trahit la cause de son parti & fit changer la fortune.

Ce Spartiate possédoit de grandes propriétés & se trouvoit en même tems écrasé de dettes. Il embrassa donc avidement l'occasion de se décharger de celles-ci, mais il ne voulut plus de la réforme aussitôt qu'elle atteignit ses biens. Ayant eu l'adresse de se faire nommer Ephore, & Agis se trouvant absent, il exerça mille tyrannies. Les citoyens se voyant joués par Agésilas, & croyant que le jeune roi s'entendoit avec lui, se liguèrent ensemble & rappellèrent sous main Léonidas, ce roi exilé dont Cléombrotus occupoit la place.

Cependant Agis étoit de retour à Lacédémone; bientôt Léonidas y rentra lui-même en triomphe, & il ne resta plus pour Agis & Cléombrotus qu'à éviter sa vengeance & celle de la faction des Riches, maintenant toute puissante. Le Dernier se rendit suppliant dans le temple

temple de Neptune, & sauvé peu après par la vertu de son épouse, il fut seulement condamné à l'exil. Il n'en arriva ainsi du jeune & malheureux prince Agis réfugié dans le temple de Minerve. Je laisse parler le bon Amyot.

CHAPITRE XV.

Condamnation & exécution d'Agis & de sa famille.

" AINSI Leonidas ayant chassé Cleombrotus hors de la ville, & au lieu des premiers Ephores qu'il déposa, en ayant substitué d'autres, se mit incontinent à penser les moyens comment il pourroit avoir Agis : si tascha de luy persuader premierement qu'il sortist de la franchise du temple, & qu'il s'en allast avec luy à seureté exercer sa royauté, lui donnant à entendre que ses citoyens luy avoient pardonné tout le passé, à cause qu'ils cognoissoient bien qu'il avoit esté deceu & circonvenu par Agesilaus, comme jeune homme desireux d'honneur qu'il estoit. Toutefois pour cela Agis ne bougeoit point de sa franchise, ains avoit pour suspect tout ce que l'autre lui alleguoit : au moyen de quoi Leonidas se desporta de tascher de l'attirer

&

& l'abuser par belles paroles : mais Amphares, Democharës & Arcesilaus alloient souvent le visiter & deviser avec luy, tant quelquefois qu'ils le menoient jusques aux estuves, puis quand il s'y estoit estuvé & lavé ils le ramenoient dedans la franchise du temple, car ils estoient ses familiers. Mais Amphares ayant de n'agueres emprunté d'Agesistrata quelques précieux meubles, comme tapisseries & vaisselle d'argent, entreprint de le trahir, luy, sa mere, & son ayeule, sous espérances que ses meubles qu'il avoit empruntez luy demoureroient. Et dit-on que ce fut luy, qui plus que nul autre presta l'oreille à Léonidas, & incita & irrita les Ephores, du nombre desquels il estoit à l'encontre de luy. Comme donques Agis eust accoustumé de se tenir tousiours le reste du temps dedans le temple, excepté que quelquesfois il alloit jusques aux estuves, il proposerent de le surprendre quand il seroit hors de la Franchise. Si espiesrent un jour qu'il s'estoit estuvé, ainsi qu'ils avoient accoustumé lui allerent au-devant, & le saluerent, faisant semblant de le vouloir reconvoyer, en devisant & raillant avec luy, comme avec un jeune homme duquel ils se tenoient fort familiers : mais quand ils furent à l'endroit du destour d'une ruë tournante qui alloit à la prison, Amphares mettant la main sur luy pourcequ'il étoit magistrat, luy dit, je te fais prisonnier, Agis & te mene devant les Ephores pour rendre conte & raison de ce que tu as innové en l'état de la chose publique. Et lors Demochares qui estoit grand & puissant homme, luy jetta aussitost sa robe à l'entour du col & le tira par devant, les autres le poussoient par derriere comme ils avoient conspiré entre eux. Ainsi n'y ayant personne auprès d'eux qui peust secourir Agis, ils firent tant qu'ils le traînerent en prison, & incontinent y arriva, Léonidas avec bon nombre de soldats étrangers, qui environnerent la prison par le dehors. Les Ephores entrèrent dedans & envoyèrent quérir ceux du Sénat, qu'ils sçavoient bien estre de même volonté qu'eux : puisque commanderent à Agis comme par forme de procès, de dire pour quelle cause il avoit fait ce qu'il avoit remué en l'administrations de la chose publique. Le Jeune homme se prit à rire de leur simulation : & a donc Amphares luy dit qu'il n'estoit pas temps de rire, & qu'il faloit qu'il payast la peine de sa fole temerité. Un autre Ephore faisant semblant de luy favoriser & de luy monstrer un expedient pour échaper de cette criminelle procédure, lui demanda s'il n'avoit pas esté seduit & constraint à ce faire par Agesilaus & par Lysander. Agis respondit qu'il n'avoit esté enduit ne forcé de personne: mais qu'il l'avoit fait seulement pour ensuivre l'ancien Lycurgus, ayant voulu remettre la chose publique en mesme estat que luy jadis l'avoit ordonnée. Le mesme Ephore luy demanda s'il se repentoit pas de ce qu'il avoit fait. Le jeune homme respondit franchement qu'il ne se repentiroit jamais de chose si sagement & si vertueusement entreprinse, encore qu'il vist la mort toute certaine devant ses yeux. Alors ils le condamnerent à mourir & commanderent aux sergens de le mener dans la Decade, qui est un certain lieu de la prison, là où on étrangle ceux qui sont condamnez à mourir par justice. Et Demochares voyant que les sergens n'osoient mettre la main sur luy, & que semblablement les soldats étrangers refuyoient & avoient en horreur une telle execution, comme chose contraire à tout droit Divin & humain, de mettre la main sur la personne d'un roi, en les menaçant & leur disant injures, traîna luy-mesme Agis dedans ceste Chartre: car plusieurs avoient desia entendu sa prinse, & y avoit jà grand tumulte à la porte de la prison, & force lumieres, torches, & y accoururent aussitost la mere & l'ayeule d'Agis qui crioyoient & requeroient que le Roy de Sparte peust avoir justice, & que son procès luy soit fait par ses citoyens. Cela fut

fut cause de faire haster & précipiter son execution, pour que ses ennemis eurent peur qu'on ne le recourust par force la nuict d'entre leurs mains s'il y arrivoit encore plus de gens. Ainsi estant Agis méné à la fourche apercut en allant l'un des sergens qui ploroit & se tourmentoit, auquel il dit, mon ami ne te tourmente point pour pitié de moi : car je suis plus homme de bien que ceux qui me font mourir si meschamment & si malheureusement : & en disant ces paroles il bailla volontairement son col au cordeau. Cependant Amphares sortit à la porte de la prison, là où il trouva Agesistrata mere d'Agis, qui se jetta à ses pieds, & luy la relevant comme pour la familliarité & l'amitié qu'il avoit euë avec elle, lui dit qu'on ne feroit force ni violence à Agis, & qu'elle le pouvoit aller voir si bon luy sembloit : elle pria qu'on laissast entrer sa mere quand & elle. Amphares respondit que rien ne l'empeschoit, & ainsi les met dedant toutes deux, faisant refermer les portes de la prison après elles. Mais entrées qu'elles furent, il bailla au sergent Archidamia la premiere à executer, laquelle estoit fort fort ancienne & avoit vescu jusqu'à son extrême vieillesse en plus grand honneur & plus de dignité qu'aucune autre dame de la ville. Celle-là executée, il commanda à Agesistrata

sistrata d'entrer après, & elle voyant le corps de son fils mort &estendu & sa mere encore pendue au gibet aida elle-mesme aux bourreaux à la despendre, & l'estendit au long du corps de son fils : & après l'avoir acoustrée & couverte, se jetta par terre auprès du corps de son fils en le baisant au visage, helas dit-elle, ta trop grande bonté, douceur, & clemence, mon fils, sont cause de ta mort & de la nostre. A donc Amphares qni regardoit de la porte ce qui se passoit au dedans, oyant ce qu'elle disoit, entra sur ce poinct & lui dit en colere, puisque tu as esté consentante du fait de ton fils, tu souffriras aussi mesme peine que luy. Lors Agesistrata se relevant pour estre estranglée, au moins dit elle, puisse cecy profiter à Sparte. Ce cas estant divulgué par la ville & les trois corps portez hors de la prison, la crainte des Magistrats ne peut estre si grande que les citoyens de Sparte ne montrassent evidemment qu'ils en estoient fort desplaisans & qu'ils ne haïssent de mort Leonidas & Amphares, estimant qu'il n'avoit onques esté commis, un si cruel, si malheureux ni si damaable forfait en Sparte, depuis que les Doriens estoient venus habiter le Peloponese : car les ennemis mesme en bataille ne mettoient pas volontiers les mains sur les rois Lacedemoniens,

ains

ains s'en destournoient s'il leur estoit possible pour la crainte & reverence, qu'ils portoient à leur majesté.... Il est certain que cet Agis fut le premier des Rois que les Ephores firent mourir, pour avoir voulu faire de très-belles choses & très- convenables à la gloire & dignité de Sparte estant en l'aage en laquelle quand les hommes faillent, encore leur pardonne-t-on, & ayans eu ses amis plus juste occasion de se plaindre de lui que non pas ses ennemis pour ce qu'il sauva la vie à Leonidas & se fia aux autres comme la plus douce & la plus humaine creature du monde qu'il estoit." (1)

Ou a pu remarquer dans cette histoire touchante, plusieurs circonstances semblables à celles qui ont accompagné la mort de Louis: l'appel au peuple refusé, l'injustice & l'incompétence des juges, &c. Je vais donner l'esquisse rapide de la condamnation de Charles premier, roi d'Angleterre, & de celle de Louis XVI, roi de France, afin que le lecteur trouve ici rassemblé sous un seul point de vue les trois plus grands événemens de l'histoire.

---

(1) Pag. 529. tom. 2. Paris. 1619.

CHAPITRE XVI.

Jugement & Condamnation de Charles premier, Roi d'Angleterre

LE grand projet de juger Charles avoit depuis long-tems été développé dans le conseil secret de Cromwell;* mais soit que celui-ci

---

* On connoît les farces religieuses que ce grand homme employa pour se faire autoriser dans son crime. J'ai entre les mains une collection de Pamphlets du tems de Cromwell, en trois gros volumes large *in-8vo.* Il est presqu'impossible de les parcourir, tant ils sont dégoûtans & vuides de faits, mais en même tems ils peignent d'une manière frappante l'esprit & les malheurs du siècle où ils furent écrits. Ce sont, pour la plupart, des espèces de sermons politiques d'une absurdité & d'un ridicule qui passent toute croyance. Je rapporterai l'inscription de quelques uns de ces étranges monumens des révolutions, pour amuser le lecteur. *A Tender Visitation of the Father's Love to all the Elect-Children: or an Epistle unto the Righteous Congregation, who in the Light are gathered and are Worshippers of the Father in Spirit and Truth.* Tendre visitation de l'amour du Père à tous les Enfans élus : ou un Epître aux très-justes Congrégations qui sont assemblées dans la lumière & sont les adorateurs du Père en esprit & en vérité : *A Few Words of Tender Counsel unto the Pope, with all that walk that Way.* Quelques tendres Avis au Pape, & à tous ceux qui suivent ce chemin. *An Alarm to all Flesh with an Invitation to the True Seeker.* Allarme à la chair avec une invitation au vrai Chercheur. En voilà bien assez. Il faut
faire

ne put faire tremper le parlement dans son crime tandis que ce corps étoit encore intègre, soit par tout autre motif, l'exécution du dessein s'étoit trouvée suspendue. Aussitôt que les

---

faire connoître maintenant le style de ces productions littéraires.

An Alarm to all Flesh, &c.

Howle, howle, shriek, bawl and roar, ye lustfull, cursing, swearing, drunken, lewd, superstitious, devilish, sensual, earthly inhabitants of the whole Earthe; bow, bow you most surly trees and lofty oaks; ye tall cedars and low shrubs, cry out aloud; hear, hear ye, proud waves, and boistrous seas, also listen, ye uncircumcised, stiff necked and mad-raging bubbles, who even hate to be reformed.

In the name of the Lord God of Gods, King of Kings, hear, hear, repent, repent forthwith, repent; for be as sure as the Lord liveth you shall feel .... the irresistable and the mighty hand of the All-Mighty .... for behold, his invincible, glittering, invisible sword is on his thigh .. then shall the Bashan Oaks, Ismael and Diveses of this generation, roar and reel, yea shake and quake, look upward and downward, and curse their leaders and their God which now is their lust, bellyes, superstitions and pleasures. Horror shall lay hold on their right, and terror shall seize upon their left hand; every man's hands shall be upon his loyns, and the cry shall be " who will shew us any good?," And an unparalleled dart of amazement shall pierce quite through the liver of the Champion, &c.

" Hurlez, hurlez, criez, beuglez, rugissez ô vous libidineux, maudits, jureurs, ivrognes, impurs, superstitieux, diaboliques, sensuels, habitans terrestres de la terre. Courbez-vous, courbez vous, ô vous arbres très-dédaigneux & vous

Communes furent réduites à un petit nombre de scélérats dévoués aux ordres du Tyran, il lui fut aisé de faire jouer l'étonnante Tragédie.

vous chênes élevés, vous hauts cédres & petits buissons, criez de toutes vos forces ; écoutez, écoutez, vagues orgueilleuses & vous mers indomptables ; écoutez aussi, vous, écume, roide, nue, incirconcise & enragée qui haïssez la réforme.

Au nom du Seigneur Dieu des Dieux & Roi des Rois, écoutez, écoutez, repentez-vous, repentez-vous, oui repentez-vous. Car soyez-en aussi sûrs que de l'existence du Seigneur, vous sentirez la main puissante & irrésistible du Tout-Puissant.... O voyez ! son épée invincible, brillante, invisible est sur sa cuisse.... Alors les chênes de Basham, d'Ismael & de Divesses, de cette génération, rugiront & râleront, ils trembleront même & craqueront, ils regarderont en haut & en bas, & maudiront leurs chefs & leur Dieu, qui sont maintenant leurs jouissances, leur ventre, leurs superstitions & leurs plaisirs. L'horreur saisira leur main droite, la terreur leur main gauche ; chaque homme mettra le poing sur sa hanche & s'écriera " qui veut nous montrer le bien ?.." Et un incroyable dart de surprise percera d'outre en outre le foie du Champion, &c.

Le reste est de la même force. Je suis fâché que l'auteur d'un pareil écrit ait eu la modestie de cacher son nom, car il n'est pas d'un certain George Fox, qui joue un grand rôle dans mon recueil.

Je finirai cette note par quelques vers d'un jeune Quaker qui se trouvent dans cette même collection : les beaux arts y figurent auprès de la saine logique.

Dear

On chargea un comité d'enquérir dans la conduite de Sa Majesté Britannique, & sur le rapport qu'il en fut fait, la Chambre - Basse nomma une haute cour de justice, composée de 133 membres, pour juger Charles Stuart, roi d'Angleterre, comme coupable de trahison envers la Nation. Cromwell & Iréton étoient du

---

Dear Friend J. C. with true unfeigned love
I thee salute. . . . . . .
. . . .
Feel me, dear Friend; a member joyntly knit
To all, in Christ, in heavenly places sit;
And there, to Friends no stranger would I be
Though, they, my face, as outward, ne'er did see.
For truly, Friend, I dearly love and own
All travelling souls, who truly sigh and groan
For the adoption, which sets free from sin, &c.

" Mon cher Ami, Jésus-Christ, je te baise avec un amour sans réserve... Touche moi, cher Ami, moi membre conjointement uni à tous en Christ, qui est assis aux lieux célestes. Là, je ne serois point étranger parmi les Amis ; j'aime tendrement, & je l'avoue, les âmes voyageuses qui soupirent & gémissent véritablement pour l'adoption qui rachète les péchés."

Ce sont de tels hommes que Butler a peint si admirablement, surtout dans le second Chant de la troisième partie d'Hudibras, où il trace de main de maître le tableau racourci de la révolution de Cromwell. Les amateurs ne doivent pas négliger ce morceau friand, trop long pour être cité.

nombre des juges, Cook accusateur pour le peuple, Bradshaw président.

Le bill fut rejetté par les Pairs, mais les communes passèrent outre ; et le colonel Harrison, fils d'un boucher, & le plus furieux démagogue d'Angleterre, reçut ordre d'amener son souverain à Londres.

La cour étoit séante à Westminster. Charles parut dans cet antre de mort au milieu de ses assassins avec les cheveux blancs de l'infortune & la sérénité de l'innocence *. Depuis dix-huit mois accoutumé à contempler les scènes trompeuses de la vie du fond d'une prison solitaire, il n'espéroit plus rien des hommes, & il parut devant ses juges dans toute la splendeur du malheur. Il seroit difficile d'imaginer une conduite plus noble & plus touchante. De prince ordinaire devenu monarque magnanime,

---

* Charles n'étoit pas innocent sans doute, mais il l'étoit de ce dont on l'accusoit, il l'étoit, par l'incompétence des juges qui osoient le condamner, de l'aveu même de l'auteur de la *Detection of the Court*, de celui de l'histoire *of Independency*. Les lecteurs qui se sont arrêtés aux citations de cet Essai auront pu remarquer, que j'ai poussé l'impartialité jusqu'à quoter toujours ensemble, autant que cela étoit possible, deux auteurs d'un parti contraire,

il refusa avec dignité de reconnoître l'autorité de la cour. Trois fois il fut conduit devant ses bourreaux, & trois fois il deploya les talens d'un homme supérieur, la Majesté d'un Roi & le calme d'un héros. Il eut à y souffrir des peines de plusieurs espèces. Des soldats demandoient sa mort à grands cris & lui crachoient au visage, tandis que le peuple fondoit en larmes & l'accabloit de bénédictions. Charles étoit trop grand pour être ému de ces injures atroces, mais trop tendre pour n'être pas touché de ces témoignages d'amour : ce ne sont pas les outrages, ce sont les marques de bienveillance, qui brisent le cœur des infortunés *.

---

* O Lord, let the voice of his blood (Christ) be heard for my murtherers, louder than the cry of mine against them. O deal not with them as blood-thirsty and deceitful men ; but overcome their cruelty with thy compassion and my charity. *Icon Basilike*, pag. 269. Tels étoient les souhaits du malheureux Charles pour ses cruels ennemis. L'*Icon* & le *Testament* de Louis ont fait plus de Royalistes que n'auroient pu faire les édits de ces princes dans toute leur prospérité. Les écrits posthumes, nous intéressent ; il semble que ce soit une voix qui s'élève du fond de la tombe : l'effet surtout en est prodigieux, s'ils nous découvrent les vertus cachées d'un homme que nous avons persécuté, & nous font sentir le poids de notre ingratitude. Malgré les plaisanteries de Milton & le silence de Burnet ; quoique les preuves ex-

A la quatrième confrontation, les juges condamnèrent à mort Charles Stuart, Roi d'Angleterre, comme traître, assassin, tyran & ennemi de la république. Trois jours lui furent accordés pour se préparer.

De toute la famille royale il ne restoit en Angleterre que la Princesse Elizabeth & le Duc de Gloucester. Charles obtint la permission de dire un dernier adieu à cet aimable enfant, qui sous les traits naïfs de l'innocence sembloit déjà porter le cœur sympathique d'un homme. Durant les trois jours de grâce, l'intrépide Monarque dormit d'un profond sommeil au bruit des ouvriers qui dressoient l'appareil de son supplice.

Le trente de Janvier 1749 le Roi d'Angleterre fut conduit à l'échafaud élevé à la vue de son palais, rafinement de barbarie qui n'a pas été oublié par les régicides de France. On avoit eu soin d'entourer le lieu du sacrifice d'une foule de soldats, de peur que la voix de la victime ne parvint jusqu'au peuple, rangé au loin dans une morne épouvante. Charles, voyant qu'il ne pouvoit se faire entendre, voulut du moins laisser en mourant une grande leçon à la

---

ternes soient contre l'authenticité de l'*Icon*, les preuves internes sont si fortes, que je suis persuadé, comme Hume, qu'il est écrit de la main de Charles.

postérité :

postérité : Il reconnut que le sang de l'innocent, qu'il avoit autrefois permis de répandre, réjaillissoit justement sur lui. Après cet aveu il présenta hardiment la tête au bourreau, qui la fit voler d'un seul coup*.

---

* Les tems dans lesquels nous vivons & la nature de mes études m'ont fait désirer de voir l'endroit où Charles Premier fut exécuté. Je demeurois alors dans le *Strand*. J'arrivai, après bien des passages déserts, par des derrières de maisons & des allées obscures, jusqu'au lieu où l'on a érigé, très-impolitiquement, la statue de Charles Second, montrant du doigt le pavé arrosé du sang de son père. A la vue des fenêtres murées de Whitehall, de cet emplacement qui n'est plus une rue, mais qui forme avec les bâtimens environnans une espèce de cour, je me sentis le cœur serré & oppressé de mille sentimens. Je me figurois un échafaud occupant le terrein de la statue, les gardes Angloises formant un bataillon quarré, & la foule se pressant au loin derrière. Il me sembloit voir tous ces visages, les uns agités par une joie féroce, les autres par le sourire de l'ambition, le plus grand nombre par la terreur & la pitié ; & maintenant ce lieu si calme ! si solitaire ! où il n'y avoit que moi & quelques Manœuvres, qui équarrissoient des pierres, en sifflant avec insouciance. Que sont devenu ces hommes célèbres, ces hommes qui remplirent la terre du bruit de leur nom & de leurs crimes ? qui se tourmentoient comme s'ils eussent dû exister toujours ? J'étois sur le lieu même où s'étoit passé une des scènes les plus mémorables de l'histoire, quelles traces en restoit-il ? C'est ainsi que l'étranger, dans quelques années, demandera le lieu où périt Louis Seize, & à peine des générations indifférentes pourront le lui dire. Je regagnai mon appartement

CHAPITRE XVII.

M. de Malsherbes. Exécution de Louis Seize.

LA Monarchie Françoise n'existoit plus. Le descendant d'Henri Quatre attendoit à chaque instant que les régicides consommâssent le crime, & le crime fut résolu.

De tous les serviteurs de Louis Seize un seul étoit resté à Paris. Ce digne vieillard, le plus honnête homme de la France, de l'aveu même des Révolutionnaires, s'étoit tenu éloigné de la cour durant la prospérité du monarque. Ce fut sans doute un beau spectacle, que de voir M. de Malsherbes, honoré de 72 années de probité, se rendre, non au Palais de Versailles, mais dans les prisons du Temple pour défendre seul son souverain infortuné, lorsque les flatteurs & les gardes avoient disparus. De quel front les pretendus républicains osoient-ils regarder à leur barre l'ami de Jean-Jacques ? Celui qui,

---

ment plein de philosophie & de tristesse ; & plus que jamais convaincu par mon pélérinage de la vanité de la vie, & du peu, du très-peu d'importance de ses plus grands évènemens.

dans tout le cours d'une longue vie, s'étoit fait un devoir de prendre la défense de l'opprimé contre l'oppresseur, & qui, de même qu'il avoit protégé le dernier individu du peuple contre la tyrannie des Grands, venoit à présent plaider la cause d'un Roi innocent contre les despotes plébéiens du fauxbourg St. Antoine. Ah! il étoit donné à notre siècle de contempler le vénérable magistrat revêtu de la chemise rouge, monté sur un tombereau sanglant, & mené à la guillotine entre sa fille, sa petite fille, & son petit fils, aux acclamations d'un peuple ingrat, dont il avoit tant de fois pleuré la misère. Qu'on me pardonne ce moment de foiblesse : Vertueux Malsherbes! s'il est vrai qu'il existe quelque part une demeure préparée pour les bienfaiteurs des hommes, vos mânes illustres, réunis à ceux de l'auteur de l'Emile, habitent maintenant ce séjour de paix. D'autres, plus heureux que moi, ont mêlé leur sang au votre * : c'étoit ma destinée de traîner après

---

* Ce que l'on sent trop n'est pas toujours ce qu'on exprime le mieux, & je ne puis parler aussi dignement que je l'aurois désiré du défenseur de Louis Seize. L'alliance qui unissoit ma famille à la sienne, me procuroit souvent le bonheur d'approcher de lui. Il me sembloit que je devenois plus fort & plus libre en présence de cet homme vertueux, qui, au milieu de la corruption des cours

avoit

vous sur la terre une vie, désormais sans illusions & pleine de regrets.

Mais pourquoi parlerois-je du jugement de Louis Seize ; qui en ignore les circonstances ?

---

avoit su conserver dans un rang élevé l'intégrité du cœur & le courage du patriote. Je me rappellerai long-tems la dernière entrevue que j'eus avec lui. C'étoit un matin ; je le trouvai par hasard seul chez sa Petite Fille. Il se mit à me parler de Rousseau, avec une émotion que je ne partageois que trop. Je n'oublierai jamais le vénérable vieillard voulant bien condescendre à me donner des conseils & me disant : " J'ai tort de vous entretenir de ces choses là ; je devrois plutôt vous engager à modérer cette chaleur d'âme qui a fait tant de mal à votre ami (J. S.). J'ai été comme vous, l'injustice me revoltoit : j'ai fait autant de bien que j'ai pu sans compter sur la reconnoissance des hommes. Vous êtes jeune, vous verrez bien des choses, moi j'ai peu de tems à vivre." Je supprime ce que l'épanchement d'une conversation intime, & l'indulgence de son caractère, lui fesoit alors ajouter. De toutes ses prédictions une seule s'est accomplie : je ne suis rien, & il n'est plus. Le déchirement de cœur que j'éprouvai en le quittant, me sembla dès lors un pressentiment que je ne le reverrois jamais.

M. de Malsherbes auroit été grand, si sa taille épaisse ne l'avoit empêché de le paroître. Ce qu'il y avoit de très-étonnant en lui, c'étoit l'énergie avec laquelle il s'exprimoit dans un vieillesse avancée. Si vous le voyiez assis sans parler, avec ses yeux un peu enfoncés, ses gros sourcils grisonnans & son air de bonté, vous l'eussiez pris pour un de ces augustes personnages peints de la main de le Sueur. Mais si on venoit à toucher la corde sensible, il se

levoit

qui ne sait que tout fut inutile contre un torrent de crime & de factions. Agis, Charles & Louis périrent avec tout l'appareil & toute la moquerie de la justice. Laissons

---

levoit comme l'éclair, ses yeux à l'instant s'ouvroient & s'agrandissoient : aux paroles chaudes qui sortoient de sa bouche, à son air expressif & animé, il vous auroit semblé voir un jeune homme dans toute l'effervescence de l'âge ; mais à sa tête chenue, à ses mots un peu confus, faute de dents pour les prononcer, vous reconnoissiez le septuagenaire. Ce contraste redoubloit les charmes que l'on trouvait dans sa conversation, comme on aime ces feux qui brûlent au milieu des neiges & des glaces de l'hiver.

M. de Malsherbes a rempli l'Europe du bruit de son nom, mais le défenseur de Louis Seize n'a pas été moins admirable aux autres époques de sa vie que dans les derniers instans qui l'ont si glorieusement couronnée. Patron des gens de lettres, le monde lui doit l'Emile, & l'on sait que c'est le seul homme de cour, le Maréchal de Luxembourg excepté, que Jean-Jacques ait sincèrement aimé. Plus d'une fois il brisa les portes des Bastilles ; lui seul refusa de plier son caractère aux vices des grands, & sortit pur des places où tant d'autres avoient laissé leur vertu. Quelques-uns lui ont reproché de donner dans ce qu'on appelle les principes du jour. Si par principe du jour, on entend haine des abus, M. de Malsherbes fut certainement coupable. Quant à moi, j'avouerai que s'il n'eut été qu'un bon & franc gentilhomme, prêt à se sacrifier pour le roi son maître, & à en appeler à son épée plutôt qu'à sa raison, je l'eusse sincèrement estimé, mais j'aurois laissé à d'autre le soin de faire son éloge.

d'Orléans observer son Roi & son parent, la lorgnette à la main, & prononçant *la mort* à l'effroi même des scélérats. Fions-nous en à la postérité, dont la voix tonnante gronde déjà dans l'avenir; à la postérité qui, juge incorruptible des âges écoulés, s'apprête à traîner au supplice la mémoire pâlissante des hommes de mon siècle.

Le fatal 21 de Janvier 1793, se leva pour le deuil éternel de la France. Le monarque averti qu'il falloit mourir, se prépara avec sérénité à ce grand acte de la vie, sa conscience étoit pure & la religion lui ouvroit les cieux. Mais que de liens il avoit eu auparavant à rompre sur la terre! Louis avoit vu son épouse, il avoit vu aussi sa fille & son jeune fils qui couroit parmi les gardes

---

Je me propose d'écrire la vie de M. de Malsherbes, pour laquelle je rassemble depuis long-tems des matériaux. Cet ouvrage embrassera ce qu'il y a de plus intéressant dans le règne de Louis Quinze & de Louis Seize. Je montrerai l'illustre magistrat mêlé dans toutes les affaires des tems. On le verra patriote à la cour, naturaliste à Malsherbes, philosophe à Paris. On le suivra au conseil des Rois & dans la retraite du sage. On le verra écrivant d'un côté aux Ministres sur des matières d'état, de l'autre entretenant une correspondance de cœur avec Rousseau, sur la botanique. Enfin, je le ferai voir disgracié par la cour pour son intégrité, & voulant porter sa tête sur l'échafaud avec son souverain.

demander

en demandant la grace de son père ; tant d'angoisses ne déchirèrent jamais le cœur d'un autre homme.

L'heure étoit venue. Le carosse attendoit à la porte. Louis descendit avec son confesseur. Il ne put s'empêcher, dans la cour, de jetter un regard vers les fenêtres de la reine où il ne vit personne : ce regard-là dût peindre bien de la douleur. Cependant le roi étoit monté dans la voiture qui rouloit lentement au milieu d'un morne silence; Louis répétant avec son confesseur les prières des Agonisans, savouroit à longs traits la mort. Il arrive enfin à la place où l'instrument de destruction étoit élevé à la vue du Palais de Henri-Quatre. Louis descendu de la voiture, voulut au moins protester de son innocence: " Vous n'êtes pas ici pour parler, mais pour mourir," lui dit un barbare. Ce fut alors que l'on vit un des meilleurs rois qui ait jamais règné sur la France, lié sur une planche ensanglantée, comme le plus vil des scélérats, la tête passée de force dans un croissant de fer & attendant le coup qui devoit le délivrer de la vie: & comme s'il ne fût pas resté un seul François attaché à son souverain, ce fut un étranger qui assista le monarque à sa dernière heure au milieu de tout son peuple. Il se fait un grand silence :

silence : " Fils de St. Louis, vous montez aux cieux," s'écrie le pieux ecclésiastique en se penchant à l'oreille du monarque. On entend le bruit du coutelas qui se précipite.

CHAPITRE XVIII.

Triple Parallele : Agis, Charles & Louis.

AINSI les Grecs virent tomber Agis, roi de Sparte ; ainsi nos ayeux furent témoins de la catastrophe de Charles Stuart, roi d'Angleterre ; ainsi a péri sous nos yeux, Louis de Bourbon, roi de France. Je n'ai rapporté en détail l'exécution du Second que pour montrer jusqu'à quel point les Jacobins ont porté l'imitation dans l'assassinat du dernier. J'ose dire plus : si Charles n'avoit pas été décapité à Londres, Louis n'eût vraisemblablement pas été guillotiné à Paris.

Si nous comparons ces trois princes, la balance, quant à l'innocence, penche évidemment en faveur d'Agis & de Louis. L'un & l'autre furent pleins d'amour pour leurs peuples ; l'un & l'autre succombèrent en voulant ramener leurs sujets à la liberté & à la vertu ; tous les deux méconnûrent les mœurs de leur siècle.

Le premier dit aux Spartiates corrompus, redevenez les citoyens de Lycurgue, & les Spartiates le sacrifièrent : le second donna aux François à goûter le fruit défendu : " tout ou rien," fut le cri.

Charles, dans une monarchie limitée, avoit envahi les droits d'une nation libre : Louis, dans une monarchie absolue, s'étoit continuellement dépouillé des siens en faveur de son peuple.

Les trois monarques, bons, compatissans, moraux, religieux, eûrent toutes les vertus sociales. Le premier étoit plus Philosophe, le Second plus roi, le Troisième plus homme privé. La destinée se servit de défauts diamétralement opposés dans leurs caractères, pour les faire commettre les mêmes erreurs & les conduire à la même catastrophe : l'esprit de système dans Agis, l'obstination dans Charles & le manque de vouloir dans Louis. Tous les trois modérés & sincères, se firent accuser tous les trois de despotisme & de duplicité : le roi de Lacédémone en s'attachant avec trop d'ardeur à ses notions exaltées, le roi d'Angleterre en n'écoutant que sa volonté, le roi de France en ne suivant que celle des autres.

Quant aux souffrances, Louis, au premier coup-d'œil, semble avoir laissé loin derrière lui

lui Agis & Charles.* Mais qui nous transportera à Lacédémone ? Qui nous fera voir le digne imitateur de Lycurgue, obligé de se tenir caché dans un temple pour prix de sa vertu, &, en attendant la mort, méditant aux pieds des autels sur l'ingratitude des hommes ? Qui nous introduira auprès du malheureux Charles, abandonné de l'univers entier ? Qui nous le montrera à Carisbroke avec sa barbe négligée, sa tête vénérable blanchie par les chagrins, aidant le matin un pauvre vieillard, sa seule compagnie, à allumer son feu ; le reste du jour livré à une vaste solitude, & veillant dans les longues nuits sur sa triste couche, pour entendre retentir les pas des assassins, dans les

---

* Il ne faut pas oublier qu'Agis, Charles & Louis, furent tous les trois condamnés, au mépris des loix de plus commune justice, & d'après une manifeste violation de toutes les formes légales. En sorte que s'il étoit possible d'admettre le principe : Que le peuple a le droit de juger ses chefs, principe qui détruiroit toute société humaine, il n'en resteroit pas moins certain encore, qu'Agis, Charles & Louis furent assassinés. Néron, tout justement condamné qu'on puisse le penser, ne le fut cependant que par contumace. Conrad fut indignement massacré à Naples. Elisabeth n'avoit pas plus de droit sur Marie Stuart, que Charles d'Anjou sur Conrad. La reine de France ne fut pas même écoutée. Ces observations sont de la plus haute importance, & prouvent beaucoup dans l'histoire des peuples & des hommes.

corridors

corridors de sa prison ? * Enfin qui nous ouvrira les portes du Temple ? Qui nous introduira auprès du roi de France, à peine vêtu, livré à des barbares qui l'obsédoient sans cesse, & le cœur fendu de douleur, au spectacle des misères de son épouse & de ses enfans, incessamment sous ses yeux ! Voyons Agis trahi par ses amis, traîné à travers les rues de Sparte, au tribunal du crime ; le tendre Charles dans Whitehall, tenant son fils sur ses genoux, & donnant à l'enfant attentif un dernier conseil & un dernier baiser ; Louis dans le Temple, disant le fatal adieu à sa famille ; le roi de Lacédémone étranglé ignominieusement dans le cachot des scélérats, & bientôt suivi au tombeau par sa mère & son ayeule auguste ; le roi d'Angleterre sur l'échafaud, se dépouillant à la vue de son peuple, & se préparant à la mort ; le roi de France au pied de la guillotine, les cheveux coupés, la chemise ouverte, & les mains liées derrière le dos. Terminons ce parallele affligeant pour l'humanité. Monarque ou esclave, guerrier ou philosophe, riche ou pauvre, souffrir & mourir, c'est toute la vie. Entre les malheurs du Roi & ceux du Sujet, il n'y a, pour la postérité, que cette différence qui

---

* Charles s'attendoit à être secrètement assassiné.

se trouve entre deux tombeaux, dont l'un chargé d'un marbre douloureux, se fait voir durant quelques années, tandis que l'autre, couvert d'un peu d'herbe, ne forme qu'un petit sillon que les enfans du voisinage, en se jouant, ont bientôt effacé sous leurs pas.*

---

* Je n'aime point à écrire l'histoire de mon tems. On a beau tâcher de faire justice, on doit toujours craindre que quelque passion cachée ne conduise votre plume. Lorsque je me trouve donc obligé de parler d'un homme de mon siècle, je me fais ces questions : L'ai-je connu? M'a-t-il fait du bien? M'a-t-il fait du mal? Ne m'a-t-on point prévenu pour, ou contre lui ? Ai-je entendu discuter les deux côtés de la question ? Quelle est ma passion favorite ? Ne suis-je point sujet à l'enthousiasme ? à la trop grande pitié ? à la haine ? &c. &c. Et malgré tout cela, j'écris encore en tremblant. J'avouerai donc que j'ai approché de Louis XVI ; qu'il avoit accordé des graces à ma famille, & à moi-même, quoique leur objet n'ait jamais été rempli. Cependant mon caractère étoit si antipathique avec la cour ; j'avois un tel mépris pour certaines gens, & je le cachois si peu ; je me souciois si peu encore de ce qu'on appelloit *parvenir*, que j'étois comme les Confidens dans les tragédies, qui entrent, sortent, regardent & se taisent. Aussi Sa Majesté ne m'a t-elle jamais parlé que deux fois dans sa vie, la première lorsque j'eus l'honneur de lui être présenté, la seconde à la chasse. Il me semble donc que je n'ai eu aucun motif d'intérêt secret dans ce que j'ai dit plus haut du roi de France, & je crois que c'est avec candeur & impartialité que j'ai rendu justice à ses vertus. Quant à son innocence, elle est même avouée des Jacobins.

Louis étoit d'une taille avantageuse; il avoit les épaules larges, le ventre prédominant : il marchoit en roulant d'une jambe sur l'autre. Sa vue étoit courte, ses yeux à-demi fermés, sa bouche grande, sa voix creuse & vulgaire. Il rioit volontiers aux éclats ; son air annonçoit la gaîté ; non peut-être cette gaîté qui vient d'un esprit supérieur, mais cette joie cordiale de l'honnête homme, qui naît d'une conscience sans reproches. Il n'étoit pas sans connoissances, surtout en géographie; au reste, il avoit ses foibles, comme les autres hommes. Il aimoit par exemple à jouer des tours à ses Pages; à guéter, à cinq heures du matin, au travers des fenêtres du palais, les seigneurs de sa cour qui sortoient des appartemens. Si à la chasse vous passiez entre le Cerf & lui, il étoit sujet à des emportemens, comme je l'ai éprouvé moi-même. Un jour qu'il faisoit une chaleur étouffante, un vieux gentilhomme de ses écuries qui l'avoit suivi à la chasse, se trouvant fatigué, descendit de cheval, & se couchant sur le dos, s'endormit à l'ombre ; Louis vint à passer par-là, & appercevant le bon homme, trouva plaisant de le réveiller. Il descend donc lui-même de cheval, &, sans avoir intention de blesser cet ancien serviteur, lui laisse tomber une pierre assez lourde sur la poitrine. Celui-ci se réveille, & dans le premier mouvement de la douleur & de la colère, s'écrie : "Ah! je vous reconnois bien là, voilà comme vous étiez dans votre enfance, vous êtes un tyran, un homme cruel, une bête féroce," & il se met à accabler le Roi d'injures. Sa Majesté regagne vîte son cheval, moitié riant, moitié fâché d'avoir fait mal à cet homme qu'il aimoit beaucoup, & disant en s'en courant : " Oh! il se fâche, il se fâche, il se fâche."

Ces petits traits, tout misérables qu'ils puissent paroître, peignent le caractère mieux que les grandes actions, qui ne sont, pour la plupart du tems, que des vertus de parade, & d'ailleurs n'ôtent rien du respect qu'on doit avoir pour Louis. L'innocence de ses mœurs, sa haine de la tyrannie, son amour pour son peuple, en feront toujours, aux yeux d'un homme impartial, un monarque estimable, & digne d'éloges. Louis n'a que trop prouvé que parmi les hommes, il vaut mieux, pour notre intérêt, être méchant que foible.

CHAPITRE XIX.

Quelques Pensées.

JE ne ferai que quelques courtes réflexions sur ces événemens fameux. Les grands crimes comme les grandes vertus nous étonnent. Tout ce qui fait évènement plaît à la multitude. On aime à être remué, à s'empresser, à faire foule ; & tel honnête homme qui plaint son souverain légitime massacré par une faction, seroit cependant bien fâché de manquer sa part du spectacle, peut-être même trompé s'il n'alloit pas à avoir lieu. Voilà la raison pour laquelle les révolutions où il a péri des rois éblouissent tant les hommes, & pour laquelle les générations suivantes sont si fort tentées de les imiter : lorsqu'on mène des enfans à une tragédie, ils ne peuvent dormir à leur retour, si l'on ne couche auprès d'eux l'épée ou le poignard des cons-

conspirateurs qu'ils ont vus. D'ailleurs il y a toujours quelque chose de bon dans une révolution, & ce quelque chose survit à la révolution même. Ceux, qui sont placés près d'un évènement tragique, sont beaucoup plus frappés des maux, que des avantages qui en résultent : mais pour ceux, qui s'en trouvent à une grande distance, l'effet est précisément inverse ; pour les premiers, le denouement est en action, pour les seconds en récit. Voilà pourquoi la révolution de Cromwell n'eut presque point d'influence sur son siècle, & pourquoi aussi elle a été copiée avec tant d'ardeur de nos jours. Il en sera de même de la révolution Françoise, qui, quoiqu'on en dise, n'aura pas un effet très-considérable sur les générations contemporaines, & peut-être bouleversera l'Europe future.

Mais la grande différence qui se fait sentir entre les troubles de Sparte sous Agis, ceux de l'Angleterre sous Charles Premier, & ceux de la France sous Louis vient surtout des hommes. A qui peut-on comparer parmi nous un Lysander, patriote, ferme, intégre & modèle des vertus antiques ? Un Cromwell, cachant, sous une apparence vulgaire, tout ce qu'il y a de grand dans la nature humaine ; profond, vaste & secret, comme un abyme, roulant une ambition de César dans une âme immense, trop supérieur pour être connu de ses collègues, hors du seul Hampden, qui l'avoit su pénétrer?

Lui opposerons-nous le sombre Robespierre, méditant des crimes dans la cavernité de son cœur, & grand de cela même, qu'il n'avoit pas une vertu?

Rapprocherons-nous du vertueux Hampden, qui l'eut été même dans la Rome du premier Brutus, ce Mirabeau à la fois législateur, chef de parti, orateur, nouvelliste, historien; d'une politique incommensurable, savant dans la connoissance des hommes, à la fois le plus grand génie, & le cœur le plus corrompu de la révolution?

Lorsqu'il se trouve de telles disproportions entre les hommes, il doit en exister de très-grandes entre les tems où ces hommes ont vécu. Mais nous verrons ceci ailleurs; & il faut maintenant revenir sur nos pas au siècle d'A

CHAPITRE XX.

Philippe & Alexandre.

TANDIS que Denys tomboit à Syracuse, qu'Athènes étoit en proie aux factions, un tyran s'étoit élevé en Macédoine. Le caractère de Philippe est trop connu, & n'entre pas assez dans le plan de cet Essai, pour que je m'y arrête. Il me suffira de remarquer, que Philippe est le père de cette politique moderne, qui consiste à troubler pour recueillir, à corrompre pour règner. Envain Démosthènes le foudroya de son éloquence, le Roi de Macédoine, avançant dans l'ombre tant qu'il se sentit foible, leva le masque aussitôt qu'il se trouva fort. Les Grecs alors se reveillèrent, mais trop tard ; & leur bel édifice à la liberté, élevé avec tant de périls au milieu de mille tempêtes, s'écroula dans les plaines de Chéronnée, devant le génie de deux hommes, qui vinrent encore changer la face de l'uuivers.

CHAPITRE XXI.

Siècle d'Alexandre.

SI l'âge d'Alexandre diffère du nôtre par la partie historique, il s'en rapproche du côté moral. Ce fut alors que s'éleva, comme de nos jours, une foule de philosophes, qui se mirent à douter de Dieu, de l'univers, & d'eux-mêmes. Jamais on ne poussa plus loin l'esprit de recherches. On écrivoit surtout, on analysoit tout, on disséquoit tout. Point de petit sentier de politique, point de subtilité métaphysique, qu'on n'eût soigneusement examinés. Les peuples, instruits de leurs droits, connoissant toutes les espèces de gouvernement, possédoient bien plus que des livres, qui leur apprenoient à être libres ; ils avoient les traditions de leurs ancêtres, & leurs tombeaux aux champs de Marathon. Ils jouissoient même des formes républicaines, vains jouets que leurs tyrans, leur laissèrent, comme on permet aux enfans de toucher des armes, dont ils n'ont pas la force de faire usage : grand exemple qui renverse nos systèmes sur l'effet des lumières. Il prouve, qu'il ne suffit pas de raisonner sciemment sur la

vertu

vertu pour parvenir à l'indépendance; qu'il faut l'aimer cette vertu, & que tous les moralistes de l'univers ne sauroient en donner le goût, lorsqu'on l'a une fois perdu. Les siècles de lumières, dans tous les tems, ont été ceux de la servitude; par quel enchantement le nôtre sortiroit-il de la règle commune? Les rapprochemens des philosophes anciens & modernes qui vont suivre, mettront le lecteur à même de juger jusqu'à quel point l'âge d'Alexandre ressembla au nôtre. On verra, que loin d'avoir rien imaginé de nouveau, nous sommes demeurés, excepté en histoire naturelle, fort au dessous de la Grèce. On remarquera qu'à l'instant où les sophistes commencèrent à attaquer la religion & les idées reçues du peuple, celui-ci se trouva lié des chaînes de Philippe.

D'après les données de l'histoire, je ne puis m'empêcher de trembler sur la destinée future de la France.

CHAPITRE XXII.

Philosophes Grecs.

DEUX beaux génies, vivant à-peu-près dans le même tems, devinrent les fondateurs des diverses classes philosophiques de la Grèce.

Thalès

LIV. I.
II. PART.
Rév. Anc.

Platon né
A. J. C.
429.
Ol. 87.
3ème ann.
Mort
A. J. C.
347
Ol. 108.

Thalès fut le père de l'école Ionique, Pythagore celui de l'École Italique ; j'ai parlé ailleurs de leurs systêmes *. Traçons rapidement la philosophie des fondateurs des principales sectes de ces deux écoles, nous bornant à Platon, Aristote, Zénon, Epicure, & Pyrrhon.

Platon. La sagesse prise dans toute l'étendue Platonique du mot est la connoissance de ce qui est (1).

Philosophie, selon Platon, veut dire, désir de science divine (2). Elle se divise en trois classes : philosophie de dialectique, philosophie

---

* Thalès : L'eau, principe de création. Pythagore : systême des harmonies. J'ajouterai que Thalès trouva en mathématique les théorêmes suivants : Les angles opposés aux sommets sont égaux ; les angles, faits à la base du triangle isoscèle, sont égaux. Si deux angles, & un côté d'un triangle, sont égaux à deux angles & un côté d'un autre triangle : les deux triangles sont égaux. Pythagore découvrit ces belles vérités : dans un triangle rectangle, le quarré de l'hypothénuse est égal à la somme des quarrés faits sur les deux autres côtés ; les seuls polygones, qui puissent remplir un espace autour d'un point donné, sont le triangle équilateral, le quadrilataire & l'hexagone : le premier pris six fois, le second quatre, le troisième trois. De toutes les manières de démontrer le quarré de l'hypothénuse, celle de Bézout me semble la plus claire.

(1) *In Phædro, pag.* 278. (2) *Protag. pag.* 313.

Voici les Arbres de ces deux Ecoles.

ARBRE IONIQUE.
THALES.
SES DISCIPLES SUCCESSIFS :

[ANAXI]MÈNES, ANAXAGORE, ARCHELAÜS, SOCRATE.

[De l'Eco]le de SOCRATE sortirent cinq principaux Rameaux, [qui produisir]en d'autres Branches telles qu'on les voit tracées ci-[dessous].

SOCRATE.

SECTE [CYRÉNAÏQUE]	SECTE ÉLIAQUE	SECTE ACADÉMIQUE.	SECTE SYRÉNIQUE.	SECTE CYNIQUE.
	PHŒDON.	PLATON.	ARISTIPPE.	ANTISTHÈNES.
	(Bientôt éteinte.) Pure Doctrine de Socrate : la Raison & la Morale Pratique.	Académiques. Speusippe, Polém, Cratès. Moyenne Académie, Arcésilas. Nouv. Académie, Carnéades. Système de Spiritualité. Moy. Ac. le doute, Nouv. Ac. un doute moins fort.	Aristote, Secte immense des Péripatéticiens. (Branche des Académiques.) Système de la Chaîne des Etres : Dialectique.	Cyniques. (Bientôt éteinte.) Système du Plaisir des Sens. Toute Action naturelle est bonne de soi. Mépris des Sciences. Zénon, Grande Secte des Stoïques. (Branche des Cyniques.) Fortitude d'Ame. Fatalité.

(Entre la page 512 & la page 513.)

ARBRE ITALIQUE.
PYTHAGORE.

Ses Disciples sont peu connus jusqu'à Empédocle [où] l'Ecole se divisa en trois Sectes.

EMPEDOCLE.

SECTE ÉLÉATIQUE.	SECTE EPICURIENNE.	S[ECTE] PYRRH[ONIENNE.]
LEUCIPPE, DÉMOCRITE, ET QUELQUES AUTRES.	EPICURE.	PYR[RHON.]
Système des Atomes. Athéisme.	Ses Disciples. Système des Atomes, perfectionné. Doctrine du bonheur.	[Système du] Doute universel.

(S'ouvrant de gauche à droite.)

de théorie, philosophie de pratique (1). Je passe la première.

Philosophie de théorie. Rien ne se fait de rien. De là deux principes de toute éternité : Dieu & la matière. Le premier imprima le mouvement & l'ordre à la seconde. Dieu ne peut rien créer, il a tout arrangé (2).

Dieu, le principe opposé à la matière, est un Etre entièrement spirituel, bon par excellence, intelligent dans le degré le plus supérieur (3), mais non omnipuissant, car il ne peut subjuguer la propension au mal de la Matière (4)

Dieu a arrangé le monde d'après le modèle existant de toute éternité en lui-même (5) ; d'après cette raison de la Divinité, qui contient les moules incrés de choses passées, présentes, & avenir. Les Idées de l'Essence spirituelle vivent d'elles-mêmes, comme êtres distincts & réels (6). Les objets visibles de cet univers ne sont que les ombres des Idées de Dieu, qui forment seules les vraies substances (7).

Enfin, outre ces idées pré-existantes, la Divinité fit couler un souffle de sa vie dans l'uni-

───────────────

(1) *Rép. lib.* 6. *pag.* 495. (2) *Tim. pag.* 28. *Diog. Laert. lib.* 3. *Plut. de Gen. Anim. pag.* 78. (3) *De Leg. pag.* 886. *Tim. pag.* 30 (4) *Polit. pag.* 174. (5) *Tim. pag.* 29. (6) *Ib.* (7) *Répub. lib.* 7. *pag.* 515.

vers, & en composa un troisième principe mixte, à la fois esprit & matière, appellé l'âme du monde (1).

Tel est le systême théologique de Platon, d'où l'on prétend que les Chrétiens ont emprunté leur mystère de la Trinité.

Au reste, Platon admettoit l'immortalité de l'âme *, qui devoit retourner, après la mort du corps, à Dieu, dont elle étoit émanée (2). Quant à la politique, j'en parlerai ailleurs ; j'observe seulement ici que Platon admettoit la Monarchie comme le meilleur gouvernement.

Aristote divisoit la philosophie en trois sortes, de même que Platon ; sans parler de sa malheureuse dialectique, qui a si long-tems servi de retraite à l'ignorance, je ne m'arrête qu'à sa métaphysique.

La doctrine des Péripatéticiens est le systême célèbre de la chaîne des êtres. Aristote remonte d'action en action, & prouve qu'il faut qu'il existe quelque part un premier agent du mouvement. Or ce premier mobile de toute chose incréé & mue, est la seule substance en repos. Elle n'a de

---

(1) *Tim. pag.* 34. (2) *Ib. pag.* 298.

* Tout singulier que cela puisse paroître, il y a eu des auteurs qui ont prétendu que Platon ne croyoit point à l'immortalité de l'âme, & ce n'est pas sans raison.

nécessité, ni quantité, ni matière. Quant au problême insoluble, savoir : Comment l'âme agit sur le corps ? Le Stagyrite croyoit avoir répondu, en attribuant le phénomème à un acte immédiat de la volonté du Moteur universel (1).

LIV. I.
II. PART.
Rév. Anc.

Il n'en savoit pas d'avantage sur la nature de l'âme qu'il appelloit une parfaite énergie ; non le premier mouvement, mais un principe de mouvement, &c. (2). Il la tenoit un mortelle.

Zénon, père de la secte Stoïcienne. La philosophie est un effort de l'âme vers la sagesse, & dans cet effort consiste la vertu (3).

Le monde s'arrangea par sa propre énergie. La nature est ce Tout, qui comprend tout, & dont tout ne peut être que membre ou partie. Ce Tout se compose de deux principes, l'un actif l'autre passif, non existant séparés, mais unis ensemble. Le premier s'appelle Dieu, le second Matière. Dieu est un pur Ether, un feu qui enveloppe la surface extérieure & convexe

Zénon né
A. J. C.
359.
Ol. 195.
2ème ann.
Mort.
A. J. C.
261.
Ol. 129.
1ère ann.

---

(1) *De Gen. An. lib.* 2. *cap.* 3. *Met. lib.* 11. *cap.* 6. &c. *De Cœlo. lib.* 11. *cap.* 3. &c. (2) *De Gen. An. lib.* 2. *cap.* 4. *lib.* 3. *cap.* 11. (3) *Plut. de Plac. Phil. lib. sap. Sen. Ep.* 69.

du ciel : la matière est une masse inerte & à repos (1).

Outre les deux Principes, il en existe un troisième, auquel Dieu & la Matière sont également soumis. Ce principe est la chaîne nécessaire de choses ; c'est cet effet qui résulte des évènemens, & en est en même tems la cause inévitable : c'est, la Fatalité (2).

Dieu, la Matière, la Fatalité, ne font qu'Un. Ils composent à la fois les roues, le mouvement, les loix de la machine, & obéïssent, comme Parties, aux loix qu'ils dictent comme Tout (3).

Les Stoïciens affirmoient encore que le monde périra alternativement par l'eau & le feu, pour renaître ensuite sous la même forme (4) ; que l'homme a une âme immortelle, & ils admettoient, comme l'église Romaine, les trois états de recompense, de purification & de punition, dans une autre vie, ainsi que la résurection des corps après l'embrâsement général du monde (5).

---

(1) *Laert. lib.* 5. *Stob. Ecl. Phys. cap.* 14. *Senec. Consol. cap.* 29. (2) *Cic. de Nat. Deor. lib.* 1. *Anton. lib.* 7. (3) *Loc. Cit.* (4) *Cic. de Nat. Deor. lib.* 3. *cap.* 46. *Laert. lib.* 7. *Senec. Ep.* 9. 36. &c. (3) *Senec. Ep.* 90. *Plut. Resig. Stoic. pag.* 31. *Laert. lib.* 7. *Sen. ad Marc. Plut. de Fac. Lun. pag.* 383.

Epicure.

Epicure. La philosophie est la récherche du bonheur. Le bonheur consiste dans la santé & la paix de l'âme. Deux espèces d'études y conduisent : celle de la physique & celle de la morale.

L'univers subsiste de toute éternité. Il n'y a que deux choses dans la nature : les corps, & le vuide. (1)

Les corps se composent de l'agrégation de parties de matière infiniment petites, ou d'atômes.

Les atômes ont un mouvement interne : la gravité. Leur motion se feroit dans le plan vertical, * si, par une loi particulière, ils ne décrivoient une ellipse dans le vuide. (2)

La terre, le ciel, les planètes, les étoiles, les animaux, l'homme compris, nacquirent du concours fortuit de ces atômes ; & lorsque la vertu séminale du globe se fut évaporée, les races vivantes se perpétuèrent par la génération. (3)

LIV. I.
II. PART.
Rév. Anc.
Epicure né
A. J. C.
343.
Ol. 109.
3ème ann.
Mort
A. J. C.
270.
Ol. 127.
2ème ann.

―――――

(1) *Lucret. lib.* 2. *Laert. lib.* 10.

* Epicure imagina ce mouvement de déclinaison pour éviter de tomber dans le systême des Fatalistes qui exclut de droit toute recherche du bonheur. Mais l'hypothèse est absurde, car si ce mouvement est une loi, il est de nécessité ; & comment une cause obligée produira-t-elle un effet libre ?

(2) *Lucret. lib.* 2. *Laert. lib.* 10. (3) *Lucret. lib.* 5—10. *Cic. de Nat. Deor. lib.* 1. *cap.* 8—9.

Les membres des animaux, formés au hazard, n'avoient aucune destination particulière. L'oreille concave, n'étoit point creusée pour entendre, l'œil convexe, poli pour voir : mais ces organes se trouvant propres à ces différens usages, les animaux s'en servirent machinalement & de préférence à un autre sens. (1)

Il y a des Dieux, non que la raison nous les montre ; l'instinct seul nous le dit. Mais ces Dieux, extrêmement heureux, ne se mêlent, ni ne peuvent se mêler des choses humaines. Ils résident au séjour inconnu de la pureté, des délices & de la paix. (2)

Morale. Deux espèces de plaisirs : le premier consiste en un parfait repos d'esprit & de corps ; l'autre en une douce émotion des sens qui se communique à l'âme. Par plaisir il ne faut pas entendre cette ivresse de passions qui nous subjugue, mais une tranquille absence de maux. Cet état de calme à son tour ne doit pas être une profonde apathie, un marasme de l'âme, mais cette position où l'on se sent, lorsque toutes les fonctions mentales & corporelles s'accomplissent avec une paisible harmonie. Une vie heureuse n'est ni un torrent rapide, ni une eau léthargique, mais un ruisseau qui passe

---

(1) *Lucret. lb.* 4--5. (2) *Lucret. lib.* 10. *Cic. de Nat. Deor.*

entement & en silence, répétant dans son onde limpide les fleurs & la verdure de ses rivages. (1)

Tel étoit le système charmant d'Epicure, si long-tems calomnié. Quant à Pyrrhon, le vrai Scepticisme antique, n'étoit pas tant une négative universelle, qu'une indifférence de tout. Le Phyrrhonien ne rejettoit pas l'existence des corps, les accidens du chaud & du froid, &c. mais il disoit qu'il croyoit appercevoir & sentir telle ou telle chose, sans savoir si cette chose étoit réellement, & sans qu'il importât qu'elle fût ou qu'elle ne fût pas. Dieu est ou n'est pas, tel corps paroît rond, quarré, oval ; il semble qu'il neige, que le soleil brille ; voilà le langage du Scepticien. *

---

(1) *Laert. lib.* 10. *Cic. Tusc. lib.* 3. *cap.* 17. *de F. lib.* 1. *cap.* 11—17.

* Il reste toujours contre le Pyrrhonisme une objection insurmontable dans les vérités mathématiques Que les corps ne soient que la modification de mes sens, à la bonne heure, mais les choses géométriques existent d'elles-mêmes. Les propriétés du Cylindre, du Polygone, de la Tengente, de la Sécante, &c. me sont démontrées à l'évidence, soit que je me considère comme corps ou comme esprit. Il y a donc quelque chose qui ne m'appartient pas, qui ne sauroit être une combinaison de mes pensées, parce que toute vérité qui peut se démontrer (il n'y a que les vérités mathématiques de cette espèce) est d'elle-même.

D'ailleurs

Nous devons moins considérer ce qu'il y a de vrai ou de faux dans ces systêmes, que l'influence qu'ils ont eu sur le bonheur des peuples où ils furent enseignés. Nous examinerons ailleurs cette influence. Nous remarquerons seulement ici que par leur teneur, ils s'élevoient directement contre les institutions morales, religieuses & politiques de la Grèce. Aussi les prêtres & les magistrats de la patrie s'y opposèrent-ils avec vigueur; ils sentoient qu'ils attaquoient l'édifice jusqu'à la base; que des livres qui prêchoient monarchie dans une république, athéïsme, ou déisme chez des nations pleines de foi, devoient amener, tôt ou tard, la destruction de l'ordre social. Ainsi les philosophes Grecs, de même que les nôtres, se trouvoient en guerre ouverte avec leur siècle. Mais ils disoient la vérité? Et qu'importe. La vérité

D'ailleurs si je suis esprit, ou partie du Tout, Dieu ou Matière, comment la quantité mesurée de la Ligne deviendroit-elle l'effet d'une cause incommensurable? Dès lors qu'il se trouve quelque chose hors de moi, indépendant de moi, le système des Scépticiens s'écroule : car quoique je ne puisse prouver la réalité de tel objet, j'ai lieu de croire a son identité, à moins qu'on admît les vérités mathématiques comme les *Nombres de Pythagore*, ou le *Monde d'Idées de Platon*. Dans ce cas elles seroient le vrai dieu tant cherché des philosophes.

simple & abstraite, ne fait pas toujours la vérité complexe & rélative. Ne précipitons point le cours des choses par nos opinions. Un gouvernement est-il mauvais, une religion superstitieuse ? laissons agir le tems, il y remédiera mieux que nous. Les corps politiques, quand on les abandonne à eux-mêmes, ont leurs métamorphoses naturelles, comme les Chrysalides. Long-tems l'animal, entouré des haînes qu'il s'est lui-même forgées, languit dans le sommel de l'abjection, sous l'apparence la plus vile ; lorsqu'un matin, aux regards surpris, il perce les murs de sa prison, & déployant deux ailes brillantes, s'envole dans les champs de la liberté : mais si, par une chaleur factice, vous cherchez à hâter le phénomène, souvent le ver meurt dans l'opération délicate ; &, au lieu de reproduire la vie & la beauté, il ne vous reste qu'un cadavre & des formes hideuses.

Avant de passer à ce grand sujet, de l'influence des opinions sur les mœurs & les gouvernemens des peuples, rapprochons nos philosophes de ceux de la Grèce.

CHAPITRE XXIII.

Philosophes Modernes. Depuis l'Invasion des Barbares, jusqu'à la Renaissance des Lettres.

L'ITALIE, la France, la Grande-Bretagne, étant tombées sous le joug des peuples du Nord, une philosophie barbare s'étendit sur l'Occident, en même tems que la haine des sciences régnoit dans ceux qui auroient pu les protéger. C'étoit alors que des empereurs faisoient des loix pour bannir les *Mathématiciens* & les *Sorciers* ; (1) que les Papes incendioient les bibliothéques de Rome. (2) * On étudioit avec ardeur dans les cloîtres le *Trivium* & le *Quadrivium*. (3) † Un moine ‡ inventoit les

---

(1) *Cod. Just. lib.* 10. *tit.* 18. *Cod. Theod. de Pagan. pag.* 37. (2) *Sarisberiens. Policrat. lib.* 2—8. *cap.* 2—6.

* Gregoire fit brûler la belle bibliothéque du temple d'Apollon, formée par les empereurs Romains.

(3) *Alcuin. Op. Fab. bib. Lat. Med. tom.* 1. *pag.* 134.

† La science du Trivium & Quadrivium étoit toute renfermée dans ces deux vers fameux.

Gramm. loquitur, *Dia* vera docet, *Rhet.* verba colorat ; *Mus.* canit, *Ar.* numerat, *Geo.* ponderat, *Ast.* colit astra.

‡ Guido Aretin. Il trouva l'expression des six notes sur l'hymne de Paul Diacon.

notes de musique sur l'*Ut queant laxis* ; (1) et pour comble de maux, vers le douzième siècle, reparurent les ouvrages d'Aristote. Alors on vit se former cette malheureuse philosophie scholastique, qui se composoit des subtilités de la dialectique Péripatéticienne, & du jargon mystique de Platon.

Bientôt la nouvelle secte se divisa en *Nominalistes*, *Albertistes*, *Occamistes*, *Réalistes*. Souvent les champions en vinrent aux mains, & les Papes & les Rois prenoient parti pour & contre. Entre les nouveaux philosophes brillèrent Thomas d'Aquin, Albert, Roger Bacon, & avant eux Abaillard qu'il ne faut pas oublier. Il y a des morts dont le simple nom nous dit plus qu'on ne sauroit exprimer, *

Ut queant laxis.	*Re* sonare fibris.
Mi ra gestorum.	*Fa* muli tuorum.
Sol ve pollutis.	*La* biis reatum.
	Sancte Joanes.

(1) *Weizius in Heortologio. pag.* 263.

* J'ai bien éprouvé une fois dans ma vie cet effet d'un nom. C'étoit en Amérique. Je partois alors pour le pays des Sauvages, & je me trouvois embarqué sur le Paquebot qui remonte de New-York à Albany par la rivière d'Hudson. La société des Passagers étoit nombreuse & aimable, consistant en plusieurs femmes & quelques officiers Américains. Un vent frais nous conduisoit mollement à notre destination. Vers le soir de la première journée,

Cependant Constantinople venoit de passer sous le joug des Turcs & le reste des philoso-

nous nous assemblâmes sur le pont, pour prendre une collation de fruit & de lait. Les femmes s'assirent sur les bancs du Gaillard & les hommes se mirent à leurs pieds. La conversation ne fut pas long-tems bruyante : j'ai toujours remarqué qu'à l'aspect d'un beau tableau de la nature, on tombe involontairement dans le silence. Tout-à-coup je ne sais qui de la compagnie s'écria : " C'est auprès de ce lieu que le Major André fût exécuté." Aussitôt voilà mes idées boulversées ; on pria une Américaine très-jolie de chanter la romance de l'infortuné jeune homme ; elle céda à nos instances, & commença à faire entendre une voix timide, pleine de volupté & d'émotion. Le soleil se couchoit ; nous étions alors entre de hautes montagnes. On appercevoit çà & là, suspendues sur des abymes, des cabanes rares qui disparoissoient & reparoissoient tour-à-tour entre des nuages, mi-partie blancs & roses, qui filoient horisontalement à la hauteur de ces habitations. Lorsqu'au-dessus de ces mêmes nuages on découvroit la cîme des rochers & les sommets chevelus des sapins, on eût cru voir de petites îles flottantes dans les airs. La rivière majestueuse, tantôt coulant Nord & Sud, s'étendoit en ligne droite devant nous, encaissée entre deux rives parallèles, comme une table de plomb ; puis tout-à-coup, tournant à l'aspect du couchant, elle courboit ses flots d'or au tour de quelque mont qui, s'avançant dans le fleuve avec toutes ses plantes, ressembloit à un gros bouquet de verdure, noué au pied d'une zone bleue & aurore. Nous gardions un profond silence ; pour moi j'osois à peine respirer. Rien n'interrompoit le chant plaintif de la jeune Passagère, hors le bruit insensible que le vaisseau,

poussé

phes Grecs fugitifs trouvèrent un azyle en Italie. Les lettres commencèrent à revivre de

poussé par une légère brise, faisoit en glissant sur l'onde. Quelquefois la voix se renfloit un peu davantage lorsque nous rasions de plus près la rive ; dans deux ou trois endroits elle fut répétée par un foible écho : les Anciens se seroient imaginé que l'âme d'André, attirée par cette mélodie touchante, se plaisoit à en murmurer les derniers sons dans les montagnes. L'idée de ce jeune homme, amant, poète, brave & infortuné, qui, regretté de ses concitoyens, & honoré des larmes de Washington, mourut dans la fleur de l'âge pour son pays, répandoit sur cette scène romantique une teinte encore plus attendrissante. Les officiers Américains & moi nous avions les larmes aux yeux ; moi, par l'effet du recueillement délicieux où j'étois plongé ; eux, sans doute, par le souvenir des troubles passés de la patrie, qui redoubloit le calme du moment présent. Ils ne pouvoient contempler sans une sorte d'extase de cœur, ces lieux, naguères chargés de bataillons étincelans & retentissans du bruit des armes, maintenant ensevelis dans une paix profonde, éclairés des derniers feux du jour, décorés de la pompe de la nature, animés du doux sifflement des Cardinaux & du roucoulement des Ramiers sauvages, & dont les simples habitans, assis sur la pointe d'un roc, à quelque distance de leurs chaumières, regardoient tranquillement notre vaisseau passer sur le fleuve au-dessous d'eux.

Au reste, ce voyage que j'entreprenois alors, n'étoit que le prélude d'un autre bien plus important, dont à mon retour j'avois communiqué les plans à M. de Malsherbes, qui devoit les présenter au gouvernement. Je ne me proposois rien moins que, de déterminer par terre la grande question du passage de la Mer du Sud dans l'Atlantique

par

toutes parts. Dante & Pétraque avoient paru. Celui-ci est plus connu par ses *Canzones* que par

par le Nord. On sait que malgré les efforts du capitaine Cook, & des Navigateurs subséquens, il est toujours resté un doute. Un vaisseau marchand, en 1786, prétendit avoir entré par les 48° lat. N. dans une mer intérieure de l'Amérique Septentrionale, & que tout ce qu'on avoit pris pour la côte au Nord de la Californie, n'étoit qu'une longue chaîne d'îles extrêmement serrées. D'une autre part, un Voyageur parti de la baie d'Hudson, a vu la mer par les 72° de latitude Nord, à l'embouchure de la rivière du *Cuivre*. On dit qu'il est arrivé l'été dernier une frégate, que l'Amirauté d'Angleterre avoit chargée de vérifier la découverte du vaisseau marchand dont j'ai parlé, & que cette frégate confirme la vérité des rapports de Cook : quoiqu'il en soit, voici sommairement le plan que je m'étois tracé.

Si le gouvernement avoit favorisé mon projet, je me serois embarqué pour New-York. Là, j'eusse fait construire deux immenses chariots couverts, traînés par quatre couples de bœufs. Je me serois procuré en outre six petits chevaux, pareils à ceux dont je me suis servi dans mon premier voyage. Trois domestiques Européens, & trois Sauvages des Cinq-Nations, m'eûssent accompagné. Quelques raisons m'empêchent de m'étendre davantage sur les plans que je comptois suivre : le tout forme un petit volume en ma possession, qui ne seroit pas inutile à ceux qui explorent des régions inconnues. Il me suffira de dire, que j'eûsse renoncé à parcourir les déserts de l'Amérique, s'il en eût dû coûter une larme à leurs simples habitans. J'aurois désiré que parmi ces nations sauvages, *l'homme à longue barbe*, long-tems après mon départ, eût voulu dire, l'ami, le bienfaiteur des hommes.

Enfin

és traités *de contemptu mundi, de sua ipsus & liorum ignorantia*, quoique ce dernier ouvrage

Enfin tout étant préparé, je me serois mis en route, marchant directement à l'Ouest, en longeant les lacs du Canada jusqu'à la source du Mississipi, que j'aurois reconnue. De là, descendant par les plaines de la haute Louisiane, jusqu'au 40 degré de latitude Nord, j'eusse repris ma route à l'Ouest, de manière à attaquer la côte de la mer du Sud, un peu au dessus de la tête du golfe de Californie. Suivant ici le contour des côtes, toujours en vue de la mer, j'aurois remonté droit au Nord, tournant le dos au Nouveau Mexique. Si aucune découverte n'eût altéré ma marche, je me fûsse avancé jurqu'à l'embouchure de la grande rivière de *Cook*, & de là jusqu'à celle de la rivière du *Cuivre*, par les 72 degrés de latitude Septentrionale. Enfin, si nulle part je n'eûsse trouvé un passage, & que je n'eûsse pu doubler le cap le plus Nord de l'Amérique, je serois rentré dans les Etats-Unis par la baie d'Hudson, le Labrador & le Canada.

Tel étoit l'immense & périlleux voyage que je me proposois d'entreprendre pour le service de ma patrie & de l'Europe. Je calculois qu'il m'eut retenu (tout accident à part) de 5 à 6 ans. On ne sauroit mettre en doute son utilité. J'aurois donné l'histoire des trois règnes de la nature, celle des peuples & de leurs mœurs, dessiné les principales vues, &c. &c.

Quant à ce qui est des risques du voyage, ils sont grands sans doute; mais je suppose que ceux qui calculent tous les dangers ne vont guères voyager chez les sauvages. Cependant on s'effraie trop sur cet article. Lorsque je me suis trouvé exposé en Amérique, le péril venoit toujours du local, & de ma propre imprudence, mais presqu jamais

vale mieux que la plupart de ses sonnets. Mais Laure, Vaucluse, sont de doux noms, & les

---

des hommes. Par exemple à la Cataracte de Niagara, l'échelle Indienne, qui s'y trouvoit jadis, étant rompue, je voulus, en dépit des représentations de mon guide, me rendre au bas de la chûte, par un rocher à pic d'environ deux cens pieds de hauteur. Je m'aventurai dans la descente. Malgré les rugissemens de la cataracte & l'abyme effrayant, qui bouillonnoit au dessous de moi, je conservai ma tête, & parvins à une quarantaine de pieds du fond. Mais ici le rocher lisse & vertical n'offroit plus ni racines, ni fentes où pouvoir reposer mes pieds. Je demeurai suspendu par la main à toute ma longueur, ne pouvant ni remonter, ni descendre, sentant mes doigts s'ouvrir peu-à-peu de lassitude sous le poids de mon corps, & voyant la mort inévitable : il y a peu d'hommes qui aient passé dans leur vie deux minutes comme je les comptai alors, suspendu sur le gouffre de Niagara. Enfin mes mains s'ouvrirent, & je tombai. Par le bonheur le plus inouï, je me trouvai sur le roc vif, où j'aurois dû me briser cent fois, & cependant je ne me sentois pas grand mal ; j'étois à un demi pouce de l'abyme, & je n'y avois pas roulé : mais lorsque le froid de l'eau commença à me pénétrer, je m'apperçus que je n'en étois pas quitte à aussi bon marché que je l'avois cru d'abord. Je sentis une douleur insupportable au bras gauche ; je l'avois cassé au dessus du coude. Mon guide, qui me regardoit d'en haut, & auquel je fis signe, courut chercher quelques sauvages, qui, avec beaucoup de peine, me remontèrent avec des cordes de bouleau, & me transportèrent chez eux.

Ce ne fut pas le seul risque que je courus à Niagara, en arrivant, je m'étois rendu à la chûte, tenant la bride de

mon

ommes se prennent plus aisément par le cœur ue par la tête. Pic de la Mirandole, Politien, Fi-

on cheval entortillée à mon bras. Tandis que je me pen- ois pour regarder en bas, un serpent à sonnette remua ans les buissons voisins ; le cheval s'effraie, recule en se brant, & en s'approchant du gouffre ; je ne puis désen- ager mon bras des rênes, & le cheval, toujours plus effa- uché, m'entraîne après lui. Déjà ses pieds de devant uittoient la terre, & accroupi sur le bord de l'abyme il e s'y tenoit plus que par force de reins. C'en étoit fait e moi, lorsque l'animal, étonné lui-même du nouveau éril, fait un dernier effort, s'abat en dedans par un irouette, & s'élance à dix pieds loin du bord.

Lorsque j'ai commencé cette note, je ne comptois la aire que de quelques lignes ; le sujet m'a entraîné ; puis- que la faute est commise, une demi page de plus ne m'expo- sera pas davantage à la critique, & le lecteur sera peut-être bien aise qu'on lui dise un mot de cette fameuse Cata- racte du Canada, la plus belle du monde connu.

Elle est formée par la rivière Niagara, qui sort du lac Erié, & se jette dans l'Ontario. A environ neuf milles de ce dernier lac se trouve la chute : sa hauteur perpendi- culaire, peut être d'environ 200 pieds. Mais ce qui contribue à la rendre si violente, c'est que, depuis le lac Erié jusqu'à la Cataracte, le fleuve arrive toujours en dé- clinant par une pente rapide, dans un cours de près de 6 lieues ; en sorte qu'au moment même du saut, c'est moins une rivière qu'une mer impétueuse, dont les cens mille torrens se pressent à la bouche béante d'un gouffre. La cata- racte se divise en deux branches, & se courbe en un fer-à- cheval d'environ un demi-mille de circuit. Entre les deux chutes s'avance un énorme rocher creusé en dessous,

cinus & mille autres, firent des prodiges d'érudition (1). Erasme suivit: ses lettres, & son *Eloge de la Folie* sont pleins d'esprit & d'élégance. Bientôt les réformateurs de l'église Romaine attaquèrent plus vigoureusement encore la secte

---

qui pend, avec tous ses sapins, sur le cahos des ondes. La masse du fleuve qui se précipite au midi, se bombe & s'arrondit comme un vaste cylindre au moment qu'elle quitte le bord, puis se déroule en nappe de neige, & brille au soleil de toutes les couleurs du prisme : celle qui tombe au Nord, descend dans une ombre effrayante comme une colonne d'eau du déluge. Des arcs-en-ciel sans nombre se courbent & se croisent sur l'abyme, dont les terribles mugissemens se font entendre à 60 milles à la ronde. L'onde, frappant le roc ébranlé, rejaillit en tourbillons d'écume, qui, s'élevant au dessus des forêts, ressemblent aux fumées épaisses d'un vaste embrâsement. Des rochers démesurés & gigantesques, taillés en forme de phantômes, décorent la scène sublime ; des noyers sauvages, d'un aubier rougeâtre & écailleux, croissent chétivement sur ces squélettes fossiles. On ne voit auprès aucun animal vivant, hors des aigles, qui en planant audessus de la Cataracte où ils viennent chercher leur proie, sont entraînés, par le courant d'air, & forcés de descendre en tournoyant au fond de l'abyme. Quelque *Carcajou* tigré se suspendant par sa longue queue à l'extrémité d'une branche abaissée, essaie d'attraper les débris des corps noyés des élans & des ours que le remole jette à bord; & les serpens-à-sonnette font entendre de toutes parts leurs bruits sinistres.

(1) *Fabr. Bib. Gr. v.* 10. *page* 278. *Shelborn. Amœnitat. Leter. t.* 1. *pag.* 18. *Vita. a J. Fr. Pico in Bates Vet. Select.*

Scholastique

Scholastique (2). On commença à faire revivre les autres philosophies de la Grèce. Gassendi renouvella peu après la secte d'Epicure (3) & se rendit célèbre par son génie astronomique. Trois hommes enfin, Jordan Bruno, Jérome Cardan & Francis Bacon, s'élevèrent en Europe; & dédaignant de marcher sur les pas de Grecs, se frayèrent une route nouvelle: en eux commence *la philosophie moderne*.

CHAPITRE XXIII.

SUITE.

Depuis Bacon jusqu'aux Encyclopédistes.

LE Chancelier Lord Bacon, un de ces hommes dont le genre humain s'honore, a laissé plusieurs ouvrages. C'est à son traité, *On the Advancement of Learning*, & à celui du *Novum Organon Scientiarum*, qu'il doit particulièrement son immortalité.

Dans le premier, il examine en son entier le cercle des sciences, classant chaque chose sous

Né en 1560.
Mort 1626.

---

(1) *Declarationes ad Hoidelbergenses apud Werensdorf.*
(3) *Sorbiere de Vit. Gass. Præf. Synt. Phil. Epic. Bayle.*

LIV. I.
II. PART.
Rév. Anc.

sa Faculté, Facultés dont il reconnoît quatre : l'âme, la mémoire, l'imagination, l'entendement. Les sciences s'y trouvent réduites à trois : la poësie, l'histoire, la philosophie. Dans le second ouvrage, il rejette la méthode de raisonner par syllogismes ; il propose seulement la physique expérimentale pour seul guide dans la nature. C'est ainsi que ce grand homme ouvrit à ceux qui l'ont suivi, le vrai chemin de la philosophie ; & que chacun écoutant son génie, sut désormais où se placer (1).

Né en 1568.
Mort 1639.

Tandis que Bacon brilloit en Angleterre, Campanella florissoit en Italie. Cet homme extraordinaire attaqua vigoureusement les préjugés de son siècle, & tomba lui-même dans le vague des systêmes. Plongé 27 ans dans les cachots*, il y vécut, comme une salamandre, au milieu du feu de son génie, n'ayant ni plume ni papier pour lui ouvrir une issue au dehors. Ses écrits étincellent†, mais on y remarque une tête déréglée. Au reste, il admettoit l'âme du monde de Platon, &c.

―――――――――――

(1) *Voy. les ouvrages cités.*

* Pour une prétendue conspiration contre le Roi d'Espagne.

† Entr'autres, les ouvrages intitulés *Philosophia Rationalis. De Libris Propriis Civitas Solis.*

Hobbes,

Hobbes, contemporain de Bacon, publia plusieurs ouvrages: son livre *de la Nature Humaine*, son traité *De Corpore Politico*, son *Leviathan* & sa *Dissertation sur l'Homme*, sont les plus considérables. En politique, il trouva à-peu-près les principes du contrat social de J. J. Rousseau ; mais il soutient les opinions les plus destructives de la société. Il avance que l'autorité, non la vérité, doit faire le principe de la loi ; que le magistrat suprême, qui punit l'innocent, péche contre Dieu, mais non contre la justice ; qu'il n'y a point de propriétés, &c. En morale, il dit que l'état de nature est un état de guerre, que la félicité consiste en un continuel passage de désir en désir (1).

Né en 1588.
Mort 1679.

Descartes fit revivre le Pyrrhonisme, & ouvrit les sources du déluge de la philosophie moderne. La seule vérité, selon lui, consistoit en son fameux argument, *je pense, donc j'existe*. Il admettoit les idées innées, l'existence de la matière. Il expliquoit l'action de l'âme sur le corps d'après les principes de Platon (2). On connoît ses tourbillons en physique.

Né en 1596.
Mort 1650.

Leibnitz publia son systéme des *Monades*, par lesquelles il entendoit une simple substance

---

(1) *Voy. les Ouvrages cités, particulièrement le Leviathan.*
(2) *Vid. Princip. Phil. Meditat. Phil. de Prima Phil.*

LIV. I.
II. PART.
Rév. Ano.

Né en 1646.
Mort 1701.

Né en 1632.
Mort 1677.

Né en 1632.
Mort 1704.

sans parties. Mais cette substance varie en propriétés & relations, & c'est de ces diverses modifications apparentes que résultent Plusieurs dans l'Unité. Cela rentre dans les *Nombres* de Pythagore & les *Idées* de Platon. Leibnitz est l'auteur du *Calcul Différentiel*. (1) *

Spinoza rappelle l'Athée par excellence. Il admettoit une Substance universelle, laquelle Substance a en elle-même tous les principes de modification : elle est Dieu. Tout vient ainsi de Dieu : le mort & le mourant, le riche & le pauvre, l'homme qui sourit & celui qui pleure, la terre, les astres, tout cela se passe & est en Dieu. (2)

Locke a laissé dans son traité *On Human Understanding* un des plus beaux monumens du génie de l'homme. On sait qu'il y détruit la doctrine des Idées innées ; qu'il explique la nature de ces idées, les dérivant de deux sources : la sensation & la réflexion. (3)

―――――――――

(1) *Vid. Theodicea. Calculus Diffentialsi, &c.*

* Un monument littéraire bien plus précieux que la correspondance des Encyclopédistes, est celle de Newton, Clarke & Leibnitz : par exemple, Leibnitz faisant part à Newton de sa découverte de son calcul différentiel, & Newton lui demandant son avis sur sa Théorie des Marées.

(2) *Tractatum Theolog. Poltic. Or. pro Cbr. Bayl. Spin.*
(3) *Essay on Hum. Underst.*

Grotius

Grotius après Machiavel, Mariana, Bodin,* fut un des premiers à faire revivre en Europe la Politique. Son livre *de Jure Belli & Pacis* manque de méthode, & s'étend au-delà de son titre. Il part d'ailleurs d'une majeure douteuse : la sociabilité de l'homme. Au reste, on y trouve du génie & de l'érudition.

LIV. I.
II. PART.
Rév. Anc.

Né en 1583.
Mort 1645.

Puffendorf a déployé moins de génie que Grotius dans son traité *de Jure Naturæ & Gentium*, mais on y apprend davantage, par l'excellent plan de l'ouvrage. Il y part de la morale pour remonter à la politique, (le seul chemin par où on puisse arriver à la vérité) considérant l'homme dans ses rapports avec Dieu, lui-même, & ses semblables.

Né en 1631.
Mort 1694.

L'universel Scepticisme de Bayle se fait appercevoir dans ses écrits. Il y détruit tous les systêmes des autres, sans en élever un lui-même. (1) Il passe avec raison pour le plus grand dialecticien qui ait existé.

Né en 1647.
Mort 1706.

Malbranche a laissé un nom célèbre. Les deux opinions les plus extraordinaires, qui aient peut-être été jamais avancées par aucun philo-

Né en 1638.
Mort 1715.

---

(1) *Dict. Respons. ad Provincial Quend.*

* Sidney écrivit quelque tems après. Il ne faut pas confondre ce Sidney, écrivain d'un excellent traité sur le gouvernement, avec le Sidney, auteur de l'Arcadie.

sophe, se trouvent dans sa *Recherche de la Vérité*. Il y affirme que la pensée ne se produit pas de l'entendement, mais découle immédiatement de Dieu; & que l'esprit humain communique directement avec la divinité & voit tout en elle. (1)

Rappeller ces grands hommes qui travailloient en même tems à l'Histoire Naturelle, seroit trop long & hors du sujet de cet Ouvrage. Copernic, qui rendit à l'univers son vrai systême, (2) perdu depuis Pythagore; Galilée, qui inventa le Telescope, découvrit les Satellites de Jupiter, l'Anneau de Saturne, &c. (3) enfin l'immortel Newton, qui traça le chemin aux Comètes, vit se mouvoir tous les Mondes, pénétra dans le principe des couleurs, & vola, pour ainsi dire à Dieu le secret de la nature; (4)* tous ces hommes illustres précédèrent les Encyclopédistes, dont il me reste à parler.

---

(1) *Recher. de la Ver.* (2) *De Orbium Celest. Revol.*
(3) *Viviani Vit. Gal. Act. Phil. Systema Cosmicum.*
(4) *Philosophiæ Naturalis Principia Mathematica.*

* On ne sait lequel admirer le plus des trois grands hommes que je viens de nommer, lorsqu'on les voit s'élever les uns après les autres, de merveilles en merveilles. Je ne puis m'empêcher d'observer qu'on doit à Galilée
les

les vérités inportantes: que, l'espace parcouru dans la chûte des corps, est en raison du quarré des tems; que, le mouvement des Projectiles se fait dans la courbe parabolique.

CHAPITRE XXIV.

Les Encyclopédistes. *

IL seroit impossible d'entrer dans le détail de la philosophie des Encyclopédistes; la plupart sont déjà oubliés, & il ne reste d'eux que la Révolution Françoise. † Traiter de leurs livres, n'est pas plus facile: ils n'y ont point

---

* Je comprends sous ce nom non seulement les vrais Encyclopédistes, mais encore les Philosophes qui les ont suivis jusqu'à notre tems. † Qu'il soit bien entendu qu'ils n'en sont pas la *seule cause*, mais une grande cause. La Révolution Françoise ne vient point de tel, ou tel homme, de tel ou tel livre: elle vient des choses. Elle étoit inévitable; c'est ce que mille gens ne veulent pas se persuader. Elle provient surtout du progrès de la société à la fois vers les lumières & vers la corruption; c'est pourquoi on remarque dans la Révolution Françoise tant d'excellens principes & de conséquences funestes. Les premiers dérivent d'une théorie éclairée; les secondes de la corruption des mœurs. Voilà le véritable motif de ce mélange incompréhensible de crimes entés sur un tronc philosophique; voilà ce que j'ai cherché à démontrer dans tout le cours de cet Essai.

LIV. I.
II. PART.
Rév. Anc.

exposé de systêmes complets. Nous voyons seulement par plusieurs ouvrages de Diderot, qu'il admettoit le pur athéïsme, sans en apporter que de mauvaises raisons.* Voltaire n'entendoit rien en métaphysique : il rit, fait de beaux vers, & distille l'immoralité. Ceux qui se rapprochent encore plus de nous, ne sont guères plus forts en raisonnement. Helvétius a écrit des livres d'enfans, remplis de sophismes que le moindre grimaud de collège pourroit réfuter. J'évite de parler de Condillac & de Mably, je ne dis pas de J. J. & de Montesquieu, deux hommes d'une trempe supérieure aux Encyclopédistes.

Quel fut donc l'esprit de cette secte ? La destruction. Détruire, voilà leur but ; détruire, leur argument. Que vouloient-ils mettre à la place de choses présentes ? Rien. C'étoit une rage contre les institutions de leur pays, qui, à la verité, n'étoient pas excellentes ; mais enfin quiconque renverse doit rétablir, & c'est la chose difficile ; la chose qui doit nous mettre en garde contre les innovations. C'est un effet de notre foiblesse, que les vérités négatives sont à la portée de tout le monde, tandis que

---

* Cela n'est pas vrai de tous ses ouvrages, mais résulte de leur ensemble : il est même Deiste en plusieurs endroits de ses écrits : il est difficile d'être conséquent.

les

les raisons positives ne se découvrent qu'aux grands hommes. Un sot vous dira aisément une bonne raison contre, presque jamais une bonne raison pour.

Ayant à parler ailleurs des Encyclopédistes,* je finirai ici leur article, après avoir remarqué : que si l'on trouve que je parle trop durement de ces Savans, estimables à beaucoup d'autres égards, & moi aussi je leur rends justice de ce côté-là. Mais j'en appelle à tout homme impartial : qu'ont-ils produit ? Dois-je me passionner pour leur athéïsme ? Newton, Locke, Bacon, Grotius étoient-ils des esprits foibles, inférieurs à l'auteur de *Jacques le Fataliste*, à celui des Contes de *Mon Cousin Vadé* ? N'entendoient-ils rien en morale, en physique, en métaphysique, en politique ? J. J. Rousseau étoit-il une petite ame ? Eh bien, tous croyoient au Dieu de leur patrie ; tous prêchoient religion & vertu. D'ailleurs il y a une réflexion désolante : étoit-ce bien l'opinion intime de leur conscience, que les Encyclopédistes publioient ? Les hommes sont si vains, si foibles, que souvent l'envie de faire du bruit les fait avancer des choses dont ils ne possèdent pas la conviction : & après tout je ne sais si

---

* A l'article du Christianisme.

un homme est jamais parfaitement sûr de ce qu'il pense réellement.

Avant de parler de l'influence que les beaux esprits du siècle d'Alexandre, & ceux du nôtre eûrent sur leur âge respectif, nous allons les présenter au lecteur rassemblés. Nous choisirons les plus aimables, pour donner une idée de leurs ouvrages & de leur style; de là nous passerons au tableau de leurs mœurs; & nous aurons ainsi une petite histoire complette de la Philosophie, & des Philosophes.

CHAPITRE XXV.

Platon, Fenelon, J. J. Rousseau.
La République de Platon, le Télémaque, l'Emile.

SI les graces de la diction, la chaleur de l'imagination, un je ne sais quoi dans l'expression de mystique, & d'intellectuel, qui ressemble au langage des anges, font le grand, le sublime écrivain, Platon en mérite le tître. Peut-être sa manière ressemble-t-elle davantage à celle du vertueux Archevêque de Cambrai, qu'au style de Jean Jacques, mais celui-ci, d'une autre part, s'en est rapproché davantage par son sujet. Nous allons offrir le beau grouppe de ces trois génies, qui renferme tout ce qu'il y a d'aimad'aimable dans la vertu, de grand dans les talens, de sensible dans le caractère des hommes.

Platon dans sa *République*, Fénélon dans son *Télémaque*, Jean-Jacques dans son *Emile*, ont cherché l'homme moral & politique.

Le premier divise sa République en trois classes. (1) Le Peuple, où les Méchaniques; les Guerriers qui défendent la patrie; & les Magistrats qui la dirigent. L'éducation du citoyen commence à sa naissance. Sans doute de tendres parens s'empressent au tour de son berceau? Non, porté dans un lieu commun (2), il attend qu'un lait inconnu vienne satisfaire à ses besoins; & sa propre mère, qui ne le reconnoît plus, nourrit auprès de lui le fils de l'étrangère.

Lorsque le citoyen commence à entrer dans l'âge de l'adolescence, le Gymnase occupe ses instans. La première chose qui y frappe sa vue, c'est la pudeur sans voile, & les formes de la jeune fille souillées, comme une rose, dans la poussière de l'arène. (3) Son œil s'accoutume à parcourir les graces nues, & son imagination perd les traits du beau idéal. Privé d'une famille, il ne pourra avoir une amante; & lorsque la patrie aura choisi pour lui une compa-

---

(1) *Plat. de Rep. lib.* 2. *pag.* 373, &c. (2) *Id. lib.* 5, *pag.* 460. (3) *Id. ib. pag.* 452, &c.

gne, (1) il sera peu après obligé de rompre ses premiers liens, pour recevoir dans la couche nuptiale, non une vierge timide & rougissante, mais une épouse banale,(2) pour qui les baisers n'ont plus de chasteté, ni l'amour de mystères.

Si parmi ces enfans communs de la patrie, il s'entrouve un qui, par la beauté de ses traits, les indices de son génie, décèle le grand homme futur, on l'enlève à la foule (3); on l'instruit dans les sciences; il va ensuite combattre avec les autres à la défense de la patrie. A mesure qu'il avance en âge, on lui confie les plus importans emplois, & bientôt on lui découvre les causes secrètes de la nature. Un philosophe lui dévoile le Grand-Etre. Il apprend à se détacher des choses humaines: voyageur dans le monde intellectuel, il se dépouille pour ainsi dire de son corps, il s'associe à la Sagesse Divine, dont la nôtre n'est que l'ombre; & lorsque cinquante années d'étude & de méditations l'ont rendu d'une nature supérieure à ses semblables, alors il rédescend sur la terre, & devient un des Magistrats de la patrie. (4)

---

(1) *Plat. de Rep. lib. 5. pag.* 459.   (2) *Id. ib. pag.* 447.   (3) *Id. lib. 6. pog.* 486.   (4) *Id. ib. pag.* 503—505. *lib.* 7. *pag.* 517.

Tel est l'homme politique de Platon. Le divin disciple de Socrate, dans le délire de sa vertu, vouloit spiritualiser les hommes terrestres ; & pour les rendre pareils à Dieu, il commençoit par opprimer le peuple, en établissant un corps de Janissaires, par faire des législateurs métaphysiciens, & par enlever à tous la piété maternelle, l'amour conjugal, que la nature donne aux tigres même dans leurs déserts. Des enfans communs ! O blasphême philosophique ! plus heureuse cent fois, la femme indigente de nos cités, qui mendie ses premiers besoins en portant son fils dans ses bras ! La société l'abandonne, mais la nature lui reste ; elle ne sentira point l'inclémence des hivers, si, dans ses haillons, elle peut trouver un coin de manteau pour envelopper son tendre fruit. La faim même qui la dévore elle l'oublie, si sa mamelle donne encore la nourriture accoutumée au cher enfant qui sourit à ses larmes, & presse le sein maternelle de ses petites mains.

Fenelon vit mieux que Platon l'état de la société. Son jeune homme moral quitte le lieu de sa naissance, pour aller chercher son père. La sagesse, sous la figure de Mentor, l'accompagne. Le premier pas qu'il fait dans la carrière est, comme dans la vie, vers le malheur. La mort le ménace en Sicile ; échappé à ce danger,

danger, l'esclavage & la pauvreté, l'attendent en Egypte : les dieux & les lettres viennent à son secours. Prêt à retourner dans sa patrie, la main du sort le saisit de nouveau, & le replonge dans les cachots. Là, du haut d'une tour, il passe ses jours à contempler les flots qui se brisent au loin sur les rivages, & les mortels agités par la tempête. Tout à coup un grand combat attire ses regards ; il voit tomber un roi despotique, dont la tête sanglante, secouée par les cheveux, est montrée en spectacle au peuple qu'il opprimoit.

Télémaque quitte l'Egypte, & la tyrannie la plus affreuse se montre à lui en Phœnicie. Il abandonne cette terre d'esclavage, & arrive à celle des plaisirs. Le jeune homme va succomber ; tout à coup, la sagesse se présente à lui ; il fuit avec elle cette île empoisonnée, & durant une navigation tranquille, il écoute des discours divins sur Dieu & la vertu, qui rouvrent son cœur aux voluptés morales.

Bientôt à l'horison on découvre des montagnes, dont le sommet se colore des premieres réfractions de la lumière. Peu-à-peu la Crete s'avance au-devant du vaisseau. Des moissons verdoyantes, des champs d'oliviers, des villages champêtres, des cabanes riantes, entrecoupées de bouquets de bois, toute l'île enfin se déploie en amphithéatre sur l'azur calme & brillant de la mer.

Quelle baguette magique a créé cette terre enchantée ? Un bon gouvernement. Ici le spectacle d'un peuple heureux développe au jeune homme le secret des loix & de la politique. Il y apprend que le gouverné n'est pas fait pour le gouvernant, mais celui-ci pour le premier. Toujours croissant en sagesse, Télémaque refuse, par amour de la patrie, la royauté qu'on lui offre. Il s'embarque, après avoir mis un philosophe à la tête des Crétois; & Vénus, irritée de ses mépris, l'attend avec l'Amour à l'île de Calypso.

Ici il ne sent point cette volupté grossière qui subjuguoit son corps à Cypre. Ce qu'il éprouve tient d'une nature céleste, & règne à la fois dans son âme & dans ses sens. Ce ne sont plus des beautés hardies, dont les grâces faciles n'offrent rien à deviner au désir ; ce sont les tresses flottantes d'Eucharis qui voilent des charmes inconnus ; c'est la modestie, c'est la pudeur de la vierge qui aime, & n'ose avouer son amour, mais l'exhale comme un parfum autour d'elle.

D'une autre part, une passion dévorante consume la malheureuse Calypso. La jalousie, plus dévorante encore, marbre ses yeux de taches livides. Ses joues se creusent ; elle rugit comme une lionne. Télémaque effrayé ne trouve d'abri qu'auprès d'Eucharis que la déesse est prête à déchirer, tandis que l'enfant Cupidon, au milieu de cette troupe de nymphes, s'applaudit en riant des maux qu'il a faits.

C'en est fait ; le jeune homme succombe, il va périr : la Sagesse se présente à lui ; l'entraîne vers le rivage. Insensible à la vertu, Télémaque ne voit qu'Eucharis, il voudroit baiser la trace de ses pas, & il demande à lui dire au moins un dernier adieu. Mais des flammes frappent soudain sa vue ; elles s'élèvent du vaisseau que Minerve avoit bâti, & que l'Amour vient de consumer. Une secrète joie pénétre dans le cœur du fils d'Ulysse ; la Sagesse prévoit le retour de sa foiblesse, saisit l'instant favorable, & poussant son élève du haut d'un roc dans les flots, s'y précipite avec lui.

Télémaque aborde à la nage un vaisseau arrêté à la vue de l'île. Là il retrouve un ancien ami. Celui-ci lui raconte la mort d'un tyran, & lui fait la peinture d'un peuple heureux selon la nature. Le jeune homme, au milieu de ces doux entretiens, croyant arriver dans sa patrie, touche à des rives étrangères. Des tours à moitié élevées, des colonnes entourées d'échafauds, des temples sans combles, annoncent une ville

ville qui s'élève. Là règne Idoménée, chassé de Crète par ses sujets.

Ici Télémaque reçoit les dernières leçons. Le tableau des Cours & de leurs vices passe devant ses yeux ; l'homme vertueux banni, le fripon en place, les ambitions, les préjugés, les passions des rois, les guerres injustes, les plans faux de législation, enfin, non l'excès de la tyrannie, mais ce mal général, peut-être pis encore, qui règne dans les gouvernemens corrompus, est développé aux yeux de l'élève de Minerve. Après être descendu aux enfers, après y avoir vu les tourmens reservés aux despotes, & les récompenses accordées aux bons rois ; après avoir supporté les fatigues de la guerre, & chéri une flamme licite pour l'épouse qu'il se choisit, Télémaque retourne dans sa patrie, instruit par la sagesse & l'adversité ; également fait désormais pour commander ou obéir aux hommes, puisqu'il a vaincu ses passions.

Le défaut de cet immortel ouvrage vient de la hauteur de ses leçons, qui ne sont pas calculées pour tous les hommes. On y trouve des longueurs, surtout dans les derniers livres. Mais ceux, qui aiment la vertu, & chérissent en même tems le beau antique, ne doivent jamais s'endormir sans avoir lu le second livre du Télémaque. L'influence de cet ouvrage de Fénélon a été considérable : il renferme tous les principes du jour: il respire la liberté, & la révolution même s'y trouve prédite. Que l'on considère l'âge où il a paru, & l'on verra qu'il est un des premiers écrits qui ont changé le cours des idées nationales en France.

" Tout est bien sortant des mains de l'auteur des choses, tout dégénère entre les mains de l'homme." C'est ainsi que commence l'Emile, & cette phrase explique tout l'ouvrage. Jean-Jacques prend, comme Platon, l'homme dans ses premiers langes, il recommande le sein maternel. Il veut qu'aussitôt que l'enfant ouvre les yeux à la lumière, il soit soumis sur le champ à la Nécessité, la seule loi de la vie : s'il pleure, on ne l'appaise point ; s'il demande un objet, on l'y porte. La louange, le blâme, la frayeur, le courage, sont des ressorts de l'âme, dont il ignore même le nom. Dieu demande toute la force de la raison pour le comprendre, on n'en parle donc point à l'Emile de Jean-Jacques.

Aussitôt qu'il sort des mains des femmes, on le remet entre les mains de son ami, non de son maître, il n'en a point. L'étude difficile de celui-ci est de ne rien lui apprendre. Emile ne sait ni lire, ni écrire, mais il connoît sa foiblesse ; & tous les jours, dans ses jeux, quelques

ques accidens lui font désirer de s'instruire des lettres, des mathématiques, & des autres arts. Il en est ainsi pour lui des idées morales & civiles. On a bien pris garde de lui enseigner ce que c'est que la justice, la propriété ; mais un joueur de goblets, un jardinier, & mille autres hasards, développent graduellement dans son cerveau le système des choses relatives.

Emile ne sait point rester où il s'ennuie, veiller lorsqu'il veut dormir. S'il a faim, il mange ; s'il ne peut satisfaire ses besoins ou ses désirs, il ne murmure point ; ne connoît-il pas la nécessité ?

Courageux, il ne l'est point, parce qu'il faut l'être, mais parce qu'il ignore le danger. La mort, il ne sait ce que c'est. Il a vu mourir, & cela lui semble bon, parce que c'est une chose naturelle, & surtout une nécessité.

Cependant Emile a appris une question. A quoi cela est-il bon ? demande-t-il lorsqu'il voit faire quelque chose qu'il ne connoît pas. Souvent on ne répond point à cette question ; & Emile, par hasard, ne manque pas de trouver tôt ou tard lui-même la raison dont il s'enquiéroit.

Mais l'âge des passions s'avance, & l'on commence à entendre gronder l'orage. L'élève de Jean-Jacques, a appris dans ses jeux, non seulement les principes des sciences abstraites, mais ceux des arts méchaniques, tel que la menuiserie ; car quoiqu'Emile soit riche, il peut être exposé aux révolutions des états. " Vous vous fiez," dit Jean-Jacques, "à l'ordre actuel de la société, sans songer que cet ordre est sujet à des révolutions inévitables, & qu'il vous est impossible de prévoir, ni de prévenir celle qui peut regarder vos enfans. Le grand devient petit, le riche devient pauvre, le Monarque devient sujet. Les coups du sort sont-ils si rares que vous puissiez compter d'en être exempt ? Nous approchons de l'état de crise, & du siècle des révolutions. *Je tiens pour impossible que les grandes Monarchies de l'Europe aient encore long-tems à durer ; toutes ont brillé, & tout Etat qui brille est sur son déclin. J'ai de mon opinion des raisons plus particulières que cette maxime ; mais il n'est pas à-propos de les dire, & chacun ne le voit que trop.*" (1) *

---

(1) *Tom.* 11. *pag.* 85. *Ed. de Londres* 1781.

* Voilà le fameux passage de l'Emile. Il y a plusieurs choses à remarquer ici. La première est la clarté avec laquelle Jean-Jacques a prédit la révolution présente. La seconde a rapport à sa célèbre idée de faire apprendre un métier à chaque enfant. Comme on s'en moqua à l'époque de la publication de l'Emile ! Comme on trouvoit le Philosophe ridicule ! Je n'ai pas besoin

Enfin, Emile parvient à l'âge de la raison, & Dieu va lui être dévoilé. Un philosophe sen- [...] -soin de demander si nous en sentons maintenant la vérité. Il y a beaucoup de nos seigneurs François qui seroient trop heureux maintenant de savoir faire le métier d'Emile. Ils recevroient par jour leur demi-couronne, ou leur quatre shillings ; & seroient citoyens utiles du pays où le sort les auroit jettés.

La troisième remarque, & la plus importante, tient à la nature du passage même. Il est clair que non seulement Jean-Jacques avoit prévu la Révolution, mais encore les horreurs dont elle seroit accompagnée. Il annonce que le dessein d'Emile est d'émigrer. Comment le Républicain Jean-Jacques auroit-il pu avoir une telle pensée, s'il n'avoit entrevu l'espèce de gens qui feroient une révolution en France ? s'il n'avoit jugé par l'état des mœurs du peuple, qu'une révolution vertueuse étoit impossible ? Sans doute, le sensible philosophe, qui disait qu'une révolution qui coûte la vie à un homme, est une mauvaise révolution, n'auroit pas célébré celle de la France. J'ai entendu une discussion très-intéressante au sujet de Voltaire & de Rousseau, dans une société de gens de lettres qui les avoient connus, par ailleurs grands partisans de la révolution. On examinoit quelle auroit été vraisemblablement la conduite du poëte & du philosophe, s'ils avoient vécu jusqu'à la révolution. Il fut conclu à l'unanimité qu'ils auroient été des *aristocrates*. Voltaire, disoit-on, n'auroit jamais pu oublier sa qualité de gentilhomme du roi, ni pardonner l'apothéose de Jean-Jacques. Quant à celui-ci, l'horreur du sang répandu en auroit fait un anti-révolutionnaire décidé. Ces remarques sont très-justes, & peignent les deux hommes ; mais quelle force de génie dans

Rousseau,

sible se rend un matin au sommet d'une haute colline, au bas de laquelle coule le Pô, tandis que le soleil levant projete l'ombre des arbres dans la vallée. Après quelques instans de silence & de recueillement, inspirés par ce beau spectacle, & par les idées qu'il fait naître de la Divinité, le vicaire Savoyard prouve l'existence du Grand Etre, non d'après des raisonnemens métaphysiques, mais sur le sentiment qu'il en trouve dans son cœur. Un Dieu juste, bienfaisant & aimant les humains, est le seul que re-

---

Rousseau, d'avoir à la fois prédit la révolution & ses crimes ? & quelle incroyable circonstance, que ses écrits même aient servi à les amener ?

Il paroît encore que Rousseau prévoyoit plusieurs autres catastrophes. Je ne sais, mais s'il m'étoit permis de m'expliquer, j'aurois peut-être quelque chose d'intéressant à dire à ce sujet. Si l'Angleterre doit éprouver une révolution, elle sera totalement différente de celle de France; parce que d'après mille raisons, trop longues à détailler, les partis en viendroient à une guerre civile ouverte, & non à un carnage sourd, comme dans ma patrie. Si l'Angleterre évite le sort dont elle est menacée, ce ne sera que par beaucoup de prudence & de justice dans le gouvernement. Au reste, l'idée de Jean-Jacques de faire apprendre un métier à Emile, n'est que ce que disoit Néron, lorsqu'on lui reprochoit l'ardeur avec laquelle il se livroit à l'étude de la musique, il répondoit par une fameuse phrase Grecque ; *Un artiste vit partout*. Il est singulier que la pensée d'un philosophe ne soit que le mot d'un tyran.

connoisse Emile. Il confesse dans les Evangiles, une morale tendre & sublime, mais il n'y voit qu'un homme.

L'amour a ses droits sur le cœur de l'élève de Jean-Jacques, mais il veut une femme telle que son imagination éprise de la vertu, se plaît à la lui peindre. Il la rencontre enfin dans une retraite. La modestie, la grâce, la beauté, règnent sur le front de Sophie. Emile brûle, & ne peut l'obtenir. Son ami l'arrache à son ivresse pour le mener parcourir l'Europe. La passion du jeune homme amoureux survit au tems & à l'absence; il revient, épouse sa maîtresse, & trouve le bonheur.

Quoi! c'est à cela que se réduit l'Emile ? Sans doute; & Emile est autant au-dessus des hommes de son siècle, qu'il y a de différence entre nous & les premiers Romains. Que dis-je ? Emile est l'homme par excellence; car il est l'homme de la nature. Son cœur ne connoît point les préjugés. Libre, courageux, bienfaisant, ayant toutes les vertus sans y prétendre, s'il a un défaut, c'est d'être isolé dans le monde, & de vivre comme un géant dans nos petites sociétés.

Tel est le fameux ouvrage qui a précipité notre Révolution. Son principal défaut est de n'être écrit que pour peu de lecteurs. Je l'ai quelquefois vu entre les mains de certaines femmes, qui y cherchoient des règles pour l'éducation de leurs enfans ; & j'ai souri. Ce livre n'est point un livre pratique ; il seroit de toute impossibilité d'élever un jeune homme sur un systême, qui demande un concours d'êtres environnans, qu'on ne sauroit trouver ; mais le Sage doit regarder cet écrit de J. J. comme son trésor. Peut-être n'y a-t-il dans le monde entier que cinq ouvrages à lire : l'Emile en est un.

Je commettrois un péché d'omission impardonnable, si je finissois cet article sans parler de l'influence que l'Emile a eu sur ce siècle. J'avance hardiment qu'il a opéré une révolution complette dans l'Europe moderne, & qu'il forme époque dans l'histoire des peuples. L'éducation, depuis la publication de cet ouvrage, s'altéra totalement en France ; & qui change l'éducation, change les hommes. Quel dût être l'étonnement des nations, lorsque Rousseau, sortant du cercle obscur des opinions reçues, apperçut au-delà la lumière de la vérité ? que brisant l'édifice de nos idées sociales, il montra que nos principes, nos sentimens même, tenoient à des habitudes conventionnelles sucées avec le lait de nos mères ; que par conséquent nos meilleurs livres, nos plus justes institutions, n'avoient point encore

core montré la créature de Dieu; que nous existions comme dans une espèce de monde factice : l'étonnement, dis-je, dût être grand, lorsque Rousseau vint à jetter parmi ses contemporains abâtardis, l'homme vierge de la nature.

Je ne fais point ces réflexions sur l'immortel Emile, sans un sentiment douloureux. La profession de foi du vicaire Savoyard, les principes politiques & moraux de cet ouvrage, sont devenus les machines qui ont battu l'édifice des gouvernemens actuels de l'Europe, & surtout celui de la France, maintenant en ruines. Il s'ensuit que la vérité n'est pas bonne aux hommes méchans; qu'elle doit demeurer ensevelie dans le sein du Sage, comme l'espérance au fond de la boîte de Pandore. Si j'eusse vécu du tems de Jean-Jacques, j'aurois voulu devenir son disciple; mais j'eusse conseillé le secret à mon maître. Il y a plus de philosophie qu'on ne pense, au système de mystère adopté par Pythagore, & par les anciens prêtres de l'Orient.

CHAPITRE XXVI.

Mœurs comparées des Philosophes Anciens & des Philosophes Modernes.

SI les philosophes Anciens & Modernes ont eu, par leurs opinions, la même influence sur leur siècle ; ils n'eurent cependant ni les mêmes passions, ni les mêmes mœurs.

Tout le monde a entendu parler du tonneau de Diogènes. Ménédus de Lampasque, paroîssoit en public revêtu d'une robe noire, un chapeau d'écorce sur la tête, où l'on voyoit gravé les douze signes du Zodiaque ; une longue barbe descendoit à sa ceinture ; &, monté sur le Cothurne tragique, il tenoit un bâton de frêne à la main. Il se prétendoit un esprit revenu des enfers, pour prêcher la sagesse aux hommes. (1)

Anaxarque, maître de Pyrrhon, étant tombé dans une ravine, celui-ci refusa gravement de l'en retirer, parce que toute chose est indiffé-

---

(1) *Suid. Athæn. lib.* 4. *pag.* 162.

rente de soi ; & qu'autant valoit demeurer dans un trou que sur la terre. (1)

Lorsque Zénon marchoit dans les villes, ses amis l'accompagnoient, dans la crainte qu'il ne fût écrasé par les voitures : il ne se donnoit pas la peine d'échapper à la Fatalité. (2)

Démocrite s'enfermoit, pour étudier, dans les tombeaux ; (3) & Héraclite broutoit l'herbe de la montagne. (4)

Empédocle, voulant passer pour une divinité, se précipita dans l'Etna ; mais le volcan ayant rejetté les sandales d'airain de cet impie, sa fourbe fut découverte. (5) Cette fable des Grecs est ingénieuse. Ne veut-elle pas dire que les dieux savent punir l'orgueil du philosophe superbe, en le dénonçant à l'humanité, par quelques parties viles & honteuses de son caractère ?

Nos philosophes modernes gardèrent au moins plus de mesure. Spinoza, il est vrai, vivoit avec ses chiens, ses oiseaux, ses chats ; & J. J. Rousseau portoit l'habit Arménien ;* mais aucun

---

(1) *Laert. lib. in Pyrrho.* (2) *Laert. lib. 7.* (3) *Laert. lib. 9. in Dem.* (4) *Id. ib. in Heracl.* (5) *Id. lib. 8. Lucian. Strab. lib. 6. Hor. Ars. Poet.*

* Rousseau portoit cet habit par nécessité. Il me semble pourtant qu'il auroit pu en choisir un, un peu moins remarquable.

ne s'en est allé dans les fauxbourgs prêchant la sagesse à la canaille assemblée ; & je doute que celui qui auroit voulu se loger dans un tonneau, eût été laissé tranquille par la populace de nos villes : tant nos mœurs diffèrent de celles des Anciens.

Mais si les sophistes de la Grèce affectèrent l'originalité de conduite, ils ne se distinguèrent pas moins par la chasteté & la pureté de leurs mœurs. Ils s'occupoient tous des autres exercices des citoyens ; & supportoient comme eux les travaux de la patrie. Solon, Socrate, Charondas, & mille autres, furent non seulement de grands philosophes, mais de grands guerriers. La frugalité, le mépris des plaisirs, toutes les vertus morales brilloient dans leur caractère.

Nos philosophes, bien différens, enfermés dans leur cabinet, brochoient le matin des livres sur la guerre, où ils n'avoient jamais été ; sur le gouvernement où ils n'avoient jamais eu de part ; sur l'homme naturel, qu'ils n'avoient jamais étudié que dans les sociétés de la Capitale ; &, après avoir écrit un chapitre rigide contre le luxe, la corruption du siècle, le despotisme des Grands, ils s'en alloient le soir flatter ceux-ci dans nos cercles, corrompre la femme de leurs voisins, & partager tous les vices du monde.

" Vieux

" Vieux fou, vieux gueux," se disoit Diderot, âgé de 62 ans, & amoureux de toutes les femmes, " quand cesseras-tu donc de t'exposer à l'affront d'un refus, ou d'un ridicule ?" (1)

" Voici de quoi composer votre Paradis," disoit Mde. de Rochefort à Duclos, " du pain, du vin, du fromage & la première venue." (2)

Helvétius, par ailleurs honnête homme & bon homme, (mot dont on a trop mésusé, & qu'il faut faire revenir à sa première valeur) Helvétius marié, se faisoit amener chaque nuit une nouvelle maîtresse, par son valet de chambre, qui les cherchoit, autant qu'il pouvoit, dans la classe honnête du peuple. Madame de... n'a pas, dit-on, été à l'abri des caresses du vieillard de Ferney, dont l'immoralité est d'ailleurs bien connue.*

J'ai entendu Chamfort conter une anecdote curieuse sur Jean-Jacques. Il avoit vu, (Chamfort) des lettres du philosophe Génevois à une femme, dans lesquelles celui-ci employoit toute la séduction de son éloquence, pour prouver à cette même femme, que l'adultère n'est pas un crime. Voulez-vous savoir le secret de ces

---

(1) *Chamf. Pens. Max.* (2) *Id. ib.*

* Je ne parle point des sales romans sortis de la plume de la plupart de nos philosophes.

lettres ? ajoutoit Chamfort, " l'ami des mœurs étoit amoureux."

Enfin personne n'ignore que les mains du grand Chancelier Bacon n'étoient pas pures ; que Hobbes, ce philosophe si hardi dans ses écrits, ne put se résoudre à mourir (1) ; &, qu'excepté Fenelon & Catina, les mœurs des philosophes de notre âge, differèrent totalement de celles des anciens Sages de la Grèce.

A Dieu ne plaise que je révèle la turpitude de ces grands hommes, par une malignité que je ne trouve point dans mon cœur. Malgré leurs foiblesses, je les crois des plus honnêtes gens de notre siècle ; & il n'y a pas un de nous qui les blâmons, qui les valions au fond du cœur : mais j'ai été contraint, contre mon goût, de fair appercevoir ces différences, parce qu'elles mènent à des vérités, essentielles au but de cet Essai.

Il doit résulter de ce tableau : que nos philosophes modernes, vivant plus dans le monde, & selon le monde, que les anciens, ont dû mieux peindre la société, & connoître davantage les passions & leurs ressorts. De là il résulte que leurs ouvrages, plus calculés pour leur siècle, ont dû avoir une influence plus rapide sur leurs

---

(1) *Hume's Hist. of England*, vol. 7. pag. 346. Bayle, Art. Hob.

contemporains que les livres des Platon & des Aristote. Aussi voyons-nous qu'il s'est écoulé moins d'années entre la subversion des principes en France, & le règne des encyclopédistes, qu'entre la même subversion des principes en Grèce, & le triomphe des sophistes. Cependant & les premiers & les seconds parvinrent à renverser les loix & les opinions de leur pays. La recherche de l'influence des philosophes de l'âge d'Alexandre sur leur siècle, & de celle des philosophes modernes sur notre propre tems, demande à présent toute l'attention du lecteur.

CHAPITRE XXVII.

De l'Influence des Philosophes Grecs de l'Age d'Alexandre sur leur Siècle, & de l'Influence des Philosophes modernes sur le nôtre.

C'EST une grande question que celle-là : savoir comment la philosophie agit sur les hommes ? Si elle produit plus de bien que de mal, plus de mal que de bien ? Comment elle détermine les révolutions, & dans quel sens elle les détermine ? Et jusqu'à quel point un peuple qui ne se conduiroit que d'àprès des systêmes philosophiques, seroit heureux?

Nous n'embrasserons pas cette question générale, qui nous meneroit trop loin; & nous considérerons seulement la philosophie, par l'influence qu'elle a eu sur la Grèce & sur la France, en nous bornant à la politique & à la religion. Un essai est un livre pour faire des livres; il ne peut passer pour bon, qu'en raison du nombre de fétus d'ouvrages qu'il renferme. D'ailleurs le sujet que je traite s'étend si loin, & mes talens sont si foibles, que je tâche de me circonscrire; d'une autre part, le tems se précipite, & je me fatigue.

CHAPITRE XXVIII.

Influence Politique.

ON apperçoit une différence considérable entre l'âge philosophique d'Alexandre & le nôtre, considérés du côté de leur influence politique. Les divers écrits sur le gouvernement, qui parurent en Grèce à cette époque, devinrent le signal d'une révolution générale dans les constitutions des peuples. L'Orient commua ses

ses institutions despotiques en des monarchies plus modérées ; tandis que les républiques Grecques rentrèrent sous le joug des tyrans.

Les livres de nos publicistes modernes ont développé au contraire une révolution totalement opposée. Des états populaires se sont érigés sur les débris des trônes ; ceci naît d'une position relative différente dans les siècles.

Lorsque les Platon, les Aristote, publièrent leurs *Républiques*, la Grèce possédoit encore les formes de ce gouvernement. Le disciple de Socrate & le Stagyrite n'apprenoient donc rien de nouveau aux peuples ; & n'avoient-ils pas les loix des Solon & des Lycurgue ? Nous pénétrons ici dans les replis du cœur de l'homme. Quel gouvernement les philosophes légistes d'Athènes exaltèrent-ils dans leurs écrits comme le meilleur ? Le Monarchique *. Pourquoi ? parce qu'ils avoient senti les inconvéniens du populaire ; mais non, disons plutôt parce qu'ils ne possédoient pas le Monarchique. L'état où nous vivons nous semble toujours le pire de tous ; & mille petites passions honteuses, que nous n'osons nous avouer, nous font continuellement haïr & blamer les institutions de notre patrie. Si nous descendions plus souvent

---

* Je ne cite point, j'ai cité dans mille endroits.

dans notre conscience pour examiner les grandes passions du patriotisme & de la liberté, qui nous éblouïssent, peut-être découvririons-nous la fourbe. En les touchant avec l'anneau de la vérité, nous verrions ces magiciennes, comme celle de l'Arioste, perdre tout-à-coup leurs charmes empruntés, & reparoître sous les formes naturelles & dégoûtantes de l'intérêt, de l'orgueil & de l'envie. Voilà le secret des révolutions.

Du moins, les philosophes Grecs en vantant la Monarchie, suivoient-ils en cela les mœurs du peuple, désormais trop corrompues pour admettre la constitution démocratique. Les livres de ces hommes célèbres durent avoir une très-grande influence sur les opinions de ceux, qui, se trouvant à la tête de l'état, pouvoient beaucoup pour en altérer les formes. Démosthènes eut beau crier contre Philippe, plusieurs pensoient à Athènes, que son gouvernement n'étoit pourtant pas si mauvais. Leurs préjugés contre les rois s'étoient adoucis par la lecture des ouvrages politiques, & bientôt la Grèce passa sans murmurer sous l'autorité royale.

Jean - Jacques, Mably, Raynal, en embouchant la trompette républicaine, trouvèrent l'Europe endormie dans la Monarchie. Le peuple réveillé, ouvrit les yeux sur des livres,

livres, qui ne prêchoient qu'innovations & changemens; un torrent de nouvelles idées se précipita dans les têtes. Le relâchement des mœurs, l'enthousiasme des choses nouvelles, l'envie des petits & la corruption des grands, le souvenir des oppressions monarchiques, & plus que cela, la fureur des systêmes, qui s'étoit glissée parmi les courtisans même, tout seconda l'influence de l'esprit philosophique, & jetta la France dans une révolution républicaine. Car, par la même raison, que les publicistes Grecs vantèrent le gouvernement royal, les publicistes François célébrèrent la constitution populaire.

Ainsi l'influence politique des philosophes de l'âge d'Alexandre & de ceux de notre siècle, agit dans le sens le plus contraire. En Grèce, elle produisit la Monarchie, en France la République ; mais il ne faut pas admettre trop promptement ces vérités. La France affecte maintenant des formes qu'on appelle démocratiques ; les conservera-t-elle ? voilà la question. Si nous partons des mœurs, nous trouvons que celles des peuples de la Grèce, au moment de la révolution d'Alexandre, étoient à-peu-près au même degré de corruption que les mœurs des François, à l'instant de l'institution de leur république ; or ces mœurs produisirent l'esclavage à Athènes, sera-ce un livre de plus ou de moins, qui les rendra mères de la liberté à Paris ?

Passons à l'influence religieuse des philosophes. Je n'ai pas besoin de faire remarquer que religion & politique se tiennent de si près, que beaucoup de choses, que j'ai supprimé dans ce chapître & qu'on trouvera dans les suivans, auroient pu tomber également sous l'article que je viens de traiter.

CHAPITRE XXIX.

Influence Religieuse.

C'EST ici que les philosophes de la Grèce & ceux de la France ont eu, par leurs écrits, une influence absolument la même, sur leur âge respectif. Ils renversèrent le culte de leurs pays, & en introduisant le doute & l'athéïsme, amenèrent les deux plus grandes révolutions dont il soit resté de traces dans l'histoire. Ce fut l'altération des opinions religieuses qui produisit en partie la chûte du Colosse Romain ; altération commencée par les sectes dogmatiques d'Athènes : & c'est le même changement d'idées religieuses dans le peuple, qui a causé de nos jours le bouleversement de la France, & renouvellera

lera en peu la face de l'Europe. Je vais essayer de rappeller toutes mes forces pour terminer ce volume par ce grand sujet. Il faut, pour bien l'entendre, donner l'histoire du Polythéïsme & du Christianisme. Loin d'ici celui qui chérit ses préjugés. Que nul qui n'a un cœur vrai & simple ne lise ces pages. Nous allons toucher au voile qui couvre le Saint des Saints, & nos recherches demandent à la fois le recueillement de la religion, l'élévation de la philosophie & la pureté de la vertu.

CHAPITRE XXX.

Histoire du Polythéïsme depuis son Origine, jusqu'à son plus haut Point de Grandeur.

IL est un Dieu. Les herbes de la vallée & les cèdres du Liban le bénissent, l'insecte bruit ses louanges, & l'éléphant le salue au lever du soleil ; les oiseaux le chantent dans le feuillage, le vent le murmure dans les forêts, la foudre tonne sa puissance, & l'Océan déclare son immensité ; l'homme seul a dit : il n'y a point de Dieu.

Il n'a donc jamais celui-là, dans ses infortunes, levé les yeux vers le ciel ? Ses regards n'ont donc jamais errés dans ces régions étoilées, où les mondes furent semés comme des sables ? Pour moi, j'ai vû, & c'en est assez, j'ai vû le soleil suspendu aux portes du Couchant dans des draperies de pourpre & d'or. La lune, à l'horison opposé, montoit comme une lampe d'argent dans l'Orient d'azur. Les deux astres mêloient au zénith leurs teintes de céruse & de carmin. La mer multiplioit la scène Orientale en girandoles de diamans & rouloit la pompe de l'Occident en vagues de rose. Les flots calmés, mollement enchaînés l'un à l'autre, expiroient tour-à-tour à mes pieds sur la rive, & les premiers silences de la nuit & les derniers murmures du jour luttoient sur les côteaux, au bord des fleuves, dans les bois & dans les vallées.

O Toi, que je ne connois point ! Toi, dont j'ignore & le nom & la demeure, invisible Architecte de cet univers, qui m'as donné un instinct pour te sentir, & refusé une raison pour te comprendre, ne serois-tu qu'un être imaginaire ? que le songe doré de l'infortune ? Mon âme se dissoudra-t-elle avec le reste de ma poussière ? Le tombeau est-il un abyme

sans

sans issue, ou le portique d'un autre monde ? N'est-ce que par une cruelle pitié que la nature, a placé dans le cœur de l'homme l'espérance d'une meilleure vie à côté des misères humaines ? Pardonne à ma foiblesse, Père des miséricordes. Non, je ne doute point de ton existence ; & soit que tu m'aies destiné une carrière immortelle, soit que je doive seulement passer & mourir, j'adore tes décrets en silence, & ton insecte confesse ta Divinité.

Lorsque l'homme sauvage, errant au milieu des déserts, eut satisfait aux premiers besoins de la vie, il sentit je ne sais quel autre besoin dans son cœur. La chûte d'une onde, la susurration du vent solitaire, toute cette musique qui s'exhale de la nature, & qui fait qu'on s'imagine entendre les germes sourdre dans la terre, & les feuilles croître & se développer, lui parut tenir à cette cause cachée. Le hazard lia ces effets locaux à quelques circonstances heureuses ou malheureuses de ses chasses ; des positions relatives d'un objet ou d'une couleur, le frappèrent aussi en même tems : de là le Manitou du Canadien, & la Fétiche du Nègre, la première de toutes les religions.

Cet élément du culte une fois développé, ouvrit la vaste carrière des superstitions humaines. Les affections du cœur se changèrent bientôt dans les plus aimables des dieux ; & le Sauvage en élevant le *Mont* du tombeau à son ami; la mère en rendant à la terre son petit enfant, vinrent, chaque année à la chûte des feuilles de l'automne, le premier, répandre des larmes, la seconde épancher son lait sur le gazon sacré. Tous les deux crurent que ce qu'ils avoient tant aimé, ne pouvoit être insensible à leur souvenir; ils ne purent concevoir que ces Absens si regrettés, toujours vivans dans leurs pensées, eussent entièrement cessé d'être; qu'ils ne se réuniroient jamais à cette autre moitié d'eux-mêmes. Ce fut sans doute l'amitié en pleurs sur un monument, qui imagina le dogme de l'immortalité de l'âme & la religion des tombeaux.

Cependant l'homme, sorti de ses forêts, s'étoit associé à ses semblables. Des citoyens laborieux, secondés par des chances particulières, trouvèrent les premiers rudimens des arts ; & la reconnoissance des peuples les plaça au rang des divinités. Leurs noms, prononcés par différentes nations, s'altérèrent dans des idiômes étrangers. De là le Thoth des Phœnicens, l'Hermès des Egyptiens, & le Mercure des Grecs.(1) Des législateurs fameux par leur sagesse, des guer-

---

(1) *Sanchon. apud Euseb.*

riers redoutés par leur valeur; Jupiter, Minos, Mars, montèrent dans l'Olympe. Les passions des hommes se multipliant avec les arts sociaux, chacun déïfia sa foiblesse, ses vertus ou ses vices: le Voluptueux sacrifia à Vénus, le Philosophe à Minerve, le Tyran aux déïtés infernales. (1) D'une autre part, quelques génies favorisés du ciel, quelques âmes sensibles aux attraits de la nature, un Orphée, un Homère, augmentèrent les habitans de l'immortel séjour. Sous leurs pinceaux les accidens de la nature se transformèrent en Esprits célestes: la Dryade se joua dans le crystal des fontaines; les Heures, au vol rapide, ouvrirent les portes du jour; l'Aurore rougit ses doigts & cueillit ses pleurs sur les feuilles de roses humectées de la fraîcheur du matin; Apollon monta sur son char de flammes; les Zéphirs à son aspect se réfugièrent dans les bois; Thétis rentra dans ses palais humides; (2) & Vénus, qui cherche l'ombre & le mystère, enlaçant de sa ceinture le beau chasseur Adonis, (3) se retira, avec lui & les Grâces, dans l'épaisseur des forêts.

---

(1) *Appoll. &c.* (2) *Hom. Iliad. Hesid. Theog. Poes. Orph. &c.* (3) *Bion. apud Poet. Min. Græc.*

Des hommes adroits s'appercevant de ce penchant de la nature humaine à la superstition, en profitèrent. Il s'éleva des sectes sacerdotales, dont l'intérêt fut d'épaissir le voile de l'erreur. Les philosophes se servirent de ces idées des peuples, pour sanctifier de bonnes loix par le sceau de la religion ;(1) & le Polythéïsme, rendu sacré par le tems, embelli du charme de la poèsie, & de la pompe des fêtes, favorisé par les passions du cœur & l'adresse des prêtres, atteignit vers le siècle de Thémistocle & d'Aristide, à son plus haut point d'influence & de solidité.

CHAPITRE XXXI.

Décadence du Polythéïsme chez les Grecs, occasionnée par les sectes Philosophiques & plusieurs autres causes.

MAIS tandis que le Polythéïsme voyoit se multiplier ses temples, une cause de destruction avoit germée dans son sein. Les écoles de Thalès & de Pythagore voyoient chaque jour s'augmenter

---

(1) *Thucyd. Plut. Herodot. &.*

leurs disciples. Les ravages de la peste, les malheurs de la guerre du Péloponèse, la corruption des mœurs toujours croissante, avoient relâché graduellement les liens sociaux. Bientôt la philosophie, qui s'étoit long-tems traînée dans l'ombre, se montra à découvert. Platon, Aristote, Zénon, Epicure, & mille autres, levèrent l'étendart contre la religion de leur pays, & érigèrent l'autel du Matérialisme, du Théïsme, de l'Athéïsme. Le lecteur se rappelle leurs systêmes. Qu'y avoit-il de plus opposé aux opinions reçues sur la nature des dieux ? N'ébranloient-ils pas les idées religieuses de la Grèce jusqu'à la base ? Et pourquoi ce déchaînement contre le culte national ? Des Atômes, des Mondes d'Idées, des Chaînes d'Etres, valoient-ils mieux qu'un Jupiter vengeur du crime, & protecteur de l'innocence ? Il y avoit bien peu de philosophie, dans cette philosophie là.

Les poètes, imitant les sophistes de leur âge, osèrent mettre sur le théâtre des principes métaphysiques. (1) Les prêtres & les magistrats firent quelques efforts pour arrêter le torrent : on obligea les Dramatistes à se rétracter ; plu-

―――――――

(1) *Euripid. Aristoph.*

LIV. I.
II. PART.
Rév. Anc.

sieurs philosophes furent condamnés à l'exil, d'autres même à la mort. (1) Mais ils trouvèrent le moyen d'échapper, & bientôt ils devinrent trop nombreux pour avoir rien à craindre. La même chose est exactement arrivée parmi nous; & dans les deux cas une grande révolution a eu lieu : toutes les fois que la religion d'un Etat change, la constitution politique s'altère de nécessité. Nous voyons, par l'exemple de la Grèce, à quel point l'esprit systématique peut nuire aux hommes : les Sectaires ne pouvoient pas comme les nôtres, avoir le prétexte des mauvaises institutions de leur pays, puisqu'ils vivoient sous les loix des Solon & des Licurgue, & cependant ils ne purent s'empêcher d'en sapper les fondemens. C'est qu'il faut que les hommes fassent du bruit, à quelque prix que ce soit. Peu importe le danger d'une opinion, si elle rend son auteur célèbre; & l'on aime mieux passer pour un fripon que pour un sot.

Les changemens moraux & politiques des états vinrent à leur tour attaquer les principes du Polythéïsme. Les peuples, désormais soumis à des maîtres, n'avoient plus les grands intérêts de la patrie à consulter à Delphes. Que leur fai-

───────────────

(1) *Xenoph. Hist. Græc. Plut. Mor. Plat. in Phædo. Laert. Plut.* &*c*

soit

soit d'apprendre de l'oracle, si ce seroit Alexandre, Antipater, Démétrius, ou d'autres tyrans, qui les gouverneroit ? Ceux-ci de leurs côtés, sûrs de leur puissance, en voyant la corruption des nations, s'embarrassoient peu d'envoyer de riches présens à la Pythie ; & la superstition ne leur étant plus nécessaire, ils se firent eux-mêmes philosophes. Ainsi l'ancien culte tomboit de jour en jour : il ne se soutenoit désormais que par la machine extérieure des fêtes. Plus on devenoit tiède en matière de religion, plus on en appercevoit l'absurdité. Le double sens de l'oracle n'étoit plus le majesté d'un dieu, mais la fourberie d'un prêtre ; on s'amusoit à le surprendre en défaut ; les phénomènes de la nature, expliqués par la physique, perdirent leur divinité, & les lumières arrachèrent du Panthéon les dieux que l'ignorance y avoit placé : Telle étoit la décadence du Polythéisme en Grèce, lorsque les Romains soumirent la terre à leur joug. Les religions naissent de nos craintes & de nos foiblesses ; s'agrandissent dans le fanatisme & meurent dans l'indifférence.

CHAP.

CHAPITRE XXXII.

Le Polythéisme à Rome jusqu'au Christianisme.

LA réduction de la Grèce en province Romaine fut l'époque de la décadence de la religion en Italie. L'esprit philosophique émigra à la capitale du monde. Bientôt tout ce qu'il y eut de grand à Rome en fut attaqué *. Les Caton, les Brutus en pratiquèrent les vertus ; les Lucrèce, les Cicéron en développèrent les principes ; & les Tibère & les Néron les vices.

Une autre cause, particulière aux Romains, contribua à la chûte du Polythéisme : l'admission des dieux étrangers au Panthéon national. En répandant la confusion dans les objets de foi, on affoiblit la religion dans les cœurs. Bientôt les Romains, encore républicains, mais corrompus, tombèrent dans l'apathie du culte. Il n'y a que

---

* Dès avant cette époque la philosophie avoit été connue à Rome, comme le montre Cicéron au commencement du quatrième livre des Tusculanes. Il y parle d'un Amafanius qui écrivit de la philosophie, & forma une secte nombreuse. Mais je ne sais où on a pris que cet Amafanius enseignoit la doctrine d'Epicure. Cicéron garde là-dessus un profond silence.

les peuples très-libres ou très-esclaves, qui soient essentiellement religieux. Les premiers, par leurs vertus, se rapprochent de la Divinité ; les seconds se réfugient au pied de son trône, par l'instinct de leurs malheurs. L'honnête homme & l'infortuné sont rarement incrédules : le vice l'est presque toujours.

Mais un homme extraordinaire avait paru dans l'Orient. Le commencement du Christianisme étant la fin du Polythéisme, l'histoire de celui-ci va désormais se trouver réunie à celle du premier.

CHAPITRE XXXIII.

Histoire du Christianisme, depuis la Naissance du Christ jusqu'à sa Résurrection *.

IL existoit un peuple haï des autres peuples ; nation esclave & cruelle, qui, hors un législateur, un roi & quelques poëtes d'un beau génie, n'avoit jamais produit un seul grand homme. Le Dieu de Sinaï étoit son Dieu. Ce n'étoit

---

* Je ne marque point les dates, parce qu'elles se trouvent aux chapîtres des philosophes modernes.

point, comme le Jupiter des Grecs, une Divinité revêtue des passions humaines; mais un Dieu tonnant, un Dieu sublime, qui, entre toutes les cités de la terre, choisit la fille de Jacob pour y être adoré.

Parmi ce peuple Juif, l'Eternel avoit dit qu'une vierge, de la maison de David, écraseroit la tête du serpent, & enfanteroit un Homme Dieu. Et cependant les siècles s'étoient écoulés; & Jérusalem gémissoit sous le joug d'Auguste; & le Grand Monarque, tant attendu, n'avoit point encore paru.

Tout-à-coup le bruit se répand que le Sauveur a vû le jour dans la Judée. Il n'est point né dans la pourpre, mais dans l'humble asyle de l'indigence; il n'a point été annoncé aux Grands & aux Superbes, mais les anges l'ont révélé aux Petits & aux Simples; il n'a point réuni autour de son berceau les heureux du monde, mais les infortunés; &, par ce premier acte de sa vie, il s'est déclaré de préférence le Dieu du misérable.

Si la morale la plus pure, & le cœur le plus tendre; si une vie, passée à combattre l'erreur, & à soulager les maux des hommes, sont les attributs de la Divinité, qui peut nier celle de Jésus-Christ? Modèle de toutes les vertus, l'amitié le voit endormi sur le sein de Jean,

ou

ou léguant sa mère à ce disciple chéri; la tolérance l'admire avec attendrissement, dans la jugement de la femme adultère; partout la pitié le trouve bénissant les pleurs de l'infortuné; dans son amour pour les enfans, son innocence & sa candeur se décèlent; la force de son âme brille au milieu des tourmens de la croix; & son dernier soupir, dans les angoisses de la mort, est un soupir de miséricorde.

CHAPITRE XXXIV.

Accroissement du Christianisme jusqu'à Constantin.

LE Christ, dans sa glorieuse ascension, ayant disparu aux yeux des hommes, ses disciples, doués de son esprit, se disséminèrent dans les contrées voisines : bientôt ils passèrent en Grèce & en Italie. Nous avons vu les diverses raisons qui tendoient alors à affoiblir le culte de Jupiter; quelle fut la surprise des peuples, lorsque les apôtres, sortis de l'Orient, vinrent étonner leur esprit, par des récits de prodiges, & consoler leurs cœurs, par la plus aimable des morales? Ils étoient esclaves, & la nouvelle religion ne

prêchoit

nos cérémonies. Jusqu'au jeune Indien, qui prit cordialement la main que je lui tendois, nous nous quittâmes tous le cœur plein les uns des autres. Nos amis prirent leur route au Nord, en se dirigeant par les mousses, & nous à l'Ouest, par ma Boussole. Les Guerriers partirent devant, poussant le cri de marche; les femmes cheminoient derrière, chargées des bagages, & des petits enfans qui, suspendus dans des fourrures aux épaules de leurs mères, se détournoient en souriant pour nous regarder. Je suivis long-tems des yeux cette marche touchante & maternelle, jusqu'à ce que la troupe entière eût disparu lentement entre les arbres de la forêt.

Bienfaisans Sauvages! vous qui m'avez donné l'hospitalité, vous que je ne reverrai sans doute jamais, qu'il me soit permis de vous payer ici un tribut de reconnoissance. Puissiez-vous jouir long-tems de votre précieuse indépendance, dans vos belles solitudes où mes vœux pour votre bonheur ne cessent de vous suivre! Inséparables amis, dans quel coin de vos immenses déserts habitez-vous à présent? Etes-vous toujours ensemble, toujours heureux? Parlez-vous quelquefois de l'étranger de la forêt? Vous dépeignez-vous les lieux qu'il habite? Faites-vous des souhaits pour son bonheur au bord de vos fleuves solitaires ? Généreuse famille, son sort est bien changé depuis la nuit qu'il passa avec vous ; mais du moins est-ce une consolation pour lui, si, tandis qu'il existe au-delà des mers, persécuté des hommes de son pays, son nom, à l'autre bout de l'univers, au fond de quelque solitude ignorée, est encore prononcé avec attendrissement par de pauvres Indiens.

Fin du premier Volume.

séculer les uns les autres, pour des mots qu'ils n'entendoient pas. Les prêtres, durant ces troubles, commencèrent à acquérir une influence, que ceux du Polythéïsme n'avoient jamais eu ; & à jetter les fondemens de la grandeur des Papes.

Julien voulut faire un dernier effort en faveur des dieux de l'Olympe. Il abjura le Christianisme; &, en qualité de Guerrier, de Politique & de Philosophe, il avoit une triple raison de s'opposer aux progrès du Christianisme. Il sentoit que, partout où une nouvelle religion s'établit, l'Etat court à une révolution inévitable ; mais il étoit trop tard pour y remédier, & en cela Julien se trompa.

Il ne se contenta pas d'attaquer le Christianisme par la force civile, il le fit encore par le sel de ses écrits. Plusieurs philosophes s'exercèrent aussi sur le même sujet : on opposoit aux miracles de Jésus, ceux de divers imposteurs. Les poètes, d'un autre côté, trouvant que Belzébuth & Astaroth entroient mal dans le mètre de Virgile, regrettoient Pluton & l'ancien Tartare.

Les Chrétiens ne manquoient pas de champions, qui réussissent à railler les dieux du Panthéon, que Lucien avoit déjà traînés dans la boue. Julien ayant péri dans

son

son expédition contre les Perses, la Croix sortit triomphante.

Mais le moment critique étoit arrivé. Constantin en divisant l'Empire, & réformant les légions, lui avoit porté un coup mortel. Les malheurs de la famille de ce Prince ébranlèrent le sytême Romain ; les opinions religieuses vinrent augmenter le désordre ; des myriades de Barbares se précipitèrent sur toutes les frontières Théodose soutint un moment le choc ; le calme avoit reparu, quand tout-à-coup le destructeur de l'Empire, le Génie des Huns, qui du mur de la Chine, s'étoit, durant trois siècles, avancé en silence à travers les forêts, jetta un cri formidable dans le désert. A la voix du phantôme, les Goths épouvantés, se précipitèrent dans l'Empire. Valens tomba du trône de l'Orient, & peu après un roi d'Italie régna sur le patrimoine des Brutus(1).

---

(1) *Vidend. Fleury. Hist. Ecclesiat. Hist. August.* Gibb. *Rise and Fall of the Roman Empire.* De Guines, *Hist. des Huns & des Tartares.* Montesquieu, *Causes de la Grandeur,* &c.

CHAPITRE XXXVI.

SUITE.

Conversion des Barbares.

SI le Christianisme avoit trouvé dans les malheurs des hommes une cause de ses premiers succès, cette cause agit dans sa plus grande force, au moment de l'invasion des Barbares. Un bouleversement général de propriétés, & de libertés, eut lieu en même tems dans tout le monde connu. On écrasoit les hommes comme des insectes : lorsque les Vandales ne pouvoient prendre une ville, ils massacroient leurs prisonniers, & abandonnant leurs cadavres à l'ardeur du soleil autour de la cité assiégée, ils y communiquoient la peste. (1)

Toute autorité étant donc dissoute au civil, les prêtres seuls pouvoient protéger les peuples. Ce qui restoit encore d'habitans attachés à l'ancien culte, se rangea sous la bannière du Christianisme. Si jamais la Religion a paru grande, c'est lorsque, sans autre force que sa vertu, elle

---

(1) *Robertson, Hist. of Charles V. vol. 1.*

opposa son front auguste à la fureur des Barbares ; &, les subjuguant d'un regard, les contraignit de dépouiller à ses pieds leur férocité native.

On conçoit aisément comment des Sauvages sortis de leurs forêts, n'ayant aucun préjugé religieux antérieur à déraciner, se soumirent à la première théologie que le hazard leur offrit. L'imagination est une faculté active, à la fois écho & miroir de la nature qui l'environne : celle de l'homme des bois, frappée du spectacle des déserts, des cavernes, des torrens, des montagnes, se remplit de murmures, de phantômes, de grandeur. Présentez-lui alors des objets intellectuels, elle les saisira avidement, surtout s'ils sont incompréhensibles, car la mort de l'imagination, c'est la connoîssance de la vérité.

D'autres raisons facilitoient encore la conversion des Barbares au Christianisme. A mesure qu'ils émigroient vers le Sud, en quittant les régions sombres & tempestueuses du Septentrion, ils perdoient l'idée de leur culte paternel, inhérent au climat qu'ils habitoient. Un ciel rasséréné ne leur montroit plus dans les nuages les âmes des héros décédés ; ils ne traversoient plus, à la pâle lueur de la lune, des bruyères désertes, des vallées solitaires, où l'on entendoit derrière soi les pas légers des phantômes ; des Ombres irritées

tées ne saisissoient plus la cîme des pins dans leur course ; le météore ne reposoit plus entre les rameaux du cerf, au bord du torrent bleuâtre ; le brouillard du soir avoit cessé d'envelopper les tours, la bouffée de la nuit de siffler dans les salles abandonnées du guerrier; le vent du désert, de soupirer dans l'herbe flétrie, & autour des quatre pierres moussues de la tombe : (1) enfin la religion de ses peuples s'étoit dissipée avec les orages, les nues & les vapeurs du Nord.*

D'ailleurs le nouveau culte qu'on leur offroit, n'étoit pas si étranger aux dogmes de

---

(1) *Les deux Edda. Mallet. Introd. à l'Hist. du Dan. Ossian.*

* Si je cite Ossian avec d'autres auteurs, c'est que je suis, avec le docteur Blair, en Angleterre, M. Goethe en Allemagne, & plusieurs autres, un de ces esprits crédules auxquels les plaisanteries de Johnson n'ont pu persuader qu'il n'y eût pas quelque chose de vrai dans les ouvrages du Barde Ecossois. Que Johnson, lorsqu'on lui demandoit s'il connoissoit beaucoup d'hommes capables d'écrire de pareils poëmes, ait répondu : "Oui, plusieurs hommes, plusieurs femmes, plusieurs enfans." Le mot est gai, mais ne prouve rien. Il me paroît singulier que, dans cette dispute célébre, on ait oublié de citer la collection du ministre Smith qui cote le *Celte* continuellement au bas des pages, & propose une édition de l'original des poëmes d'Ossian, par souscription. On trouve dans cette collection de Smith un chant sur la mort de Gaul, où il y a des choses extrêmement touchantes ; particulièrement, Gaul expirant de besoin sur un rivage désert, & nourri du lait de son épouse.

leurs

leurs pères qu'on l'a généralement cru. Si Jéhova créa Adam & Eve, Odin aussi avoit formé de limon le brave Askus, & la belle Emla; Henœrus leur donna la raison; & Lœdur, versant dans leurs veines les flots d'un sang pur, ouvrit leurs yeux à la vie. *

Enfin les Rois Barbares, déjà politiques, embrassèrent le Christianisme, pour obtenir des empires; & les hommes, ayant changé de mœurs, de langage, de religion, ayant perdu jusqu'au souvenir du passé, crurent être nouvellement créés sur la terre. (1)

---

(1) *Daniel. Hist. de Franc. Greg. de Tour. lib.* 1. *Hume's Hist. of Engl. Henry's ib. &c.*

* Askum & Emlam, omni conatu destitutos,
   Animam nec possidebant, rationem nec habebant,
   Nec sanguinem, nec sermonem, nec faciem venustam,
   Animam dedit, Odinus; rationem dedit Hœnerus;
   Lœdur sanguinem addidit & faciem venustam.
Bartholin. Anti. Dan.

CHAPITRE XXXVII.

Depuis la Conversion des Barbares jusqu'à la Renaissance des Lettres. Le Christianisme atteint à son plus haut Point de Grandeur.

AU milieu de ces orages, les prêtres croissant de plus en plus en puissance, étoient parvenus à s'organiser dans un système, presque inébranlable. Des Sectes de Solitaires, vivant à l'abri des cloîtres, formoient les colonnes de l'édifice ; le clergé régulier, classé de même en ordres distincts & séparés, exécutoit les décrets du Pontife Romain, qui, sous le nom modeste de Pape, s'étoit placé par dégré à la tête du gouvernement ecclésiastique. L'ignorance, redoublant alors ses voiles, servoit à donner à la superstition une apparence plus formidable ; & l'Eglise, environnée de ténèbres qui aggrandissoient ses formes, marchoit, comme un géant, au despotisme.

Ce fut après le règne de Charlemagne & la division de son empire, que le Christianisme atteignit à son plus haut point de grandeur. Les guerres civiles d'Italie, connues sous le nom des guerres des Guelfes & des Gibelins, offrent un carac-

caractère neuf, à quiconque n'a pas étudié les hommes. Les Papes, attaqués par les Empereurs, avoient contr'eux la moitié des peuples d'Italie, qui les regardoient comme des tyrans & des scélérats; & cependant un édit de la cour de Rome détrônoit tel ou tel souverain, l'obligeoit à venir pieds & tête nus, se morfondre en hiver sous les fenêtres du Pontife, qui daignoit enfin lui accorder une absolution, humblement demandée à genoux. (1) Rome religieuse, se trouvoit alors mêlée dans toutes les affaires civiles, & disposoit des couronnes, comme des hochets de sa puissance.

Les Croisades, qui suivirent bientôt après, forment époque dans l'histoire du Christianisme, (2) parce qu'en adoucissant les mœurs par l'esprit de chevalerie, elles préparèrent la voie au retour des Lettres. C'étoit alors que les Sires de Créqui, embrassant leur Ecu, abandonnoient leur manoir, pour aller en quête de royaumes & d'aventures. Ces bons Chevaliers se trouvoient-ils sans armes dans un péril imminent ? ils se jettoient tous aux pieds les uns des autres, comme le rapporte le Sire de Joinville, en s'en-

---

(1) *Denin. Ist. d'It. Machiav. Ist. Fior. Abr. Chron. d'Allem. Hain. Chron. Gian. Ist. di Nap.* (2) *Vert. Hist. des Crois. Mem. de Joinv.*

tre demandant naïvement l'absolution. Avoient-ils la lance au poing au milieu des dangers ? ils se disoient en riant : " Biaux Sires, & en fairont moult recits à les Damselles."

CHAPITRE XXXVIII.

Décadence du Christianisme occasionnée par trois Causes : les Vices de la Cour de Rome, la Rénaissance des Lettres, & la Réformation.

C'EST de l'époque des Croisades qu'il faut dater la décadence de la Religion Chrétienne. Les Papes, expulsés d'Italie, s'étoient retirés pendant quelque tems à Avignon ; & la création des Anti-Papes, en faisant naître des schismes, affoiblissoit l'autorité de l'église. D'une autre part, les pontifes, subjugués par le luxe & l'yvresse de la puissance, s'étoient plongés dans tous les vices. L'Athéïsme public de quelques-uns, l'effronterie & le scandale de leurs vies privées, ne devoient pas beaucoup servir au maintien du culte chez les peuples. Le Clergé, aussi dépravé que son chef, se livroit à tous les excès ; & les couvens servoient de repaire à la crapule & à la débauche (1).

―――――――――

(1). *Dante Inferno. Petr. Lett. Macb. Hit. Fiorent.*

Dans

Dans ces circonstances, un grand évènement vint porter un coup mortel au Christianisme. L'empire d'Orient étant tombé sous le joug des Turcs, le reste des savans Grecs se réfugia auprès des Médicis en Italie. Par un concours singulier de choses, l'imprimerie avoit été découverte en Occident quelques tems avant l'arrivée de ces philosophes, comme si elle eut été préparée, pour la réception des illustres fugitifs. J'ai parlé ailleurs de la rénaissance des lettres & de ses effets. Elle fut bientôt suivie de la Réformation ; de sorte que le Christianisme eut à soutenir coup sur coup des attaques dont il ne s'est jamais relevé.

CHAPITRE XXXIX.

La Réformation.

C'EST une grande époque dans l'Europe moderne que celle de la Réformation. Dès que les hommes commencent à douter en religion, ils doutent en Politique. Quiconque ose rechercher les fondemens de son culte, ne tarde pas à s'enquérir s'enquérir des principes de son gouvernement. Quand l'esprit demande à être libre, le corps aussi veut l'être : c'est une conséquence naturelle.

Erasme avoit préparé le chemin à Luther; Luther ouvrit la voie à Calvin; celui-ci à mille autres. L'influence politique de la Réformation se trouvera dans les révolutions qui me restent à décrire. En la considérant seulement ici sous le rapport religieux, on peut remarquer, que les diverses sectes qu'elle engendra produisirent sur le Christianisme, le même effet que les écoles philosophiques de la Grèce, sur le Polythéïsme : elles affoiblirent tout le système sacerdotal. L'arbre, partagé en rameaux, ne poussa plus vigoureusement sa tige unique, & devint ainsi plus aisé à couper branche à branche.

Je ne puis quitter l'article de la Réformation sans faire une réflexion de plus. Pourquoi toutes ces scènes de carnage ? La Ligue, où l'on vit, comme de nos jours, les François traîner les entrailles fumantes de leurs victimes; dévorer leurs cœurs encore palpitans, leurs chairs encore tièdes ; &, fouillant dans les sépulchres, couvrir le sol de la patrie des carcasses à moitié consu-

consumées de leurs pères ? (1) *. Pourquoi ces troubles des Pays-Bas, où le Duc d'Albe joua le premier acte de la tragédie de Robespierre (2) ? les massacres des paysans d'Allemagne ? les guerres civiles d'Ecosse (3) ? la révolution de Cromwell, durant laquelle des malheureux entassés dans les cales humides des vaisseaux, périssoient empoisonnés les uns par les autres (4) ?

---

(1) *Esprit de la Ligue.* (2) *Bentivog. Grotius. Strada, &c.* (3) *Robertson's Hist. of Scotland.* (4) *Hume, Whitelock, Walker, &c.*

On trouve dans les Lettres de Pasquier deux passages intéressans, sur les malheurs que les révolutions ont causé à la France, & surtout à la capitale de ce royaume. Je les citerai tous les deux.

Le premier a rapport aux guerres civiles du tems de Charles VI. Pasquier, après avoir parlé de la population & de la richesse de Paris sous Charles V, ajoute :

" Pendant que furieusement nostre ville s'amusa de de soustenir le party Bourguignon, elle deuint sans y penser toute deserte. Et commencerent ces grands hostels de Flandres, Artois, Bourbon, Bourgongne, Nesles, & plusieurs autres seruir de nids à corueilles, au lieu où au precedent c'estoient receptacles de Princes, Ducs, Marquis, & Comtes. I'ay leu dans vn liure escrit à la main, en forme de papier iournal, que de ce temps-là il y auroit vn loup qui tous les mois passoit au trauers de la ville, lequel ils appelloyent le Courtaut, estant le peuple tant accoustumé de le voir, qu'il n'en faisoit que rire. Chose qui se faisoit, ou pour les massacres qui se commettoient dans Paris, &

pourquoi, dis-je, ces abominables spectacles ? parce qu'un moine s'avisa de trouver mauvais que le Pape n'eût pas donné à son ordre,

pour les cadauers qui y pouuoient estre (n'y ayant animal qui ait le flair si subtil comme le loup) ou par ce que la ville estoit lors grandement deshabitee. Quoy que soit s'estant sur les troubles du Bourguinon & Orleannois entee la guerre de l'Anglois & du François, il faut tenir pour chose très-certaine que la ville de Paris vint en grande souffrette, veu qu'en l'histoire mesdisante du Roy Louys xj. nous trouuons que pour la repeupler, il voulut faire comme Romulus auoit fait autrefois dans Rome, & donner toute impunité de mesfaits precedens, & rappel de ban à à tous ceux qui s'y voudroient habituer. Mais plus grande demonstration ne pouuez-vous auoir de ceste pauureté & solitude, que de l'ordonnance qui se trouue aux vieux registres du Chastellet, par laquelle il estoit permis de mettre en criees les lieux vagues de la ville ; & si pendant les six sepmaines il ne se trouuoit nul proprietaire, qui s'y opposast, le lieu demeuroit à celuy qui se le faisoit adiuger Aussi quand nous lisons dans nos vieux tiltres & enseignemens, quelques maisons & heritages tant en la ville, qu'és champs, vendus à non prix, tant s'en faut que ce soit vn argument de la félicité de ce temp-là, qu'au contraire c'est vne demonstration tres-certaine du malheur qui estoit lors en regne, par la longue suite des troubles." T. i. l. 10, p. 655.

Si dans une histoire de la révolution actuelle, on traduisoit mot à mot en François le morceau suivant du même auteur, personne ne se douteroit qu'il s'agit de la Ligue. " Il y a long temps que ie ronge ie ne scay quelle humeur melancholique dans moi, qu'il faut maintenant que ie vomisse en vostre sein.

Ie

plutôt qu'à un autre, la commission de vendre des indulgences en Allemagne. Pleurons sur le genre humain.

Ie crain, ie croy, ie voi presentement la fin de nostre Republique. Nous ne pouuons denier que n'ayons vn grand Roi ; toutes fois si Dieu ne l'aduise d'vn œil de pitié, il est sur le poinct ou de perdre sa Couronne, ou de voir son Royaume tout renuersé.—Le vray subside dont le Prince doit faire fonds, est de la bien-veillance de ses subiects. La plus grande partie de ceux qui ont esté pres du Roy, ont estimé n'auoir plus beau magazin pour s'accroistre, qu'é lui fournissant memoires à la ruine du pauure peuple ; C'est à dire à la ruine de lui-mêsme : Dignes certes, ces malheureux ministres, d'vne punition plus horrible, que de celuy qu'ou tire à quatre cheuaux, pour auoir voulu attenter contre contre la Maiesté de son Prince. D'autant qu'en conseruant leur grandeur par ces damnables inuentions, ils ont mis leur maistre en tel desarroy que nous le voyons maintenant........

Dieu doua nostre Roi de plusieurs grandes benedictions, qui luy sont particulieres : Mais comme il est né homme, aussi ne peut il estre accomply de tant de bonnes parties, qu'il n'ait des imperfections. Y a il aucun Seigneur (ie n'en excepteray vn) de ceux qui ont eu part en ses bonnes graces, qui ait, ie ne diray point resisté, (ce mot seroit mal mis en œuure contre vn Roy) mais qui ne se soit estudié de fauorizer en toutes choses ses opinions, ores qu'elles se fournoyassent à l'œil, du chemin de la raison ? On le voyoit naturellement enclin à vne liberalité. C'estoit vne inclination qu'il tenoit de la Royne sa mere ; vertu vrayment Royale, quand elle ne se desborde à la foule & oppression des subjects : Qui est celuy qui par ses importunitez extraordinaires n'é ait abuzé ?....Le malheur veut que nul de ses principaux officiers, qui estoient près de luy, ne la controolle. Voilà comment vn grand & beau Prince se laissant en premier lieu emporter par ses volontez, puis vaincu par les importuuitez des siens; en fin non secouru de ceux qui pour la necessité de leurs charges y deuoient auoir l'œil, il n'a pas esté malaisé de voir toutes nos affaires tomber au desordre & confusion telle que nous voyons auiourd'hui.

Sur ce pied a esté bastie la ruine de nostre France; premierement par ie ne scay quelle malheureuse inuention de Contents (qui ont rendu tous les gens de bien malcontens,) lesquels ne pouuans à la longue fournir aux liberalitez extraordinaires du Roy, ont eut recours à vne infinité de meschans Edicts, non pour subuenir aux necessitez publiques, ains pour en faire dons, voire au milieu des troubles, à vns & autres. Et pour leur faire sortir effect, on a forcé les Seigneurs des Cours Souueraines de les passer, tan tost par la presence du Roy, tan tost des Princes du sang : Liberalité qui ne s'estoit iamais pratiquee en autre Republique que la nostre. Et si l'argent n'y estoit prompt, pour supleer à ce déffaut, la malignité du temps produisit vne vermine de gens, que nous appellasmes par vn nouueau mot *Partisans*, qui auancoient la moitié ou tiers du denier, pour auoir le tout. Race vrayement de Viperes, qui ont fait mourir la France leur mere, aussi tost qu'ils furent esclos.

On adiousta à tout cela pour chef-d'œuure de nostre malheur, vn esloignement des Princes & grands Seigneurs, & auancement des moindres pres du Roy. Ie vous racompte tout cecy en gros. Car si i'auoy entrepris de vous particularizer en detail, & par le menu comme toutes ces choses se sont passees l'ancre me deffaudroit plustot que la matiere. Mais quel fruit a produit tout ce mesnage ? Vne oppression de tous les subjects, vne pauureté par tout le Royaume,

yaume, vn mescontentement general des grands, vne haine presq; de tout le peuple encontre son Roy. Et puis au bout de tout cela, que pouuions-nous attendre autre chose que ce meschef, qui nous est ces iours passez aduenu?... ..Tant de noualitez mises sus, à la foule des pauures subiects sans subiect, estoient autant de malignes humeurs ramassees au corps de nostre Republique; lesquelles ne nous promettoient autre chose, que ce grand esclat de scandale, que nous auons veu dans Paris. C'estoit vn pus, c'estoit vne bouë qui couuoit dans nous, à laquelle le medecin supernaturel a voulu donner vent, lors que nul de nous n'y pensoit. Le Roy mesmes l'a fort bien recogneu; quand soudain apres estre arriué à Chartres, pour donner quelquel ordre à ce mal, il a reuoqué trente malheureux Edicts & encores promis par autres lettres patentes, de n'vser plus de Contents. Pleut à Dieu que deux mois auparauant il les eust reuoquez de son seul instinct, affin que ceux que ie voy contre luy vlcerez eussent estimé luy deuoir totalement ceste grace; & non au scandale aduenu. Mais c'est vn mal commun à tous Roys, de ne recognoistre iamais leurs fautes, quand ils sont visitez de Dieu....De ma part, ie ne pense point que iamais Roi ait receu vn plus grand affront de son peuple, (il faut que ceste parole à nostre tres-grande honte m'eschape) que celuy qu'a receu le nostre. Que luy, qui à son retour de la Beauce auoit esté receu auec tant de congratulations & applaudissemens du Parisien, six ou sept mois apres ait esté caressé de telle façon qu'auons veu, en la journée des Barricades; mesmes dans vne ville, qu'il auoit aimée & cherie par-dessus toutes les autres. Que le Ieudy & Vendredy qu'il demeura dans la ville, on ne veit iamais plus grand chaos & emotion populaire; & le Samedy soudain que l'on fust aduerty de son partement, nous veismes vn raquoisement inopiné de toutes choses: Signe malheureux & trop expres de la haine qu'on luy porte. *Id. l. 12. pag.* 796, *&c.*

LIV. I.
II. PART.
Rév. Anc.

CHAP.

CHAPITRE XL.

Depuis la Réformation jusqu'au Régent.

LORSQUE les tempêtes élevées par la Réformation se furent appaisées, le Vatican reparut, mais à moitié en ruines. Il avoit perdu l'orgueil de ses murs, & ses combles entrouverts étoient sillonnés de ses propres foudres, que la fureur de l'orage avoit repoussées contre lui. Les Rois & les Papes, en s'opposant par des mesures violentes aux innovations religieuses, n'avoient fait qu'irriter les esprits. Petite & foible dans le calme, la liberté devient un géant dans la tempête.

Entre les conséquences funestes, qui résultèrent de ces troubles pour la religion, une ne doit pas être omise. Les révolutions ravagent les mœurs dans leur cours, comme ces sources empoisonnées, qui font mourir les fleurs sur leur passage. L'œil de la loi, fermé pendant les convulsions d'un état, ne veille plus sur le citoyen qui lâche les rênes à ses passions, & se plonge dans l'immortalité ; il faut ensuite des années, quelquefois des siècles, pour épurer un tel peuple. Ce fut évidemment le cas en Europe,

rope, après les troubles dont je viens de parler ; & la religion, qui se calcule toujours sur les mœurs, dut, en proportion de la rélaxation de celles-ci, perdre beaucoup de son influence.

Cependant l'harmonie s'étant rétablie, les hommes reportèrent les yeux en arrière, & commencèrent à rougir de leur folie. Les lumières, toujours croissantes, secondoient ce penchant à haïr ce qui sembloit la cause de tant de maux. En matière de foi il n'est point de bornes ; aussitôt qu'on cesse de croire quelque chose, on cessera bientôt de croire le tout. Rabélais, Montaigne, Mariana étonnèrent les esprits, par la nouveauté & la hardiesse de leurs opinions politiques & religieuses. Hobbes & Spinoza, levant ensuite le masque, se montrèrent à découvert ; & bientôt après, Louis XIV donna à l'Europe le dernier exemple de fanatisme national, par la révocation de l'Edit de Nantes.*

---

* Je ne parle pas des scènes scandaleuses de la populace de Londres contre les Catholiques, en 1780.

CHAPITRE XLI.

Le Régent. La Chûte du Christianisme s'accélère.

ENFIN le Régent parut, & de cette époque il faut dater la chûte presque totale du Christianisme. Le duc d'Orléans brilloit de génie, de grâces, d'urbanité, mais il étoit l'homme le plus immoral de son siècle, & le moins fait pour gouverner une nation volage, sur laquelle les vices de ses chefs avoient tant d'influence, lorsqu'ils étoient aimables. Ce fut alors qu'on vit naître la secte Philosophique, cause première & finale de la Révolution présente. Lorsque les nations se corrompent, il s'élève des hommes qui leur apprennent qu'il n'y a point de vengeance céleste.

Le bouleversement que Law * opéra dans l'Etat par son papier, ne contribua pas peu à ébranler la morale du peuple. Intérêt & Cœur humain sont deux mots semblables. Changer les mœurs d'un Etat, ce n'est qu'en chan-

---

* Dans les projets de cet étranger on retrouve le plan littéral exécuté de nos jours par Mirabeau l'aîné : le paiement de la dette nationale en papier, la vente des biens du Clergé, &c.

ger les fortunes. Dans les accès du désespoir, & dans le délire des succès, tout sentiment de l'honnête s'éteint, avec cette différence que le Parvenu conserve ses vices, & l'homme tombé perd ses vertus.

La Presse, cette invention céleste & diabolique, commençoit à vomir les chansons, les pamphlets, les livres philosophiques. Chaque poste annonçoit au citoyen, tantôt l'inceste d'un père, l'exécrable mort d'un cardinal, des débauches que la plume d'un Suétone rougiroit de décrire; et en payant les taxes, il soldoit à la fois & les vils courtisans & les troupes qui le forçoient à leur obéir. Le mépris, puis la rage, étoient les sentimens qui devoient s'emparer du cœur de ce citoyen. Que le peuple alors apprenne le secret de sa force, & l'Etat n'est plus.

Ce fut sous le régne suivant qu'éclata la secte Encyclopédique, dont j'ai déjà touché quelque chose. Je vais, comme je l'ai promis, la considérer à présent dans ses rapports religieux & politiques avec les institutions de la France.

CHAPITRE XLIII.

La Secte Philosophique sous Louis Quinze.

LIV. I.
II. PART.
Rév. Anc.

CET esprit d'innovation & de doute qui prit naissance sous le Régent, fit en peu de tems des progrès rapides. On vit enfin sous Louis XV se former une société des plus beaux génies que la France ait produits : les Diderot, les d'Alembert, les Voltaire. Deux grands hommes seulement, & les deux plus grands, refusèrent d'en être : Jean-Jacques Rousseau & Montesquieu ; de-là la haine de Voltaire contre eux, & surtout contre le premier, l'apôtre de Dieu & de la Morale. Cette société disoit avoir pour fin, la diffusion des lumières & le renversement de la tyrannie : rien de plus noble sans doute ; mais le vrai esprit des Encyclopédistes étoit une fureur persécutante de systèmes, une intolérance d'opinions, qui vouloit détruire dans les autres, jusqu'à la liberté de penser ; enfin, une rage contre ce qu'ils appelloient l'*Infâme*, ou la religion Chrétienne qu'ils avoient résolu d'exterminer.

Ce qu'il y a de bien étonnant dans l'histoire du cœur humain, c'est que le despote Frédéric, étoit de cette coalition qui sappoit la base du pouvoir des princes. Le monument le plus extraordinaire de littérature qui existe, est peut-être la Correspondance entre Diderot, Voltaire, d'Alembert & le roi de Prusse. C'est-là, qu'à chaque page, on s'étonne de voir, les Philosophes jettant le manteau dont ils se revêtoient pour la foule, le Monarque déposant le masque royal, traiter de fable la morale de la terre; parler hardiment de liberté entre eux, en réservant l'esclavage pour le peuple stupide; se jouer de ce qu'il y a de plus sacré, & se jetter les uns aux autres, ballotter d'une main criminelle & puissante, les hommes & leurs opinions comme de vains jouets.

Telle étoit cette fameuse secte, qui sous Louis XV commença à s'étendre, & à détruire la morale en France; ses progrès furent étonnans. L'infatigable Voltaire ne cessoit de répéter : frappons, écrasons l'Infâme ; une foule de petits auteurs, pour être regardés du grand homme, se mirent à écrivailler à l'exemple de leur maître. Le bon-ton fut bientôt d'être incrédule. Jean-Jacques avoit beau crier d'une voix sainte : " Peuple, on vous égare ; il est un

Dieu vengeur des crimes & rémunérateur des vertus." Les efforts du sublime Athlète furent vains contre le torrent des Philosophes & des Prêtres, ennemis mortels réunis pour persécuter le grand homme.

Tandis que les principes religieux étoient combattus par une troupe de philosophes, d'autres attaquoient la politique, car il est remarquable que la secte Athée déraisonnoit pitoyablement en matière d'Etat. Montesquieu, Jean-Jacques Rousseau, Mably, Raynal, vinrent, malheureusement, éclairer des hommes, qui avoient perdu cette force & cette pureté d'âme, nécessaire pour faire un bon usage de la vérité. Depuis la Révolution, chaque faction a déchiré ces illustres citoyens, les Jacobins Montesquieu, les Royalistes Jean-Jacques; cela n'empêchera pas que l'immortel *Esprit des Loix*, & le sublime *Emile*, si peu entendu, ne passent à la dernière postérité. Quant au *Contrat Social*, comme on en retrouve une partie dans l'Emile; que ce n'est d'ailleurs qu'un extrait d'un grand ouvrage; qu'il rejette tout & ne conclut rien; je crois que, dans son état actuel d'imperfection, il a fait peu de bien & beaucoup de mal: je suis seulement étonné que les Républicains du jour l'aient pris

pour

pour leur règle : il n'y a pas de livre qui les condamne davantage.

Ainsi au moment que le peuple commença à lire, il ouvrit les yeux sur des écrits qui ne prêchoient que Politique & Religion : l'effet en fut prodigieux. Tandis qu'il perdoit rapidement ses mœurs & son ignorance, la Cour, sourde au bruit d'une vaste monarchie, qui commençoit à rouler en bas vers l'abyme où nous venons de la voir disparoître, se plongeoit plus que jamais dans les vices & le despotisme. Au lieu d'élargir ses plans, d'élever ses pensées, d'épurer sa morale, en progression relative à l'accroissement des lumières ; elle rétrécissoit ses petits préjugés, ne savoit ni se soumettre à la force des choses, ni s'y opposer avec vigueur. Cette misérable politique, qui fait qu'un gouvernement se resserre quand l'esprit public s'étend, est remarquable dans toutes les révolutions : c'est vouloir inscrire un grand Cercle dans une petite Circonférence ; le résultat en est certain. La tolérance s'accroît, & les prêtres font juger à mort un jeune homme qui, dans une orgie, avoit insulté un Crucifix ; le peuple se montre incliné à la résistance, & tantôt on lui cède mal-à-propos, tantôt on le contraint imprudemment ; l'esprit de liberté commence à paroître, & on multiplie les Lettres de Cachet. Je sais que ces

lettres

lettres ont fait plus de bruit que de mal ; mais, après tout, une pareille institution détruit radicalement les principes. Ce qui n'est pas loi, est hors de l'essence du gouvernement, est criminel. Qui voudroit se tenir sous un glaive suspendu par un cheveu sur sa tête, sous prétexte qu'il ne tombera pas ? A voir ainsi le Monarque endormi dans la volupté, des Courtisans corrompus, des Ministres méchans ou imbécilles, le Peuple perdant ses mœurs, les Philosophes, les uns sappant la religion, les autres l'Etat, des Nobles ou ignorans, ou atteints des vices du jour, des Ecclésiastiques, à Paris la honte de leur Ordre, dans les provinces pleins de préjugés, on eût dit d'une foule de manœuvres s'empressant à l'envi à démolir un grand édifice.

Depuis le règne de Louis XV, la religion ne fit plus que décliner en France ; & elle s'est enfin évanouie, avec la monarchie, dans le gouffre de la Révolution.

Pour completer l'histoire du Christianisme, je vais maintenant montrer les armes avec lesquelles les Philosophes modernes sont parvenus à le renverser, de même que j'ai expliqué les systèmes, par lesquels les Sophistes Grecs ébranlèrent le Polythéïsme. Il y a cependant entr'eux cette différence : que les Platon & les Aris-

Aristote, se contentèrent de publier des dogmes nouveaux, sans attaquer directement la religion de leur pays; tandis que les Voltaire & les d'Alembert, sans énoncer d'autres opinions, se déchaînèrent contre le culte de leur patrie : en cela, bien plus immoraux que les Sectaires d'Athènes.

J'avertis que, dans les chapitres qui vont suivre, je n'y suis plus pour rien. Simple narrateur des faits, je rapporte, comme mon sujet m'y oblige, les raisonnemens des autres, sans les admettre. Il est nécessaire de faire connoître les causes qui nous ont plongés dans la Révolution actuelle; or, celles-ci sont d'entre les plus considérables.

CHAPITRE XLIV.

Objections des Philosophes contre le Christianisme.

Objections Philosophiques.

ON peut diviser les différentes objections des Philosophes contre le Christianisme en quatre sortes. 1°. Objections philosophiques proprement dites. 2°. Objections historiques & critiques. 3°. Objections contre le Dogme. 4°. Objections contre la Discipline. Voyons les premières.

Objections

Objections philosophiques.* La création est absurde. Quelle Volonté peut tirer une parcelle de matière du néant ? Toutes les raisons imaginables ne renverseront jamais cet axiome commun : rien ne se fait de rien. Mais les écritures même ne l'admettent pas, le Néant : & l'*esprit de Dieu reposoit sur les eaux.* Voilà donc la Matière co-existante avec l'Esprit ; voilà donc un cahos.

Dieu, dites-vous, a été l'architecte ? Ce n'est plus le systême Chrétien. Mais voyons si cela même peut être admis.

Si Dieu a arrangé la Matière, c'est un Etre impuissant & borné. Le Cahos étant la première forme, est de nécessité la meilleure, puisqu'elle est la forme naturelle ; puisque les vices, les souffrances, les chagrins y dorment passifs. Qu'a fait Dieu ? il a tout séparé, tout divisé, & en classant les maux, il n'a fait qu'un monde vulnérable dans toutes ses parties, d'un univers engourdi & tranquille ; il a donné une ame à la douleur, & rendu les peines sensibles. Il s'est

---

* Il seroit impossible de citer à chaque ligne les auteurs dont ces raisonnemens sont empruntés, parce qu'ils se trouvent répétés d'un bout à l'autre de leurs livres, & qu'il faudroit pour ainsi dire noter toutes les pages. Je les rassemblerai donc en commun à la fin de chaque chapitre.

donc mépris ; & son prétendu ordre est un affreux désordre.

Mais nous vous abandonnons la majeure. Nous supposons, pour un moment, que tout est émané de Dieu. Ce Dieu, en créant l'homme, lui a dit : Tu ne pécheras point, ou tu mourras ; & il avoit prévu qu'il pécheroit, & qu'il mourroit ; tu seras bon, vertueux, ou je te condamnerai aux peines de l'enfer ; & Dieu savoit qu'il ne seroit ni bon, ni vertueux, & c'étoit lui qui l'avoit créé ! Dieu, répondez-vous, vous a fait libre ? Ce n'est pas là la question. A-t-il prévu que je tomberois, que je serois à jamais malheureux ? Oui, indubitablement. Eh bien ! votre Dieu n'est plus qu'un tyran horrible & absurde. Il donne aux hommes des passions plus fortes que leur raison, & il s'écrie : Je t'ai donné la raison ! sans doute, & les passions aussi ; & Tu savois que celles-ci l'emporteroient ; & Tu prévis, des millions de siècles avant ma naissance, que je serois vicieux, que je serois condamné à Ton tribunal aux éternelles douleurs. Qui T'obligeoit à me tirer du néant ? Qui Te forçoit, Etre Tout-Puissant, à faire un misérable ? Ne pouvois-Tu me rendre fort & vertueux, au dégré nécessaire pour me rendre heureux ? Tu Te crées des victimes, & Tu les insultes au milieu des tourmens, en leur parlant d'un d'un franc arbitre, sur des choses que Ta préscience T'avoit fait connoître de toute éternité ; & qui, par la raison même que Tu les avois prévues, devoient nécessairement arriver !

Dieu ne pouvoit vous empêcher de naître dans la chaîne des êtres où votre place se trouvoit marquée ? d'accord ; mais ceci n'est plus le Dieu des Juifs : c'est la Destinée, autre systême qui a ses inconvéniens. Vous vous retranchez dans le grand argument, & vous dites que, nous ne pouvons pas plus comprendre le grand Etre, qu'un Ciron ne sauroit comprendre un homme : cette raison, excellente en elle-même, ne prouve rien pour les Ecritures. Je m'en tiens à ce que je ne puis comprendre Dieu; & là-dessus je n'ai pas plus de motifs d'en croire Moyse que Platon, excepté que celui-ci raisonne mieux que celui-là.

Je passe une multitude d'autres raisons philosophiques, telles que celles tirées des diverses espèces de l'homme, de l'ancienneté du globe, &c; & je viens aux raisons historiques & critiques (1).

---

(1) *Bayle. Lettres de Diderot au Roi de Prusse. Tollend. Volt. Dict. Philosoph. Hume's Philosoph. Essai. Le Boucher, Buffon, &c. &c.*

CHAPITRE XLV.

Objections Historiques & Critiques.

" LES prophètes d'Israël avoient, depuis longtems, annoncé la mission du fils de Dieu. Et il est venu, ce fils de Dieu ; & la lettre des prophéties a été accomplie." Une chose n'est pas prédite par ce qu'elle arrivera, mais elle arrive parce qu'elle est prédite. De cela les Evangiles même font preuve ; ils ont la naïveté de nous dire à chaque ligne : " & Jésus fit cette chose, *afin que la parole du prophète fut accomplie.*" Mais sans nous arrêter à combattre votre futile argument, nous vous montrerons que cette annonce du Christ, ne vient que de la honteuse ignorance des Juifs : ils convertirent en prédictions le calendrier céleste des Egyptiens, qu'ils n'entendoient pas. Là, on voyoit tout le mystère de la Vierge & de son Fils, qui ne signifioit autre chose que le lever & le coucher de diverses constellations. Les Hébreux, en sortant d'Egypte, emportèrent ces signes, & les transformèrent bientôt en des fables les plus absurdes.

Il y a bien plus. C'est qu'il n'est pas du tout démontré, qu'il exista jamais un homme appellé Jésus, qui se fit crucifier à Jérusalem. Quelles sont vos preuves de ce fait ? Les Evangiles. Admettriez-vous, dans un procès, comme valides, des papiers visiblement écrits par une des parties ? Nous raisonnons ici, comme si nous croyions, à l'authenticité du Nouveau Testament, (ce que nous sommes bien loin de faire, comme on le verra par la suite). Loin de rien trouver dans l'histoire qui admette la vérité de l'existance du Christ, nous voyons, d'après les auteurs Latins, qui parlent avec le dernier mépris de la Secte naissante*, que les Evangiles n'étoient pas même entendus à la lettre par les premiers Chrétiens. C'étoit des espèces d'allégories, des mystères auxquels on se faisoit initier comme à ceux d'Eleusis.

Mais encore, il vous a plu de supprimer une multitude d'Evangiles, que vous appellez Apocriphes, qui cependant ne le sont pas plus que les autres. Là, on remarque tant de contradictions (contradictions que vous n'avez pu même faire disparoître des Evangiles que vous nous avez laissés), qu'il faut nécessairement en conclure,

---

* *Afflicti suppliciis Christiani, genus hominum superstitionis novæ ac maleficæ.* Sueto. *in Nero.* Tacite n'en parle guères mieux.

que

que dans le principe l'histoire du Christ étoit un conte qu'on brodoit selon son bon plaisir.

Les premiers schismes de l'Eglise viennent à l'appui de cette opinion. Les Pères ne s'entendoient pas plus sur le fond que sur la forme. Comment se peut-il qu'étant si près de l'événement, ils ignorâssent la vérité ? Il est trop clair, par ce choc de sentimens opposés, que le systême Chrétien n'étant pas encore formé, chacun le modifioit à sa manière. Rien ne paroît donc moins prouvé que l'existence du Christ.

Allons plus loin. Admettons la réalité de sa vie, & l'authenticité des Evangiles. De la simple lecture de ceux-ci résulte le renversement de la divinité de Jésus. Nous voyons, que tout ce qu'il y avoit d'honnêtes gens à Jérusalem, les prêtres, les magistrats, enfin cette classe d'hommes que, dans tous les tems, on croit de préférence à la populace, regardoit le Christ comme un imposteur, qui cherchoit à se faire un parti. On lui demanda des miracles publics, & il ne put en faire ; mais il ressuscitoit, il est vrai, des morts parmi la canaille. Dans ses réponses il ne s'explique jamais clairement, il parle obscurément, comme l'Oracle de Delphes. Quant à sa résurrection, un peu de vin & d'argent aux gardes, en explique tout le mystère.

A qui

A qui apparut-il après sa sortie triomphante du tombeau ? A ses disciples, à des femmes crédules, à des gens qui avoient intérêt à prolonger l'imposture. Il ne se montra pas aux prêtres, au peuple, aux magistrats qui le virent expirer, & qui étoient bien sûrs qu'il n'étoit plus. Passons aux dogmes (1).

CHAPITRE XLVI.

Objections contre le Dogme.

IL paroît, par les preuves internes & externes, que les Évangiles ne furent jamais prêchés par Jésus, ni écrits par ses disciples. Ils furent, en toute probabilité, composés à Alexandrie, dans les premiers siècles de l'église.

Après les conquêtes d'Alexandre, & l'érection du royaume Egyptien par les Ptolomée, les écoles de la Grèce furent transférées à Alexandrie, où elles prirent un nouvel éclat. De la situation de cette cité, qui formoit le passage entre l'Orient & l'Occident, il en résulta que

---

(1) *Voy. les auteurs cités aux chapitres précédents.*

les opinions des Brachmanes des Indes, des Mages de la Perse, des anciens Prêtres de l'Egypte, & des Philosophes de l'Ouest, vinrent se concentrer dans ce foyer commun d'erreurs & de lumières. C'est au milieu de la bibliothèque d'Alexandrie & de cette foule de sectes, que les Evangiles furent visiblement compilés. Ils sont un mélange de diverses doctrines recueillies dans un corps & revêtues du langage figuré de l'Orient. Leur auteur, ou leurs auteurs furent sans doute doués d'un beau génie & d'une âme sensible. En rassemblant la morale de tous les Sages, la simplicité & la pureté des leçons de Socrate, l'élévation des principes de Confucius, de Zoroastre, de Moyse, ils y mêlèrent une tendresse de cœur qui leur étoit propre; & en y faisant entrer le roman touchant & allégorique du Christ, ils parvinrent à répandre le plus grand charme sur leur ouvrage. Telle est l'histoire de la partie morale des Evangiles ; quant aux dogmes, les voici :

Le mystère de la Trinité est emprunté de l'école de Platon : Dieu, l'Esprit, ou les Idées, l'Ame du Monde, ou le Fils incorporé à la Matière*. Du Wistnou, des Brachmanes, vient

---

* Voyez les différents systèmes aux articles des philosophes Grecs & Persans. Il y a eu des Modernes qui ont

avancé

LIV. I.
II. PART.
Rév. Anc.

le mystère de l'Incarnation *, qui correspond d'ailleurs à l'âme du monde des Académiques. La Vierge, comme nous l'avons déjà dit, renferme un emblême astronomique. La persécu-

---

avancé que Jésus-Christ n'étoit autre chose que Platon, qu'on disoit aussi sorti du sein d'une Vierge. Les Indiens avoient de même une Trinité : Sree Mun Narrain, Mhah Letchimy, une belle femme (comme le fils, emblême de l'amour), & le serpent, ou l'esprit. *Sketches on the Mythology and Customs of the Hindoos,* p. 11. *These persons,* dit l'auteur du livre cité, *are supposed by the Hindoos to be wholly indivisible. The one is three, and the three are one.* Pag. 12.

* Wistnou n'étoit pas le seul dieu des Indiens qui se fût incarné. Voici l'histoire d'une des Incarnations de Sree Mun Narrain. " Sree Mun Narrain, la grande Divinité des Indiens, avec ses inséparables associés Mhah Lethchimy, & le Serpent, résolut de s'incarner, pour corriger d'énormes abus qui s'étoient glissés parmi les hommes. Narrain prit la figure du Guerrier Ram ; Lethchimy devint sa femme sous le nom de Seetah Devee ; & le Serpent métamorphosé joua le personnage de Letchimum, frère & compagnon de Ram. Un jour qu'ils voyageoient dans un désert, Ram se trouvant obligé de quitter Seetah, la confia, jusqu'à son retour, à la garde de son frère Letchimum. Celui-ci demeura quelque tems avec sa belle-sœur, sans qu'il lui arriva aucun accident ; mais un fameux Magicien, ayant enfin apperçu Seetah, en devint éperdument amoureux. Pour la séparer de son fidèle gardien, il se transforma en un oiseau du plus brillant plumage. La foible épouse de Ram n'eût pas plutôt remarqué le perfide oiseau, qu'elle supplia Letchimum de l'attraper. C'est envain que celui-

ci

tion, le martyre, & la résurrection du Christ ne sont que le dogme allégorique Persan, concernant le Bon & le Mauvais Principe, dans lequel le Méchant triomphe & détruit d'abord le Bon; ensuite le Bon renaît, & subjuge à son tour le Méchant. La doctrine de la rénovation des choses, & de la résurrection des corps, après l'incendie général du globe, se tire de la secte de Zénon, ou des Fatalistes. Il seroit aisé, disoient les Philosophes, de morceler ainsi tous vos évangiles & d'en montrer les pièces

---

ci représente le danger. Désir de femme est irrésistible; Seetah, sourde à toutes les raisons, dans un moment de dépit, accuse son beau-frère d'avoir des vues criminelles sur elle. A cette horrible accusation, Letchimum ne balance plus; mais avant de quitter l'ingrate beauté pour courir après l'oiseau, il trace un cercle autour d'elle en lui apprenant que tandis qu'elle se tiendra dans cette espace, elle n'a rien à craindre. A peine est-il parti, que le Magicien prenant la forme d'un vieillard décrépit, s'approche de Seetah, & la supplie de lui procurer un peu d'eau pour appaiser une soif ardente. La malheureuse & compatissante épouse de Ram, franchit le cercle fatal & devient la proie du cruel enchanteur." L'auteur dont je tire cette historiette se tait sur la suite de l'aventure. Il paroît seulement que le Magicien n'obtint pas le but de sa perfidie; car lorque Ram eût retrouvé Seetah, ne se fiant pas trop aux protestations de sa femme, il ordonna l'épreuve par le feu. Seetah marcha sur les fers rouges; " Mais ses pieds," dit l'auteur, " bronzés par l'innocence, les foulèrent comme un lit de fleurs." *Sketches of the Mythology of the Hindoos, pag.* 74—81.

de rapport, mais tenons-nous en ici : il suffit d'avoir fait voir où vos dogmes fondamentaux ont été puisés. Nous allons maintenant parler de la Discipline de votre Eglise(1).

CHAPITRE XLVII.

Objections contre la Discipline.

VOUS dites que c'est Dieu lui-même qui a établi votre Eglise, où tout respire une origine Divine. En vérité, il faut que vous supposiez les hommes bien sots, ou biens ignorans.

Votre Hiérarchie de Cardinaux, d'Archevêques, d'Evêques, de Prêtres, de Diacres, de Sous-diacres, sont des institutions Egyptiennes. Là, se trouvoit un Hiérophante, d'où découloit une suite de Prêtres, qui diminuoient d'ordres & de pouvoir, en raison de leur plus ou moins d'éloignement du Chef suprême. L'Occident, & l'Orient surtout, vous fournirent le modèle de vos cérémonies, & de vos costumes. Vous imitâtes

---

(1) *Les Ruines de Volney & les aut. préc.*

imitâtes les chœurs d'enfans, la marche sur deux colonnes, les oscillations de l'encensoir, la genuflexion & le chant à de certains signaux réguliers, d'après les pompes Attiques & Romaines. Vous retenez de nos jours, dans vos cérémonies funèbres, l'air qu'on chantoit à Athènes dans des occasions semblables au siècle de Périclès ; & plusieurs de vos sectes marchent encore dans la sandale Grecque.

La tenture, l'exposition des tableaux, la suspension des lampes, le dais, les vases d'or & d'argent, vous viennent de l'Orient. Mais que disons-nous ! Vous portez sur vous-mêmes les marques du Paganisme, sans vous en appercevoir ! La tonsure sur votre tête, l'étole à votre cou, l'Hostie & le Sacrement rayonnant dans vos mains, ne sont-ils pas les mêmes symboles qui, parmi les Prêtres de la Perse, représentoient le disque & les rayons de l'Astre qu'on y adoroit ? Si les Mages revenoient parmi nous, ne croiroient-ils pas en voyant vos mîtres, vos robes, vos surplis, vos chappes, que vous êtes des membres de leurs Sectes, disséminés chez des peuples barbares ?

Les détails de vos cérémonies offrent les mêmes rapports. On sait que la Communion est une institution Judaïque. L'époque de vos fêtes correspond exactement à celle des fêtes chez les Anciens. Vous avez conservé même dans vos prières les formes Latines. La Messe des Rameaux, dans le 11ème siècle, où le peuple répétoit trois fois en chorus le cri d'un âne après l'*Ite Missa est*, cachoit une des allégories les plus obscènes de l'Antiquité. Le carnaval, avant le jour des Cendres, n'étoit qu'un reste des Bacchanales. Enfin il est clair que vous dérivez votre Discipline des Prêtres du Polythéïsme. (1)

Nous ne condamnons pas ceci absolument, ajoutoient les Philosophes, nous vous en voulons seulement de n'être pas de bonne foi, & de vouloir faire passer tout cela comme provenant d'une origine céleste. Nous sentons fort bien que vous n'auriez jamais converti les peuples au Christinianisme sans la solemnité du culte. C'est en quoi nous préférons la Secte Romaine. Il est ridicule d'être Luthérien, Calviniste, Quaker, &c. de recevoir à quelques différences près l'absurdité du dogme, & de rejetter la religion des sens, la seule qui convienne au peuple. Il n'est pas plus difficile de croire le tout qu'une partie, & lorsqu'on admet l'Incar-

---

(1) *Saint Foix. Essai sur Paris. Les Ruines de Volney & les Auteurs cités.*

nation, il n'en coûte pas davantage d'adopter la Présence réelle.

Telles étoient les objections des Philosophes modernes contre le Christianisme : objections dont je n'ai extrait qu'une très-petite partie. Je suis bien fâché que mon sujet ne me permette pas de rapporter les raisons victorieuses avec lesquelles les Abadie, les Houteville, les Bergier, les Warburton ont combattu leurs antagonistes, & d'être obligé de renvoyer à leurs ouvrages.

Moi, qui suis très-peu versé dans ces matières, je répéterai seulement aux incrédules, en ne me servant que de ma foible raison, ce que je leur ai déjà dit. Vous renversez la religion de votre pays, vous plongez le peuple dans l'impiété, & vous ne proposez aucun autre palladium de la morale. Cessez cette cruelle philosophie ; ne ravissez point à l'infortuné sa dernière espérance : qu'importe qu'elle soit une illusion, si cette illusion le soulage d'une partie du fardeau de l'existence ; si elle veille dans les longues nuits à son chevet solitaire & trempé de larmes ; si enfin, elle lui rend le dernier service de l'amitié, en fermant elle-même sa paupière, lorsque, seul & abandonné sur la couche du Misérable, il s'évanouit dans la Mort ?

CHAPITRE XLVIII.

De l'Esprit des Prêtres chez les Anciens & chez les Modernes, considéré dans un Gouvernement Populaire.

LIV. I.
II. PART.
Rév. Anc.

NOUS avons consacré la fin de ce premier livre à des recherches sur les religions. Les Prêtres tiennent de si près à ce sujet, & leur influence a été si grande dans tous les siècles qu'on ne peut s'empêcher d'en dire un mot en parlant du culte. Au reste, ceci demanderoit un volume, & je n'ai que quelques chapîtres à y consacrer.

J'entends par Prêtres des ministres dévoués au service de l'autel ; qui ont souvent des vertus, quelquefois des vices ; vivent des préjugés du peuple, comme mille autres états ; ne sont ni moins ni plus fripons que le reste de leur siècle, ni meilleurs ni pires que les autres hommes.

Ceux de l'antiquité nous offrent un esprit un peu différent de ceux de notre âge. Ceci tient aux positions politiques des nations. Distinguons donc entre les Prêtres dans un état monarchique

monarchique & les Prêtres dans une république. Commençons par les derniers.

Chez les Grecs & chez les Romains, l'influence du sacerdoce étoit considérable, mais l'état se trouvant administré sous une forme populaire, l'intérêt des Prêtres penchoit du côté de la liberté. Lorsqu'on alloit consulter l'Oracle de Delphes, les réponses du Dieu se faisoient généralement dans le sens de l'indépendance ; cependant il se ménageoit toujours adroitement une porte de retraite, & les trépieds des tyrans étoient suspendus aux voutes du temple, comme ceux des patriotes. En cela, les Prêtres anciens & les Prêtres modernes se ressembloient parfaitement.

Autre ressemblance. La caste religieuse d'Athènes n'étoit guères moins persécutante que les ministres du Christianisme. Les Sophistes s'en trouvoient aussi mal en Grèce que les Encyclopédistes en France. ; mais comme la loi dans le premier pays protégeoit le citoyen, lorsque la charge d'*impiété* n'étoit pas prouvée, le magistrat renvoyoit l'accusé. Pour claquemurer parmi nous un philosophe à la Bastille, il ne falloit pas tant de cérémonies. Venons maintenant aux différences.

D'abord une très-importante se présente. Les Prêtres des Grecs avoient un pouvoir considérable

considérable sur la masse du peuple ; mais ils n'en exerçoient aucun sur les particuliers : les nôtres, au contraire, nous environnoient, nous assiégoient. Ils nous prenoient au sortir du sein de nos mères, & ne nous quittoient plus qu'après nous avoir déposés dans la tombe. Il y a des hommes qui font le métier de Vampires ; qui vous sucent l'argent, le sang & jusqu'à la pensée.

Seconde différence. Chez les anciens, surtout à Rome, les Prêtres ignoroient ce système d'association, qui communique tant de force aux choses religieuses. Les ministres des Dieux, dispersés dans l'Etat, ne s'appuyoient point les uns les autres, & par conséquent ne pouvoient, comme individus, devenir dangereux à la liberté. La constitution hiérarchique de l'Eglise Romaine, chez les peuples modernes, infusoit dans tout le Clergé un esprit de corps trop formidable Au reste, les gardiens du culte en Grèce, graves, posés, vertueux, se tenoient dans la mesure de leur professsion. Nos Abbés en manteau-court, exhiboient à Paris le vice, le ridicule & la sottise. ; et l'on concevroit à peine, comment des hommes pouvoient ainsi se donner en spectacle, si l'on ne connoîssoit la bêtise & la friponnerie du monde. Lorsque je vois les différens personnages de la société,

je

je me figure ces Escrocs qui se rendent exprès sur les promenades publiques, bizarrement vêtus. Tandis que la foule hébêtée se rassemble à considérer le bout de ruban rouge, bleu, noir dont le Pasquin est barriolé, celui-ci lui vuide adroitement ses poches ; & c'est toujours le plus chargé de décorations qui fait fortune.

Tout considéré les Prêtres sont nécessaires aux mœurs, & excellens dans une République ; ils ne sauroient y causer de mal, & peuvent y faire beaucoup de bien.

CHAPITRE XLIX.

De l'Esprit des Prêtres, &c. considéré dans un Gouvernement Monarchique.

MAIS si l'esprit du sacerdoce peut être salutaire dans une république, il devient terrible dans un état despotique ; parce que servant d'arrière-garde au tyran, il rend l'esclavage légitime & saint aux yeux du peuple.

Les Prêtres de la Perse & de l'Egypte ressemblèrent parfaitement aux nôtres. Leur esprit se composoit également de fanatisme & d'intolérence. Les Mages firent brûler & ravager les temples de la Grèce lors de l'expédition de Xerxès. Ils gouvernoient le trône, & avoient exclusivement l'oreille des Rois : deux traits cependant les distinguoient des Ministres du culte chez les Chrétiens.

Ils ne croyoient pas à la Religion qu'ils enseignoient ; ils professoient secrètement une autre doctrine, & adressoient leurs prières au vrai Dieu qui gouverne le monde. Nos prêtres, pour la plupart, admettent les dogmes qu'ils publient.

La seconde différence se trouve dans les lumières. Les Mages étudioient particulièrement les sciences ; notre Clergé, au contraire, faisoit vœu d'y renoncer. Les deux chemins conduisent au même but : l'on domine également du fond du tonneau de Diogènes, & du haut de l'observatoire Babylonien.

Mais une institution particulière a contribué à donner à nos Ministres un esprit, différent de celui des Prêtres de l'antiquité, je veux dire la confession oriculaire. Cet usage a été un des grands textes des déclamations des Philosophes. Comment, disoient-ils, l'innocence allant peut-être déposer ses secrets dans le sein du crime, la pudeur dans celui de l'immoralité, l'homme libre révélant sa pensée à l'oreille du tyran ; les intimités entre deux amis, entre l'époux & l'épouse, enfin, tout ce qui ne doit être connu que

que du ciel & de nous, le confier à un homme foible, à un homme sujet à nos passions ! Prêtre, je m'agenouille à ton tribunal ; j'ai péché ; j'ai trahi l'amitié, la beauté, la jeunesse, l'innocence.... Mais je te vois pâlir ? & toi aussi serois-tu coupable ? & n'es-tu pas homme ? sois donc mon ami, & ne sois pas mon juge ; Console-moi, laisse-moi te consoler ; prions ce Dieu qui nous créa foibles, afin que nous nous appuyions l'un sur l'autre ; ce Dieu, qui, pour toute pénitence, nous a donné le remords. Ainsi raisonnoient les Philosophes.

Finissons par quelques remarques générales.

L'esprit dominant du sacerdoce doit-être l'égoïsme. Le Prêtre n'a que lui seul dans le monde ; repoussé de la société, il se concentre ; & voyant que tous les hommes s'occupent de leurs intérêts, il cherche le sien. Sans femme & sans enfans, il peut rarement être bon citoyen, parcequ'il prend peu d'intérêt à l'Etat. Pour aimer la patrie, il faut avoir fait le tour de la chambre sur ses mains, comme Henri Quatre.

Autre trait général du caractère des Prêtres : le Fanatisme. En cela, ils ressemblent au reste du monde ; chacun fait valoir le chaland dont il vit. Nous sommes assis dans la société comme des marchands dans leurs boutiques : l'un vend des loix, l'autre des abus, un troisième du mensonge, un quatrième de l'esclavage ; le plus honnête homme est celui qui ne falsifie point sa drogue ; & qui la débite toute pure, sans en déguiser l'amertume avec de la liberté, du patriotisme, de la religion.

Enfin, la haine doit dominer chez les Prêtres, parce qu'ils forment un corps. Il n'est point de la nature du cœur humain de s'associer pour faire du bien ; c'est le grand danger des Clubs & des Confréries. Les hommes mettent en commun leurs haines, & presque jamais leur amour.

CHAPITRE L.

Du Clergé actuel en Europe.

Du Clergé en France.

Nous allons maintenant examiner l'état du Clergé en Europe. Commençons par la France.

Le Clergé Gallican peut se diviser en trois classes, les Evêques, les Abbés & les Curés.

Les Evêques conservoient peut-être encore trop de l'ancien esprit de leur ordre, mais ils étoient

étoient généralement instruits & charitables; ils connoissoient mieux l'état de l'opinion que les Grands, parce qu'ils vivoient davantage avec le peuple ; & si tous avoient imité quelques-uns d'entre eux, si éminens pour la pureté des mœurs, ils seroient encore à la tête de leur troupeau. Mais malgré leur connoissance du génie national, ils ne furent pas assez au niveau de leur siècle ; en cela pourtant moins ignorans que la Cour, dont l'ineptie étoit révoltante sur cet article. J'ai vû des hommes me dire en 1789 : la Révolution ! on en parlera dans deux ou trois ans d'ici, comme du Mesmérisme & de l'affaire du Collier ! Dès-lors je prévis de grands malheurs.

Les Abbés qui forment la seconde classe, ont été, en partie, la cause de ce déluge de haînes qui a fondu sur la tête du Clergé. N'oublions pas cependant que les Raynal, les Mably, les Condillac, les Barthelemy, & mille autres, se trouvoient dans l'Ordre des Abbés.

Quant aux Curés, ils étoient pleins de préjugés & d'ignorance ; mais la simplicité du cœur la sainteté de la vie, la pauvreté évangélique, la charité céleste en faisoient la partie la plus respectable de la nation. J'en ai connus quelques-uns qui sembloient moins des hommes, que des esprits

esprits bienfaisans descendus sur la terre, pour soulager les maux de l'humanité. Souvent ils se dépouillèrent de leurs vêtemens, pour en couvrir la nudité de leurs semblables; souvent ils se refusèrent la vie même, pour nourrir le nécessiteux. Qui oseroit reprocher à de tels hommes quelque sévérité d'opinion ? Qui de nous superbes philanthropes, voudroit, durant la rigueur des hivers, dans l'épaisseur des ténèbres, se voir réveillé au milieu de la nuit, pour aller porter, au loin dans la campagne, un Dieu de vie à l'Indigent expirant sur un peu de paille ? Qui de nous voudroit avoir sans cesse le cœur brisé du spectacle d'une misère qu'on ne peut secourir ? se voir environné d'une famille à moitié nues, dont les joues creuses, les yeux haves, annoncent l'ardeur de la faim & de tous les besoins ? Consentirions nous à suivre le Curé de la ville dans le sejour du crime & de la douleur, pour consoler le vice & l'impureté, sous ses formes les plus dégoûtantes ? pour verser l'espérance dans un cœur désespéré ? Qui de nous enfin voudroit se séquestrer du monde des heureux, pour vivre éternellement parmi les souffrances; & ne recevoir en mourant, pour tant de bienfaits, que l'ingratitude des Pauvres & la calomnie des Riches ?

On

On peut conjecturer de cet état du Clergé en France, que le Christianisme y subsistera encore long-tems. Le Prêtre vivant au milieu du petit peuple ; étant presqu'aussi indigent que lui, est un compagnon d'infortune, que le misérable se résoudra difficilement à perdre. Le Protestantisme seroit mal calculé pour mes compatriotes ; ils détesteroient un Ministre distant, qu'ils n'apperçevroient qu'un moment chaque Dimanche : ils demandent un Curé populaire, qu'ils puissent adorer & couvrir d'injures. Le François est la plus aimante des créatures ; il lui faut des jestes, des expressions chaudes, de l'intimité. Au reste, cette communion du Pasteur avec l'indigent, est un des liens les plus respectables qui se soient jamais formés entre des hommes. Le Christianisme a repris une nouvelle vigueur en France, par la persécution du Bas-Clergé ; & il est à présumer qu'il durera quelques années de plus qu'il n'auroit fait dans le calme.

CHAPITRE LI.

Du Clergé en Italie.

LA multiplicité des Sectes Monastiques en Italie sert à y nourrir la superstition. Qui croiroit qu'à la fin du dix-huitième siècle, les

nobles

nobles de Rome font encore des pélérinages, pieds nuds & la hart au cou, pour racheter le pardon d'un assassinat? Mais comme les contraires existent toujours l'un près de l'autre, il suit de cette crédulité, que les liens de la Religion sont aussi plus près de se rompre.

De tous les tems les Italiens furent divisés en deux sectes: l'une athée, l'autre superstitieuse: voisins des abus & des vices de la Cour de Rome, c'est nécessairement le résultat de leur position locale. La dégénération du caractère moral, plus avancée en Italie que dans le reste de l'Europe, y accélérera aussi la chûte du Christianisme.

CHAPITRE LII.

Du Clergé en Allemagne.

C'EST en Allemagne que la religion trouvera son dernier refuge. Elle s'y soutient par la force morale du peuple, & par les vertus & les lumières du Clergé. J'y ai souvent vû quelque vénérable Pasteur à la porte de son Presbitaire champêtre, faire un prône naïf à de bonnes

bonnes gens qui sembloient tout attendris, & je me suis cru transporté à ces tems où le Dieu de Jacob se communiquoit aux Patriarches, au bord des fontaines.

CHAPITRE LIII.

Du Clergé en Angleterre.

LE Christianisme expirera en Angleterre dans une profonde indifférence. La raison de cette tiédeur, en matière religieuse, si remarquable dans la Grande-Bretagne, se tire de deux causes : * du Culte & du Clergé.

Du Culte. La religion n'y a pas assez d'extérieur ; défaut de toutes les religions réformées ; les exercices de piété n'y sont pas assez multipliés : dans les campagnes les Temples restent fermés pendant la semaine, & tout s'y borne à quelques courtes prières le Dimanche. Johnson se plaint souvent de cet usage, & en prédit la chûte du Christianisme.

---

* Je ne parle que des causes religieuses, & non des politiques. On sent que, le commerce obligeant chacun de songer à ses affaires, on a peu le tems de passer ses jours à l'Eglise.

Du Clergé. Le Ministre Anglois, riche & homme du monde, ne se rapproche pas assez du peuple ; à peine ses paroissiens le connoissent-ils. L'abus de non-résidence est aussi au grand détriment de la religion : un Ministre va desservir en hâte deux ou trois églises le Dimanche dans la campagne, ensuite se retire dans la ville voisine, où il disparoît pour huit jours. Vû sous le jour philosophique, on ne sauroit blâmer le mode de vie qu'a choisi le Clergé Britannique : considéré sous le jour religieux, il accélère certainement la chûte du Christianisme. On ne peut se figurer l'étonnement des étrangers, lorsqu'on leur apprend que les Ministres Anglois dansent au bal, donnent des fêtes, font des parties de vin & de femmes ; que rien en un mot ne distingue leurs mœurs, de celles de leurs compatriotes. * Les lumières, l'érudi-

---

* Ceci a encore un autre effet dangereux, en tendant à augmenter la secte Presbytérienne, qui profite de cette facilité de mœurs pour calomnier les Ministres Anglois. Aussi les Presbytériens augmentent-ils en une proportion effrayante, parce que la politique vient en outre à l'appui de la religion. Il est vrai que l'Eglise d'Angleterre subsistera aussi long-tems que la constitution de l'Etat, mais il faut bien prendre garde que, par un relâchement de mœurs, on ne donne lieu à sapper une partie de l'édifice qui amèneroit bientôt la chûte du tout.

Craignons

tion, la philosophie, la générosité, que j'ai rencontrées parmi quelques membres de l'Eglise Anglicane, me font déplorer du fond du cœur la ruine, où je vois que la force des choses & le train du siècle les précipitent. Il me semble impossible que leur manière de vivre s'accorde long tems avec leurs grands revenus, parce que la première est d'eux, & que les seconds sont du peuple. Si je parle sévèrement, qu'on m'excuse, j'ai fait profession de vérité ; c'est par reconnoissance même que j'ose m'expliquer avec cette franchise, afin que le clergé cherche, dans sa sagesse, les moyens les plus propres à éloigner la catastrophe que je lui prédis.

CHAPITRE LIV.

Du Clergé en Espagne & en Portugal. Voyage aux Açores. Anecdote.

JE considère les Prêtres Espagnols & Portugais comme ne formant qu'un seul corps, & je vais

---

Craignons surtout les révolutions. S'il en arrivoit une maintenant en Angleterre, celle de Cromwell ne seroit qu'un jeu auprès : j'en sais bien la raison.

raconter un fait dont j'ai été témoin, qui servira plus à faire connoître leurs mœurs que tout ce que je pourrois en dire.

Manquant d'eau & de provisions fraîches, & nous trouvant au printems de 1791, par la hauteur des Açores, il fut résolut que nous y relâcherions. Dans le vaisseau sur lequel je passois alors en Amérique, il y avoit plusieurs Prêtres François, qui émigroient à Baltimore, sous la conduite du supérieur de St.., M. N. Parmi ces prêtres se trouvoit quelques étrangers, en particulier M. T. jeune Anglois d'une excellente famille, qui s'étoit nouvellement converti à la religion Romaine *.

---

* L'histoire de ce jeune homme est trop singulière pour n'être pas racontée, surtout écrivant en Angleterre où elle peut intéresser plusieurs personnes. J'invite le lecteur à la parcourir avant de continuer la lecture du chapitre.

M. T. étoit né d'une mère Ecossoise & d'un père Anglois, Ministre, je crois, de W. (quoique j'aie fait envain des démarches pour trouver celui-ci, & que je puis d'ailleurs avoir oublié les vrais noms.) Il servoit dans l'artillerie, où son mérite l'eût sans doute bientôt fait distinguer: Peintre, musicien, mathématicien, parlant plusieurs langues, il réunissoit aux avantages d'une taille élevée & d'une figure charmante, les talens utiles & ceux qui nous font rechercher de la société.

M. N. . . .

Le 6 Mai, vers les huit heures du matin, nous découvrîmes le Pic de l'Ile du même nom, qui, dit-on, surpasse en hauteur celui de Téné-

M. N... supérieur de St... étant venu à Londres, je crois en 1790, pour ses affaires, fit la connoissance de T. A l'esprit rusé d'un vieux prêtre, M. N. joignoit cette chaleur d'âme qui fait aisément des prosélytes parmi des hommes d'une imagination aussi vive que celle de T. Il fut donc résolu que celui-ci passeroit à Paris; renverroit de-là sa commission au duc de Richmond; embrasseroit la religion Romaine, &, entrant dans les Ordres, suivroit M. N... en Amérique. La chose fut exécutée; & T.., en dépit des lettres de sa mère qui lui tiroient des larmes, s'embarqua pour le Nouveau-Monde.

Un de ces hazards qui décident de notre destinée, m'amena sur le même vaisseau où se trouvoit ce jeune homme. Je ne fus pas long-tems sans découvrir cette âme, si mal assortie avec celles qui l'environnoient; & j'avoue que je ne pouvois cesser de m'étonner de la chance singulière, qui jettoit un Anglois, riche & bien né, parmi une troupe de Prêtres Catholiques. T. de son côté, s'apperçut que je l'entendois : il me recherchoit, mais il craignoit M. N. qui marquoit de moi une juste défiance, & redoutoit une trop grande intimité, entre moi & son disciple.

Cependant notre voyage se prolongeoit; & nous n'avions pu encore nous ouvrir l'un à l'autre. Une nuit enfin nous restâmes seuls sur le Gaillard, & T. me conta son histoire. Je lui représentai que s'il croyoit la religion Romaine meilleure que la Protestante, je n'avois rien à dire à cet égard; mais que d'abandonner sa patrie, sa famille, sa

fortune

riffe; bientôt nous apperçûmes une terre plus basse, & entre onze heures & midi, nous jettâmes l'ancre dans une mauvaise rade, sur un fond de roches, par 45 brasses d'eau.

---

fortune pour aller courir à l'autre bout du monde avec un séminaire de Prêtres, me paroissoit une insigne folie dont il se repentiroit amèrement. Je l'engageai à rompre avec M. N. : comme il lui avoit confié son argent & qu'il craignoit de ne pouvoir le ravoir, je lui dis que nous partagerions ma bourse; que mon dessein étoit de voyager chez les Sauvages, aussitôt que j'aurois remis mes lettres de recommandation au général Washington ; que s'il vouloit m'accompagner dans cette intéressante caravane, nous reviendrions ensemble en Europe ; que je passerois par amitié pour lui en Angleterre, & que j'aurois le plaisir de le remettre moi-même au sein de sa famille. Je me chargeai en même tems d'écrire à sa mère & de lui annoncer cette heureuse nouvelle. T. me promit tout, & nous nous liâmes d'une tendre amitié.

T. étoit comme moi épris de la nature. Nous passions les nuits entières à causer sur le Pont, lorsque tout dormoit dans le vaisseau, qu'il ne restoit plus que quelques Matelots de Quart, que, toutes les voiles étant pliées, nous roulions au gré d'une lame sourde & lente, tandis qu'une mer immense s'étendoit autour de nous dans les ombres, & répétoit l'illumination magnifique d'un ciel chargé d'étoiles. Nos conversations alors n'étoient peut-être pas tout-à-fait indignes du grand spectacle que nous avions sous les yeux ; & il nous échappoit de ces pensées qu'on auroit honte d'énoncer dans la société, mais qu'on seroit trop heureux de pouvoir saisir, & d'écrire. Ce fut dans une

L'île *Gracioza* devant laquelle nous étions mouillés, se forme de petites collines un peu renflées au sommet, comme les belles courbes des vases Corinthiens. Elles étoient alors cou-

---

de ces belles nuits, qu'étant à environ cinquante lieues des côtes de la Virginie, & cinglant sous une légère brise de l'Ouest, qui nous apportoit l'odeur aromatique de la terre, il composa pour une romance Françoise, un air qui exhaloit le sentiment entier de la scène qui l'inspira. J'ai conservé ce morceau précieux, & lorsqu'il m'arrive de le répéter dans les circonstances présentes, il fait naître en moi des émotions que peu de gens pourroient comprendre.

Avant cette époque, le vent nous ayant forcé de nous élever considérablement dans le Nord, nous nous étions trouvés dans la nécessité de faire une seconde relâche à l'île St. Pierre.* Durant les quinze jours que nous passâmes à terre, T. & moi nous allions courir dans les montagnes de cette île affreuse ; nous nous perdions au milieu des brouillards dont elle est sans cesse couverte. L'imagination sensible de mon ami se plaisoit à ces scènes sombres & romantiques : quelquefois, errant au milieu des nuages & des bouffées de vent, en entendant les mugissemens d'une mer que nous ne pouvions découvrir, égarés sur une bruyère laineuse & morte, au bord d'un torrent rouge qui rouloit entre des rochers, T. s'imaginoit être le Barde de Cona ; & en sa qualité de demi-Ecossois, il se mettoit à déclamer des passages d'Ossian, pour lesquels il improvisoit des airs sauvages, qui m'ont plus d'une fois rappellé le *'twas like the memory of joys that are past, pleasing and mournful to the soul*. Je suis bien fâché de n'avoir

---

* *Sur la côte de Terre-Neuve.*

vertes de la verdure naissante des bleds, d'où s'exhaloit une odeur suave, particulière aux moissons des Açores. On voyoit paroître, au milieu de ces tapis onduleux, les divisions sy-

pas noté quelques-uns de ces chants extraordinaires, qui auroient étonné les amateurs & les artistes. Je me souviens que nous passâmes toute une après-dîné à élever quatre grosses pierres, en mémoire d'un malheureux célébré dans une petite épisode à la manière d'Ossian *. Nous nous rappellions alors Rousseau s'amusant à lever des roches dans son île, pour regarder ce qui étoit dessous: si nous n'avions pas le génie de l'auteur de l'Emile, nous avions du moins sa simplicité. D'autres fois nous herborisions.

Mais je prévis dès lors, que T. m'échapperoit. Nos Prêtres se mirent à faire des processions, & voilà mon ami qui se monte la tête, court se placer dans les rangs, & se met à chanter avec les autres. J'écrivis aussi de St. Pierre à la mère de T. Je ne sais si ma lettre lui aura été remise, comme le gouverneur me l'avoit promis ; je désire qu'elle se soit perdue, puisque j'y donnois des espérances qui n'ont pas été réalisées.

Arrivé à Baltimore, sans me dire adieu, sans paraître sensible à notre ancienne liaison, à ce que j'avois fait pour lui (m'étant attiré la haine des Prêtres), T. me quitta un matin, & je ne l'ai jamais revû depuis. J'essayai, mais envain de lui parler, le malheureux étoit circonvenu, &

* *Elle étoit tirée de mes* Tableaux de la Nature, *que quelques gens de lettres ont connus, & qui ont péri comme je le rapporte ci-après.*

métrique des champs, formées de pierres volcaniques mi-partie blanches & noires, & entassées les unes sur les autres, comme des murs à hauteur d'appui bâtis à froid. Des figuiers sauvages, avec leurs feuilles violettes, & leurs petites figues pourprées arrangées comme des nœuds de chapelets sur les branches, étoient semés çà & là dans la campagne. Une abbaye se montroit au haut d'un mont ; au pied de ce mont, dans une anse caillouteuse, apparoissoient les toits rouges de la petite ville de Santa-Crux. Toute l'île, avec ses découpures de baies, de

---

il se laissa aller. J'ai été moins touché de l'ingratitude de ce jeune homme, que de son sort : depuis ma retraite en Angleterre, j'ai fait de vaines recherches pour découvrir sa famille. Je n'avois d'autre envie que d'apprendre qu'il etoit heureux, & me retirer ; car quand je le connus, je n'étois pas ce que je suis ; je rendois alors des services, & ce n'est pas ma manière de rappeller des liaisons passées avec les riches, lorsque je suis tombé dans l'infortune. Je me suis présenté chez l'Evêque de Londres, & sur les régîtres qu'on m'a permis de feuilletter, je n'ai pu trouver le nom du Ministre T. Il faut que je l'orthographie mal. Tout ce que je sais, c'est que T. avoit un frère, & que deux de ses sœurs étoient placées à la Cour. J'ai peu trouvé d'hommes dont le cœur fut mieux en harmonie avec le mien que celui de T. ; cependant mon ami avoit dans les yeux une arrière pensée que je ne lui aurois pas voulu.

caps, de criques, de promontoires, répétoit son paysage inverti dans les flots. De grands rochers nuds, verticaux au plan des vagues, lui servoient de ceinture extérieure, & contrastoient par leurs couleurs enfumées, avec les festons d'écume qui s'y appendoient au soleil comme une dentelle d'argent. Le pic de l'île du même nom, par de-là Gracioza, s'élevoit majestueusement dans le fond du tableau au-dessus d'une coupole de nuages. Une mer couleur d'émeraude, & un ciel du bleu le plus pur, formoient la tenture de la scène ; tandis que des goëlands, des mauves blanches, des corneilles marbrées des Açores planoient pesamment en criant au-dessus du vaisseau à l'ancre, coupoient la surface des vagues avec leurs grandes aîles recourbées en manière de faulx, & augmentoient autour de nous le bruit, le mouvement, & la vie.

Il fut décidé que j'irois à terre comme interprète avec T. un autre jeune homme, & le second capitaine ; on mit la chaloupe en mer, & nos matelots ramèrent vers le rivage, dont nous étions à environ deux milles. Bientôt nous apperçumes du mouvement sur la côte, & un large canot s'avança vers nous. Aussitôt qu'il parvint à la portée de la voix, nous distinguâmes une quantité de Moines. Ils nous hêlèrent

lèrent en Portugais, en Italien, en Anglois, & nous répondîmes, dans ces trois langues, que nous étions François. L'alarme régnoit dans l'île : notre vaisseau étoit le premier bâtiment d'un grand port qui y eût jamais abordé & qui eût osé mouiller dans la rade dangereuse où nous nous trouvions ; d'une autre part, notre pavillon tricolor n'avoit point encore flotté dans ces parages, & l'on ne savoit si nous sortions d'Alger ou de Tunis. Quand on vit que nous portions figures humaines, & que nous entendions ce qu'on nous disoit, la joie fut universelle : les moines nous firent passer dans leur bateau, & nous arrivâmes à Santa-Crux où nous débarquâmes avec difficulté, à cause d'un ressac assez violent qui se forme à terre.

Toute l'île accourut pour nous voir. Quatre ou cinq malheureux, qu'on avoit armés de vieilles piques à la hâte, s'emparèrent de nous. L'uniforme de Sa Majesté, m'attirant particulièrement les honneurs, je passai pour l'homme important de la députation. On nous conduisit chez le Gouverneur, dans une misérable maison où son Eminence, vêtu d'un méchant habit verd autrefois galonné d'or, nous donna notre audience de réception. Il nous permit d'acheter les différens articles dont nous nous faisions besoin.

On nous relâcha après cette cérémonie, & nos fidèles religieux nous menèrent à un hôtel large, commode & éclairé, qui ressembloit bien plus à celui du Gouverneur que le véritable.

T... avoit trouvé un compatriote. Le principal Frère, qui se donnoit tous les mouvemens pour nous, étoit un matelot de Jersey, dont le vaisseau avoit péri sur Gracioza plusieurs années auparavant. Lorsqu'il se fut sauvé seul à terre, ne manquant pas d'intelligence, il s'apperçut qu'il n'y avoit qu'un métier dans l'île, celui de moine. Il se résolut de le devenir ; il se montra extrêmement docile aux leçons des bons Pères, apprit le Portugais, & à lire quelques mots de Latin ; enfin sa qualité d'Anglois parlant pour lui, on sacra cette brebis ramenée au bercail. Le matelot Jerseyois, nourri, logé, chauffé, à ne rien faire, & à boire du *fayal*, trouvoit cela beaucoup plus doux, que d'aller ferler la misaine sur le bout de la vergue.

Il se ressouvenoit encore de son ancien métier. Ayant été long-tems sans parler sa langue, il étoit enchanté de trouver enfin quelqu'un qui l'entendit ; il rioit, juroit, nous racontoit en vrai matin l'histoire scandaleuse du Père Tel qui se trouvoit présent, & qui ne se doutoit guères du genre de conversation dont le frère Anglois

Anglois nous régaloit. Il nous promena ensuite dans l'île, & à son couvent.

La moitié de Gracioza, sans beaucoup d'exagération, me sembla peuplé de moines ; & le reste des habitans doit aussi leur appartenir par de tendres liens. De cela j'ai non seulement l'aveu de plusieurs femmes, mais ce que j'ai vû de mes yeux, ne peut me laisser là-dessus aucun doute. Je passe plusieurs anecdotes plaisantes*, & je m'en tiens à ce qui regarde le Clergé.

---

* Deux traits peuvent servir à donner aux lecteurs une idée de l'ignorance, de l'oisiveté, de l'espèce d'enfance dans laquelle ces bons moines sont restés à la fin du dix-huitième siècle.

On nous avoit menés mystérieusement à un petit buffet d'orgue de la paroisse, pensant que nous n'avions jamais vû un si rare instrument. L'organiste, d'un air triomphant, se mit à toucher une misérable kyrielle de plain-chant, cherchant à voir dans nos yeux notre admiration. Nous parûmes extrêmement surpris ; T. s'approcha modestement, & fit semblant de peser sur les touches avec le plus grand respect ; l'organiste lui faisoit des signes, avec l'air de lui dire : prenez garde ! Tout-à-coup T. déploya l'harmonie d'un célèbre passage de Pleyel. Il seroit difficile d'imaginer une scène plus plaisante : l'organiste en étoit à moitié tombé par terre ; les moines, la figure pâle & allongée, ouvroient un bouche béante ; tandis que les Frères-servans faisoient les gestes d'étonnement les plus ridicules autour de nous.

Le soir étant venu, on nous servit un excellent souper. Nous eûmes pour échansons de très-jolies filles; il fallut avaler du *Fayal* à grands flots. On prévoit assez ce qui nous arriva: à une heure du matin pas un convive ne pouvoit se tenir dans sa chaise. A six heures, notre moine de Jersey nous déclara en balbutiant, & avec un serment Anglois fort connu, qu'il prétendoit dire sur le champ la messe: nous l'accompagnâmes à l'église, où dans moins de cinq minutes il eut expédié le tout. Plusieurs

---

La seconde anecdote n'est pas aussi gaie, mais elle montre le moine. On nous présenta un père, dont l'air reservé & important annonçoit le savantasse de son cloître. Il tira de sa manche *un cœur-de-Jésus*, tout barbouillé de grimoires; mes voisins n'y entendoient rien; la Curiosité me parvint à mon tour. Je ne sais pourquoi, un jour en France que je n'avois rien à faire, il m'étoit tombé dans la tête qu'il seroit bon que j'apprisse l'Hébreu; je savois donc un peu le lire. Le bon père avoit copié un verset de la Bible; mais n'en sachant pas d'avantage, il avoit omis les points qui, dans certain cas, forment, par leurs positions relatives, les voyelles; de sorte que c'étoit un assemblage de consonnes parfaitement indéchiffrables. Je m'en apperçus, & je souris, mais je ne dis rien : pouvoir lire *le cœur-de-Jésus*, eut été trop fort, & je ne me souciois pas que l'inquisition se fût mêlée d'une sorcellerie si manifeste. Il en fut ensuite de même du Camoëns & de quelques livres Espagnols que nous expliquâmes.

Portugais

Portugais assistèrent très-devôtement au Saint Sacrifice, & en nous en retournant nous rencontrâmes beaucoup de peuple, qui baisoit religieusement la manche du Père. L'impudence avec laquelle ce matelot, encore épris de vin & de débauche, présentoit son bras à la foule, me divertissoit, en même tems que je ne pouvois m'empêcher de déplorer au fond du cœur la stupidité humaine.

Ayant embarqué nos provisions vers les midi, nous retournâmes nous-mêmes à bord accompagnés de nos inséparables religieux, qui nous présentèrent un compte énorme, qu'il fallut payer ; ils se chargèrent ensuite de nos lettres pour l'Europe, & nous quittèrent avec de grandes protestations d'amitié. Le vaisseau s'étoit trouvé en danger la nuit précédente, par la levée d'une forte brise de l'Est ; on voulut virer l'ancre, mais, comme on s'y attendoit, on la perdit. Telle fut la fin de notre expédition.

Je veux croire que ces mœurs du Clergé Espagnol & Portugais ne soient pas générales ; mais on sait qu'elles ne sont pas pures. On pourroit en prédire la chûte de la religion, si en même tems le peuple n'étoit si avili, si superstitieux, qu'on conçoit à peine où il pourroit

trouver

trouver assez d'énergie pour se soustraire aux abus qui le rongent. Le Christianisme subsistera donc encore long-tems en Espagne, à moins que quelques raisons étrangères ne viennent en hâter la chûte. Il est curieux qu'à Gracioza, les moines parlâssent aussi de réformes qui devoient avoir lieu dans leurs couvents : ils avoient ouï dire quelque chose des affaires de France. Quant à la conduite du matelot de Jersey, elle ne manquoit ni d'esprit, ni d'une espèce de philosophie ; il possédoit du moins celle qui consiste à se ranger du côté des fripons plutôt que du parti des dupes. En cela, il étoit toujours sûr d'avoir pour lui la voix d'une majorité respectable de la société.

CHAPITRE LV.

Quelle sera la Religion qui remplacera le Christianisme.

A La fin de cette histoire abrégée du Polythéisme & du Christianisme, une question se présente : Quelle sera la Religion qui remplacera le Christianisme ?

Toute intéressante que soit cette question, elle demeure presqu'insoluble d'après les données communes. Le Christianisme tombe de jour en jour, & cependant nous ne voyons pas qu'aucune secte cachée circule sourdement en Europe, & envahisse l'ancienne religion : Jupiter ne sauroit revivre ; la doctrine de Swedenbourgh ou des Illuminés ne deviendra point un culte dominant ; un petit nombre peut prétendre aux inspirations, mais non la masse des individus ; un culte moral, où l'on personnifieroit seulement les vertus, comme la sagesse, la valeur, est absurde à supposer.

La Religion naturelle n'offre pas plus de probabilités ; le Sage peut la suivre, mais elle est trop au-dessus de la Foule : un Dieu, une âme immortelle, des peines & des récompenses, ramènent le peuple de nécessité à un culte composé, d'ailleurs cette métaphysique ne sera jamais à sa portée.

Peut-on supposer que quelque imposteur, quelque nouveau Mahomet sorti d'Orient, s'avance la flamme & le feu à la main, & vienne forcer les Chrétiens à fléchir le genou devant son idole ? La poudre à canon nous a mis à l'abri de ce malheur.

S'élevera-t-il, parmi nous, lorsque le Christianisme sera tombé en un discrédit absolu, un homme qui se mette à prêcher un culte nouveau ? Mais alors les nations seront trop indifférentes en matières religieuses, & trop corrompues, pour s'embarrasser des rêveries du nouvel Envoyé, & sa doctrine mourroit dans le mépris, comme celle des Illuminés de notre siècle. Cependant il faut une religion, ou la société périt : en vérité, plus on envisage la question, plus on s'effraie ; il semble que l'Europe touche au moment d'une révolution, ou plutôt d'une dissolution, dont celle de la France n'est que l'avant-coureur.

Autre hypothèse. Ne seroit-il pas possible que les peuples atteignissent à un degré de lumières & de connoissances morales, suffisant pour n'avoir plus besoin de culte ? La découverte de l'imprimerie ne change-t-elle pas à cet à cet égard toutes les anciennes données ? Ceci tombe dans le systême de perfection que j'examinerai ailleurs ; je n'ai qu'un mot à en dire ici.

Lorsqu'on réfléchit que, la grande cause qui renouvella si souvent la face du monde Ancien a entièrement cessé ; que l'irruption des peuples sauvages n'est plus à craindre pour l'Europe, on voit s'ouvrir devant soi un abyme immense de conjectures.

Que deviendront les hommes ?

Deux solutions :

Ou les nations, après un amas énorme de lumières, deviendront toutes éclairées, & s'uniront sous un même gouvernement, dans un état de bonheur inaltérable ;

Ou, déchirées intérieurement par des révolutions partielles, après de longues guerres civiles & une anarchie affreuse, elles retourneront tour-à-tour à la barbarie. Durant ces troubles, quelques-unes d'entre elles, moins avancées dans la corruption & les lumières, s'éleveront sur les débris des premières, pour devenir à leur tour la proie de leurs dissentions & de leurs mauvaises mœurs : alors les premières nations tombées dans la barbarie, en émergeront de nouveau, & reprendront leurs places sur le globe,

globe : ainsi de suite dans une révolution sans terme.

Si nous jugeons du futur par le passé, il faut avouer que cette solution convient mieux que l'autre à notre foiblesse : si l'on demandoit à présent quels sont les peuples qui se détruiront les premiers, je répondrois, ceux qui sont les plus corrompus ; cependant il y a des chances & des événemens incalculables, qui peuvent précipiter une nation à sa ruine, avant l'époque marquée par la nature. Mais ces visions politiques sont trop incertaines ; elles servent tout au plus à satisfaire ce penchant de notre âme, qui la porte à s'arrêter à des perspectives infinies : puisque on ne sauroit rien apprendre d'utile, cessons d'interroger des siècles à naître, trop loin pour que nous puissions les entendre, & dont la foible voix expire en remontant jusqu'à nous, à travers l'immensité de l'avenir.

Ici j'ai rempli la première partie de ma tâche. On a maintenant sous les yeux une histoire à-peu-près complette des révolutions de la Grèce, considérées dans leurs rapports avec la révolution Françoise. Nous allons maintenant quitter pour n'y plus revenir la terre sacrée des talens ; si j'y ai fait voyager le lecteur avec un peu d'intérêt, peut-être consentira-t-il à me suivre dans

dans mes nouvelles courses en Italie & chez les peuples modernes : mais avant de les commencer ces courses, il faut dire un dernier adieu à Sparte & à Athènes, & tâcher de résumer ce que nous avons appris.

CHAPITRE LVI.

Résumé.

DANS la première partie de ce premier livre, nous avons étudié *la révolution républicaine* de la Grèce, recherché son influence sur les nations contemporaines, & suivi ses ramifications aussi loin que nous avons pu les découvrir.

Dans la seconde partie de ce même livre, comprise sous le titre de *Révolution de Philippe & d'Alexandre*, nous venons de passer en revue les tyrans d'Athènes, Denys à Syracuse, Agis à Sparte, les Philosophes Grecs, leur influence politique & religieuse, l'histoire de la naissance de l'accroissement & de la chute du Polythéisme ; & pour parallele nous avons eu la Convention en France, les Bourbons fugitifs, Louis Seize à Paris, les Philosophes modernes & leur influence sur leur siècle, enfin l'histoire du Christianisme

Christianisme & du Clergé. La première partie forme un tout compacte qui se lie ; la seconde, un assemblage de pièces de rapport, non moins instructif. Ce qui nous reste à faire ici est de reconnoître le point où nous sommes parvenus, & jusqu'à quel degré nous nous trouvons avancés vers le but général de cet Essai.

Nous sommes toujours occupés à la recherche de ces questions (& nous le serons encore long-tems), savoir :

1°. Quelles sont les révolutions arrivées autrefois dans les gouvernemens des hommes ? quel étoit alors l'état de la société, & quelle a été l'influence de ces révolutions sur l'âge où elles éclatèrent, & les siècles qui les suivirent ?

2°. Parmi ces Révolutions en est-il quelques-unes qui, par l'esprit, les mœurs, & les lumières des tems, puissent se comparer à la Révolution Françoise ?

Il s'agit maintenant de savoir si nous avons fait quelques pas vers la solution de ces questions.

Certainement un pas considérable : Quoique ce volume ne forme qu'une très-petite partie de l'immense sujet de cet Ouvrage, on peut prononcer hardiment que, déjà la majorité des choses qu'on vouloit faire passer

ser pour nouvelles dans la Révolution Françoise, se retrouve presqu'à la lettre dans l'histoire des Grecs d'autrefois. Déjà nous possédons cette importante vérité, que l'homme, foible dans ses moyens & dans son génie, ne fait que se répéter sans cesse ; qu'il circule dans un cercle, dont il tâche envain de sortir ; que les faits même qui ne dépendent pas de lui, qui semblent tenir aux jeux de la fortune, sont incessamment reproduits : ensorte qu'il deviendroit possible de dresser une table, dans laquelle tous les événemens imaginables de l'histoire d'un peuple donné, se trouveroient réduits avec une exactitude mathématique ; & je doute que les caractères primitifs en fussent extrêmement nombreux, quoique de leur composition résulteroit une immense variété de calculs. *

---

* Cette Table seroit aisée à faire, & ne seroit pas un jeu frivole. On y poseroit, par exemple, pour principes, deux sortes de Gouvernemens : le Monarchique & le Républicain ; l'homme naturel, l'homme politique, & l'homme civil se trouveroient rangés sous deux colonnes ; sur une troisième seroient marqué les degrés de lumières & d'ignorance ; sur une quatrième, les chances & les hazards. On multiplieroit alors tous ces nombres par les différentes passions, comme l'envie, l'ambition, la haine, l'amour, &c. qu'on verroit écrites sur une cinquième colonne : tout cela tomberoit en fractions

Mais quel fruit tirer de cette observation pour la Révolution Françoise ? Un très-grand.

Premièrement il s'en suit, qu'un homme bien persuadé qu'il n'y a rien de nouveau en histoire, perd le goût des innovations : Goût que je regarde comme un des plus grands fléaux qui affligent l'Europe dans ce moment. L'enthousiasme vient de l'ignorance ; guérissez celle-ci, l'autre s'éteindra : la connoissance des choses est un opium qui ne calme que trop l'exaltation.

Mais outre ce grand avantage, qui ne voit que ce tableau général des causes, des effets, des fins des Révolutions, mène par degré à la solution de la Question dernière, proposée pour but de cet Ouvrage ; savoir : " Si la Révotion Françoise se consolidera ?" En effet, si nous trouvons des peuples qui dans la même position que celle des François, aient tenté les mêmes choses ; si nous voyons les raisons qui firent réussir, ou renversèrent leurs projets ; n'est-ce pas un motif d'en conjecturer l'établissement, ou la chûte de la République en France ? On a déjà pu entrevoir mon opinion à ce su-

---

tions composées, par les nuances des caractères, &c. Mais donnons nous de garde de tracer une pareille table : les résultats en seroient si terribles, que je ne voudrois pas même les faire soupçonner ici.

jet,

jet, mais il n'est pas tems de la développer : elle doit résulter de l'ensemble des Révolutions, & non d'une partie. Quelle qu'elle puisse être, il demeure certain que j'ai pris la seule route qui mène à la découverte de cette vérité qui intéresse, non seulement l'Europe, mais le reste du monde.

Mais je dois observer que, pour juger sainement, le lecteur ne sauroit trop se donner de garde de se méprendre : il faut considérer les objets sous leur vrai jour. Il est bien moins question de la ressemblance de position en politique & de la similitude d'événemens, que de la situation morale du peuple : les mœurs, voilà le point où il faut se tenir, la clef qui ouvre le livre secret du Sort. Que si je me prends à répéter souvent les mœurs, c'est qu'elles sont le centre autour duquel tournent les mondes politiques : envain ceux-ci prétendent s'en éloigner, il faut, malgré eux, décrire autour de ce point leur courbe obligée, ou, détachés de ce foyer commun d'attraction, tomber dans un vuide incommensurable.

Le second volume de cet Essai va s'ouvrir avec les Révolutions Romaines, sujet peut-être encore plus magnifique que celui que nous venons de quitter ; on a pu s'appercevoir que je cherche, autant qu'il est en moi, à varier la marche de cet Ouvrage : tout sujet a son vice ; le défaut de celui-ci, malgré sa grandeur, est de tomber dans les répétitions ; je tâcherai donc d'écrire chaque révolution sur un plan différent des autres, comme je l'ai déjà fait, à l'égard des deux parties de ce premier livre.

Après avoir montré ce qui résulte de la lecture de ce volume pour la vérité générale de l'Ouvrage, voici quelques vérités particulières qu'on peut en tirer sur la nature de l'homme considéré dans ses rapports moraux & politiques ; je vais les donner, comme je les trouve dans mon manuscrit, en pensées détachées, indiquant seulement le sujet qui me les a fournies.

L'homme est composé de deux organes différens dans leur essence, sans relations dans leur pouvoir : la Tête & le Cœur.

Le Cœur sent, la Tête compare.

Le Cœur juge du bon & du méchant, la Tête, des rapports & des effets.

La vertu découle donc du Cœur ; les sciences fluent de la Tête.

La vertu est la conscience écoutée & obéie ; la science, la nature éclairée.

Le vice & la vertu, d'après l'histoire, paroissent une somme donnée, qui n'augmente ni ne diminué, les sciences au contraire ; des inconnues

connues qui se dégagent sans cesse. Que devient le systême de perfection ? *(Pensées résultantes de la considération de l'âge philosophiqees d'Alexandre, plein de lumières & de corruption).*

Il n'y a que deux principes de gouvernement : l'assemblée générale du Peuple, la non-assemblée générale du peuple.

Dans le premier cas, l'Etat est une république ; dans le second, une monarchie.

Si le peuple s'assemble partiellement, la constitution demeure monarchique, ou un assemblage de petites républiques.

La réunion des suffrages, n'est pas alors la voix du peuple, mais un nombre collectif de voix.

Chacune de ces assemblées, ayant en elle-même toutes les propriétés du corps politique, devient une petite république parfaite, & vivante dans son tout : & cette petite république n'a pas plus le droit de soumettre son opinion à celle de la Section voisine, qu'elle n'est tenue elle-même à adopter celle de cette autre Section. D'ici la France, avec ses assemblées primaires, n'est point une république.

Et comment ces assemblées primaires représenteroient-elles le peuple ? N'est-ce pas la lie des villes qui se réunit & qui écartant les honnêtes gens, nomme tel ou tel député, pour une quantité donnée d'assignats ? N'est-ce pas de cela même que les Représentans prennent le prétexte de se prolonger dans leurs fonctions ? En livrant leur république à ces hommes sans mœurs, les Gouvernans de France semblent ne chercher qu'une raison légale de la détruire : cela me rappelle ce Tyran de Rome qui, pour sauver la lettre de la loi qui défendoit de mettre une vierge à mort, la faisoit violer auparavant par le bourreau. (*Réflexions tirées de l'examen des gouvernemens de la Grèce où la représentation étoit inconnue.*)

N'êtes-vous pas étonné des prodiges de la révolution Françoise ? L'Europe vaincue, &c. &c. ? Sans doute : j'assiste à ses tours de force, comme devoient le faire les Romains à la danse des éléphans sur la corde ; bien moins surpris de la merveille, qu'effrayé de voir un colosse suspendu en l'air sur une base élastique de quelques pouces, & menaçant d'écraser les spectateurs dans sa chûte. (*Tiré du parallele de guerre Médique & de la guerre républicaine.*)

De quoi s'agissoit-il entre Harmodius & Hipparque ? D'une affaire, comme nous dirions, d'étiquette. Hipparque avoit forcé la sœur d'Harmodius de se retirer d'une procession publique : voilà la guerre Médique. La politique

que est au moral, ce que le feu est au phisique ; un élément universel qui se tire de tous les chocs, naît de toutes les collisions. (*On voit d'où cela est tiré.*)

Comme ces enfans qu'on est forcé d'enlever à leur mère vicieuse, pour les confier à un lait plus pur, la Liberté, fille de la Vertu Guerrière, ne sauroit vivre, qu'elle ne soit nourrie au sein des Bonnes Mœurs. (*De la considération de l'état d'Athènes après la guerre Médique.*)

Pourquoi Agis périt-il à Sparte ? Pourquoi Denis fut-il chassé de Syracuse ? Pourquoi Thrasibule erra-t-il loin d'Athènes, sa patrie ? Pourquoi ? &c. Parce qu'à Sparte, à Syracuse, & à Athènes il y avoit des hommes ; & qu'avec le cœur de cet incompréhensible bipède, on explique tout. (*Sparte, Athènes, Syracuse.*)

Liberté ! le grand mot ! & qu'est-ce que la liberté politique ? je vais vous l'expliquer. Un homme libre, à Sparte, veut dire un homme dont les heures sont réglées comme celles de l'écolier sous la férule ; qui se lève, dine, se promène, lutte, sous les yeux d'un maître en cheveux blancs, qui lui raconte qu'*il a été jadis, jeune, vaillant & hardi* ; si les besoins de la nature, si les droits d'un chaste hymen parlent à son cœur, il faut qu'il les couvre du voile dont on se sert pour le crime ; il doit sourire lorsqu'il apprend la mort de son ami ; & si la douce pitié se fait entendre à son âme, on l'oblige d'aller égorger un Ilote innocent, un Ilote son esclave, dans le champ que cet infortuné labouroit péniblement pour son maître.

Vous vous trompez, ce n'est pas là la liberté politique ; les Athéniens ne l'entendoient pas ainsi : & comment ? Chez eux il falloit avoir un certain revenu pour être admis aux charges de l'Etat ; & lorsqu'un citoyen avoit fait des dettes, on le vendoit comme un esclave. Un orateur à la tribune, pourvu qu'il sut enfiler des phrases, faisoit aujourd'hui empoisonner Socrates, demain bannir Phocion, & le peuple libre avoit toujours à sa tête, & seulement pour la forme, Pisistrate, Hippias, Thémistocle, Périclès, Alcibiade, Philippe, Antigonus, ou quelqu'autre. Je voudrois bien savoir enfin combien il y a de libertés politiques ? Car toutes les autres petites villes Grecques possédoient aussi leurs libertés, & n'expliquoient pas le mot dans le même sens que les Athéniens & les Spartiates ? C'est un singulier gouvernement qu'une république, où il faut que tous les membres de la communauté soient des Caton ou des Catilina : si parmi les premiers il se

trouve

trouve un seul coquin, ou parmi les derniers un seul honnête homme, la république n'existe plus. *(Liberté.)*

On s'écrie, les citoyens sont esclaves, mais esclaves de la loi : pure duperie de mots. Que m'importe que ce soit la Loi ou le Roi qui me traîne à la guillotine ? On a beau se torturer, faire des phrases & du bel esprit, le plus grand malheur des hommes c'est d'avoir des loix & un gouvernement.

L'état de société est si opposé à celui de nature, que dans le premier les êtres foibles tendent toujours au gouvernement : l'enfant bat les domestiques ; l'écolier veut en montrer à son maître ; le sot aspire aux emplois, & les obtient presque toujours ; l'hypocondriaque sacrifie son cercle à sa goutte ; le vieillard réclame la première place ; & la femme domine le tout.

Dans l'état de nature, l'enfant se tait & attend ; la femme est soumise ; le fort & le guerrier commandent ; le vieillard s'assied au pied de l'arbre, & meurt *. *(Pensées relatives provenantes du même sujet.)*

---

* Philippe le Cocq, d'une petite ville de Poitou, passa au Canada dans son enfance, y servit comme soldat, à l'âge de 20 ans, dans la guerre de 1754, &, après la prise

de

Soyons hommes, c'est-à-dire libres ; apprenons à mépriser les préjugés de la naissance & des richesses, à nous élever au-dessus de grands & des rois, à honorer l'indigence & la vertu ;

de Québec, se rétira chez les Cinq Nations, où, ayant épousé une Indienne, il renonça aux coutumes de son pays, pour prendre les mœurs des Sauvages. Lorsque je voyageois chez ces peuples, je ne fus pas peu surpris en entendant dire que j'avois un compatriote, établi à quelque distance dans le bois. Je courus chez lui ; je le trouvai occupé à faire la pointe à des jalons, à l'ouverture de sa hutte. Il me jetta un regard assez froid, & continua son ouvrage ; mais aussitôt que je lui adressai la parole en François, il tressaillit au souvenir de la patrie, & la grosse larme roula dans ses yeux. Ces accens connus avoient reporté soudainement dans le cœur du vieillard, toutes les sensations de son enfance : dans la jeunesse nous régrettons peu nos premiers ans ; mais plus nous nous enfonçons dans la vie, plus leur souvenir devient aimable ; c'est qu'alors chacune de nos journées est un triste terme de comparaison. Philippe me pria d'entrer : je le suivis. Il avoit de la peine à s'exprimer ; je le voyois travailler à rassembler les anciennes idées de l'homme civil ; & j'étudiois avidement cette leçon ; par exemple, j'eus lieu de remarquer qu'il y avoit deux espèces de choses relatives, absolument effacées de sa tête : celle de la propriété du superflu ; & celle de la nuisance envers autrui, sans nécessité. Je ne voulus lui faire ma grande question qu'après que quelques heures de conversation lui eussent redonné une assez grande quantité de mots & de pensées. A la fin je lui dis : Philippe, êtes vous heureux ? Il ne sut

d'abord

donnons de l'énergie à notre âme, de l'élévation à notre pensée ; portons partout la dignité de notre caractère, dans le bonheur & dans l'infortune ; sachons braver la pauvreté & sourire à la mort : mais pour faire tout cela, il faut commencer par cesser de nous passionner pour les institutions humaines, de quelque genre qu'elles soient. Nous n'appercevons presque jamais la réalité des choses, mais leurs images réfléchies faussement par nos désirs ; & nous passons nos jours, à peu près comme celui qui, sous notre zone nuageuse, ne verroit le ciel qu'à travers

---

d'abord que répondre. —Heureux ? dit-il, en réfléchissant ; heureux, oui,... oui ; heureux depuis que je suis sauvage. Et comment passez-vous votre vie, repris-je ? Il se mit à rire. J'entends, dis-je, vous pensez que cela ne vaut pas une réponse. Mais est-ce que vous ne voudriez pas reprendre votre ancienne vie, retourner dans votre pays ? —Mon pays ? la France ? Si je n'étois pas si vieux, j'aimerois à le revoir.... Et vous ne voudriez pas y rester, ajoutai-je ? Le mouvement de tête de Philippe m'en dit assez. Et qu'est-ce qui vous a déterminé à vous faire, comme vous le dites, sauvage ? —Je n'en sais rien, l'instinct. Ce mot du vieillard mit fin à mes doutes, & à mes questions. Je restai deux jours chez Philippe pour l'observer, & je ne le vis jamais se démentir un seul instant : son âme, libre du combat des passions sociales, me sembla, pour m'exprimer dans le style des sauvages, " calme comme le champ de bataille, après que les guerriers ont fumé ensemble le *calumet* de paix."

ces vitrages coloriés qui trompent l'œil, en lui présentant la sérénité d'une plus douce latitude. Tandis que nous nous berçons ainsi de chimères, le tems vole & la tombe se ferme tout à coup sur nous. Les hommes sortent du néant, & y retournent : la mort est un grand lac creusé au milieu de la nature ; les vies humaines, comme autant des fleuves, vont s'y engloutir ; & c'est de ce même lac que s'élèvent ensuite d'autres générations qui, répandues sur la terre, viennent également, après un cours plus ou moins long, se perdre à leur source. Profitons donc du peu d'instans que nous avons à passer sur ce globe, pour connoître au moins la vérité. Si c'est la vérité politique que nous cherchons, elle est facile à trouver. Ici, un ministre despote me baillonne, me plonge au fond des cachots, où je reste vingt ans * sans savoir pourquoi : échappé de la Bastille, plein d'indignation, je me précipite dans la démocratie, un anthropophage m'y attend à la guillotine. Le Républicain, sans cesse exposé à être pillé, volé, déchiré par une populace furieuse, s'applaudit de son bonheur † ; le Sujet, tranquille

* Tel que ce malheureux que M. de Malsherbes délivra.

† On dit que les orages de la démocratie valent mieux que le calme du despotisme: cette phrase est harmonieuse,

esclave, vante les bons repas & les caresses de son maître. O homme de la nature, c'est toi seul qui me fais me glorifier d'être homme. Ton cœur ne connoît point la dépendance; tu ne sais ce que c'est que de ramper dans une cour, ou de caresser un Tigre populaire. Que t'importe nos arts, notre luxe, nos villes? As-tu besoin de spectacle? tu te rends au temple de la nature, à la religieuse forêt: les colonnes moussues des chênes en supportent le dôme antique; un jour sombre pénètre la sainte obscurité du sanctuaire; & de foibles bruits, de légers soupirs, de doux murmures, des chants plaintifs, ou mélodieux, circulent sous les voûtes sonores. On dit que le Sauvage ignore la douceur de la vie. Est-ce l'ignorer que de n'obéir à personne?

---

nieuse, & voilà tout. On ne me persuadera jamais que le repos n'est pas la partie essentielle du bonheur. Je remarque même que c'est le but vers lequel nous tendons sans cesse: on travaille, pour se reposer; on marche, pour goûter un sommeil plus doux; on pense, pour délasser ensuite sa pensée; un ami repose son cœur dans le cœur d'un ami; l'amour a placé de même le comble de ses voluptés dans le repos; enfin, le malheureux qui a perdu la tranquillité sur la terre, aspire encore à celle de la tombe, & la nature a élevé l'idée de la mort à l'extrêmité des chagrins, comme Hercule ses colonnes au bout du monde.

que d'être à l'abri des révolutions ? que de n'avoir ni à avilir ses mains par un travail mercenaire, ni son âme par un métier encore plus vil, celui de flatteur ? N'est-ce rien que de pouvoir se montrer impunément toujours grand, toujours fier, toujours libre ? de ne point connoître les odieuses distinctions de l'état civil ? enfin, de n'être point obligé, lorsqu'on se sent né avec l'orgueil & la noble franchise d'un homme, de passer une partie de sa vie à cacher ses sentimens, & l'autre à être témoin des vices & des absurdités sociales ?

Je sens qu'on va dire, vous êtes donc de ces Sophistes qui vantent sans cesse le bonheur du Sauvage aux dépens de celui de l'homme policé ? Sans doute, si c'est-là ce que vous appellez être un Sophiste, j'en suis un; j'ai du moins de mon côté quelques beaux génies. Quoi ! il faudra que je tolère la perversité de la société, parce qu'on prétend ici se gouverner en république plutôt qu'en monarchie ; là, en monarchie plutôt qu'en république ? Il faudra que j'approuve l'orgueil & la stupidité des Grands & des Riches; la bassesse & l'envie du Pauvre & des Petits ? Les corps politiques, quels qu'ils soient, ne sont que des amas de passions putrifiées & décomposées ensemble; les moins mauvais sont ceux dont

les

les dehors gardent encore de la décence, & blessent moins ouvertement la vue ; comme ces masses impures destinées à fertiliser les champs, sur lesquelles on découvre quelquefois un peu de verdure.

Mais il n'y a donc point de Gouvernement, point de Liberté ? De Liberté ? Si ! une délicieuse ! une céleste ! Celle de la Nature. Et quelle est-elle, cette liberté, que vous vantez comme le suprême bonheur ? Il me seroit impossible de la peindre ; tout ce que je puis faire est de montrer comment elle agit sur nous. Qu'on vienne passer une nuit avec moi chez les Sauvages du Canada, peut-être alors parviendrai-je à donner quelque idée de cette espèce de liberté. Cette nuit aussi pourra délasser le lecteur de la scène de misères à travers laquelle je l'ai conduit dans ce volume ; elle en sera la conclusion. On fermera alors le livre dans une disposition d'âme plus calme & plus propre à distinguer les vérités, des erreurs contenues dans cet Ouvrage : mélange inévitable à la nature humaine, & dont la foiblesse de mes lumières, me rend plus susceptible qu'un autre,

CHAPITRE DERNIER.

Nuit chez les Sauvages de l'Amérique.

LIV. I.
II. PART.
Rév. Anc.

C'EST un sentiment naturel aux malheureux de chercher à rappeller les illusions du bonheur, par le souvenir de leurs plaisirs passés. Lorsque j'éprouve l'ennui d'être, que je me sens le cœur flétri par le commerce des hommes, je détourne involontairement la tête, & je jette en arrière un œil de regret. Méditations enchantées ! charmes secrets & ineffables d'une âme jouissante d'elle-même, c'est au sein des immenses déserts de l'Amérique que je vous ai goûtés à longs traits ! On se vante d'aimer la liberté, & presque personne n'en a une juste idée : lorsque dans mes voyages parmi les nations Indiennes du Canada, je quittai les habitations Européennes & me trouvai, pour la première fois, seul au milieu d'un océan de forêts, ayant pour ainsi dire la nature entière prosternée à mes pieds, une étrange révolution s'opéra dans mon intérieur. Dans l'espèce de délire qui me saisit, je ne suivois aucune route ; j'allois d'arbre en arbre, à droite & à gauche indifféremment,

ment, me disant en moi-même : " Ici, plus de chemins à suivre, plus de villes, plus d'étroites maisons, plus de Présidens, de Républiques, de Rois, surtout plus de Loix, & plus d'Hommes. Des Hommes ? si ; quelques bons Sauvages qui ne s'embarrassent de moi, ni moi d'eux ; qui, comme moi encore, errent libres où la pensée les mène, mangent quand ils veulent, dorment où & quand il leur plaît : " & pour essayer si j'étois enfin rétabli dans mes droits originels, je me livrois à mille actes de volonté, qui faisoient enrager le grand Hollandois qui me servoit de guide, & qui, dans son âme, me croyoit fou.

Délivré du joug tyrannique de la société, je compris alors les charmes de cette indépendance de la nature, qui surpassent de bien loin tous les plaisirs dont l'homme civil peut avoir d'idée. Je compris pourquoi pas un Sauvage ne s'est fait Européen, & pourquoi plusieurs Européens se sont faits Sauvages ; pourquoi le sublime discours sur l'*Inégalité des Conditions*, est si peu entendu de la plûpart de nos philosophes. Il est incroyable combien les nations & leurs institutions les plus vantées, paroîssoient petites & diminuées à mes regards ; il me sembloit que je voyois les royaumes de la terre avec une lunette invertie, ou plutôt moi - même

agran-

agrandi & exalté, je contemplois d'un œil de géant le reste de ma race dégénérée.

Vous, qui voulez écrire des hommes, transportez-vous dans les déserts ; redevenez un instant enfant de la nature, alors, & seulement alors, prenez la plume.

Parmi les innombrables jouissances que j'éprouvai dans ces voyages, une surtout a fait une vive impression sur mon cœur.*

J'allois alors voir la fameuse Cataracte de Niagara, & j'avois pris ma route à travers les nations

---

* Tout ce qui suit, à quelques additions près, est tiré du manuscrit de ces voyages, qui a péri avec plusieurs autres ouvrages commencés, tels que *Les Tableaux de la Nature*, l'histoire d'une Nation Sauvage du Canada, sorte de Roman, dont le cadre totalement neuf, & les peintures naturelles étrangères à notre climat auroient pu mériter l'indulgence du lecteur. On a bien voulu donner quelque louange à ma manière de peindre la nature, mais si l'on avoit vû ces divers morceaux écrits sur mes genoux, parmi les Sauvages même, dans les forêts & au bord des lacs de l'Amérique, j'ose présumer qu'on y eut peut-être trouvé des choses plus dignes du public. De tout cela, il ne m'est resté que quelques feuilles détachées, entre autres la Nuit qu'on donne ici. J'étois destiné à perdre dans la Révolution, fortune, parens, amis, & ce qu'on ne recouvre jamais lorsqu'on l'a perdu, le fruit des travaux de la pensée, seul bien peut-être qui soit réellement à nous.

Indiennes qui habitent les déserts à l'Ouest des plantations Américaines. Mes guides étoient le soleil, une boussole de poche & le Hollandois dont j'ai déjà parlé ; celui-ci entendoit parfaitement cinq dialectes de la langue Huronne. Notre équipage consistoit en deux chevaux auxquels nous attachions le soir une sonnette au cou, & les lâchions ensuite dans la forêt : je craignois d'abord un peu de les perdre, mais mon guide me rassura en me faisant remarquer que, par un instinct admirable, ces bons animaux ne s'écartoient jamais hors de la vue de notre feu.

Un soir que, par approximation ne nous estimant plus qu'à environ 8 ou 9 lieues de la cataracte, nous nous préparions à descendre de cheval avant le coucher du soleil, pour bâtir notre hutte & allumer notre bûcher de nuit à la manière Indienne, nous apperçumes, dans le bois, les feux de quelques Sauvages, qui étoient campés un peu plus bas, au bord du même ruisseau où nous nous trouvions. Nous allâmes à eux. Le Hollandois leur ayant demandé par mon ordre la permission de passer la nuit avec eux, ce qui fut accordé sur le champ, nous nous mîmes alors à l'ouvrage avec nos hôtes. Après avoir coupé des branches, planté des jalons, attaché des écorces pour couvrir notre palais,

palais, & rempli quelques autres travaux publics, chacun de nous vaqua à ses affaires particulières. J'apportai ma selle, qui me servit de fidèle oreiller durant tout le voyage; le guide pansa mes chevaux ; & quant à son appareil de nuit, comme il n'étoit pas si délicat que moi, il se servoit ordinairement de quelque tronçon d'arbre sec. L'ouvrage étant fini, nous nous assîmes tous en rond, les jambes croisées à la manière de tailleurs, autour d'un feu immense, afin de rôtir nos quenouilles de maïs, & de préparer le souper. J'avois encore un flacon d'eau de vie, qui ne servit pas peu à égayer nos Sauvages; eux se trouvoient avoir des jambons d'oursins, & nous commençâmes un festin royal.

La famille étoit composée de deux femmes avec deux petits enfans à la mammelle, & de trois guerriers : deux d'entre eux pouvoient avoir de quarante à quarante-cinq ans, quoiqu'ils parussent beaucoup plus vieux ; le troisième étoit un jeune homme.

La conversation devint bientôt générale, c'est-à-dire, par quelques mots entrecoupés de ma part, & par beaucoup de gestes, langage expressif que ces nations entendent à merveilles, & que j'avois appris parmi elles. Le jeune homme seul gardoit un silence obstiné ; il tenoit

noit constamment les yeux attachés sur moi. Malgré les raies noires, rouges, bleues, les oreilles découpées, la perle pendante au nez dont il étoit défiguré, on distinguoit aisément la noblesse & la sensibilité qui animoient son visage. Combien je lui savois gré de ne pas m'aimer ! Il me sembloit lire dans son cœur l'histoire de tous les maux dont les Européens ont accablé sa patrie.

Les deux petits enfans, tout nuds, s'étoient endormis à nos pieds, devant le feu ; les femmes les prirent doucement dans leurs bras, & les couchèrent sur des peaux, avec ces soins de mère, si délicieux à voir chez ces prétendus sauvages : la conversation mourut ensuite par degrés, & chacun s'endormit dans la place où il se trouvoit.

Moi seul, je ne pus fermer l'œil ; entendant de toutes parts les aspirations profondes de mes hôtes, je levai la tête, &, m'appuyant sur le coude, contemplai à la lueur rougeâtre du feu mourant, les Indiens étendus autour de moi & plongés dans le sommeil. J'avoue que j'eus peine à retenir des larmes : bon jeune homme, que ton repos me parut touchant ! toi, qui semblois si sensible aux maux de ta patrie, tu étois trop grand, trop supérieur, pour te défier de l'étranger. Européens, quelle leçon pour nous ! Ces mêmes Sauvages que nous avons poursuivis avec le fer & la flamme ; à qui notre avarice ne laisseroit pas même une pelletée de terre, pour couvrir leurs cadavres, dans tout cet univers, jadis leur vaste patrimoine ; ces mêmes Sauvages, recevant leur ennemi sous leurs huttes hospitalières, partageant avec lui leur misérable repas, leur couche infréquentée du remords, & dormant auprès de lui du sommeil profond du juste ! ces vertus-là sont autant au-dessus de nos vertus conventionnelles, que l'âme de ces hommes de la nature est au-dessus de celle de l'homme de la société.

Il faisoit clair de lune ; échauffé de mes idées, je me levai & fus m'asseoir, à quelque distance, sur une racine qui traçoit au bord du ruisseau : c'étoit une de ces nuits Américaines que le pinceau des hommes ne rendra jamais, & dont je me suis rappellé cent fois le souvenir avec délices.

La lune étoit au plus haut point du ciel : on voyoit çà & là, dans de grands intervalles épurés, scintiller mille étoiles. Tantôt la lune reposoit sur un grouppe de nuages, qui ressembloit à la cime de hautes montagnes couronnées de neige ; peu à peu ces nues s'allongeoient, se dérouloient en zones diaphanes & onduleuses de satin blanc, ou se transformoient en légers flocons

cons d'écume, en innombrables troupeaux, errant dans les plaines bleues du firmament. Une autre fois la voute aérienne paroissoit changée en une grève où l'on distinguoit les couches horizontales, les rides paralleles tracées comme par le flux & le reflux régulier de la mer : une bouffée de vent venoit encore déchirer le voile, & partout se formoient dans les cieux de grands bancs d'une ouate éblouïssante de blancheur, si doux à l'œil, qu'on croyoit ressentir leur mollesse & leur élasticité. La scène sur la terre n'étoit pas moins ravissante : le jour céruléen & velouté de la lune, flottoit silencieusement sur la cime des forêts, & descendant dans les intervalles des arbres, poussoit des gerbes de lumières jusques dans l'épaisseur des plus profondes ténèbres. L'étroit ruisseau qui couloit à mes pieds, s'enfonçant tour à tour sous des fourrés de chênes-saules & d'arbres-à-sucre, & reparoissant un peu plus loin dans des clairières tout brillant des constellations de la nuit, ressembloit à un ruban de moire & d'azur, semé de crachats de diamans, & coupé transversalement de bandes noires. De l'autre côté de la rivière, dans une vaste prairie naturelle, la clarté de la lune dormoit sans mouvement sur les gazons où elle étoit étendue comme des toiles. Des bouleaux dispersés çà & là dans la savanne, tantôt, selon

le

le caprice des brises, se confondoient avec le sol, en s'enveloppant de gazes pâles, tantôt se détachoient du fond de craie en se couvrant d'obscurité, & formant comme des îles d'ombres-flottantes sur une mer immobile de lumière. Auprès tout étoit silence & repos, hors la chûte de quelques feuilles, le passage brusque d'un vent subit, les gémissemens rares & interrompus de la hulotte ; mais au loin, par intervalles, on entendoit les roulemens solemnels de la cataracte de Niagara, qui, dans le calme de la nuit, se prolongeoient de désert en désert, & expiroient à travers les forêts solitaires.

La grandeur, l'étonnante mélancolie de ce tableau, ne sauroient s'exprimer dans les langues humaines ; les plus belles nuits en Europe ne peuvent en donner une idée. Au milieu de nos champs cultivés, envain l'imagination cherche à s'étendre, elle rencontre de toutes parts les habitations des hommes : mais dans ces pays déserts, l'âme se plaît à s'enfoncer, à se perdre dans un océan d'éternelles forêts ; elle aime à errer, à la clarté des étoiles, aux bords des lacs immenses, à planer sur le gouffre mugissant des terribles cataractes, à tomber avec la masse des ondes, & pour ainsi dire, à se mêler, à se fondre avec toute une nature sauvage & sublime.

Ces

Ces jouissances sont trop poignantes : telle est notre foiblesse, que les plaisirs exquis deviennent des douleurs, comme si la nature avoit peur que nous oubliâssions que nous sommes hommes. Absorbé dans mon existence, ou plutôt répandu tout entier hors de moi, n'ayant ni sentiment, ni pensée distincte, mais un ineffable je ne sais quoi qui ressembloit à ce bonheur mental dont on prétend que nous jouirons dans l'autre vie, je fus tout-à-coup rappellé à celle-ci. Je me sentis mal, & je vis qu'il falloit finir. Je retournai à notre Ajouppa, où me couchant auprès des sauvages, je tombai bientôt dans un profond sommeil.

Le lendemain à mon réveil, j'apperçus la troupe déjà prête pour le départ. Mon Guide avoit sellé les chevaux ; les Guerriers étoient armés, & les femmes s'occupoient à rassembler les bagages, consistant en peaux, en maïs, en ours fumés. Je me levai, & tirant de mon portemanteau, un peu de poudre & de balles, du tabac & une boite de gros rouge, je distribuai ces présens parmi nos hôtes, qui parurent bien contens de ma générosité. Nous nous séparâmes ensuite, non sans des marques d'attendrissement & de regret, touchant nos fronts & notre poitrine, à la manière de ces hommes de la nature, ce qui me paroissoit bien valoir nos cérémonies. Jusqu'au jeune Indien, qui prit cordialement la main que je lui tendois, nous nous quittâmes tous le cœur plein les uns des autres. Nos amis prirent leur route au Nord, en se dirigeant par les mousses, & nous à l'Ouest, par ma Boussole. Les Guerriers partirent devant, poussant le cri de marche; les femmes cheminoient derrière, chargées des bagages, & des petits enfans qui, suspendus dans des fourrures aux épaules de leurs mères, se détournoient en souriant pour nous regarder. Je suivis long-tems des yeux cette marche touchante & maternelle, jusqu'à ce que la troupe entière eût disparu lentement entre les arbres de la forêt.

Bienfaisans Sauvages ! vous qui m'avez donné l'hospitalité, vous que je ne reverrai sans doute jamais, qu'il me soit permis de vous payer ici un tribut de reconnoissance. Puissiez-vous jouir long-tems de votre précieuse indépendance, dans vos belles solitudes où mes vœux pour votre bonheur ne cessent de vous suivre ! Inséparables amis, dans quel coin de vos immenses déserts habitez-vous à présent ? Etes-vous toujours ensemble, toujours heureux ? Parlez-vous quelquefois de l'étranger de la forêt ? Vous dépeignez-vous les lieux qu'il habite ? Faites-vous des souhaits pour son bonheur

heur au bord de vos fleuves solitaires? Généreuse famille, son sort est bien changé depuis la nuit qu'il passa avec vous; mais du moins est-ce une consolation pour lui, si, tandis qu'il existe au-delà des mers, persécuté des hommes de son pays, son nom, à l'autre bout de l'univers, au fond de quelque solitude ignorée, est encore prononcé avec attendrissement par de pauvres Indiens.

Fin du premier Volume.

TABLE DES MATIERES.

LIVRE PREMIER.—PREMIERE PARTIE.

Page.
Introduction . . . 1
Exposition . . . 6
Vue de mon Ouvrage . . 9

Chapitre.
I. Première Question.—Ancienneté des Hommes 14
II. Première Révolution. Les Républiques Grecques. Si le Contrat Social des Publicistes est la Convention Primitive des Gouvernemens . . 26
III. L'Age de la Monarchie en Grèce 29
IV. Causes de la subversion du Gouvernement Royal chez les Grecs. Elles diffèrent totalement de celles de la Révolution Françoise 32
V. Effet de la Révolution Républicaine sur la Grèce. Athènes, depuis Codrus jusqu'à Solon, comparée au nouvel Etat de la France . . . 37
VI. Quelques Réflexions sur la Législation de Solon. Comparaisons, différences 43

Chapitre.		Page.
VII.	Origine des Noms de Factions, la Montagne & la Plaine	47
VIII.	Portraits des Chefs	50
IX.	Pisistrate	53
X.	Règne & Mort de Pisistrate	57
XI.	Hipparque & Hippias. Assassinat du premier. Rapports	59
XII.	Guerre des Emigrés. Fin de la Révolution Républicaine en Grèce	62
XIII.	Sparte. Les Jacobins	65
XIV.	Suite	71
XV.	Suite	75
XVI.	Suite	80
XVII.	Fin du Sujet	86
XVIII.	Caractère des Athéniens & des François	89
XIX.	De l'Etat des Lumières en Grèce, au moment de la Révolution Républicaine. Siècle de Lycurgue	99
XX.	Siècles Moyens	103
XXI.	Siècle de Solon	106
XXII.	Poësie à Athènes. Anacréon, Voltaire. Simonide, Fontanes. Sapho, Parny. Alcée. Esope, Nivernois. Solon, les deux Rousseau	108

Chapitre.	Page.

XXIII.
   Poësie à Sparte. Premier Chant de Tyrtée; Le Brun. Second Chant de Tyrtée; Hymne des Marseillois. Chœur Spartiate; Strophe des Enfans. Chanson en l'Honneur d'Harmodius; Epitaphe de Marat . 126

XXIV.
   Philosophie & politique. Les Sages: les Encyclopédistes. Opinions sur le meilleur Gouvernement. Thalès, Solon, Périandre, &c., J. J. Rousseau, Montesquieu. Morale: Solon, Thalès: la Rochefoucault, Chamfort. Parallèle de J. J. Rousseau & d'Héraclite. Lettre à Darius, Lettre au Roi de Prusse . . . 137

XXV.
   Influence de la Révolution Républicaine sur la Grèce; les Biens . . 150

XXVI.
   Suite. Les Maux . . . 154

XXVII.
   Etat Politique & Moral des Nations Contemporaines, au moment de la Révolution Républicaine en Grèce. Cette Révolution considérée dans ses Rapports avec les autres Peuples. Causes qui en ralentirent, ou en accélérèrent l'influence . . 157

XXVIII.
   L'Egypte . . 158

XXIX.
   Obstacles qui s'opposèrent à l'Effet de la Révolution Grecque sur l'Egypte. Ressemblance de ce dernier Pays avec l'Italie moderne . . . 164

XXX.
   Carthage . . . 169

XXXI.
   Parallèle de Carthage & de l'Angleterre. Leurs Constitutions . . 172

Chapitre.	Page.
XXXII. Les deux Partis dans le Sénat de Carthage. Hannon. Barca	177
XXXIII. Suite. Minorité & Majorité dans le Parlement d'Angleterre	181
XXXIV. Mr. Fox. Mr. Pitt	192
XXXV. Suite du Parallèle entre Carthage & l'Angleterre. La Guerre & le Commerce. Annibal. Marlborough. Hannon. Cook. Traduction du Voyage du Premier. Extrait de celui du Second	197
XXXVI. Influence de la Révolution Grecque sur Carthage	214
XXXVII. L'Ibérie	218
XXXVIII. Les Celtes	220
XXXIX. L'Italie	225
XL. Influence de la Révolution Grecque sur Rome	228
XLI. La Grande Grèce	232
XLII. Suite. Zaleucus, Charondas	240
XLIII. Influence de la Révolution d'Athènes sur la Grande Grèce	242
XLIV. La Sicile	244
XLV. Suite	247
XLVI. Les trois Ages de la Scythie & de la Suisse. Premier Age: La Scythie heureuse & sauvage	249

Chapitre.   Page
XLVII.
    Suite du Premier Age.   La Suisse pauvre &
      vertueuse   .   .   .   253
XLVIII.
    Second Age : la Scythie & la Suisse Philoso-
      phique   258
XLIX.
    Suite. Troisième Age : la Scythie & la Suisse
      corrompue.   Influence de la Révolution
      Grecque sur la première, de la Révolution
      Françoise sur la seconde.   .   262
L.
    La Thrace.   Fragmens d'Orphée   266
LI.
    La Macédoine, la Prusse   .   .   270
LII.
    Iles de la Grèce.   L'Ionie   .   .   273
LIII.
    Tyr.   La Hollande   .   .   .   276
LIV.
    Suite   281
LV.
    La Perse   284
LVI.
    Tableau de la Perse, au moment de l'abolition
      de la Monarchie en Grèce. Gouvernement.
      Finances.   Armées.   Religion   288
LVII.
    Tableau de l'Allemagne, au moment de la
      Révolution Françoise   .   292
LVIII.
    Suite. Les Arts en Perse & en Allemagne.
      Poësie. Kreeshna. Klopstock. Fragment
      du Poëme Mahabarat, tiré du Sanscrit. Frag-
      ment du Messie.   Sacontala.   Evandre   295
LX.
    Philosophie. Les deux Zoroastre. Politique 310
LXI.
    Situation politique de la Perse, à l'instant de
      la Guerre Médique.---De l'Allemagne, à
                                l'instant

Chapitre.	Page.
l'instant de la Guerre Républicaine. Darius.---Joseph.---Léopold	315
LXII. Influence de la Révolution Républicaine de la Grèce sur la Perse---& de la Révolution Républicaine de la France sur l'Allemagne. Causes immédiates de la Guerre Médique. De la Guerre Républicaine. L'Ionie. Le Brabant	321
LXIII. Déclaration de la Guerre Médique, l'an premier de la 69e Olympiade (505 ans A. J. C.).---Déclaration de la Guerre présente. 1792. Premières hostilités	325
LXIV. Premières Campagnes. An trois de la 72e Olympiade---1792. Portrait de Miltiade, Portrait de Dumouriez. Bataille de Marathon---Bataille de Gemmape. Accusation de Miltiade---de Dumouriez	330
LXV. Xerxès---François. Ligue générale contre la Grèce---Contre la France. Révolte des Provinces	335
LXVI. Campagne de la 4ème. année de la 74ème. Olympiade (480 A. J. C.). Campagne de 1793. Consternation à Athènes & à Paris. Bataille de Salamine. Bataille de Maubeuge	340
LXVII. Préparation à une nouvelle Campagne. Portraits des Chefs. Mardonius---Cobourg. Pausanias---Pichegru. Alexandre, Roi de Macédoine	352
LXVIII. Campagne de l'an 479 avant notre Ere, 1re. année de la 75ème. Olympiade.---Campagne de 1794. Bataille de Platée.---Ba-	

taille

Chapitre.		Page.
	taille de Fleurus. Succès & vices des Grecs---des François. Différentes Paix---Paix générale	356
LXIX.	Différence générale entre notre Siècle & celui où s'opéra la Révolution Républicaine de la Grèce	366
LXX.	Récapitulation	377
LXXI, & dernier	Sujets & Réflexions détachées	382

LIVRE PREMIER.—SECONDE PARTIE.

Chapitre.		Page.
I.	Seconde Révolution. Philippe & Alexandre	397
II.	Athènes. Les Quatre-Cens	401
III.	Examen d'un grand Principe en Politique	408
IV.	Les Trente Tyrans. Critias. Marat, Théramènes. Syeyes.	412
V.	Accusation de Théramènes. Son discours & celui de Critias. Accusation de Robespierre	416
VI.	Guerre des Emigrés. Exécution à Eleusine. Massacre du 2 Septembre	422
VII.	Abolition de la Tyrannie. Rétablissement de l'Ancienne Constitution	426
VIII.	Un Mot sur les Emigrés	429
IX.	Denys le jeune	435

VOL. I.   4 T   Chapitre.

Chapitre.		Page.
X.	Expédition de Dion. Fuite de Denys. Troubles à Syracuse	441
XI.	Nouveaux Troubles à Syracuse. Timoléon. Retraite de Denys	449
XII.	Denys à Corinthe. Les Bourbons	451
XIII.	Aux Infortunés	461
XIV.	Agis à Sparte	476
XV.	Condamnation & exécution d'Agis & de sa famille	479
XVI.	Jugement & Condamnation de Charles I, Roi d'Angleterre	486
XVII.	M. de Malesherbes. Exécution de Louis XVI	494
XVIII.	Triple Parallèle. Agis, Charles & Louis	500
XIX.	Quelques Pensées	506
XX.	Philippe & Alexandre	509
XXI.	Siècle d'Alexandre	510
XXII.	Philosophes Grecs	511
XXIII.	Philosophes Modernes depuis l'Invasion des barbares jusqu'à la renaissance des Lettres	522
XXIII*.	Suite. Depuis Bacon jusqu'aux Encyclopédistes	531
XXIV.	Les Encyclopédistes	537

Chapitre.

Chapitre.		Page.
XXV.	Platon, Fénélon, J. J. Rousseau. La République de Platon, le Télémaque, l'Emile	540
XXVI.	Mœurs comparées des Philosophes anciens & modernes	556
XXVII.	De l'influence des Philosophes Grecs de l'âge d'Alexandre sur leur Siècle, & de l'Influence des Philosophes modernes sur le nôtre	561
XXVIII.	Influence Politique	562
XXIX.	Influence Religieuse	566
XXX.	Histoire du Polythéïsme depuis son Origine jusqu'à son plus haut point de Grandeur	567
XXXI.	Décadence du Polythéïsme chez les Grecs, occasionnée par les Sectes philosophiques & plusieurs autres Causes	572
XXXII.	Le Polythéïsme à Rome jusqu'au Christianisme	576
XXXIII.	Histoire du Christianisme depuis la Naissance du Christ jusqu'à sa Résurection	577
XXXIV.	Accroissement du Christianisme jusqu'à Constantin	579
XXXV.	Suite. Depuis Constantin jusqu'aux Barbares	581
XXXVI.	Suite. Conversion des Barbares	584
XXXVII.	Depuis la Conversion des Barbares jusqu'à la Renaissance des Lettres, Le Christianisme atteint son plus haut point de Grandeur	588

Chapitre.	Page.
XXXVIII. Décadence du Chistianisme, occasionnée par trois Causes : les Vices de la Cour de Rome, la Renaissance des Lettres & la Réformation	590
XXXIX. La Réformation	591
XL. Depuis la Réformation jusqu'au Régent	598
XLI. Le Régent. La Chute du Christianisme s'accélère	600
XLIII*. La Secte Philosophique sous Louis Quinze	602
XLIV. Objections des Philosophes contre le Christianisme. Objections Philosophiques	607
XLV. Objections Historiques & Critiques	611
XLVI. Objections contre le Dogme	614
XLVII. Objections contre la Discipline	618
XLVIII. De l'Esprit des Prêtres chez les Anciens & chez les Modernes, considéré dans un Gouvernement Populaire	622
XLIX. De l'Esprit des Prêtres, &c. considéré dans un Gouvernement Monarchique	625
L. Du Clergé actuel en Europe. Du Clergé en France	628
LI. Du Clergé en Italie	631
LII. Du Clergé en Allemagne	631
LIII. Du Clergé en Angleterre	633

Chapitre.	Page.
LIV. Du Clergé en Espagne, en Portugal. Voyage aux Açores. Anecdote	635
LV. Quelle sera la Religion qui remplacera le Christianisme ?	649
LVI. Resumé	653
LVII, & dernier. Nuit chez les Sauvages de l'Amérique	670

FIN DE LA TABLE.

www.ingramcontent.com/pod-product-compliance
Lightning Source LLC
Chambersburg PA
CBHW061957300426
44117CB00010B/1374